Mensch & Politik

Sekundarstufe II

Politik in der Demokratie

Angelika Doetsch
Florian Grosch

Schroedel
westermann

Mensch & Po itik   Politik in der Demokratie

Sekundarstufe II

Angelika Doetsch
Florian Grosch

mit Beiträgen von
Prof. Dr. Joachim Detjen und Katrin Krämer

in Zusammenarbeit mit der Verlagsredaktion

westermann GRUPPE

© 2017 Bildungshaus Schulbuchverlage
Westermann Schroedel Diesterweg Schöningh Winklers GmbH, Braunschweig
www.schroedel.de

Druck A[1] / Jahr 2017
Alle Drucke der Serie A sind im Unterricht parallel verwendbar.

Redaktion: Sabine Klingelhöfer
Umschlaggestaltung: Druckreif! Sandra Grünberg, Braunschweig
Layout: Jesse Konzept & Text GmbH, Hannover/Sandra Grünberg, Braunschweig
Grafik: Langner & Partner, Hannover
Druck und Bindung: westermann druck GmbH, Braunschweig

ISBN 978-3-507-**11640**-5

Inhaltsverzeichnis

III. Das parlamentarische System

Seite 112/113

IV. Die Zukunft der Demokratie

Seite 164/165

Liebe Schülerinnen und Schüler,

dieser Band von „Mensch & Politik" wird Sie in der Sekundarstufe II im Fach Gemeinschaftskunde durch das Themengebiet „Politische Institutionen und Prozesse (in der Bundesrepublik Deutschland)" begleiten. Er bietet zuverlässige Informationen, verschafft Grundwissen und hilft, Zusammenhänge zu verstehen.

Damit möchten wir Sie zum einen sicher auf das Abitur vorbereiten. Zum anderen hoffen wir, Sie für die Inhalte des Faches zu begeistern und Sie anzuregen, Antworten auf die relevanten Herausforderungen für die Gestaltung unserer Zukunft zu finden.

Um Ihnen die Arbeit mit dem Band zu erleichtern, möchten wir Sie noch auf einige Besonderheiten hinweisen:

- Der Band gliedert sich in **vier große Hauptkapitel**, die sich jeweils einem zentralen Aspekt des Themengebietes „Politik in der Demokratie" widmen: I. den grundlegenden Formen, Merkmalen und Mitbestimmungsmöglichkeiten (in) der Demokratie, II. den verschiedenen Akteuren der politischen Willensbildung, III. der Funktionsweise des parlamentarischen Systems und IV. den drängenden Fragen der Zukunft unserer Demokratie.
- Jedes Hauptkapitel beginnt mit einer **Auftaktdoppelseite**. Auf ihr wird durch anschauliche Materialien und Aufgabenstellungen ein unkomplizierter Einstieg in das jeweilige Thema ermöglicht. Auf der jeweils rechten Seite finden Sie zudem einen strukturierten Überblick über die verschiedenen Themen und Probleme, mit denen Sie sich in den folgenden Kapiteln befassen werden.
- Die einzelnen Kapitel sind ebenfalls nach dem **Doppelseitenprinzip** aufgebaut. Die Doppelseiten dienen zur Orientierung innerhalb eines Themas und können als unterrichtspraktische Abschnitte genutzt werden.
- Umfassende **Materialseiten** mit fundierten Grundlagentexten, ausgewählten Fallbeispielen und vielfältigen statistischen und bildlichen Materialien sollen Sie zusammen mit den **Aufgabenstellungen** zu kontroversen Auseinandersetzungen anregen und Sie beim eigenständigen Arbeiten unterstützen.
- In den Aufgabenstellungen wird zudem der Umgang mit den klausur- bzw. abiturrelevanten **Operatoren** gefestigt.
- In den beige hinterlegten **Infokästen** erhalten Sie grundlegende Informationen, die zum Verständnis des jeweiligen Themas besonders relevant sind.
- Am Rand finden Sie wichtige **Informationen** zu Personen und Begriffen. **Verweise auf das Glossar** zeigen Ihnen, welche Begriffe dort nachgeschlagen werden können. **Querverweise** verdeutlichen thematische Zusammenhänge.
- Des Weiteren erwerben Sie praktischen Einblick in zahlreiche fachspezifische und übergreifende **Methoden**, die jeweils im konkreten thematischen Kontext vorgestellt und eingeübt werden.
- Die jedes Hauptkapitel abschließenden Seiten **Grundwissen** fassen das Wichtigste zusammen und helfen Ihnen beim Wiederholen für Leistungskontrollen; sie können und sollen dabei allerdings nicht die Arbeit mit den vorangegangenen Materialseiten ersetzen.
- Die Seiten **Kompetenzen prüfen** am Ende jedes Hauptkapitels geben Ihnen schließlich die Möglichkeit, sich selbst über die vorangegangenen Inhalte und Kompetenzen zu prüfen.
- Der Anhang enthält ein detailliertes **Stichwort- und Bildquellenverzeichnis** sowie ein ausführliches **Glossar** mit Begriffserklärungen.

Wir hoffen, dass dieser Band Ihr Interesse an Gemeinschaftskunde bestärken und Sie gut bei der Arbeit in diesem Fach unterstützen wird. Für Rückmeldungen und Kritik sind wir sehr dankbar. Richten Sie diese bitte an: info@schroedel.de.

Das Autorenteam und die Redaktion

I. Demokratie – Formen, Merkmale, Mitbestimmung

„Mehr Demokratie wagen"; Zeichnung: Christiane Pfohlmann

„Demokratie: die Regierung des Volkes durch das Volk für das Volk."
Abraham Lincoln

„Wenn es morgens um sechs an meiner Tür läutet und ich kann sicher sein, dass es der Milchmann ist, dann weiß ich, dass ich in einer Demokratie lebe."
Winston Churchill

Autoaufkleber aus den USA

In diesem inhaltlichen Schwerpunkt befassen Sie sich mit folgenden Themen und Problemen

Anfang der 1990er-Jahre des letzten Jahrhunderts schien der Siegeszug der liberalen Demokratie perfekt: Nach Nazideutschland war mit der Sowjetunion auch der zweite große „Wettbewerber" auf dem globalen „Markt der Systeme" aus dem Rennen. Für viele Beobachter war es nur eine Frage der Zeit, bis sich die Demokratie in allen Teilen der Welt durchsetzen würde. Sogar vom „Ende der Geschichte" war bereits die Rede, womit das – vermeintliche – Ende der Systemkonkurrenz umschrieben wurde.

Doch die gegenwärtigen Entwicklungen sprechen eine andere Sprache. In einigen Ländern konnte die Demokratie nie richtig Fuß fassen, in anderen entwickelten sich junge Demokratien wieder zurück zu autoritär geprägten Systemen. Auch in Ländern, welche schon über Generationen als liberale Demokratien etabliert sind, zeigt sich Unzufriedenheit mit deren Prozessen und Ergebnissen. Somit steht für die einen zunehmend das Konzept der liberalen Demokratie selbst auf dem Prüfstand, das nach dem erklärten Sieg im Kalten Krieg fast unangreifbar schien. Andere betonen die weiterhin positiven demokratischen Entwicklungen weltweit und sehen für einen grundlegenden Krisenbefund wenig Anlass.

Diese verschiedenen Einschätzungen hängen auch davon ab, wie man Demokratie definiert. Reicht es aus, dass regelmäßig freie Wahlen abgehalten und „Mindeststandards" der Demokratie eingehalten werden, oder bezieht man auch Faktoren wie Bürgerbeteiligung oder die umfassende Gewährleistung von politischen und bürgerlichen Rechten ein? Welche Stärken und Schwächen hat die Demokratie grundsätzlich? Welchen Chancen und Gefährdungen ist sie ausgesetzt?

Im Folgenden wird das System der Demokratie analysiert: in **Kapitel 1** in Abgrenzung zu anderen Systemen, in **Kapitel 2** unter Betrachtung zentraler demokratischer Merkmale und schließlich in **Kapitel 3** mit Blick auf mögliche Varianten von Demokratien.

SWOT-Analyse/Teil 1

Die **SWOT-Analyse** oder Stärken-Schwächen-Analyse dient zur systematischen Betrachtung von Produkten, Prozessen, Teams, Unternehmen und anderen zu analysierenden Objekten, um bestehende Probleme lösen und bestehende Chancen nutzen zu können. Die vier Buchstaben „SWOT" stehen dabei für:

S = Strengths (Stärken)
W = Weaknesses (Schwächen)
O = Opportunities (Möglichkeiten)
T = Threats (Gefahren, Bedrohungen, Risiken)

Die **Stärken** können z. B. besondere Fähigkeiten, Marktpositionen oder erfolgreiche Produkte sein. **Schwächen** können u. a. ineffiziente Prozesse, Abhängigkeiten oder mangelndes Knowhow sein. Das Zusammentragen und die Analyse der eigenen Stärken und Schwächen liefert die interne Sicht. **Möglichkeiten** und **Gefahren** beschreiben hingegen das Umfeld. So können Möglichkeiten z. B. neue Absatzmärkte, Lieferengpässe eines Wettbewerbers oder neue Technologien sein. **Gefahren** können beispielsweise von neuen Wettbewerbern, politischen Entwicklungen oder sinkender Nachfrage drohen.

Aus: www.projektmagazin.de/glossarterm/swot-analyse (Zugriff: 15.12.2016)

---

1 „Demokratie – Exportschlager oder Auslaufmodell?" Führen Sie unter dieser Fragestellung auf Grundlage der Materialien dieser Doppelseite eine SWOT-Analyse für das „Produkt" Demokratie durch.

1. Herrschaftsformen

1.1 Politische Herrschaft und politisches System

Begründungen von Herrschaft

Staats- und Regierungschefs der Gegenwart

Angela Merkel   Donald Trump   Papst Franziskus   Wladimir Putin   Salman ibn Abd al-Aziz Al Saud

Max Weber
(1864-1920)
war Jurist, National-
ökonom und Soziologe;
er gilt als Klassiker der
Sozialwissenschaften,
prägte Definitionen von
Macht und Herrschaft
und entwickelte Ideal-
typen der legitimen
Herrschaft.

Legitimation
Macht

Nach Max Weber unterscheidet man drei Typen legitimer Herrschaft:

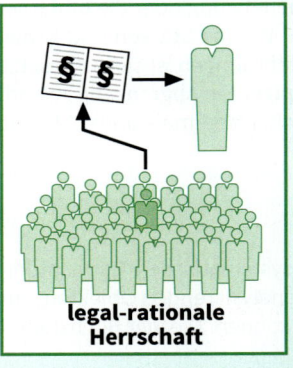  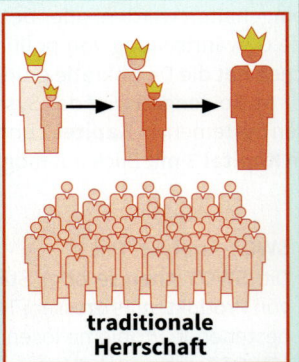

legal-rationale Herrschaft   **charismatische Herrschaft**   **traditionale Herrschaft**

Typen der Herrschaftslegitimation (nach Max Weber)

Herrschafts-typ	Legitimität-kraft	Träger	Prinzip	Organisations-struktur	Zugangs-kriterium
Legalität	Satzung	Reglement	Rationalität	Bürokratie	Kompetenz
Tradition	Heiligkeit	„Sitte"	Billigkeit	Patronage	Privileg
Charisma	Affekt	Person	Verkündung	Gefolgschaft	Treue

Nach: dtv-Atlas Politik, Politische Theorie – Politische Systeme – Internationale Beziehungen, München 2010   L & P / 7496

Die **legal-rationale Herrschaft** basiert auf legaler Satzung und sachlicher Kompetenz bzw. auf Verfahrensrationalität und Pflicht-erfüllung; sie ist das Merkmal der Moderne.

5 Die **traditionale Herrschaft** fußt auf der Au-torität der Tradition bzw. auf dem Glauben an die Heiligkeit der von jeher geltenden Ordnungen und Gewalten.

Die **charismatische Herrschaft** gründet auf der persönlichen Ausstrahlung und Anzie-hungskraft eines Einzelnen; sie fordert die Hingabe einer Gefolgschaft an ihren Führer. 10

Aus: dtv-Atlas Politik, Politische Theorie – Politische Systeme – Internationale Beziehungen, München: dtv 2010, S. 69

Staatsformen und Regierungssysteme ausgewählter Staaten

MATERIAL **2**

Land	USA	Volksrepublik China	Russland	Frankreich	Vereinigtes Königreich
Staatsform	föderale Republik	Volksrepublik	föderale Republik	Republik	Königreich (Monarchie)
Regierungssystem	präsidentielles Regierungssystem	Einparteiensystem	semipräsidentielles Regierungssystem	semipräsidentielle Demokratie	parlamentarische Demokratie

Aus: CIA World Factbook 2011, www.cia.gov/library/publications/download/download-2011/ (Zugriff: 20.12.2016)

Typen politischer Systeme

MATERIAL **3**

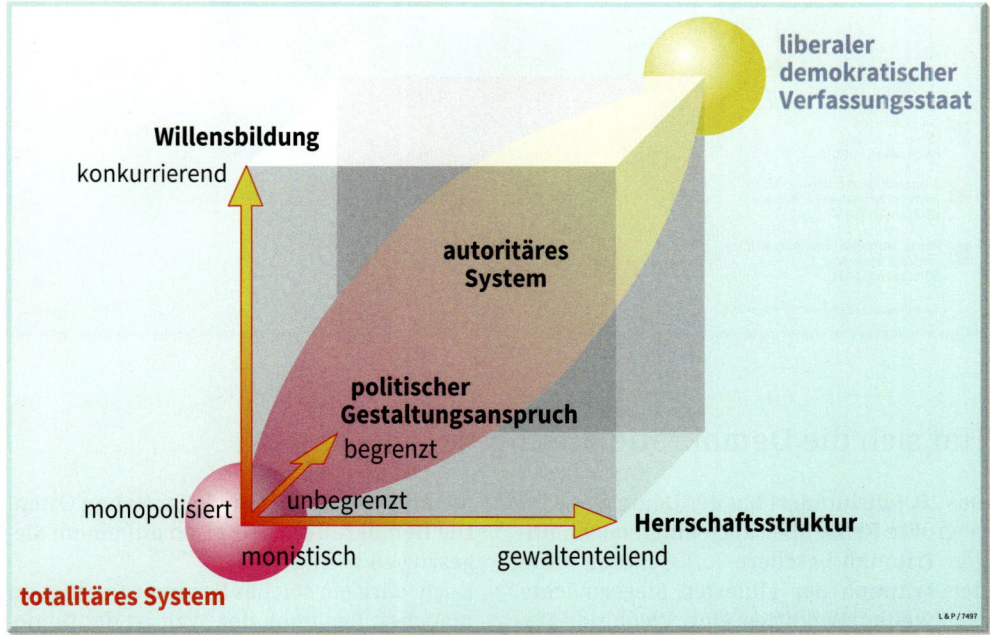

INFO

Autoritäre Systeme
umfassen eine Vielzahl unterschiedlicher Regime und sind idealtypisch gekennzeichnet durch eingeschränkten Pluralismus (u. a. begrenzte Möglichkeiten demokratischer Mitwirkung und Herrschaftskontrolle, Behinderung freier Meinungs- und Willensbildung).

Totalitäre Systeme
sind u. a. charakterisiert durch Massenmobilisierung, eine starke Ideologisierung des öffentlichen und privaten Lebens sowie unbegrenzte Herrschaft über die Beherrschten (siehe auch Glossar: Totalitarismus).

Monismus
philosophisch-religiöse Lehre, nach der alle Vorgänge und Phänomene der Welt auf ein einziges Grundprinzip zurückzuführen sind

1 Ordnen Sie die Personen auf den Fotos den unterschiedlichen Herrschaftstypen zu (M 1). Ist eine 1:1-Zuordnung möglich? Begründen Sie Ihre Einschätzung.

2 Erläutern Sie stichpunktartig, was Sie unter den in M 2 angegebenen Staatsformen und Regierungssystemen verstehen.

3 Recherchieren Sie Merkmale der Verfassungsrealität zu den Staaten aus M 2 und ordnen Sie diese in das Schaubild M 3 ein.

4 Vergleichen Sie Ihre Ergebnisse mit der Einordnung nach dem Demokratieindex.

5 Erläutern Sie mithilfe von M 3 arbeitsteilig für demokratische, autoritäre und totalitäre Systeme jeweils die Bedeutung von Wahlen, Rechtsstaat, Ideologie, Menschen- und Bürgerrechten, Meinungsfreiheit.

6 Diskutieren Sie, ob ein charismatischer Staats- oder Regierungschef für den Bestand einer Demokratie eher von Vorteil oder von Nachteil ist. Beziehen Sie sich dabei auf die Kriterien Effizienz und Legitimität.

QUERVERWEIS

Der Demokratieindex
S. 15, M 3

**METHODE Urteilsbildung –
Sach- und Werturteile
(Kriterien Effizienz und
Legitimität)**
S. 46 f.

1.2 „Kampf der Systeme"

Freiheit und Demokratie weltweit

INFO

Die amerikanische Nichtregierungsorganisation **Freedom House** misst seit 1973 den Grad der Freiheit und Demokratie in den Staaten der Welt. Der jährliche Bericht basiert auf umfangreichen Checklisten zur Verwirklichung politischer Rechte und bürgerlicher Freiheiten (u. a. den Grad an Pluralismus, Rechtsstaatlichkeit, Meinungs- und Glaubensfreiheit), anhand derer Bewertungen durch Länderexperten auf Skalen von 1 (am freiesten) bis 7 (am wenigsten frei) durchgeführt werden.

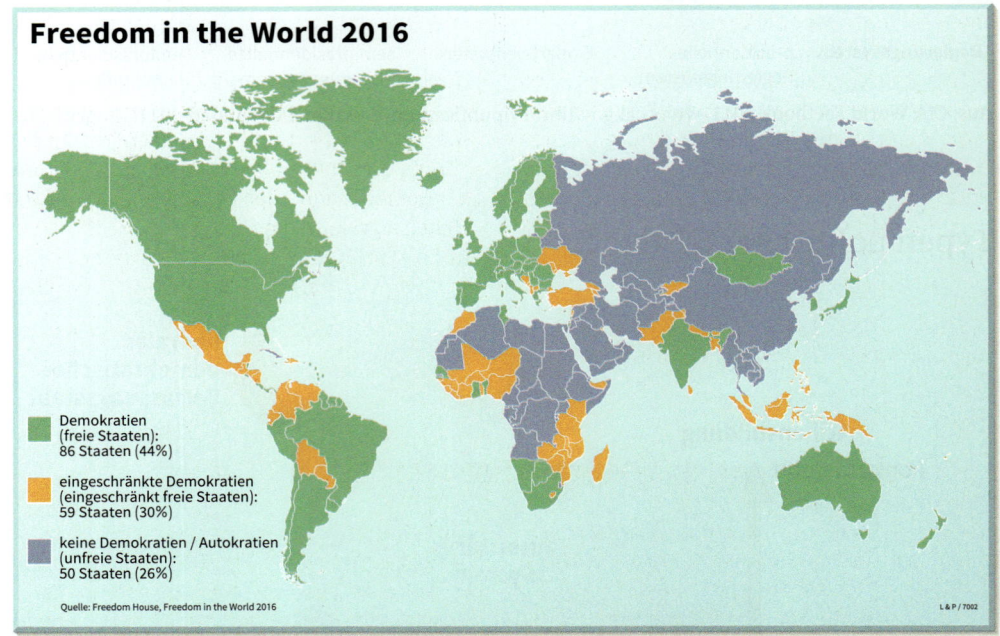

Freedom in the World 2016

Demokratien (freie Staaten): 86 Staaten (44%)

eingeschränkte Demokratien (eingeschränkt freie Staaten): 59 Staaten (30%)

keine Demokratie / Autokratien (unfreie Staaten): 50 Staaten (26%)

Quelle: Freedom House, Freedom in the World 2016

L & P / 7002

Hat sich die Demokratie durchgesetzt?

GLOSSAR

Diktatur

Regime

INFO

Autokratie
unumschränkte Staatsgewalt in der Hand eines einzelnen Herrschers

Das 20. Jahrhundert hat der Demokratie ihre größte Krise, aber auch einen nachhaltigen Triumph beschert. [...] Generell hatte der Triumph der alliierten Siegermächte
5 im Zweiten Weltkrieg eine Welle der Demokratisierung zur Folge, die in den 1960er-Jahren zu 36 Demokratien führte. Zwischen 1974 und 1990 vollzogen nochmals etwa 30 Länder den Übergang zu Formen
10 demokratischer Herrschaft. Und zuletzt führten Proteste, Aufstände und Rebellionen in Staaten Nordafrikas und Arabiens, so in Tunesien, Ägypten und Libyen, zum Sturz von Diktaturen und auto-
15 kratischen Regimen.
Zu Beginn des 21. Jahrhunderts kann die Zahl der Demokratien weltweit auf etwa 120 Staaten beziffert werden. Es entstanden demokratische Regime in Lateinameri-
20 ka, in Südkorea und Taiwan, zum Teil in Afrika und schließlich in den Staaten Mit-

tel- und Osteuropas sowie im Nahen Osten. Die Demokratie scheint sich auf einem Siegeszug zu befinden.
Doch wäre ein solches Resümee voreilig. In 25 manchen Regionen der Welt ist die Demokratie nach wie vor eher die Ausnahme als die Regel. So ist sie beispielsweise in einem Großteil Afrikas, Südostasiens, im Nahen Osten, aber auch in den Nachfolgestaaten 30 der Sowjetunion als Regierungsform unterrepräsentiert. Auch verläuft der Übergang von diktatorischen und autoritären Regimen zu demokratischen Ordnungen keineswegs immer so gradlinig, dass die neue 35 Demokratie auch voll entwickelt und stabil wird, ist oder bleibt. [...] Werden Maßstäbe angelegt, die zu einer voll entwickelten Demokratie gehören, [...] so zeigt sich schnell, dass viele neue Demokratien keineswegs 40 alle Merkmale, vor allem nicht sofort und unwiderruflich erfüllen. [...]

Staatswesen, die dahinter zurückbleiben, können als unvollständige oder, wie die em-
45 pirische Demokratieforschung auch formuliert, als „defekte" Demokratien bezeichnet werden. In ihnen sind zwar allgemeine, freie, gleiche und faire Wahlen möglich, womit im Unterschied zu autokratischen Regi-
50 men formal gesehen das Prinzip der Volkssouveränität erfüllt ist.

Von umfassenden Demokratien unterscheiden sich unvollständige Demokratien aber vor allem dadurch, dass die bürgerlichen
55 Freiheits- und Schutzrechte des Individuums nur eingeschränkt gelten und die Rechtsstaatlichkeit oder die Kontrolle von Exekutive, Legislative und Judikative nicht gänzlich gewährleistet sind.

Als weiteres Unterscheidungsmerkmal gilt 60 das Fehlen eines öffentlichen Raumes, in dem sich bürgerschaftliches Engagement und eine lebendige Zivilgesellschaft entwickeln können. Eine mögliche Ursache dafür wäre ein eingeschränktes Medien-, Informa- 65 tions- und Kommunikationssystem. Oder aber das politische Institutionensystem bzw. die jeweiligen im Amt befindlichen Regierungen verweigern oder erschweren die Wahrnehmung von Partizipationsrechten. 70 Die empirisch-quantitative Demokratieforschung ermittelte, dass die Zahl der „elektoralen Demokratien", der Wahldemokratien, seit 1990 insgesamt angewachsen ist, doch der Anteil der liberalen und vollständigen Demo- 75 kratien größeren Schwankungen unterliegt.

Aus: Hans Vorländer, Entwicklungen im 19. und 20. Jahrhundert, in: Informationen zur politischen Bildung Nr. 284: Demokratie, Bonn: bpb, 2013, S. 41, 48–51

||||||||||||||||||||||||||||||||||||||||||||||||||||||||||||||||||||||||||||||||||||||||||||||||||||||||||||

„Ich glaube nicht, dass Demokratie der beste Weg ist"

Daniel A. Bell [...] lehrt politische Philosophie an der Pekinger Elite-Universität Tsinghua [...] [und] sagt [...]: „Ich glaube nicht länger daran, dass Demokratie in der
5 Form ‚Eine Person – eine Stimme' der beste Weg ist, um ein politisches System zu organisieren." Bell, inspiriert von konfuzianischen Lehren, plädiert stattdessen für eine Auslese der politischen Führungselite nach
10 intellektuellen Fähigkeiten und moralischen Standards. Ein System, das er in der Kommunistischen Partei Chinas (KPC) zwar nicht perfekt, aber doch in Ansätzen verwirklicht sieht. In Ansätzen, die sich auszu-
15 bauen lohnen. Wahlen? Die hält nur auf der lokalen Ebene für sinnvoll, „da fallen falsche Entscheidungen nicht so sehr ins Gewicht".

Seine Rolle als bekennender Anti-Demokrat
20 würde Bell in Deutschland vermutlich eine Passage im Jahresbericht des Verfassungsschutzes bescheren. [...] Bell räumt ein: Sicher, auch in der KP laufe vieles nicht perfekt, der Kampf gegen die Korruption sei
25 eine Herausforderung. Die Presse müsste freier sein. Und vielleicht könnte man sich für die Zukunft vorstellen, dass die Chinesen einmalig in einem Referendum dem derzeitigen System Legitimation verleihen. Wobei man über die Stimmrechte in dieser 30 Volksabstimmung nochmal nachdenken sollte. „Denkbar wären mehr Stimmen für Menschen mit besserer Erziehung." [...] [W]ie man es denn verhindern könne, dass die Meritokratie zu Vetternwirtschaft aus- 35 arte? Bells Idee: Wenn die Amtszeit eines Politikers endet, müsse seine gesamte Familie ihre Vermögensverhältnisse offenlegen. Die sechs Jahre seit Beginn der Finanzkrise haben ausgereicht, um das 40 herrschende Weltbild der westlichen Geisteselite zu erschüttern. Jenen Wertekanon, demzufolge Demokratie und freie Marktwirtschaft zusammen das beste aller Systeme bilden – nicht nur für den Westen, son- 45 dern für die gesamte Welt. Dahin ist die Überzeugung, dass freie Wirtschaft und freie Gesellschaft einander langfristig bedingen und auch China diesen Zusammenhang [...] begreifen werde. Kaum zu glau- 50 ben, dass amerikanische Neokonservative noch vor zehn Jahren dafür plädierten, Demokratie und Marktwirtschaft notfalls mit Waffengewalt zu exportieren.

Aus: Christian Rickens, „Ich glaube nicht, dass Demokratie der beste Weg ist", in: www.spiegel.de/ wirtschaft/soziales/oekonomen-und-sozialwissenschaftler-zweifeln-an-der-demokratie-a-892991. html, 8.4.2013 (Zugriff: 12.12.2016)

INFO

Meritokratie
Der Begriff ist aus dem lateinischen meritum (Verdienst) und dem altgriechischen kratein (herrschen) zusammengesetzt und beschreibt ein Prinzip, bei dem Amtsträger, Herrscher, Leiter oder Führungspersonen gemäß ihren erbrachten Leistungen ausgewählt werden. Meritokratie meint also eine Leistungsgesellschaft, einen „Verdienstadel".

GLOSSAR

Elite
Marktwirtschaft
Neokonservativismus

MATERIAL **4**

In Demokratien ...

… stellen Gewerkschaften, Umwelt- und Menschenrechtsverbände die ganze Zeit Forderungen. Das schreckt auf lange Sicht Investitionen ab und gefährdet unseren Wohlstand.

… kommt es zum Reformstau, da die meisten Wähler Angst vor Veränderungen und die Politiker Angst vor den Wählern haben.

… wird immer nur in Zeiträumen von vier oder fünf Jahren gedacht. Langfristige Projekte wie Bildung, Umwelt oder Infrastruktur sind aber Generationenaufgaben.

… entscheidet das Geld. Über Parteispenden werden Entscheidungsträger, über Medienkampagnen die Wähler manipuliert.

… dauert alles zu lange, weil immer diskutiert werden muss.

MATERIAL **5**

„Ende der Geschichte"?

INFO

Potemkinsche Dörfer meinen Trugbilder oder Fassaden, Vorspiegelungen, Blendwerk; benannt nach dem russischen Feldherrn und Staatsmann Grigorij Alexandrovič Potemkin (1739–1791), der einer Legende nach in Südrussland zum Schein Dörfer errichten und bevölkern ließ, um der Zarin Katharina II. Wohlstand des Landes vorzutäuschen.

Vom „Ende der Geschichte" kündete vor fast genau 25 Jahren ein Artikel, der weltweit Furore und seinen Autor Francis Fukuyama berühmt machen sollte. Knapp zusammenge-

5 fasst lautete die These: Der Kampf der Ideologien ist vorbei. Faschismus und Kommunismus sind auf der Müllhalde der Geschichte gelandet; der Sieg gehört dem liberalen Kapitalismus, also der Kombination

10 von Demokratie und Marktwirtschaft. Die künftige Entwicklung der Staatenwelt wird sich innerhalb dieses Paradigmas abspielen. „Ende der Geschichte" hieß also: Ende der Systemkonkurrenz. [...] Der damalige ameri-

15 kanische Präsident George Bush (Senior) proklamierte: „Die Zeit der Diktatoren ist vorbei. Wir wissen, was funktioniert – die Demokratie. Und wir wissen, was zählt – die Freiheit." So optimistisch würde vermutlich

20 heute kein westlicher Staatsmann reden. Die Geschichte ist zurück. Die liberalen Demokratien werden aus zwei Richtungen herausgefordert: von einem neuen, selbstbewusst auftrumpfenden Autoritarismus und von ei-

25 ner neuen, religiös unterfütterten Ideologie,

dem islamischen Fundamentalismus, der offen erklärt: eure Werte sind nicht unsere Werte, eure Moderne ist unser Gegner. Der Begriff [autoritäres Regime] ist dehnbar,

30 und es gibt eine ganze Grauzone von Übergängen zwischen Demokratie und Diktatur. Dazu schwirren diverse Begriffe durch die politikwissenschaftliche Diskussion: defekte Demokratien, von oben gelenkte Halbdemokra-

35 tien, Fassadendemokratien, in denen die demokratischen Institutionen – Wahlen, Parlamente, konkurrierende Parteien – nur noch als Potemkinsche Dörfer weiterbestehen. Wo ordnen wir die Türkei auf dieser Skala ein, wo

40 Ungarn, Ägypten oder Russland? Darüber kann man trefflich streiten. Aber wir wissen doch ganz gut, was letztlich die Unterscheidungsmerkmale zwischen liberaler Demokratie und Autoritarismus sind: freie und faire

45 Wahlen, politischer Pluralismus, Gewaltenteilung, kritische Öffentlichkeit, unabhängige Justiz, freie Zivilgesellschaft. Es ist diese Kombination zwischen institutioneller Ordnung und einer freiheitlichen politischen Kultur, die eine liberale Demokratie ausmachen.

50

Der arabische Frühling erschien vielen von uns als eine Neuauflage der demokratischen Welle, die 1989/90 Europa erfasste: ein großer Aufbruch für Würde und Selbstbestim-
55 mung. Inzwischen stehen wir fast überall vor den Trümmern dieser Hoffnung. Ähnliches lässt sich für Russland sagen. Präsident Putin beschränkt sich nicht darauf, das eigene Land wieder in den Schraubstock absolu-
60 ter Macht zu nehmen – die Intervention in der Ukraine ist zu guten Teilen auch eine präventive Konterrevolution gegen die Ausbreitung des Demokratievirus in der Nachbarschaft Russlands. Östlich der EU spannt
65 sich ein Gürtel mehr oder weniger autoritärer Regime: Russland, Weißrussland, die zentralasiatischen Republiken, Azerbeidjan, in gewissem Grad auch Armenien. Der größte und wichtigste Gegenspieler zur liberalen
70 Demokratie aber heißt China, dessen regierende Elite ihr Modell eines autoritären Modernisierungsregimes offensiv vertritt. Alle Kritik wird zurückgewiesen mit Verweis auf die unbestreitbaren ökonomischen und sozi-
75 alen Erfolge des chinesischen Wegs, alle Forderungen nach Demokratisierung als Bedrohung für die Stabilität des Landes abgewehrt. Wir oder das Chaos: In dieser Formel treffen sich heute die Regierenden in Peking, Mos-
80 kau oder Kairo. Und damit finden sie durchaus weiten Rückhalt in ihren Gesellschaften. Für die meisten antidemokratischen Regime gilt, dass sie nicht nur mit Furcht und Unterdrückung herrschen, sondern von der Loya-
85 lität eines mehr oder weniger großen Teils der Bevölkerung getragen werden. Steigender Wohlstand, sozialer Aufstieg, staatliche Dienstleistungen, öffentliche Ordnung und Patriotismus sind Quellen der Legitimation,
90 die fehlende Freiheitsrechte kompensieren können.

Mehr oder weniger autoritäre Regime sind also keine bloßen Übergangserscheinungen auf dem Weg zur Demokratie. Sie bilden Herrschaftsformen *sui generis* [eigener Art], 95 und sie bekennen sich ohne Scham dazu. Das heißt auch: Wir können nicht so tun, als würden sie schon morgen verschwinden.
[Die] Ausstrahlung und Anziehungskraft der Demokratie [hat] gelitten – bis in unsere 100 eigenen Gesellschaften hinein. Sinkende Wahlbeteiligung und der Vormarsch populistischer Bewegungen sind Indizien dafür.
Die Gründe für den Selbstzweifel der Demokratien sind vielfältig: 105

■ Die bewaffnete *Regime-Change*-Politik der USA ist krachend gescheitert. Die Intervention im Irak war ein Sündenfall mit dramatischen Folgen, Guantanamo und die überbordende Überwachungstätigkeit der NSA 110 stehen für die Glaubwürdigkeitskrise Amerikas als Vormacht der Demokratie.

■ Gleichzeitig wachsen Zweifel am Konzept des Demokratieexports und an der Fähigkeit zum „*State Building*" von außen [...] 115

■ Auch die Finanzkrise von 2008/9 [...] hat das Ansehen des Westens [...] beschädigt.

■ Dazu kommt die geringe wirtschaftliche Dynamik der meisten westlichen Demokratien [...]. 120

[...] [T]rotz aller Krisen und Fehlentwicklungen muss sich der demokratische Westen nicht verstecken, sondern sollte seine Werte offensiv vertreten, statt dem Kulturrelativismus zu huldigen. Auch wenn sie im Westen 125 entstanden sind, handelt es sich um universelle Werte. Überall berufen sich Menschenrechtsaktivisten auf die Allgemeine Erklärung der Menschenrechte von 1948. Sie sind die Antwort auf das Jahrhundert der Kriege 130 und Massenmorde, die letzte gemeinsame Utopie der Menschheit.

Aus: Ralf Fücks, Demokratische Außenpolitik unter Stress, Rede vom 19.6.2015, in: www.boell.de/de/2015/06/19/demokratische-aussenpolitik-unter-stress (Zugriff: 7.4.2016)

INFO

In der **UN-Menschenrechtscharta** – oder offiziell der „Allgemeinen Erklärung der Menschenrechte" (AEMR) – vom 10. Dezember 1948 haben die Vereinten Nationen sich zu den allgemeinen Grundsätzen der Menschenrechte bekannt. Die AEMR bildet die Grundlage des internationalen Menschenrechtsschutzes und enthält die zentralen politischen, bürgerlichen, wirtschaftlichen, sozialen und kulturellen Menschenrechte. Diese wurden seitdem kontinuierlich präzisiert und in zahlreichen Konventionen und Resolutionen völkerrechtlich bindend verankert. Erstmals in der Geschichte der Menschheit wurden damit Rechte formuliert, die für alle Menschen unabhängig von Alter, Geschlecht, Nationalität oder Ethnie gelten.

1 Erläutern Sie, inwiefern man sagen kann, dass sich die Demokratie im 21. Jahrhundert als vorherrschendes politisches System durchgesetzt hat (M 1, M 2).

2 Arbeiten Sie heraus, worin die Attraktivität eines nicht demokratischen Systems bestehen kann (M 3 bis M 5).

3 Erörtern Sie ausgehend von den Materialien dieses Unterkapitels mögliche Probleme, auf die Gesellschaften bei einer Transformation von einem autoritären zu einem demokratischen System stoßen können.

2. Was bedeutet Demokratie?

2.1 Demokratie – mehr als Wahlen

MATERIAL 1

Die Macht des Wählers

Zeichnung: Walter Hanel

FREITAG   SONNABEND   SONNTAG   MONTAG

MATERIAL 2

Die Demokratie und die Bürger

INFO

Joseph Alois Schumpeter
(1883–1950)
österreichisch-amerikanischer Ökonom und bekannter Theoretiker des Kapitalismus

Ernst Fraenkel
(1898–1975)
deutsch-amerikanischer Politikwissenschaftler und Jurist, gilt als einer der bekanntesten Demokratietheoretiker

Demokratie
Herrschaft des Volkes, griechisch aus: dēmos = Volk; Gebiet, und krátos „Kraft, Macht" (zu krateïn = herrschen)

infantil
kindhaft

assoziativ
durch Verknüpfung von Vorstellungen

affektmäßig
von Leidenschaften bestimmt

a) Joseph Schumpeter
Im Gebiet der öffentlichen Angelegenheiten gibt es Sektoren, die mehr innerhalb der Vorstellungskraft des Bürgers liegen als andere.
5 Das gilt erstens für die lokalen Angelegenheiten. Aber selbst dort stoßen wir auf eine beschränkte Fähigkeit, die Tatsachen zu erkennen, eine beschränkte Bereitschaft, danach zu handeln, ein beschränktes Verantwor-
10 tungsgefühl. [...]
So fällt der typische Bürger auf eine tiefere Stufe der gedanklichen Leistung, sobald er das politische Gebiet betritt. Er argumentiert und analysiert auf eine Art und Weise, die er
15 innerhalb der Sphäre seiner wirklichen Interessen bereitwillig als infantil anerkennen würde. Er wird wieder zum Primitiven. Sein Denken wird assoziativ und affektmäßig. [...]
20 So wird die Wahl der Repräsentanten dem Hauptzweck der demokratischen Ordnung nachgeordnet, der darin besteht, der Wählerschaft die Macht des politischen Entscheidens zu verleihen. [...]
25 Und wir definieren: Die demokratische Methode ist diejenige Ordnung der Institu-

tionen zur Erreichung politischer Entscheidungen, bei welcher Einzelne die Entscheidungsbefugnis vermittels eines Konkurrenzkampfs um die Stimmen des Volkes 30 erwerben.

b) Ernst Fraenkel
Denn die Mitwirkung des Bürgers an öffentlichen Angelegenheiten darf sich nicht darauf beschränken, alle vier Jahre zur Wahlur- 35 ne zu gehen und durch seine Stimmabgabe Einfluß darauf auszuüben, welches Team im Bereich der hohen Politik regieren soll – so wichtig dies auch ist. Die Mitwirkung des Bürgers muß die Möglichkeit einschließen, 40 durch Mitgliedschaft und Mitarbeit in den Interessenorganisationen an der Regelung der Alltagsfragen teilzunehmen, die ihn unmittelbar berühren. [...]
Durch aktive Mitarbeit in den Verbänden 45 und Parteien soll das Gefühl der passiven Hilflosigkeit überwunden werden, das den Einzelnen befallen muß, wenn er keinen Ausweg aus dem Prozeß der Vermassung sieht, die uns alle täglich bedroht. 50

Nach: Peter Massing/Gotthard Breit (Hrsg.), Demokratietheorien. Von der Antike bis zur Gegenwart, Schwalbach/Ts.: Wochenschau-Verlag, 2003, S. 180–187 und S. 214–217

Der Demokratieindex

Der Demokratieindex der britischen Zeitschrift „The Economist" misst alle zwei Jahre den Grad der Demokratie in 167 Staaten.

Nr.	Land	Punkte	Wahlprozess und Pluralismus	Funktionsweise der Regierung	Politische Teilhabe	Politische Kultur	Bürgerrechte	Kategorie
1	Norwegen	9,9	10,0	9,6	10,0	10,0	10,0	vollständige Demokratie
2	Schweden	9,7	9,6	9,6	9,4	10,0	10,0	vollständige Demokratie
3	Island	9,6	10,0	9,3	8,9	10,0	9,7	vollständige Demokratie
4	Neuseeland	9,3	10,0	9,3	8,9	8,1	10,0	vollständige Demokratie
5	Dänemark	9,1	9,2	9,3	8,3	9,4	9,4	vollständige Demokratie
13	Deutschland	8,6	9,6	7,5	7,8	8,8	10,0	vollständige Demokratie
16	Vereinigtes Königreich	8,3	9,6	7,1	6,7	8,8	9,7	vollständige Demokratie
19	USA	8,1	9,2	7,5	7,2	8,1	8,5	vollständige Demokratie
23	Frankreich	8,0	9,6	7,1	7,8	6,9	8,8	vollständige Demokratie
28	Italien	7,9	9,6	6,4	7,2	7,5	8,5	unvollständige Demokratie
98	Türkei	5,1	6,7	5,4	4,4	5,6	3,5	Hybridregime
132	Russland	3,4	3,1	2,9	5,0	2,5	3,5	autoritäres Regime
144	Volksrepublik China	3,0	0,0	4,6	3,9	5,0	1,5	autoritäres Regime
165	Tschad	1.5	0,0	0,0	1,1	3,8	2,7	autoritäres Regime
166	Zentralafrikanische Republik	1,5	0,9	0,0	1,7	2,5	2,4	autoritäres Regime
167	Nordkorea	1,1	0,0	2,5	1,7	1,3	0,0	autoritäres Regime

Aus: Democracy Index 2014: Democracy and its discontents: A report from The Economist Intelligence Unit, S. 3–8, www.sudestada.com.uy/Content/Articles/421a313a-d58f-462e-9b24-2504a37f6b56/Democracy-index-2014.pdf (Hier sind auch die genauen Bewertungskriterien zum Nachlesen dargestellt.)

1 Diskutieren Sie, welche Kriterien ein Staat erfüllen muss, damit Sie ihn als „demokratisch" bezeichnen würden, und notieren Sie zentrale Schlagworte.

2 Vergleichen Sie arbeitsteilig Ihre Ergebnisse mit den Demokratievorstellungen
a) des Karikaturisten (M 1),
b) Schumpeters und Fraenkels (M 2),
c) des Demokratieindexes des „Economist" (M 3).

3 Gestalten Sie gemeinsam ein Schaubild, auf dem die unterschiedlichen Vorstellungen und Aspekte von Demokratie gegenübergestellt werden.

2.2 Fallbeispiel: Wie demokratisch ist die Türkei?

MATERIAL 1

QUERVERWEIS

Zwei Meinungen, eine Entscheidung (Fall Böhmermann) S. 125, M 3

Die Türkei wählt frei – aber nicht fair

INFO

AKP
Die 2001 gegründete Partei für Gerechtigkeit und Entwicklung (Adalet ve Kalkınma Partis)bezeichnet sich selbst als „konservativ-demokratisch"; seit 2002 gewann sie alle Parlamentswahlen und ist an den türkischen Regierungen beteiligt.

HDP
Die linksgerichtete und prokurdische Demokratische Partei der Völker (Halkların Demokratik Partisi) überwand bei der Parlamentswahl im 2015 die Zehnprozenthürde und ist seither im Parlament vertreten

Präsident Erdoğan ist am Ziel: Seine AKP hat wieder die absolute Mehrheit. Der Weg, den er dorthin eingeschlagen hat, verheißt wenig Gutes für die Türkei.

[Im Juni 2015] hatte die Regierungspartei zum ersten Mal seit 2002 die absolute Mehrheit verfehlt. Dafür hatte die prokurdische HDP im Juni mit 13 Prozent einen Über-

5 raschungserfolg gefeiert. Präsident Erdoğan und die regierende AKP sahen sich gezwungen, Koalitionsverhandlungen aufzunehmen. Doch Erdoğan, so der Vorwurf seiner Gegner, wollte die Macht nicht teilen:

10 Nach langen Wochen der Unsicherheit habe er die Koalitionsverhandlungen absichtlich scheitern lassen. Danach kündigte der Präsident Neuwahlen an und sprach davon, die Wähler könnten ihren „Fehler" nun korrigie-

15 ren. [...]
Nun scheinen viele Türken vor allem eins zu wollen: Eine Rückkehr zu mehr Sicherheit im Land. Erdoğan hat es geschafft, sich selbst als Garant dafür zu profilieren. „Der AKP ist

20 es gelungen, die Wähler davon zu überzeugen, dass es im besten Interesse der Türkei ist, zu einer Einparteienregierung zurückzukehren", sagt auch der Türkei-Experte Aaron Stein vom *Atlantic Council* in Washington.

25 Waren die Wahlen fair? Andreas Gross, Präsident der *Ad-hoc*-Kommission des Europarates zur Wahlbeobachtung in der Türkei, bringt die Antwort auf eine griffige Formel: Frei ja, fair nein. Zwar sei die Abstimmung in

30 dem Sinne frei gewesen, dass die Menschen zwischen verschiedenen Parteien hätten wählen können, sagte der Schweizer Sozialdemokrat zu *Deutschlandradio Kultur*. Von „Fairness" könne aber nicht die Rede sein. Zu

35 groß seien die Repressalien gegenüber der Opposition gewesen, zu drastisch die Maßnahmen, mit denen Präsident Erdoğan und seine AKP die kritischen Medien des Landes auf Linie brachten. Auch die Organisation

40 für Sicherheit und Zusammenarbeit in Europa (OSZE) kritisierte die Gewalt im Wahlkampf. Der Ko-Vorsitzende der HDP [...] sag-

te [...], von einer gleichberechtigten Wahl könne keine Rede sein. Wegen der Angriffe und Anschläge auf die HDP habe die Partei 45 keinen Wahlkampf führen können. [...]
Hinzu kommt die erhebliche Einschüchterung der regierungskritischen Presse. Vier Tage vor der Wahl stürmten türkische Sicherheitskräfte die Redaktionsräume der 50 türkischen Mediengruppe *Koza İpek*. Am vergangenen Freitag waren deren Publikationen dann stramm auf Linie: Die Zeitung *Bugün* erschien mit einem staatstragenden Foto von Erdoğan auf der Titelseite. Die *Millet* 55 zeigte Premierminister Davutoğlu, der weiße Tauben mit einer „brüderlichen Botschaft" in den Himmel steigen ließ. Auch wenn die AKP bei der Wahl nicht betrogen hat, sind doch die Umstände, die dieses Ergebnis her- 60 vorgebracht haben, fragwürdig. [...]
In Brüssel betrachtet man das türkische Wahlergebnis mit gemischten Gefühlen. Einerseits werden viele EU-Politiker froh sein, dass nun wieder etwas mehr Stabilität ein- 65 kehren könnte — andererseits dürfte man sich auch in Brüssel fragen, zu welchem Preis das geschieht. Die EU befindet sich in einer schwierigen Lage. Präsident Erdoğan hat im Wahlkampf demokratische Grundwerte ver- 70 letzt, für die die EU steht. Doch man tut sich in Brüssel schwer, die Türkei allzu sehr zu vergrämen. Denn die hält einen der Schlüssel in der Hand, mit dem die europäische Flüchtlingskrise gelöst werden könnte. [...] 75
Wird die Türkei jetzt autoritärer? Bereits jetzt werden in dem Land Kritiker regelmäßig ins Gefängnis geworfen. Kurz vor der Wahl übernahm der Staat vor laufender Kamera die Kontrolle über kritische Medien. 80
Eine ganze Riege hochrangiger Politiker ist der Korruption angeklagt, ohne dass sie ernsthafte Untersuchungen zu befürchten hätten. Nach diesem Ergebnis gibt es nicht einmal mehr die Möglichkeit, dass ein Koali- 85 tionspartner eine gewisse Kontrolle über die AKP ausübt. Ein solcher hätte im Zweifel damit drohen können, die Regierung auseinanderbrechen zu lassen.

Aus: Julia Ley, Die Türkei wählt frei – aber nicht fair, in: Süddeutsche Zeitung, 2.11.2015

Putschversuch in der Türkei: Wer hat hier gesiegt?

Der Putsch in der Türkei ist gescheitert – aber der Rechtsstaat auch. Demokratie und Freiheit gehören nicht mehr zwingend zusammen.

[...] „Wo sind die Bürger?", fragte Erdoğan in der Putschnacht, um gleich darauf selbst die triumphale Antwort zu geben: „Auf der Stra-ße!" Auf der Straße haben die Bürger, die
5 sich den Panzern entgegenstellten, die De-mokratie bestätigt. Oder wie?
Kommt darauf an, was man unter Demokra-tie versteht. Wird zuvörderst an die Mehr-heitsherrschaft gedacht, kann man sehr zu-
10 frieden sein. Die Bürger, die Erdoğan die Mehrheit im Parlament gegeben haben, ha-ben ihn auch außerparlamentarisch vertei-digt. Ganz anders sieht es aus, wenn man auf die andere Seite der Demokratie, den Rechts-
15 staat, die Gewaltenteilung und die Minder-heitenrechte, blickt. Hier hat Erdoğan schon lange vor der Putschnacht die düstersten Be-fürchtungen des Militärs bestätigt: den Staat an die Religion ausgeliefert, die Unabhängig-
20 keit der Justiz zerstört, die Frau unter das Kopftuch zurückgezwungen, ganz allgemein die säkularen Reformen des Staatsgründers Kemal Atatürk schwer beschädigt, als deren Hüter sich das Militär verstand. [...]
25 Wenn es stimmt, dass in der Türkei eine Zi-vilgesellschaft entstanden ist, dann gibt es leider mindestens zwei Sorten davon, und die größere von beiden hat sich für Erdoğan entschieden. Ist das undemokratisch? Die
30 Siege Erdoğans wurden jedenfalls nicht ge-gen die Mehrheit errungen, sondern gegen Minderheiten. [...] Auch in Polen hat eine Re-gierung die Mehrheit und schleift die Bastio-nen des Rechtsstaates [...]. Ungarn ist in der
35 gleichen Richtung unterwegs [...], Russland sowieso. Alle diese Bewegungen stellen die gleiche ungemütliche Frage nach unserem Bild der Demokratie, das bisher den Rechts-

staat, den Minderheitenschutz, die Mei-
40 nungsfreiheit, die Gleichbehandlung von Mann und Frau zwingend einschloss. [...]
Was aber, wenn die Mehrheit einer Gesell-schaft die Demokratie zwar zu ihrer Herr-schaft nutzen, aber ohne ihre modernen Auf-
45 geklärtheiten haben möchte? Was, wenn Emanzipation und Rechtsgleichheit nicht mehr mit der Demokratie voranschreiten sollen? Wenn das Volk zwar wählt – aber nicht die Freiheit, sondern die harte Hand
50 und den Rückschritt? Darin liegt ein echtes politisches Dilemma, das nicht einfach da-durch aufzulösen ist, dass man ein solches Volk für manipuliert und irregeleitet erklärt – und gegebenenfalls die Quelle der Irrelei-
55 tung ausschaltet (oder die entsprechende Partei verbietet). [...]
Wenn man dagegen an der Demokratie fest-halten möchte, wird man den Sitz der Irrelei-tung nicht autoritativ festlegen können. Je-
60 der kann jeden als irregeleitet bezeichnen. Politik kann damit nur gestalten, wer die Mehrheit erringt. Die meisten westlichen De-mokratien entgehen der Mehrheitsfalle, in-dem sie viele Freiheitsprinzipien und allen
65 voran den Rechtsstaat der Abstimmung ent-ziehen und in der Verfassung festschreiben. Aber auch das ist ein Kniff, der nicht für ewig taugt – nicht für den Fall, dass die Mehrhei-ten für Verfassungsänderungen reichen, und
70 auch nicht für den Fall, dass die Exekutive aus dem Ruder läuft und kalt lächelnd die Verfassungskrise riskiert.
Es bleibt dabei, dass eine Demokratie sich auch auf demokratischem Wege schrumpfen
75 oder barbarisieren kann – und übrigens so-gar abschaffen. [...] Erschütternd ist das Bei-spiel der Türkei, wo man so lange [...] an wachsenden Freiheiten sich erfreut hat und doch in eine Steinzeit der religiösen Diktatur
80 zurückgezwungen werden könnte.

Aus: Jens Jessen, Putschversuch in der Türkei: Wer hat hier gesiegt?, in: Die Zeit, 21.7.2016

INFO

Putschversuch in der Türkei
Am 15./ 16. Juli 2016 unternahmen Teile des türkischen Militärs einen Putschversuch gegen die türkische Regierung unter Präsident Recep Tayyip Erdoğan. Ziel der Armee war laut einer Erklärung, „die verfassungsmäßige Ordnung, Demokratie, Menschenrechte und Freiheiten wiederher-zustellen". Bei der Nie-derschlagung des Put-sches starben über 250 Menschen. In der Folge startete die Regierung Erdoğan den Umbau von Staat und Militär mit einer sogenannten „Säuberungswelle" bei Militär und Polizei, in den Medien, der Justiz und im Bildungsbe-reich: Massenverhaf-tungen, Entlassung und Suspendierung von Richtern, Staats-anwälten und anderen Staatsbediensteten, Beschlagnahmung ihres Privatvermögens, verschärfte Verfolgung unabhängiger Jour-nalisten, Schließung von Sendern und Zei-tungen, von Schulen und Universitäten. Die Wiedereinführung der Todesstrafe wird diskutiert.

QUERVERWEIS

Der Demokratieindex
S. 15, M 3

1 Die Türkei wird im Demokratieindex als Mischsystem zwischen Demokratie und autoritärem Regime eingeordnet. Gestalten Sie – auch vor dem Hintergrund von M 1 – einen Maßnahmenkatalog, wie die Türkei im Demokratieindex „aufsteigen" könnte.

2 „Es bleibt dabei, dass eine Demokratie sich auch auf demokratischem Wege schrumpfen oder barbarisieren kann – und übrigens sogar abschaffen." (M 2, Z. 73–76) Diskutieren Sie Möglichkeiten, wie solchen Entwicklungen mittel- und langfristig entgegengewirkt werden könnte.

2.3 Die freiheitliche demokratische Grundordnung in Deutschland

Strukturprinzipien des Grundgesetzes

Das Grundgesetz, die Verfassung der Bundesrepublik Deutschland, gilt seit 1949. In Artikel 20 sind die grundlegenden Prinzipien festgelegt, nach denen sich der Staat richten soll.

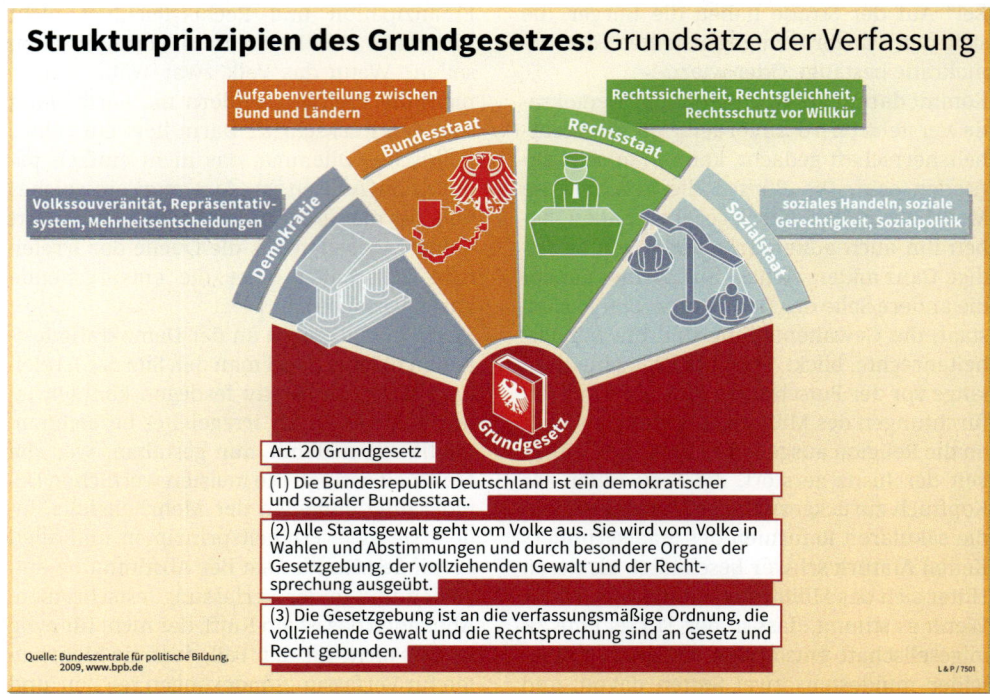

Strukturprinzipien des Grundgesetzes: Grundsätze der Verfassung

Aufgabenverteilung zwischen Bund und Ländern

Rechtssicherheit, Rechtsgleichheit, Rechtsschutz vor Willkür

Volkssouveränität, Repräsentativsystem, Mehrheitsentscheidungen

soziales Handeln, soziale Gerechtigkeit, Sozialpolitik

Bundesstaat

Rechtsstaat

Demokratie

Sozialstaat

Grundgesetz

Art. 20 Grundgesetz

(1) Die Bundesrepublik Deutschland ist ein demokratischer und sozialer Bundesstaat.

(2) Alle Staatsgewalt geht vom Volke aus. Sie wird vom Volke in Wahlen und Abstimmungen und durch besondere Organe der Gesetzgebung, der vollziehenden Gewalt und der Rechtsprechung ausgeübt.

(3) Die Gesetzgebung ist an die verfassungsmäßige Ordnung, die vollziehende Gewalt und die Rechtsprechung sind an Gesetz und Recht gebunden.

Quelle: Bundeszentrale für politische Bildung, 2009, www.bpb.de

L & P / 7501

Die freiheitliche demokratische Grundordnung

Das Bundesverfassungsgericht präzisierte 1952, was unter der freiheitlichen demokratischen Grundordnung zu verstehen ist.

So lässt sich die freiheitliche demokratische Grundordnung als eine Ordnung bestimmen, die unter Ausschluss jeglicher Gewalt- und Willkürherrschaft eine rechtsstaatliche
5 Herrschaftsordnung auf der Grundlage der Selbstbestimmung des Volkes nach dem Willen der jeweiligen Mehrheit und der Freiheit und Gleichheit darstellt.
Zu den grundlegenden Prinzipien dieser
10 Ordnung sind mindestens zu rechnen: die Achtung vor den im Grundgesetz konkretisierten Menschenrechten, vor allem vor dem Recht der Persönlichkeit auf Leben und freie Entfaltung, die Volkssouveränität, die Gewaltenteilung, die Verantwortlichkeit der Regie- 15 rung, die Gesetzmäßigkeit der Verwaltung, die Unabhängigkeit der Gerichte, das Mehrparteienprinzip und die Chancengleichheit für alle politischen Parteien mit dem Recht auf verfassungsmäßige Bildung und Aus- 20 übung einer Opposition.

Aus: Bundesverfassungsgericht – Entscheidungen (BVerfG), Bd. 2, S. 14 f. (SRP-Urteil von 1952)

Menschen- und Bürgerrechte im Grundgesetz

MATERIAL 3

Die Grundrechte

Grundgesetz für die Bundesrepublik Deutschland, Artikel 1 bis 19

Schutz der **1** Menschenwürde

Freiheit der Person **2** | **3** Gleichheit vor dem Gesetz

Glaubens- und Gewissensfreiheit **4** | **5** Freie Meinungsäußerung

Schutz der Ehe und Familie **6** | **7** Elternrechte, staatliche Schulaufsicht

Versammlungsfreiheit **8** | **9** Vereinigungsfreiheit

Brief- und Telefongeheimnis **10** | **11** Recht der Freizügigkeit

Freie Berufswahl **12** | **12a** Wehrdienst/Zivildienst

Unverletzlichkeit der Wohnung **13** | **14** Eigentumsgarantie

Überführung in Gemeineigentum **15** | **16** Staatsangehörigkeit, Auslieferung

Asylrecht **16a** | **17** Petitionsrecht

Aberkennung von Grundrechten **18** | **19** Rechtsweggarantie

Volkssouveränität, Widerstandsrecht **20** | **101** Anspruch auf den gesetzlichen Richter

Gleicher Zugang zu öffentlichen Ämtern **33** | **103** Anspruch auf rechtliches Gehör vor Gericht

Wahlrecht **38** | **104** Schutz vor willkürlicher Verhaftung

ZAHLENBILDER

60 110

© Erich Schmidt Verlag

INFO

Positive und negative Freiheit
Freiheitsrechte umfassen Rechte, welche die Freiheit zu etwas festschreiben (sog. positive Freiheit, z. B. Freiheit zu einer bestimmten Meinung).
Abwehrrechte sollen hingegen die Freiheit von etwas garantieren, etwa von Zwängen oder Eingriffen des Staates (sog. negative Freiheit, z. B. Freiheit von Zugriffen des Staates auf die eigene Wohnung).

GLOSSAR

Grundrechte
Menschenrechte

Allgemeine Erklärung der Menschenpflichten (Auszug)

MATERIAL 4

Artikel 1: Jede Person, gleich welchen Geschlechts, welcher ethnischen Herkunft, welchen sozialen Status, welcher politischer Überzeugung, welcher Sprache, welchen Alters, welcher Nationalität oder Religion, hat die Pflicht, alle Menschen menschlich zu behandeln.

Artikel 2: Keine Person soll unmenschliches Verhalten, welcher Art auch immer, unterstützen, vielmehr haben alle Menschen die Pflicht, sich für die Würde und die Selbstachtung aller anderen Menschen einzusetzen.

Artikel 3: Keine Person, keine Gruppe oder Organisation, kein Staat, keine Armee oder Polizei steht jenseits von Gut und Böse; sie alle unterstehen moralischen Maßstäben Jeder Mensch hat die Pflicht, unter allen Umständen Gutes zu fördern und Böses zu meiden.

Aus: InterAction Council, Allgemeine Erklärung der Menschenpflichten, in: http://interactioncouncil.org/sites/default/files/de_udhr%20ltr.pdf, 1.9.1997 (Zugriff: 21.12.2016)

1 Erläutern Sie die Grenzen staatlichen Handelns in der Bundesrepublik (M 1 und M 2).

2 Die im Grundgesetz gewährleisteten Rechte lassen sich einteilen in:
– Abwehrrechte, die den Bürger vor staatlichen Eingriffen schützen sollen.
– Mitwirkungsrechte, die die politische Beteiligung sicherstellen sollen.
– Gleichheitsrechte, die die Diskriminierung, z. B. wegen des Geschlechts, verbieten.
Ordnen Sie die in M 3 genannten Rechte entsprechend zu.

3 Entwickeln Sie Vorschläge für weitere Menschenpflichten (M 4).

4 Diskutieren Sie auch unter Einbeziehung der Kriterien Effizienz und Legitimität, ob verbindliche Menschen- und Bürgerpflichten (M 4) eingeführt werden sollten.

QUERVERWEIS

METHODE Urteilsbildung – Sach- und Werturteile (Kriterien Effizienz und Legitimität)
S. 46 f.

2.4 Grundrechte im Konflikt

MATERIAL 1

Art. 4: Glaubens- und Religionsfreiheit

Artikel 4

(1) Die Freiheit des Glaubens, des Gewissens und die Freiheit des religiösen und weltanschaulichen Bekenntnisses sind unverletzlich.

(2) Die ungestörte Religionsausübung wird gewährleistet. [...]

Mehr als 1,4 Millionen Korane haben Salafisten bislang in Deutschland verteilt, um für ihre radikale Auffassung des Islam zu werben. So mancher Koran-Verteiler zieht später in den Dschihad. (18.10.2014)

Aus: Florian Flade, Erst Korane verteilt, dann für Allah in den Krieg, in: www.welt.de/politik/deutschland/article133423847/Erst-Korane-verteilt-dann-fuer-Allah-in-den-Krieg.html, 18.10.2014 (Zugriff: 21.12.2016)

Eine Grundschullehrerin trägt Kopftuch und bewirbt sich an einer Schule. Sie wird wegen des religiösen Symbols abgelehnt. (14.4.2016)

Aus: Keine Entschädigung für Lehrerin mit Kopftuch (AFP), in: www.faz.net/aktuell/politik/inland/lehrerin-mit-kopftuch-erhaelt-keine-entschaedigung-in-berlin-14178296.html, 14.4.2016 (Zugriff: 21.12.2016)

INFO

Salafisten
sind Anhänger einer extremistischen Ideologie innerhalb des Islamismus. Im Mittelpunkt der salafistischen Ideologie steht der Glaube an einen strikten Monotheismus: Allah ist für Salafisten der einzig legitime Gesetzgeber. In Deutschland leben nach Schätzungen des Verfassungsschutzes etwa 7 500 Salafisten.

GLOSSAR

Dschihad

MATERIAL 2

Art. 10: Das Brief- und Fernmeldegeheimnis

Artikel 10

(1) Das Briefgeheimnis sowie das Post- und Fernmeldegeheimnis sind unverletzlich.

(2) Beschränkungen dürfen nur aufgrund eines Gesetzes angeordnet werden. Dient die Beschränkung dem Schutze der freiheitlichen demokratischen Grundordnung oder des Bestandes oder der Sicherung des Bundes oder eines Landes, so kann das Gesetz bestimmen, dass sie dem Betroffenen nicht mitgeteilt wird und dass an die Stelle des Rechtsweges die Nachprüfung durch von der Volksvertretung bestellte Organe und Hilfsorgane tritt.

Gesetz zur Vorratsdatenspeicherung
Verbindungs- und Standortdaten von Telefon- und Internetnutzern müssen bis auf Weiteres zur Strafverfolgung gespeichert werden. Mit der großen Mehrheit der Fraktionen von Union und SPD beschloss der Bundestag das Gesetz, das die Telekommunikationsunternehmen verpflichtet, Kommunikationsdaten ihrer Kunden zehn Wochen lang zu speichern. Standortdaten von Handys müssen vier Wochen lang aufgehoben werden. [...] Zur Vorratsdatenspeicherung gehören die Rufnummern der beteiligten Anschlüsse, Zeitpunkt und Dauer der Anrufe sowie die IP-Adressen von Computern. E-Mail-Verkehrsdaten sind ausgenommen. Wie kurz vor der Abstimmung bekannt wurde, speichern die Mobilfunkbetreiber auch die Inhalte von SMS-Nachrichten, weil sie sich nicht von den Stammdaten trennen lassen.

Aus: Bundestag beschließt Vorratsdatenspeicherung (sts), in: www.zeit.de/digital/datenschutz/2015-10/vorratsdaten-vorratsdatenspeicherung-bundestag-datenschutz, 16.10.2015 (Zugriff: 21.12.2016)

Art. 16: Das Grundrecht auf Asyl

Artikel 16a

(1) Politisch Verfolgte genießen Asyl-recht.

(2) Auf Absatz 1 kann sich nicht berufen, wer aus einem Mitgliedstaat der
5 Europäischen Gemeinschaften oder aus
einem anderen Drittstaat einreist, in
dem die Anwendung des Abkommens
über die Rechtsstellung der Flüchtlinge
und der Konvention zum Schutze der
10 Menschenrechte und Grundfreiheiten
sichergestellt ist. Die Staaten außerhalb
der Europäischen Gemeinschaften, auf
die die Voraussetzungen des Satzes 1
zutreffen, werden durch Gesetz, das der
15 Zustimmung des Bundesrates bedarf,
bestimmt. In den Fällen des Satzes 1
können aufenthaltsbeendende Maßnahmen unabhängig von einem hierge-
gen eingelegten Rechtsbehelf vollzogen
20 werden.

(3) Durch Gesetz, das der Zustimmung
des Bundesrates bedarf, können Staaten
bestimmt werden, bei denen aufgrund
der Rechtslage, der Rechtsanwendung
25 und der allgemeinen politischen Verhältnisse gewährleistet erscheint, dass
dort weder politische Verfolgung noch
unmenschliche oder erniedrigende Be-
strafung oder Behandlung stattfindet.
30 Es wird vermutet, dass ein Ausländer
aus einem solchen Staat nicht verfolgt
wird, solange er nicht Tatsachen vor-
trägt, die die Annahme begründen, daß
er entgegen dieser Vermutung politisch
35 verfolgt wird. [...]

Flüchtlingszahl aus Algerien und Marokko steigt stark an

Allein im Dezember wanderten 5 300 Algerier
und Marokkaner nach Deutschland ein, mehr
als im gesamten Jahr 2014. Die meisten dürften 5
aus Wirtschaftsgründen fliehen – und haben
keine Chance auf Asyl.

Aus: Flüchtlingszahl aus Algerien und Marokko
steigt stark an (KNA/AFP/mol), in: www.welt.de/po-
litik/deutschland/article151035841/Fluechtlingszahl-
aus-Algerien-und-Marokko-steigt-stark-an.html,
15.1.2016 (Zugriff: 21.12.2016)

Die Schattenseiten Nordafrikas

Repression, Verfolgung von Andersdenkenden
und Folter: Marokko und Algerien sind keine 10
sichere Herkunftsländer, sagen Beobachter.
Die Diskussion in Deutschland, Marokko und
Algerien als sichere Herkunftsländer einzustu-
fen, stößt in Nordafrika auf Befremden. Dortige Menschenrechtsorganisationen beklagen 15
unter schwierigsten Bedingungen die Verletzung elementarer Menschenrechte sowie die
Straffreiheit für beschuldigte Polizeibeamte,
Militärs und Geheimdienste. Internationale
Menschenrechtsorganisationen unterstützen 20
sie dabei.

Aus: Reiner Wandler. Die Schattenseiten Nordafrikas, in: www.taz.de/!5266626/, 19.1.2016 (Zugriff:
21.12.2016)

Entscheidung zu sicheren Herkunftsländern

Der Bundestag hat den Weg frei gemacht für
die Einstufung Algeriens, Marokkos und Tune-
siens als asylrechtlich sichere Herkunftsstaa- 25
ten. Gegen die Stimmen der Opposition sowie
einer Reihe von SPD-Parlamentariern nahm
das Parlament am [...] 13. Mai 2016 einen entsprechenden Gesetzentwurf der Bundesregie-
rung [...] an.   30

Aus: Bundestag: Drei sichere Herkunftsstaaten, in:
www.bundestag.de/dokumente/textarchiv/2016/
kw19-de-sichere-herkunftsstaaten/421684, 13.5.2016
(Zugriff: 21.12.2016)

1 Überprüfen Sie M 1 bis M 3 auf mögliche Konflikte bei der Auslegung der
Verfassungsnormen.
2 Präsentieren Sie arbeitsteilig Ihre Ergebnisse.

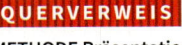
QUERVERWEIS
METHODE Präsentation
S. 169

2.5 Demokratie in alle Ewigkeit?

MATERIAL **1**

Die Ewigkeitsklausel im Grundgesetz

Artikel 79 Absatz 3 GG

Eine Änderung dieses Grundgesetzes, durch welche die Gliederung des Bundes in Länder, die grundsätzliche Mitwirkung der Länder bei der Gesetzgebung oder die in den Artikeln 1 und 20 niedergelegten Grundsätze berührt werden, ist unzulässig.

MATERIAL **2**

Arbeiten am Schutzwall

Zeichnung:
Thomas Plaßmann

MATERIAL **3**

„Freiheit ist ansteckend"

Der ehemalige Richter am Bundesverfassungsgericht Ernst-Wolfgang Böckenförde über den moralischen Zusammenhalt im modernen Staat.

taz: *Herr Böckenförde, Sie haben einen Satz geprägt, mit dem seit Jahrzehnten das Verhältnis des modernen Staates zur Religion be-* [5] *schrieben wird: „Der freiheitliche säkularisierte Staat lebt von Voraussetzungen, die er selbst nicht garantieren kann." Worin besteht das Dilemma?*

Ernst-Wolfgang Böckenförde: Der Staat ist darauf angewiesen, dass die Bürger gewisse [10] Grundeinstellungen, ein staatstragendes Ethos haben, sonst hat er es schwer, eine am Gemeinwohl orientierte Politik zu verwirklichen. Wenn alle seine Ziele nur mit Zwang durchgesetzt werden müssten, wäre der Staat bald kein freiheitlicher Staat mehr. [15]

Menschen ohne Moral sind also schwieriger zu regieren als Menschen mit Moral?
Das lässt sich so sagen. Die staatliche Ordnung muss von einem Ethos in der Gesellschaft getragen sein. [20]

Kann der Staat diese Moral nicht selbst schaffen?
Der freiheitliche Staat kann die moralische Substanz seiner Bürger zwar stützen und fördern, aber nicht von sich aus schaffen [25]

oder garantieren. Denn wenn er den Bürgern einen Ethos und moralische Bekennt-
nisse mit seinen hoheitlichen Methoden auf-
zuerlegen und zu erzwingen sucht, dann ist
30 er kein freiheitlicher Staat mehr.

*Wie kann der Staat die öffentliche Moral stüt-
zen und fördern?*
Dazu gehört nicht zuletzt der Erziehungsauf-
trag der Schule, auch wenn der heute leider
35 nur noch schwach wahrgenommen wird.
Außerdem kann der Staat selbst glaubwürdig moralische Ziele verfolgen, zum Beispiel
soziale Gerechtigkeit, und so ein Klima schaffen, in dem Moral ernst genommen wird. [...]

40 *Wie soll der Staat nun damit umgehen, dass er
von Voraussetzungen lebt, die er selbst nicht
garantieren kann?*
Er sollte alle fördern, die zu diesen Voraussetzungen beitragen. Und das tut er ja auch.
45 Kirchen und Religionsgemeinschaften haben
einen anerkannten Status, sie bekommen
Zuschüsse zu ihrer Sozialarbeit und für ihre
Schulen. Wer für gemeinnützige Zwecke
spendet, bekommt Steuernachlass. Familien
50 werden gefördert [...]. Und natürlich sollte
der Staat ganz generell das geistige Leben
und die Kultur pflegen und fördern [...].

*[...] Sie [haben] neben der moralischen Sub-
stanz der Bevölkerung eine zweite Vorausset-
55 zung des freiheitlichen Staats genannt: die
Homogenität der Gesellschaft. Das klingt ges-
trig.*
Das ist oft missverstanden worden und war
auch ungeschützt formuliert. Gemeint war
60 vor allem eine relative Homogenität in dem
Sinn, dass man eine gemeinsame Vorstellung
davon hat, wie man zusammenleben will.
[...]

*Eine gemeinsame Vorstellung, wie man zu-
sammenleben will – da dürften die Vorstellun-* 65
gen heute doch weit auseinandergehen.
Das ist wohl so. Aber es ist auch Ausdruck
des freiheitlichen Staates, dass jeder nach
seiner Fasson ein sinnvolles Leben soll führen können. Umso wichtiger werden dann 70
Toleranz und Anerkennung von Verschie-
denheit als gemeinsame Grundhaltung.

Geht es letztlich um eine Art Wirgefühl?
Ja. Ralf Dahrendorf nennt es *sense of belon-*
ging, also Zugehörigkeitsgefühl. Hierzu kön- 75
nen viele Faktoren beitragen: gemeinsame
Sprache, gemeinsame Geschichte, erfolgreiche Politik, die Fußballnationalmannschaft.
Auch auf europäischer Ebene müsste ein
derartiger *sense of belonging* entstehen, da- 80
mit die Europäische Union als Gemeinschaft
der Bürger akzeptiert und nicht als fremder
bürokratischer Apparat wahrgenommen
wird. [...]

Deutschland und die anderen Industriestaa- 85
ten sind heute viel bunter als in den 1960er-
Jahren. Hat die überwiegend muslimische Ein-
wanderung die moralische Substanz der
Gesellschaft erhöht oder stören die Muslime
das Wirgefühl? 90
Das ist nicht eindeutig zu beantworten. Die
Fremdheit, die anderen Sitten und Gebräu-
che der Muslime, sind sicher ein Problem.
Deshalb ist es wichtig, dass alle bereit sind,
das jeweilige Anderssein im Rahmen der ge- 95
meinsamen Ordnung, die uns verbindet, anzuerkennen. [...] Der säkularisierte Staat ist
zwar nicht religiös, aber er ist auch nicht re-
ligionsfeindlich. So wie der Staat offen ist,
das Christentum als wichtigen Bestandteil 100
unserer Kultur anzuerkennen und zu fördern, so müssen auch Einwanderer ihre Religion privat und öffentlich bekennen können.
Integration setzt ein Lebenkönnen aus den
eigenen Wurzeln voraus. 105

Aus: „Freiheit ist ansteckend", Interview von Christian Rath mit Ernst-Wolfgang Böckenförde,
in: www.taz.de/1/archiv/print-archiv/printressorts/digi-artikel/?ressort=sw&dig=2009/09/23/
a0090&cHash=21e4e4c527, 23.9.2009 (Zugriff: 21.12.2016)

GLOSSAR
Gesellschaft

1 Erläutern Sie Gründe für die Aufnahme der Ewigkeitsklausel ins Grundgesetz (M 1).
2 Analysieren Sie die Karikatur in M 2.
3 Entwickeln Sie ausgehend von M 3 eine Strategie, wie die freiheitliche demokratische
Grundordnung für die Zukunft in der Gesellschaft gesichert werden kann.

3. Partizipation als Grundlage der Demokratie

3.1 Wahlsysteme – Spielregeln der Demokratie

3.1.1 Mehrheitswahl und Verhältniswahl

MATERIAL 1

Zwei Grundtypen von Wahlsystemen

INFO

Papierkorbstimmen bezeichnen Stimmen für die im Ergebnis unterlegenen Bewerber, die bei der Mehrheitswahl nicht berücksichtigt werden und insofern als „verlorene" Stimmen gelten können.

GLOSSAR

Partizipation

Wahler

	Mehrheitswahl – relativ – absolut (Stichwahl)	Verhältniswahl
Prinzip der Mandatszuteilung	„dem Sieger alles"	Verhältnis der Stimmenanteile
Ziel	Mehrheitsbildung einer Partei	vollständige Demokratie
Vorteile	▪ entscheidungsfähiges Parlament ▪ stabile Regierung ▪ Trend zum Zweiparteiensystem ▪ eher Persönlichkeitswahl	▪ keine „Papierkorbstimmen" (Ausnahme: Sperrklauseln) ▪ das Parlament als Spiegelbild des Wählerwillens ▪ Absicherung benötigter Kandidaten
Nachteile	▪ viele „Papierkorbstimmen" ▪ Missverhältnis zwischen Stimmen und Mandaten ▪ Benachteiligung kleiner Parteien ▪ Wahlkreisgeometrie	▪ unpersönliche Listenwahl ▪ Trend zum Vielparteiensystem ▪ instabilere Koalitionsregierungen

Aus: Landeszentrale für politische Bildung Baden-Württemberg, Das Wahlsystem, in: www.bundestags-wahl-bw.de/wahlsystem1.html (Zugriff: 20.7.2016)

MATERIAL 2

Mehrheits- und Verhältniswahl

Die Zusammensetzung des Parlaments fällt je nach Wahlsystem unterschiedlich aus. In der parlamentarischen Demokratie bestimmt das Wahlsystem darüber, wer die Regierung
5 stellen kann. Die Ausgestaltung des Wahlsystems berührt daher unmittelbar die Machtfrage. Darüber hinaus steht das Wahlsystem im Kontext
▪ der politischen Kultur
10 ▪ der Struktur des Parteiensystems
▪ der Stabilität des Regierungssystems.
Die **Verhältniswahl** – in der Bundesrepublik wird eine Variante davon angewendet – ist das am weitesten verbreitete Wahlsystem.
15 Auch in Mittel- und Osteuropa hat sie sich nach der Wende von 1989/90 überwiegend durchgesetzt. [...]
Die **relative Mehrheitswahl** wird vor allem im englischsprachigen Raum verwendet.

Man findet sie in Kanada, den [USA] und in 20 Großbritannien. [...]
Bei der relativen Mehrheitswahl wird das Wahlgebiet in so viele Wahlkreise unterteilt, wie Abgeordnete zu wählen sind. Jeder Wahlkreis wählt einen Abgeordneten. Man 25 spricht daher von Einpersonenwahlkreisen. Der Wähler bzw. die Wählerin hat eine Stimme pro Kandidat oder Kandidatin. Wer von diesen mehr Stimmen als jede/r andere der Mitbewerber/innen (das heißt die relative 30 Mehrheit) auf sich vereinigt, zieht ins Parlament ein. Die Stimmen für die unterlegenen Kandidaten/Kandidatinnen gehen verloren („*The-winner-takes-it-all*"-Prinzip).
Die Zusammensetzung des Parlaments ist 35 leicht durchschaubar, da sich in der Regel klare Mehrheiten bilden. Die relative Mehrheitswahl hat einen „mehrheitsbildenden Effekt".

Aus: Karl-Rudolf Korte, Wahlen in Deutschland, Bonn: bpb, 2013, S. 25 f.

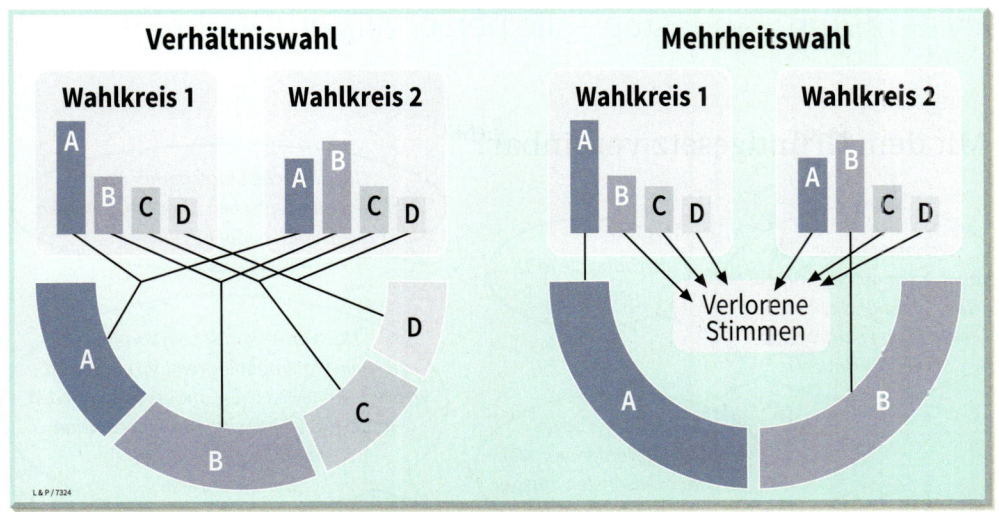

Machtverteilung bei Mehrheit- und Verhältniswahl

MATERIAL 3

Nach welchem Grundtyp von Wahlsystemen Stimmergebnisse in Parlamentssitze umgerechnet werden, kann darüber entscheiden, wer am Ende regiert. Bei der Verhältniswahl ist das ganze Land ein Wahlkreis. Die fünf

Parlamentssitze werden proportional zu den Stimmanteilen vergeben. Bei der Mehrheitswahl ist das Land in fünf Wahlkreise aufgeteilt. Aus jedem Wahlkreis erhält der Sieger einen Sitz im Parlament.

Stimmverteilung:

	Urbanien	Zentralien	Nordwestien	Südostien	Agrarien	Gesamt	Anteil
Partei der konservativen Bürger	300	400	400	400	250	1 750	35,00 %
Partei der sozialen Demokratischen	500	350	350	350	200	1 750	35,00 %
Partei der Landwirte	0	50	50	50	350	500	10,00 %
Partei der Umweltschützer	200	200	200	200	200	1 000	20,00 %

Autorentext

1 Stellen Sie vor dem Hintergrund der Informationen aus M 1 die Sitzverteilung für das Parlament im fiktiven Beispiel M 3 dar; einmal für das System der relativen Mehrheitswahl, einmal für das System der Verhältniswahl.

2 Diskutieren Sie, ob eines der Ergebnisse „gerechter" ist, und legen Sie dabei das zentrale Kriterium für Ihre Einschätzung dar (M 1, M 2).

3.1.2 Das Wahlsystem zum Bundestag – die personalisierte Verhältniswahl

MATERIAL **1**   ## Mit dem Grundgesetz vereinbar?

INFO

Art. 38 GG Abs. 1
Die Abgeordneten des Deutschen Bundestages werden in **allgemeiner, unmittelbarer, freier, gleicher und geheimer Wahl** gewählt. Sie sind Vertreter des ganzen Volkes, an Aufträge und Weisungen nicht gebunden und nur ihrem Gewissen unterworfen.

Wer mehr leistet, soll auch mehr mitbestimmen! Das Stimmgewicht sollte sich an den entrichteten Steuern orientieren.

Ich habe die NPD gewählt!

Nur deutsche Staatsbürger über 18 dürfen den deutschen Bundestag wählen. Ausländer oder Kinder nicht.

Jeder Bürger sollte verpflichtet werden, zur Wahl zu gehen. Ansonsten muss er eine Geldstrafe zahlen.

Nach amerikanischem Vorbild sollte ein Wahlmännergremium eingesetzt werden, das jeweils auf Landesebene von den Bürgern gewählt wird. Die können dann bestimmen, wer in den Bundestag soll.

MATERIAL **2**   ## Grundzüge des deutschen Wahlrechts

QUERVERWEIS

Muss das Wahlrecht reformiert werden?
S. 42–45

Beim Wahlakt sind zwei Stimmen zu vergeben. Der Deutsche Bundestag zählt seit 2002 – ohne Überhangmandate – 598 Abgeordnete. Die Hälfte von ihnen, also 299, wird
5 nach relativer Mehrheitswahl direkt in Wahlkreisen gewählt. Diesen Direktmandaten gilt die Erststimme. Die **Erststimme** macht den „personalisierten" Teil des Wahlsystems aus, weil die Wählerinnen und Wäh-
10 ler damit eine bestimmte Person ihres Wahlkreises wählen.
Mit der **Zweitstimme** werden Parteien gewählt. Die Zweitstimme entscheidet über die Zusammensetzung des Bundestages. Sie ist
15 daher eindeutig wichtiger als die Erststimme.
Die meisten Parteien (die CSU als Regionalpartei ausgenommen) sind zwar bundesweite Organisationen, treten aber zur Wahl mit
20 Landeslisten an. Die Wählerinnen und Wähler ein und derselben Partei kreuzen daher in unterschiedlichen Bundesländern verschiedene Landeslisten an.

Wer darf wählen?
25 Wer wahlberechtigt ist (**aktives Wahlrecht**) und wer wählbar ist (**passives Wahlrecht**), bestimmen in der Bundesrepublik Deutschland das Grundgesetz und in einzelnen Aus-

führungsbestimmungen das Bundeswahlge-
30 setz.
Für das **aktive Wahlrecht** ist der Grundsatz der Allgemeinheit wichtig, wonach grundsätzlich jede Bürgerin und jeder Bürger wahlberechtigt ist. Hierbei sind allerdings
35 zwei Aspekte zu berücksichtigen:

a) Das Wahlrecht ist beschränkt auf die Personen, die vom Ergebnis der Wahl betroffen sind, das heißt normalerweise Staatsbürgerinnen und -bürger, die im Wahlgebiet sess-
40 haft sind.
b) Die Wahlberechtigten müssen in der Lage sein, eine überlegte Entscheidung zu treffen. Deshalb wird ein bestimmtes Wahlalter festgelegt. [...]

45 Konkret bedeutet dies: Wahlberechtigt sind deutsche Staatsangehörige, die sich seit mindestens drei Monaten in Deutschland aufhalten, das 18. Lebensjahr vollendet haben und ihr Wahlrecht nicht durch einen Richter-
50 spruch verloren haben.
Für das **passive Wahlrecht** gelten entsprechende Überlegungen: Somit ist wählbar, wer seit mindestens einem Jahr die deutsche Staatsangehörigkeit innehat, das 18. Lebensjahr vollendet hat und das Wahlrecht besitzt.
55

Aus: Karl-Rudolf Korte, Wahlen in Deutschland, Bonn: bpb, 2013, S. 51 f., 58

Welches Gewicht hat meine Stimme?

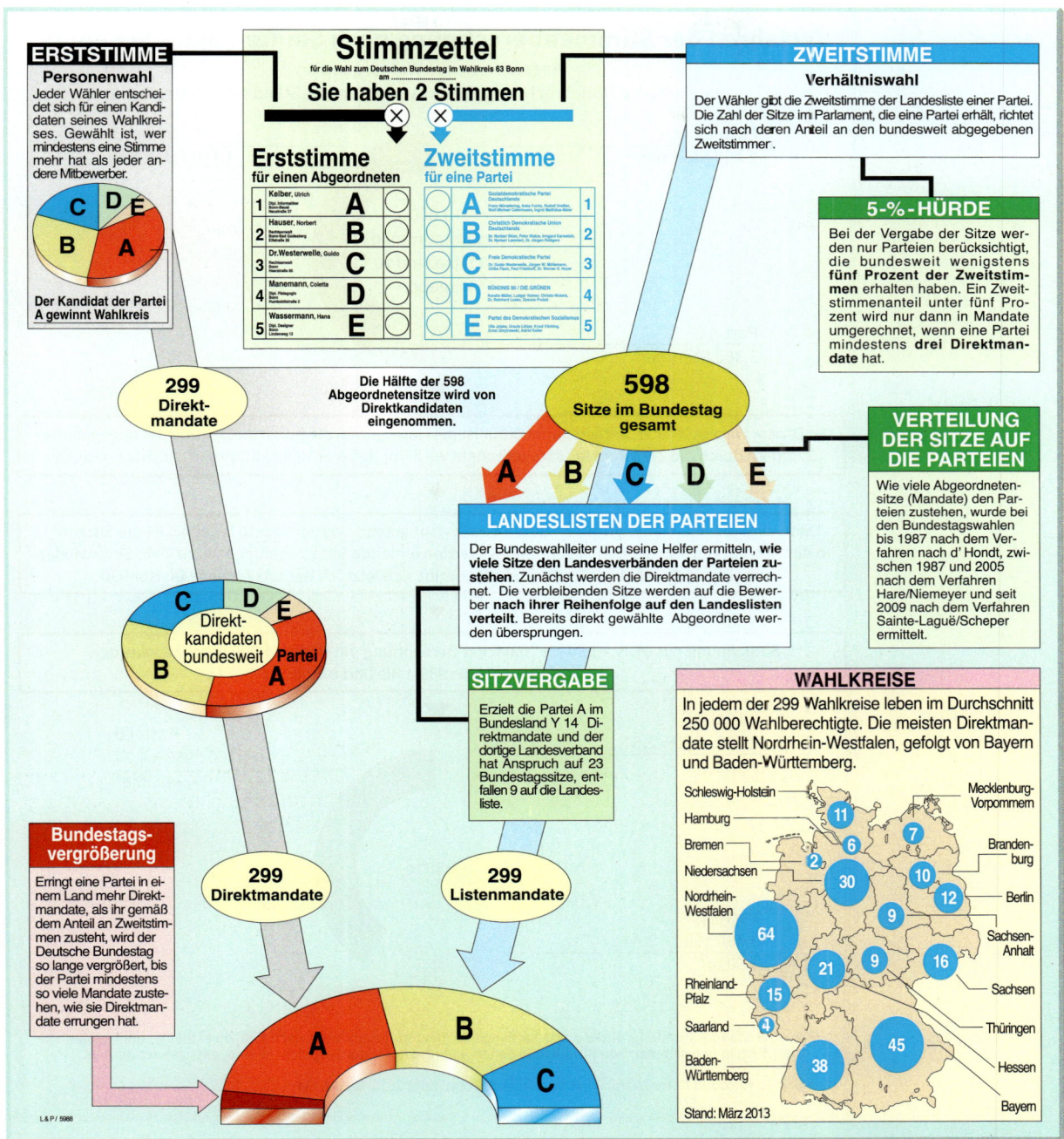

ERSTSTIMME

Personenwahl

Jeder Wähler entscheidet sich für einen Kandidaten seines Wahlkreises. Gewählt ist, wer mindestens eine Stimme mehr hat als jeder andere Mitbewerber.

Der Kandidat der Partei A gewinnt Wahlkreis

Stimmzettel

für die Wahl zum Deutschen Bundestag im Wahlkreis 63 Bonn am

Sie haben 2 Stimmen

Erststimme
für einen Abgeordneten

1 Kelber, Ulrich — A
2 Hauser, Norbert — B
3 Dr. Westerwelle, Guido — C
4 Manemann, Coletta — D
5 Wassermann, Hans — E

Zweitstimme
für eine Partei

A — 1
B — 2
C — 3
D — 4
E — 5

ZWEITSTIMME

Verhältniswahl

Der Wähler gibt die Zweitstimme der Landesliste einer Partei. Die Zahl der Sitze im Parlament, die eine Partei erhält, richtet sich nach deren Anteil an den bundesweit abgegebenen Zweitstimmen.

5-%-HÜRDE

Bei der Vergabe der Sitze werden nur Parteien berücksichtigt, die bundesweit wenigstens **fünf Prozent der Zweitstimmen** erhalten haben. Ein Zweitstimmenanteil unter fünf Prozent wird nur dann in Mandate umgerechnet, wenn eine Partei mindestens **drei Direktmandate** hat.

299 Direktmandate

Die Hälfte der 598 Abgeordnetensitze wird von Direktkandidaten eingenommen.

598 Sitze im Bundestag gesamt

A B C D E

VERTEILUNG DER SITZE AUF DIE PARTEIEN

Wie viele Abgeordnetensitze (Mandate) den Parteien zustehen, wurde bei den Bundestagswahlen bis 1987 nach dem Verfahren nach d' Hondt, zwischen 1987 und 2005 nach dem Verfahren Hare/Niemeyer und seit 2009 nach dem Verfahren Sainte-Laguë/Scheper ermittelt.

LANDESLISTEN DER PARTEIEN

Der Bundeswahlleiter und seine Helfer ermitteln, **wie viele Sitze den Landesverbänden der Parteien zustehen**. Zunächst werden die Direktmandate verrechnet. Die verbleibenden Sitze werden auf die Bewerber **nach ihrer Reihenfolge auf den Landeslisten verteilt**. Bereits direkt gewählte Abgeordnete werden übersprungen.

Direktkandidaten bundesweit — **Partei** C D E B A

SITZVERGABE

Erzielt die Partei A im Bundesland Y 14 Direktmandate und der dortige Landesverband hat Anspruch auf 23 Bundestagssitze, entfallen 9 auf die Landesliste.

WAHLKREISE

In jedem der 299 Wahlkreise leben im Durchschnitt 250 000 Wahlberechtigte. Die meisten Direktmandate stellt Nordrhein-Westfalen, gefolgt von Bayern und Baden-Württemberg.

Schleswig-Holstein — 11
Hamburg — 6
Bremen — 2
Niedersachsen — 30
Nordrhein-Westfalen — 64
Rheinland-Pfalz — 15
Saarland — 4
Baden-Württemberg — 38
Mecklenburg-Vorpommern — 7
Brandenburg — 10
Berlin — 12
Sachsen-Anhalt — 9
Sachsen — 16
Thüringen — 9
Hessen — 21
Bayern — 45

Stand: März 2013

Bundestags-vergrößerung

Erringt eine Partei in einem Land mehr Direktmandate, als ihr gemäß dem Anteil an Zweitstimmen zusteht, wird der Deutsche Bundestag so lange vergrößert, bis der Partei mindestens so viele Mandate zustehen, wie sie Direktmandate errungen hat.

299 Direktmandate

299 Listenmandate

A B C

L & P / 5988

1 Erläutern Sie, inwiefern die Aussagen aus M 1 mit dem Grundgesetz vereinbar sind. Nennen Sie den Wahlgrundsatz (Info), auf den jeweils Bezug genommen wird.

2 Beurteilen Sie, ob unser Wahlsystem (M 2, M 3) als Mischwahlsystem zu bezeichnen ist.

3 Erklären Sie, warum vor allem kleinere Parteien ihre Wähler kurz vor dem Wahltermin auffordern, sie (nur) mit der Zweitstimme zu wählen ("Zweitstimmenkampagne"; M 2, M 3).

MATERIAL **4**   Von der Stimme zum Parlamentssitz

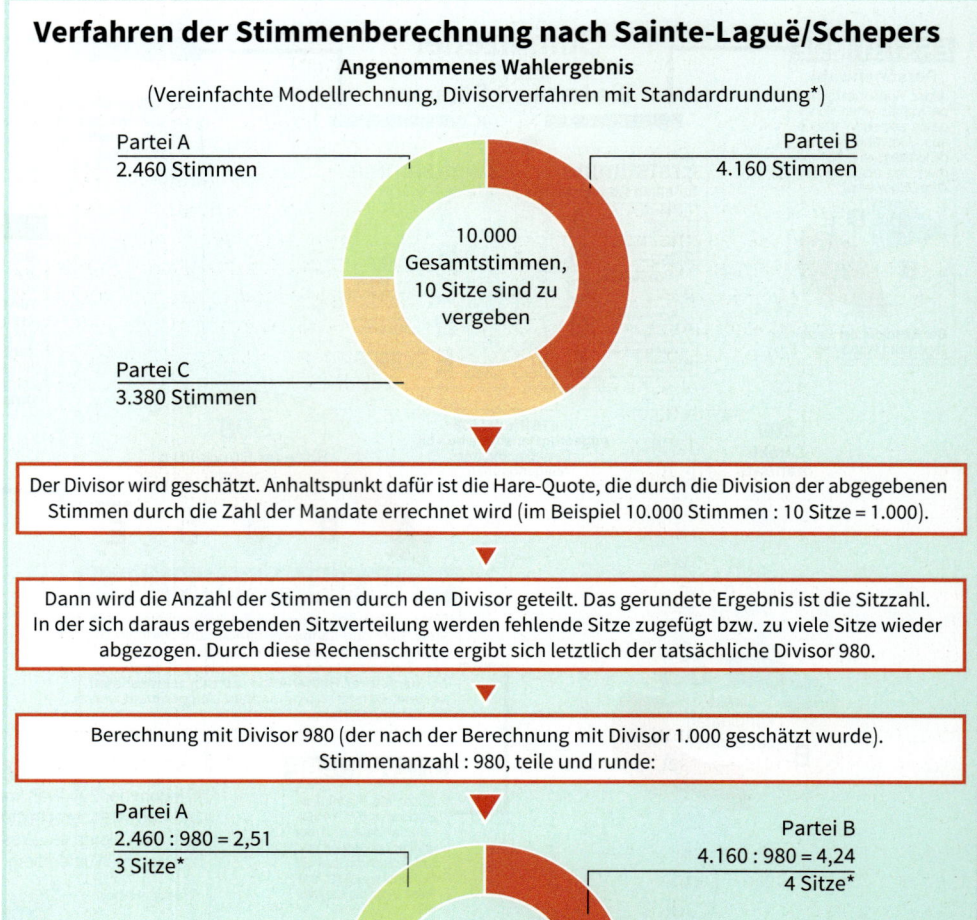

Verfahren der Stimmenberechnung nach Sainte-Laguë/Schepers
Angenommenes Wahlergebnis
(Vereinfachte Modellrechnung, Divisorverfahren mit Standardrundung*)

Partei A
2.460 Stimmen

Partei B
4.160 Stimmen

10.000
Gesamtstimmen,
10 Sitze sind zu
vergeben

Partei C
3.380 Stimmen

▼

Der Divisor wird geschätzt. Anhaltspunkt dafür ist die Hare-Quote, die durch die Division der abgegebenen Stimmen durch die Zahl der Mandate errechnet wird (im Beispiel 10.000 Stimmen : 10 Sitze = 1.000).

▼

Dann wird die Anzahl der Stimmen durch den Divisor geteilt. Das gerundete Ergebnis ist die Sitzzahl. In der sich daraus ergebenden Sitzverteilung werden fehlende Sitze zugefügt bzw. zu viele Sitze wieder abgezogen. Durch diese Rechenschritte ergibt sich letztlich der tatsächliche Divisor 980.

▼

Berechnung mit Divisor 980 (der nach der Berechnung mit Divisor 1.000 geschätzt wurde).
Stimmenanzahl : 980, teile und runde:

▼

Partei A
2.460 : 980 = 2,51
3 Sitze*

Partei B
4.160 : 980 = 4,24
4 Sitze*

10 Sitze

Partei C
3.380 : 980 = 3,44
3 Sitze*

L & P / 7498

* Bei der Standardrundung wird ein Bruchteilsrest ab- bzw. aufgerundet, je nachdem, ob er kleiner oder größer als 0,5 ist; in den seltenen Sonderfällen, in denen mehrere Reste genau gleich 0,5 sind, entscheidet das Los.

Nach: Karl-Rudolf Korte, Wahlen in Deutschland, Bonn: bpb, 2013, S. 51 f., 34

Quelle: www.wahlrecht.de; eigene Darstellung

QUERVERWEIS

METHODE Urteilsbildung –
Sach- und Werturteile
S. 46 L

1 Erläutern Sie das Verfahren zur Verrechnung von Wählerstimmen in Parlaments-
mandate nach Sainte-Laguë/Schepers in eigenen Worten (M 4).
2 Bewerten Sie das Wahlsystem zum Bundestag anhand geeigneter Kriterien (M 2 bis M 4).
3 Erklären Sie, weshalb der Bundestag immer größer zu werden droht (M 5 mit Info).
4 Erörtern Sie, ob ein großer Bundestag von Vor- oder Nachteil für die Demokatie ist (M 5).

Aufgeblähter Bundestag?

Wenn Bundestagspräsident Norbert Lammert am Wochenende von seinem Privaturlaub in Brasilien heimkehrt, will er einen neuen An-lauf für eine Wahlrechtsreform starten – wo-
5 möglich den letzten. Doch die Chancen, dass der CDU-Mann eine Mehrheit für seinen Vor-schlag zur Begrenzung der Abgeordneten-zahl findet, sind äußerst gering. Wenn Lam-mert nicht bis Jahresende eine Verständigung
10 mit den Fraktionsspitzen des Hohen Hauses erzielt, ist es für eine Neuregelung, die schon bei der Bundestagswahl im September 2017 wirksam werden kann, zu spät.

Es wäre, wie der Bonner Politikprofessor
15 Frank Decker urteilt, „eine Blamage mit An-sage". Ändert sich am geltenden Wahlrecht nichts, würde der nächste Bundestag wohl zum Jumbo-Parlament anwachsen – statt der aktuell 630 Abgeordneten könnten es min-
20 destens 700 Volksvertreter werden, vielleicht sogar 750 oder noch mehr. Das wäre dann der Fall, wenn mit AfD und FDP zwei weitere Fraktionen die Fünf-Prozent-Hürde nähmen und damit die Zahl der Überhang- und Aus-
25 gleichsmandate explodierte.

Für die Aufblähung des Bundestages ist die 2013 in Kraft getretene Gesetzesnovelle ver-antwortlich, übrigens schon die 27. Ände-rung des Wahlrechts seit 1949, fast die Hälfte
30 davon zwischen den beteiligten Parteien um-stritten. Nach dieser Neufassung müssen „Überhangmandate, die dann entstehen, wenn eine Partei mit den auf ihre Wahlkreis-kandidaten entfallenden Erststimmen mehr
35 Mandate direkt gewinnt, als sie nach dem Zweitstimmenergebnis insgesamt erhalten dürfte, vollständig ausgeglichen werden" (Decker). Die in einem komplizierten Verfah-ren berechneten Ausgleichsmandate kom-
40 men allen Parteien zugute.

Dass dadurch der Parteienproporz des Wahl-ergebnisses verzerrt wird, hatte vor Jahren bereits das Bundesverfassungsgericht auf den Plan gerufen. In einem Urteil erklärte
45 Karlsruhe eine Gesamtzahl von 15 Über-hangmandaten für zulässig – was nach gel-tender Praxis zu rund 120 Ausgleichsmanda-ten führen würde, also zu einem Bundestag

im XXL-Format. 2013 gab es bei bloß vier Überhangmandaten der Union immerhin 29
50 Ausgleichsmandate. Experten rechnen bei sechs statt bisher vier Fraktionen im Parla-ment beim nächsten Mal mit erheblich mehr Überhangmandaten.

Abgesehen von den Platzproblemen, die bei
55 750 Sitzen in den Parlamentsgebäuden im Berliner Regierungsviertel entstünden, stie-gen auch die Betriebskosten des Bundestages um rund 70 Millionen Euro pro Jahr an, wie der Bund der Steuerzahler kalkuliert. Selbst
60 Abgeordnete schimpfen: „Das wäre zu teuer und funktioniert auch nicht." Doch die Em-pörung klingt ein bisschen fadenscheinig, schließlich ist das Problem nicht neu. Pas-siert ist drei Jahre lang nichts. Erst in den
65 letzten Monaten regte sich in den Fraktionen das schlechte Gewissen. Norbert Lammert bemühte sich um einen All-Parteien-Kon-sens – vergeblich. Sein Vorschlag, eine Ober-grenze für Überhangmandate einzuführen
70 und die Zahl der Abgeordneten auf 630 zu deckeln, scheiterte am Einspruch von SPD, Linkspartei und Grünen. Das Modell, so lau-tete die Kritik, begünstige allein die Union, die im nächsten Jahr wieder gute Aussichten
75 auf viele Überhangmandate habe.

Obwohl der Druck auf die Parteien steigt, er-scheint die Aussicht, dass es noch rechtzeitig zu einer Einigung über die notwendige Ge-setzesänderung kommt, mehr als gering. Die
80 Opposition drängt auf eine faire Nachjustie-rung: „Fest steht für uns", erklärt Britta Haßelmann für die Grünen, „dass sich das Zweitstimmenergebnis in der Zusammenset-zung des Bundestages eins zu eins widerspie-
85 geln muss".

Für eine umfassende Reform [...] ist es aller-dings zu spät, denn in den Parteien haben längst die Wahlen der Wahlkreiskandidaten begonnen, die Aufstellung der Landeslisten
90 steht kurz bevor. Eine Korrektur der Wahl-kreiszuschnitte oder eine Verringerung der bisher 299 Wahlkreise sind deshalb nicht mehr möglich, und eine verfassungskonfor-me Begrenzung der Überhangmandate ist
95 ebenso strittig wie kompliziert.

Aus: Gunther Hartwig, Bundestag wird immer größer, in: www.swp.de/ulm/nachrichten/politik/bundes-tag-wird-immer-groesser-14006460.html, 17.11.2016 (21.12.2016)

INFO

Entwicklung von Erst- und Zweitstimmenanteilen (E + Z) in % und Anzahl der Überhangmandate (Ü)

CDU/ CSU	E	Z	Ü
1949:	31,0	31,0	1
1953:	43,7	45,2	2
1957:	50,3	50,2	3
1961:	46,0	45,3	5
1965:	48,8	47,6	
1969:	46,6	46,1	
1972:	45,4	44,9	
1976:	48,9	48,6	
1980:	46,0	44,5	
1983:	52,2	48,8	
1987:	47,8	44,3	1
1990:	45,7	43,8	6
1994:	45,0	41,4	12
1998:	39,6	35,1	–
2002:	41,1	38,5	1
2005:	40,9	35,2	7
2009:	39,4	33,8	24
2013:	45,3	41,5	4 (+13)*

SPD	E	Z	Ü
1949:	29,2	29,2	1
1953:	29,5	28,8	–
1957:	32,0	31,8	–
1961:	36,5	36,2	–
1965:	40,1	39,3	
1969:	44,0	42,7	
1972:	48,9	45,8	–
1976:	43,7	42,6	
1980:	44,5	42,9	1
1983:	40,4	38,2	2
1987:	39,2	37,0	
1990:	35,2	33,5	–
1994:	38,3	36,4	4
1998:	43,8	40,9	13
2002:	41,9	38,5	4
2005:	38,4	34,2	9
2009:	27,9	23,0	–
2013:	29,4	25,7	(10)*

*Ausgleichsmandate nach neuem Wahlrecht

Aus: www.bundeswahl-leiter.de (Zugriff: 12.1.2017)

3.1.3 Das Wahlsystem in der Diskussion

MATERIAL **1**

QUERVERWEIS

**Der Bundestag –
Aufgaben und Funktionen**
S. 128–131

GLOSSAR

Bundestag

Absolute Mehrheit? Ja bitte! –
Plädoyer für das Mehrheitswahlrecht in Deutschland

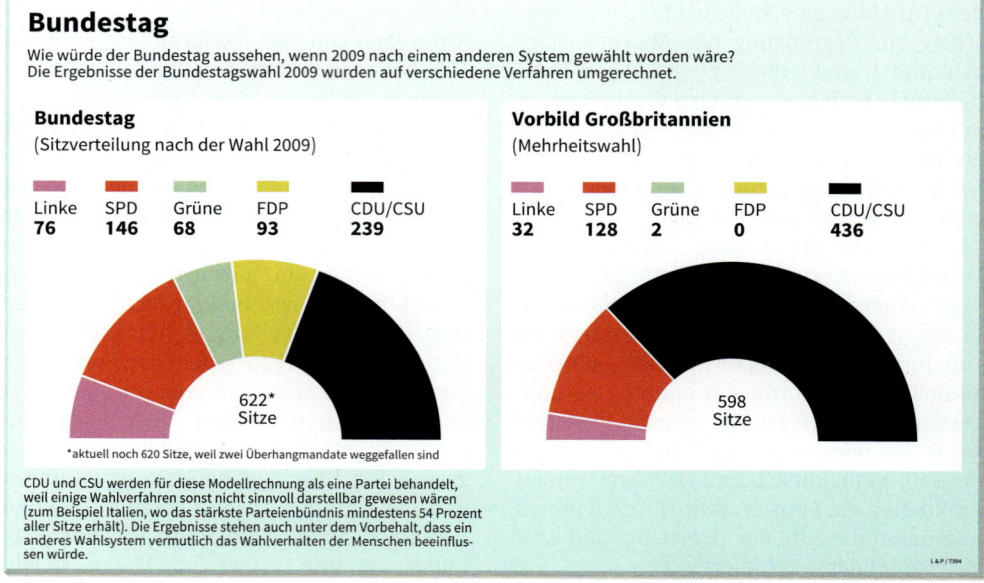

Bundestag

Wie würde der Bundestag aussehen, wenn 2009 nach einem anderen System gewählt worden wäre?
Die Ergebnisse der Bundestagswahl 2009 wurden auf verschiedene Verfahren umgerechnet.

Bundestag
(Sitzverteilung nach der Wahl 2009)

Linke	SPD	Grüne	FDP	CDU/CSU
76	146	68	93	239

622*
Sitze

*aktuell noch 620 Sitze, weil zwei Überhangmandate weggefallen sind

Vorbild Großbritannien
(Mehrheitswahl)

Linke	SPD	Grüne	FDP	CDU/CSU
32	128	2	0	436

598
Sitze

CDU und CSU werden für diese Modellrechnung als eine Partei behandelt,
weil einige Wahlverfahren sonst nicht sinnvoll darstellbar gewesen wären
(zum Beispiel Italien, wo das stärkste Parteienbündnis mindestens 54 Prozent
aller Sitze erhält). Die Ergebnisse stehen auch unter dem Vorbehalt, dass ein
anderes Wahlsystem vermutlich das Wahlverhalten der Menschen beeinflussen würde.

L & P / 7394

Die Fünfprozentklausel hat [bei der Bundestagswahl 2013] voll zugeschlagen: Mit dem knappen Scheitern von FDP und AfD und dem seit Langem stetigen Anwachsen der
5 kleineren und übrigen Parteien finden 15,7 Prozent der Wählerinnen und Wähler ihre Stimme nicht im Bundestag vertreten. Gleichzeitig war das Staunen groß, als plötzlich eine absolute Mehrheit der Mandate für die
10 Union möglich war, die am Ende, mit 41,5 Prozent der Stimmen, nur knapp verfehlt wurde. Helmut Kohl holte 1976 stolze 48,6 Prozent für die Union und erreichte doch die absolute Mehrheit im Bonner Parlament
15 nicht. [...]
Hätte Deutschland ein reines Mehrheitswahlrecht, in dem nur der Sieger eines Wahlkreises ins Parlament einzieht, gäbe es jetzt klare Verhältnisse mit der absoluten Mehr-
20 heit der offensichtlichen Wahlsieger. Trauen wir uns noch, über diese Möglichkeit ernsthaft nachzudenken? [...] Seit 1918 galt [das Verhältniswahlrecht] in der Weimarer Republik und führte prompt zu einem stark zer-
25 splitterten Parlament, da es eine Prozent-

sperrklausel damals nicht gab. In der Zeit des Kaiserreichs galt dagegen das absolute Mehrheitswahlrecht: In Wahlkreisen wetteiferten die Kandidaten der Parteien gegeneinander; gewählt war, wer die absolute Mehr- 30 heit bekam. Andernfalls kam es zur Stichwahl, so wie es heute auch in Frankreich ist. Die Parteien, die ohnehin (mit Ausnahme der SPD) eher lockere Bündnisse waren, konnten ihre Prominenz nicht auf Listenplätzen absi- 35 chern, sondern sie höchstens in einen vielversprechenden, halbwegs sicheren Wahlkreis schicken. Nach 1945 sah man im reinen Verhältniswahlrecht sogar eine wichtige Ursache für das Scheitern der Weimarer Repu- 40 blik [...]
Dabei könnten wir das Mehrheitswahlrecht nicht nur gut gebrauchen. Es passt auch zu vielen demokratischen Wünschen, zu einem neuen Bild von Demokratie, das sich in letz- 45 ter Zeit herausgebildet hat. An erster Stelle der Vorzüge ist natürlich die klare Mehrheitsbildung zu nennen, ohne die lästigen Koalitionskompromisse. Das mag ja bei den klassischen „kleinen" Koalitionen noch ange- 50

hen. Aber soll eine Große Koalition wirklich zu einer Art Regelfall der deutschen Politik werden, die sich etwa jede zweite Legislaturperiode einstellt? Da überkommt alle, die in klaren Kategorien des Konflikts und der Opposition denken, ein Schaudern. Ziehen Abgeordnete als Wahlkreissieger ins Parlament ein, verstärkt das die jeweilige Stimmungslage auf höchst elegante Weise. Wenn 15 Prozent der Wahlberechtigten von einer Volkspartei zur anderen wechseln, stellt sich das ein, was die Amerikaner einen *„landslide"* nennen: der Erdrutschsieg der nun präferierten Partei. Angesichts einer nach wie vor großen Zahl von Stammwählern, die, komme, was wolle, in ihrer politischen Heimat bleiben, ist das Mehrheitswahlrecht ein sinnvoller Verstärkereffekt, um einen Umschwung des Zeitgeists in einen Regierungswechsel zu übersetzen.

Und was könnten wir dann für spannende Kandidaten-Wahlkämpfe erleben, in der eigenen Stadt, in der eigenen Region, hautnah! [...] Das Verhältniswahlrecht hat über das gesamte 20. Jahrhundert der Herrschaft von Parteimaschinen, von Parteibürokratie Vorschub geleistet, die Vertretung im Parlament möglichst generalstabsmäßig organisiert [...] Jetzt klagen wir über Parlamentarier, die sich von den Bürgern zu weit entfernt haben, über Repräsentation, die zu anonym geworden ist. [...]

Demokratie funktioniert nicht mehr so, wie es bei der Gründung der Bundesrepublik vorgesehen war. Alle vier Jahre wählen, und dann werden die großen Dinge dort entschieden: Westintegration! Rentenreform! Neue Ostpolitik! Heute geht es wieder viel mehr um die Verhältnisse „vor Ort", um lokale Streitthemen der Betroffenheit und der Partizipation an der Basis. Solche Politik braucht *„local heroes"*. Und wir rufen nach Transparenz: Wie hat „meine" Abgeordnete

sich eigentlich verhalten, wie hat sie abgestimmt in zentralen Fragen? *Websites* wie *abgeordnetenwatch.de* verleihen diesem Bedürfnis Ausdruck. In den USA ist es selbstverständlich, sich den *„voting record"* des Wahlkreisabgeordneten aufs Genaueste vorzuknöpfen. Das Mehrheitswahlrecht stärkt auch die Freiheit des Gewissens, die Unabhängigkeit der Parlamentarier gegen ein Übermaß von Fraktionsdisziplin. Es bringt die Rechenschaftspflicht gegenüber den Wählern auf den Punkt, die sich heute allzu oft im Niemandsland der Parteiräson verliert.

Gut, da bleiben Fragen und auch Nachteile. Deutschland hat seit dem Aufstieg der Grünen 1980 vorgeführt, wie ein Parteiensystem flexibel und innovativ sein kann, ohne deshalb gleich ganz zu zerfallen [...] Neue Ideen und Themen müssten dann innerhalb der großen Parteien eine Heimat finden – so wie die Demokratische Partei in den USA bürgerrechtlich und ökologisch viel von dem enthält, was bei uns die Grünen sind. Aber ein Ende der kleineren Parteien müsste das nicht einmal bedeuten. Die Grünen würden sich auf städtische Wahlkreise konzentrieren. Folgt man nicht dem britischen *„first past the post"* (das heißt der relativen Mehrheit im ersten Wahlgang), eröffnet die Stichwahl Chancen zu Bündnissen und Absprachen: Die SPD unterstützt den grünen Kandidaten in Stuttgart; die Grünen honorieren das mit Unterstützung dort, wo sie selbst keine Chance haben. Abgeordnete der Linken? Sowieso kein Problem.

Eins jedenfalls ist das Mehrheitswahlrecht nicht: irgendwie demokratisch defizitär. *„One person, one vote"* – das gilt hier ohne jeden Abstrich. Es bringt eine andere Vorstellung von Demokratie zum Ausdruck – aber nicht eine, die besser oder schlechter wäre als die der „proportionalen Repräsentation".

Aus: Paul Nolte, Absolute Mehrheit? Ja bitte, in: www.spiegel.de/spiegel/print/d-114257815.html, 25.9.2013 (Zugriff: 26.5.2016)

1 Erörtern Sie die Auswirkungen von Mehrheits- und Verhältniswahlrecht auf:
a) kleine Parteien, b) kleine Parteien mit regionalen Schwerpunkten,
c) die Zusammensetzung des Parlaments, d) die Bildung von Regierungen,
e) die Stellung der Abgeordneten gegenüber der eigenen Partei,
f) die Aufnahme neuer Themen in die parteipolitische Diskussion (M 1).

2 Gestalten Sie eine Stellungnahme zu der Forderung Paul Noltes (M 1).

3.2 Wähler und Nichtwähler

3.2.1 Warum wählen?

MATERIAL 1

Das Paradox des Wählens

Für den Ausgang einer Wahl ist bei einer großen Anzahl von Wählern die eigene Stimme praktisch bedeutungslos. Da mit der Stimmabgabe noch Kosten [z. B. Zeitaufwand, um sich zu informieren] verbunden sind, sollte man erwarten, dass kaum jemand zur Wahl geht. [5]

Aus: Anthony Downs, An Economic Theory of Democracy, New York: Harper & Brothers, 1957; zit. nach: www.wahlrecht.de/lexikon/kosten.html (Zugriff: 21.12.2016)

MATERIAL 2

Was leisten Wahlen?

„Eine nach Diskussion in demokratischer Abstimmung gefundene Entscheidung muss nicht unbedingt „richtig" im Sinne von „universell wahr" oder „gut" sein; … und auch im Nachhinein als unrichtig erkannte Entscheidungen behalten ihre Gültigkeit, sind somit rechtmäßig und anerkennungswürdig," meint der Soziologe Niklas Luhmann. Die Entscheidung demokratisch gewählter Vertreter bringt also nicht automatisch „bessere" Ergebnisse hervor als die Entscheidung eines autoritären Herrschers. Sie verleiht der Entscheidung aber eine größere **Legitimation**, da der „Volkswille" durch das Verfahren der Wahl Berücksichtigung findet. [15]
Zudem stehen die gewählten Vertreter unter der Kontrolle des Volkes, das bei Missfallen die nächsten Wahlen dazu nutzen kann, sie abzuwählen. Sie können also auch innerhalb der Gesetze nicht tun was sie wollen, wenn [20] sie wiedergewählt werden wollen.
Wahlen haben zudem den sehr praktischen Vorteil, dass sich der Bürger nicht um alle politischen Fragen selbst kümmern muss.
Die **Repräsentation** durch die gewählten [25] Vertreter kann als eine Art Arbeitsteilung verstanden werden. Zuletzt zivilisieren Wahlen den Austrag gesellschaftlicher Konflikte und die Konkurrenz um politische Macht. Es ist nicht jedes Mal eine Revolution nötig, [30] wenn der Mehrheit des Volkes die Arbeit der Regierenden nicht passt – es reicht der Gang zur Wahlkabine. Um bei Wahlen erfolgreich zu sein, bedarf es der **Integration verschiedener Interessen** in einem Partei- oder [35] Wahlprogramm. Wahlen sorgen also auch für eine Strukturierung der öffentlichen Debatte.

Autorentext

MATERIAL 3

Modelle des Wahlverhaltens

GLOSSAR

Gruppe

a) Der soziologische Erklärungsansatz
Wahlverhalten ist Gruppenverhalten. Die Zugehörigkeit zu verschiedenen sozialen Gruppen mit festen politischen Verhaltensnormen bestimmt demnach die individuelle Wahlentscheidung. Das Zusammenspiel der verschiedenen Gruppenzugehörigkeiten kann mithilfe der Merkmale sozioökonomischer Status, Konfessionszugehörigkeit und Größe [5] des Wohnorts in hohem Ausmaß nachgewiesen werden. [10]
Überlagern sich bei den Wahlberechtigten jedoch einander widersprechende Loyalitätsforderungen (*cross-pressures*), reagieren sie im Allgemeinen mit der Reduzierung des politischen Interesses und der zeitlichen Herauszögerung der Wahlentscheidung. In diesem Fall [15] musste zuerst eine Entscheidung darüber fallen, welche Gruppenzugehörigkeit denn jetzt

20 als wichtigste – und damit als verhaltensrelevant – angesehen werden sollte. Auch langfristige Wahlmuster lassen anhand relativ stabiler Konfliktlinien (*cleavages*) wie z. B. Staat vs. Kirche oder Kapital vs. Arbeit erklären.

25 b) Der individualpsychologische Erklärungsansatz

Wahlverhalten ist Ausdruck einer individuellen psychologischen Beziehung zu einer Partei. Sie wird erworben bei der politischen 30 Sozialisation durch Elternhaus, Freundeskreis oder Mitgliedschaft in politischen Gruppen und beeinflusst – einmal ausgeprägt – die Wahrnehmung sowie die Bewertung politischer Ereignisse in hohem Maße. Neben 35 dieser Langzeitvariable Parteiidentifikation existieren zwei weitere Einflussfaktoren: die

Bewertung der Kandidatinnen und Kandidaten sowie die Einstellungen zu aktuellen politischen Streitfragen (die sogenannte *Issue*-Orientierung). Die individuelle Wahlent- 40 scheidung resultiert nun aus dem spezifischen Zusammenspiel dieser drei Faktoren (Parteiidentifikation, Kandidatenorientierung, politische Streitfragen). In der Regel erfolgt die Wahlentscheidung entsprechend der lang- 45 fristig stabilen Parteiidentifikation. Allerdings kann es bei einzelnen Wahlen durchaus auch zu kurzzeitigen Dissonanzen zwischen den drei Variablen kommen. Subjektiv als entscheidend empfundene Personal- oder 50 Sachfragen lassen dann unter Umständen die punktuelle Wahlentscheidung auch entgegen der langfristig wirksamen Parteiidentifikation ausfallen.

QUERVERWEIS

Demokratie – mehr als Wahlen
S. 14, M 1–M 2

Wandel des Wählerverhaltens
S. 76 f.

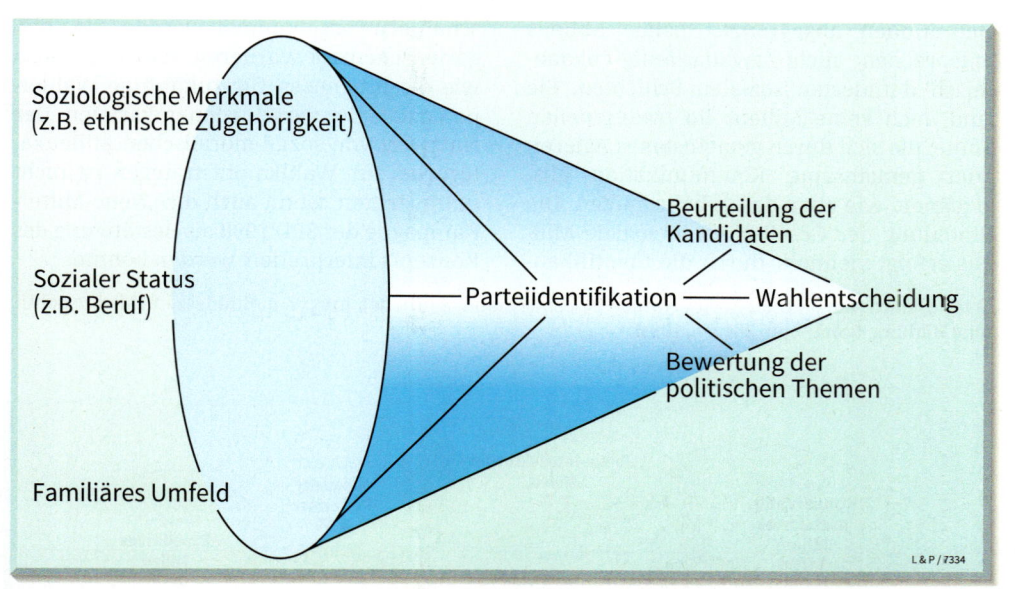

Modell des individualpsychologischen Erklärungsansatzes

55 c) Das Modell des rationalen Wählers

Die persönliche Wahlentscheidung wird bestimmt durch ihren maximal zu erzielenden politischen Nutzen.

Ein „rationaler Wähler" entscheidet sich 60 demnach für diejenige Partei, von deren Politik er sich den größten Vorteil verspricht. Ein rationaler Mensch ordnet demnach zuerst seine Handlungsalternativen bezüglich seiner vorgegebenen Ziele. Er wählt dann 65 die effektivste Alternative aus und kommt bei gleichen Rahmenbedingungen stets zum gleichen Ergebnis.

In der wissenschaftlichen Wahlforschung wird rationales Wahlverhalten im Allgemei-

nen mit der Orientierung der Wählerinnen 70 und Wähler an aktuellen politischen Streit- und Sachfragen (*issue-voting*) gleichgesetzt. Der „rationale Wähler" ermittelt seine Wahlentscheidung, indem er ein sogenanntes Nutzendifferential aufstellt. 75 Hierzu vergleicht er die Arbeit der Regierung in der vergangenen Legislaturperiode mit dem vermuteten Ergebnis der Opposition, wäre diese an der Macht gewesen. Er entscheidet sich dann für diejenige Partei, 80 von der er glaubt, dass sie seine individuellen Ziele am ehesten zu verwirklichen vermag.

d) Das Modell der sozialen Milieus

85 Seit den Achtzigerjahren ist ein neuer Zugang zur Erklärung von Wahlverhalten entwickelt worden: die Einteilung der Wählerinnen und Wähler in sozial-moralische Milieus. Das Sinus-Institut hatte 1984 eine 90 Studie vorgelegt, die den Anspruch erhob, veränderte Verhaltensweisen und Einstellungen der bundesdeutschen Bevölkerung vor dem Hintergrund eines sich vollziehenden Wertewandels zu beschreiben und vor- 95 herzusagen. [...]

Die Untersuchung, die ursprünglich dem Konsumverhalten galt, wurde 1992 im Auftrag der SPD von der Sinus-Gruppe und dem Polis-Institut aktualisiert und auf das Wahl- 100 verhalten übertragen.

Der Begriff der „sozialen Milieus" wird hier in zweierlei Hinsicht von herkömmlichen Definitionen abgegrenzt. Soziale Milieus entsprechen nicht zwangsläufig ökono- 105 misch definierten sozialen Schichten. Sie sind auch keine Milieus im traditionellen Sinne, die sich durch gemeinsames Agieren oder gemeinsame Kommunikation auszeichnen, wie etwa das Arbeitermilieu. Die 110 Einteilung der Gesellschaft in soziale Milieus erfolgt vielmehr durch die Identifikati-

on fundamentaler Wertorientierungen, die die jeweilig vorherrschenden Lebensstile und -strategien bestimmen. Und auch die Einstellungen zu Arbeit, Familie oder Kon- 115 sumverhalten werden dabei genauso einbezogen wie Wunschvorstellungen, Ängste oder Zukunftserwartungen.

Die Sinus-Gruppe unterscheidet zehn soziale Milieus, die sich durch gemeinsame 120 Grundwerte und Lebensweisen auszeichnen.

Den Vorteil des Milieukonzepts sehen seine Entwickler darin, dass es damit den politischen Parteien möglich ist, zielgruppenge- 125 rechter zu agieren und auf diese Weise neue Wählerpotenziale zu erschließen. [...]

Die Einteilung der (Wahl-)Bevölkerung nach sozial-moralischen Wertvorstellungen und Lebensstilen ist auch von anderen Wissen- 130 schaftlern vorgenommen worden. Die Kategorienschemata variieren dabei genauso wie die Prognosen für zukünftige Wählerpotenziale der verschiedenen Parteien. Der Nutzwert von sozial-moralischen Milieuka- 135 tegorien für Wahlkampfstrategen ist nicht unumstritten, wenn auch die „Neue-Mitte"-Kampagne der SPD 1998 als Bestätigung des Konzepts interpretiert werden könnte.

a) bis d) nach: Karl-Rudolf Korte, Wahlen in Deutschland. Zeitbilder, hrsg. v. d. Bundeszentrale für politische Bildung, Bonn: bpb, 2013, S. 109 ff.

Sinus-Milieus 2016

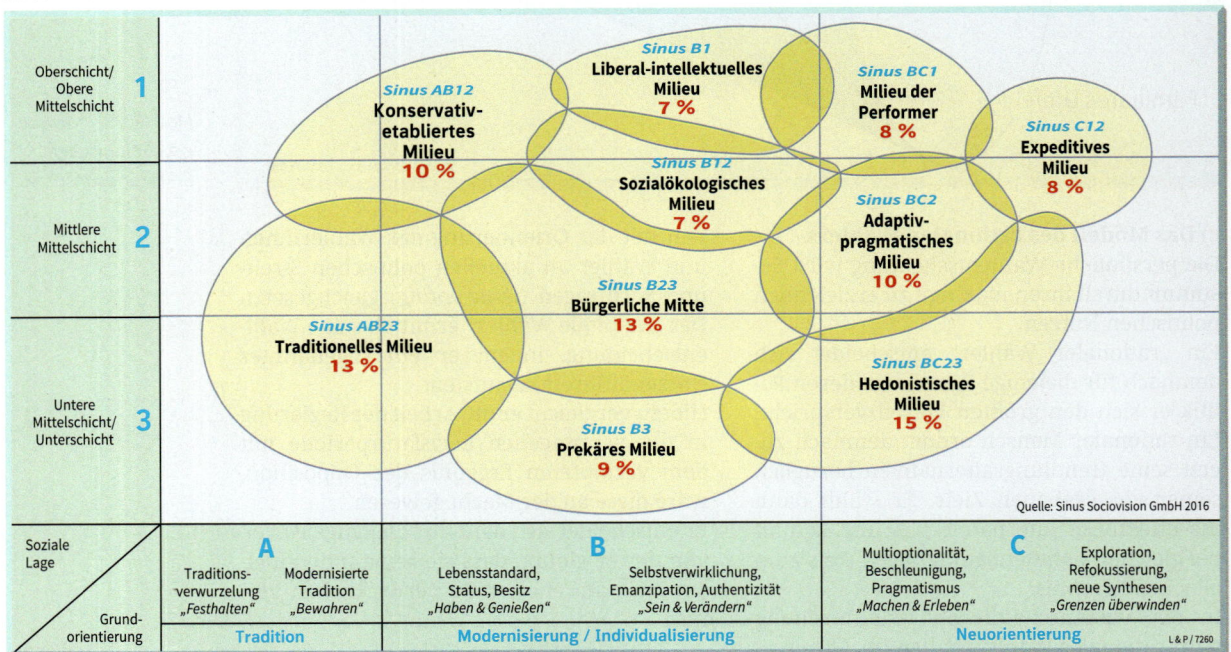

Was Eisverkäufer und Parteien gemeinsam haben ...

MATERIAL **4**

Der Ökonom Anthony Downs (siehe M1) hat Erkenntnisse aus dem Wirtschaftsleben genutzt, um gesellschaftliche und politische Phänomene zu erklären, so auch das folgende:

Auf einem Strandabschnitt von 100 Metern liegen Touristen (Konsumenten) gleich verteilt von links nach rechts. Nun treten von beiden Enden des Strandes zwei Eisverkäu-
5 fer (Anbieter) auf. Sie verkaufen dieselben Sorten Eis zum gleichen Preis. Das einzige Entscheidungskriterium für die Touristen ist der zurückzulegende Weg zum Eisstand. Wird der Weg zu lang, verzichtet der Tourist
10 allerdings auf sein Eis.

Zwei Schüler/Schülerinnen übernehmen die Rolle der Eisverkäufer, als Strandabschnitt dient der vordere Teil des Kursraums.

1. Wo stellen Sie sich als Eisverkäufer strategisch am besten auf, sodass Sie die größtmög- 15 liche Menge an Eis verkaufen können?

2. Wie können Sie als Eisverkäufer anschließend über Standverlagerung Ihre eigene (!) Verkaufsmenge noch erhöhen?

Nach: Jürgen Kaube, Einer wird nicht gewinnen, in: www.faz.net/aktuell/wissen/physik-chemie/spiel-theorie-einer-wird-nicht-gewinnen-1843269-p2.html?printPagedArticle=true#pageIndex_3, 4.8.2009 (Zugriff: 24.5.2016)

1 Diskutieren Sie Gründe, warum Bürger trotz des sogenannten Wahlparadoxons von Anthony Downs (M 1) wählen gehen.

2 Erörtern Sie anhand von M 2, auf welche Probleme politische Systeme treffen, die auf Wahlen verzichten.

3 Erläutern Sie arbeitsteilig ein aktuelles Wahlergebnis anhand der Theorien in M 3.

4 Stellen Sie die Situation aus M 4 in Ihrem Kursraum nach und übertragen Sie Ihre Erkenntnisse auf den Parteienwettbewerb.

5 Beurteilen Sie, inwiefern das Eisverkäufermodell (M 4) das Entstehen neuer Parteien erklären kann.

3.2.2 Wer entscheidet? Wer bleibt zu Hause?

MATERIAL **1**

QUERVERWEIS

Wahlbeteiligung in
Deutschland und im
europäischen Vergleich
S. 166, M 1

Wer entscheidet wirklich?

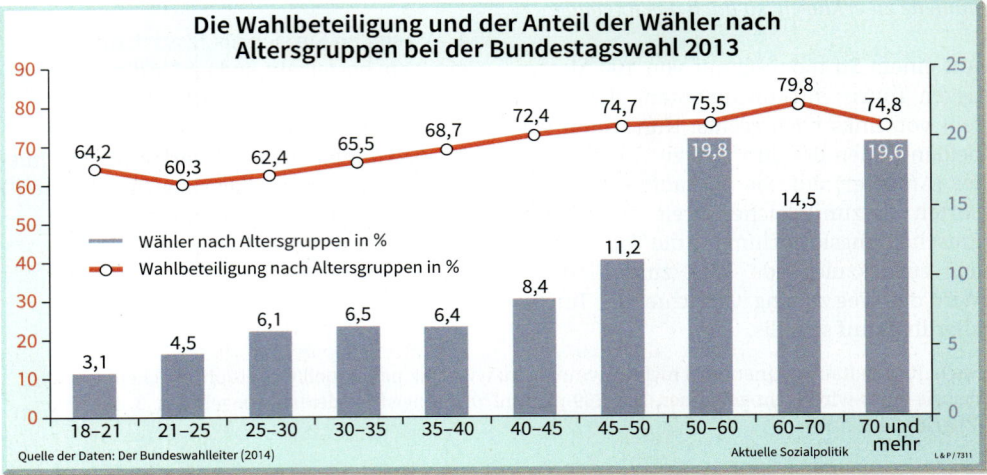

Die Wahlbeteiligung und der Anteil der Wähler nach Altersgruppen bei der Bundestagswahl 2013

- Wähler nach Altersgruppen in %
- Wahlbeteiligung nach Altersgruppen in %

Quelle der Daten: Der Bundeswahlleiter (2014)

Aktuelle Sozialpolitik

L & P / 7311

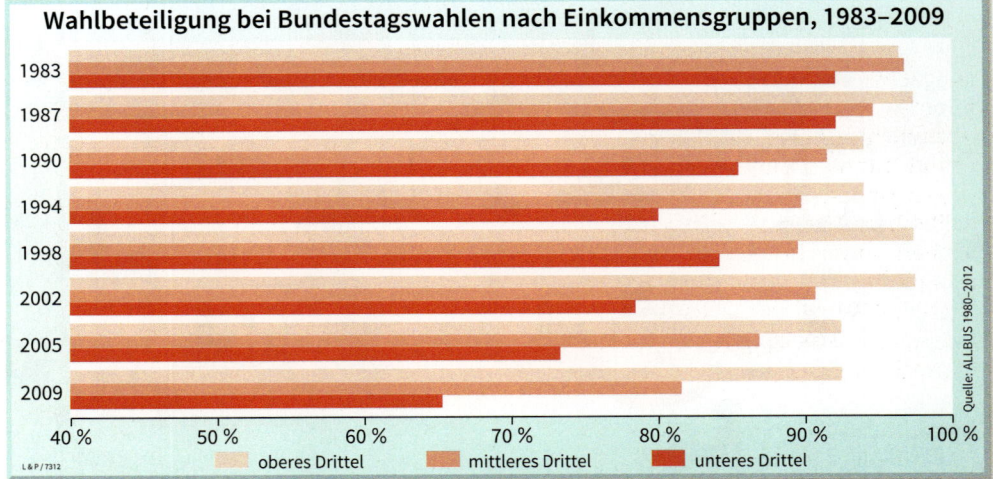

Wahlbeteiligung bei Bundestagswahlen nach Einkommensgruppen, 1983–2009

oberes Drittel   mittleres Drittel   unteres Drittel

Quelle: ALLBUS 1980–2012

L & P / 7312

MATERIAL **2**

GLOSSAR

Soziale Ungleichheit

Wahlen, Wahlbeteiligung und die Zukunft von Demokratie

Der Politikprofessor Armin Schäfer zu den Auswirkungen von sozialen Ungleichheiten auf politische Gleichheit und den Konsequenzen für die parlamentarische Demokratie.

Herr Professor Schäfer, eine zentrale Idee von Wahlen ist es, dass sie die Pluralität der Bevölkerung zum Ausdruck bringen sollen. Wie bedeutsam ist in diesem Zusammenhang die
5 *Frage der Wahlbeteiligung?*

[...] Eine niedrige ist immer eine sozial ungleiche Wahlbeteiligung [...]. Wer beispielsweise ein geringes Einkommen hat, wählt sehr viel seltener als jemand mit hohem Einkommen, weshalb die Wählerinnen und 10 Wähler nicht unbedingt ein Spiegelbild der Wahlberechtigten sind. Dies zeigt sich sehr deutlich, wenn man die Wahlbeteiligungsraten in den Stadtteilen deutscher Großstädte vergleicht. In wohlhabenden Stadtteilen wer- 15 den weiterhin Beteiligungsraten von fast 90 Prozent erreicht, während in armen Stadtteilen weniger als 50 Prozent der Wahlberechtigten die Stimme abgeben.

20 *Wie hat sich die Wahlbeteiligung in Deutschland, insbesondere mit Blick auf die Bundestagswahlen 2009 und 2013, entwickelt? Wer geht wählen? Wer geht nicht wählen? Was sind die Gründe?*

25 Wir beobachten seit Langem einen Rückgang der Wahlbeteiligung – der alle Arten von Wahlen betrifft. Bei Kommunalwahlen wählt nur jeder zweite, bei Landtagswahlen sind es drei von fünf Wahlberechtigten. Und 30 auch bei den Bundestagswahlen liegt die Wahlbeteiligung heute etwa 20 Prozentpunkte unter der der Siebzigerjahre. [...] Zu den Nichtwählern gehören überproportional Menschen, denen es materiell schlechter 35 geht und die eine geringere formale Bildung aufweisen. [...] Besonders groß sind die sozialen Unterschiede in der Wahlbeteiligung der heute Jüngeren. Da das Wählen auch etwas mit Gewohnheit zu tun hat, muss man 40 einen weiteren Rückgang der Wahlbeteiligung sowie eine wachsende Ungleichheit befürchten, wenn die Generation der heute Älteren nicht mehr an Wahlen teilnimmt. Die Gründe für die Nichtwahl liegen in einer ge-45 ringen Bindung an die Parteien, geringerem politischem Interesse, politischer Unzufriedenheit sowie in mangelndem Zutrauen, dass die eigene Stimme etwas ändern kann. Auch das Gefühl, zu wählen sei eine staats-50 bürgerliche Pflicht, ist bei Nichtwählern schwach ausgeprägt.

Was sind die (langfristigen) Folgen von wachsender Wahlenthaltung?

Leider ist das weniger gut erforscht, als nötig 55 wäre. Aber die vorhandenen Studien weisen darauf hin, dass politische Entscheidungen sich an jenen orientieren, die sich politisch beteiligen. Nur wer wählt, zählt. Wenn insbesondere ärmere Menschen aufs Wählen

verzichten, droht die Gefahr, dass deren An-60 liegen keine Beachtung finden und sich die Verteilung knapper Mittel stärker an den Interessen der Mittel- und Oberschicht orientiert. [...]

Welche Gefahren sehen Sie für ein demokrati-65 sches Miteinander, wenn sich resignierte Wählerinnen und Wähler immer weniger oder gar nichts aus ihrem Wahlrecht machen? Neben den [...] Auswirkungen für die politische Gleichheit wächst auch eine den etab-70 lierten Parteien ablehnend gegenüberstehende Gruppe, die sich punktuell durch populistische Parteien mobilisieren lässt, deren Kernbotschaft immer lautet: Die da oben kümmern sich nicht um euch. Je mehr diese 75 Einschätzung geteilt wird – und sie hat ja auch eine reale Grundlage –, desto eher sind Menschen bereit, Anti-Establishment-Parteien zu wählen, die in Deutschland von den Piraten über die AfD bis hin zur NPD reichen. 80 In fast allen Nachbarländern sehen wir, wie groß das Potenzial für Wahlerfolge solcher Protestparteien ist. Dabei sind nicht alle populistischen Parteien durch die Bank negativ zu bewerten, denn zum Teil machen sie ge-85 nau auf jene Kluft zwischen Repräsentanten und Repräsentierten aufmerksam, von der ich vorhin sprach. Sie können durchaus als Korrektiv dienen, indem sie die anderen Parteien zumindest dazu zwingen, die eigenen 90 Positionen besser zu erläutern und für Zustimmung zu werben.

Kann es nicht etwa auch sein, dass Nichtwahl Ausdruck von politischer Zufriedenheit ist? Nach der Devise: Es ist eigentlich alles so gut 95 in Deutschland, dass es auf meine Stimme nicht ankommt [...]?
[...] Dieses Vorurteil bestand lange in der Forschung, aber genau das Gegenteil ist richtig: Wer mit der Regierung oder der Demokratie 100 zufrieden ist, wählt, wer unzufrieden ist, bleibt viel eher zu Hause.

QUERVERWEIS
Rechtspopulismus auf dem Vormarsch? S. 172 f.
Neue Entwicklungen im Parteispektrum – das Beispiel AfD Kapitel II.1.4

Aus: Wahlen, Wahlbeteiligung und die Zukunft von Demokratie. Interview von Peter Kuleßa mit Armin Schäfer, in: Theorie und Praxis der Sozialen Arbeit, Weinheim: Beltz Juventa, Nr. 3/2015, S. 168 f.

1 Analysieren Sie die Statistiken in M 1 hinsichtlich der Frage, wer in Deutschland die Wahlen entscheidet.
2 Erläutern Sie mögliche Ursachen und Folgen der zunehmenden Wahlenthaltungen (M 2).
3 Erörtern Sie mögliche Maßnahmen, um die Wahlenthaltung zu minimieren.

METHODE   Umgang mit Statistiken

„Statistik ist für mich das Informationsmittel der Mündigen. Wer mit ihr umgehen kann, kann weniger leicht manipuliert werden."

(Elisabeth Noelle-Neumann, 1916–2010)

Statistische Daten helfen, Entwicklungen und Fakten in einen Gesamtzusammenhang einzuordnen oder Annahmen und Aussagen zu belegen. Statistiken erwecken den Eindruck objektiver Tatsachen, spiegeln oft aber nur einen begrenzten Teil der Realität wieder und können den Betrachter somit auch „falsch informieren" bzw. manipulieren.

Um Tabellen, Diagramme oder auch Karten zu erstellen, sind oft umfangreiche Vorarbeiten nötig. Zudem kann man Daten auch in die jeweils gewünschten Zusammenhänge stellen und somit „vordeuten". So lassen sich z. B. bei der Präsentation von Zahlen in einem Diagramm schon durch die Wahl des Maßstabs oder der Bezugspunkte Unterschiede besonders betonen oder einebnen. Deshalb ist bei der Interpretation ein kritischer Blick nicht nur auf die Zahlen und auf die grafische Gestaltung, sondern auch auf die verwendeten Begriffe nötig.

Außerdem ist zu bedenken, dass viele statistische Daten Durchschnittswerte ausdrücken oder aus Teilgrößen zusammengesetzt sind. Beispiel: Wenn die Arbeitnehmer in Deutschland im Durchschnitt einen Jahresverdienst von X Euro haben, sagt das noch nichts über den Jahreslohn einer bestimmten Person im Jahr Y aus. Diese Person kann als Minijobber weniger Lohn beziehen, exakt den Jahresverdienst erhalten oder weit höhere Bezüge haben. Auch über die Verteilung der Einkommen innerhalb einer Gesellschaft drückt der Durchschnittswert des Einkommens erst einmal nichts aus.

Trotzdem sind Durchschnittswerte aussagekräftig. Man kann daraus z. B. schließen, welches Lohn- oder Einkommensniveau in einem Staat oder einer Region im Vergleich zu anderen Staaten/Regionen erreicht ist oder – wenn man die Entwicklung über mehrere Jahre vergleicht –, ob die Menschen im Durchschnitt mehr oder weniger verdienen. So kann man begründet einschätzen, ob sich das Wohlstandsniveau erhöht oder gesenkt hat.

Bezogen auf die Art der Darstellung, lassen sich Statistiken in Tabellen und Diagramme unterscheiden.

1. Diagramm und Tabelle

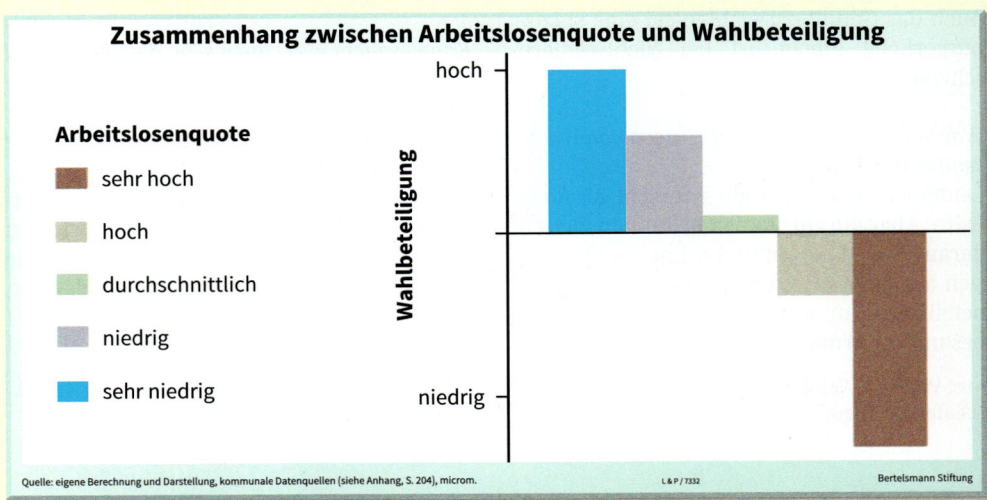

Quelle: eigene Berechnung und Darstellung, kommunale Datenquellen (siehe Anhang, S. 204), microm.   L & P / 7332   Bertelsmann Stiftung

METHODE

Tabellarische Übersicht aller Stadtbezirke Stuttgarts mit ausgewählten Indikatoren (Angaben in Prozent)						
Stadtbezirk	Wahlbeteili-gung	Ökonomisch stärkere Milieus*	Ökonomisch schwächere Milieus**	Arbeitslosig-keit	Haushalte mit (Fach-) Abitur	Haushalte ohne Schul-abschluss
Zuffenhausen	68,8	11,1	59,0	9,0	24,3	10,0
Mühlhausen	69,7	13,4	50,5	8,0	26,7	9,1
Münster	71,1	15,2	45,8	8,0	24,9	9,1
Wangen	71,2	16,7	54,1	11,0	24,2	10,2
Bad Cannstatt	71,3	18,3	48,4	9,0	25,5	10,8
Ost	74,1	21,3	45,4	7,0	27,9	9,6
Mitte	74,7	21,3	19,6	9,0	33,5	8,2
Weilimdorf	75,5	23,1	40,0	6,0	30,7	8,8
Stammheim	76,0	22,0	43,0	5,0	28,5	8,7
Untertürk-heim	76,0	24,5	38,9	7,0	29,6	9,0
Hedelfingen	76,7	29,4	30,6	8,0	31,7	8,0
Feuerbach	77,3	31,4	34,5	6,0	33,0	8,2
Obertürk-heim	77,3	31,8	31,3	6,0	30,8	8,6
Nord	78,3	40,6	26,0	7,0	35,4	9,1
Süd	78,6	24,3	33,4	7,0	30,1	9,3
Birkach	79,2	59,2	14,2	5,0	40,6	7,7
Möhringen	79,7	47,8	22,1	5,0	37,3	7,8
West	79,8	27,2	22,0	5,0	32,7	7,9
Plieningen	80,3	51,8	8,9	5,0	39,5	7,3
Botnang	80,6	51,7	20,1	7,0	39,7	7,6
Vaihingen	81,1	46,7	13,7	5,0	37,7	7,9
Sillenbuch	83,4	60,8	8,4	6,0	42,6	7,2
Degerloch	83,8	59,0	9,0	3,0	43,2	7,1

*Konservativ-Etablierte, Liberal-Intellektuelle und Performer, **Hedonisten, Prekäre und Traditionelle [Sinus-Milieus]
Quelle: kommunale Wahl-, Arbeitslosen- und Geodaten, micronom, eigene Berechnungen

Daten im Diagramm und in der Tabelle nach: Armin Schäfer/Robert Vehrkamp/Jérémie Felix Gagné, Prekäre Wahlen. Milieus und soziale Selektivität der Wahlbeteiligung bei der Bundestagswahl 2013, Gütersloh: Bertelsmann Stiftung, 2013, S. 12, 187

1 Erläutern Sie die Vorteile der jeweiligen Darstellungsweise als Säulendiagramm und als Tabelle.

METHODE

2. Die wichtigsten Diagrammtypen

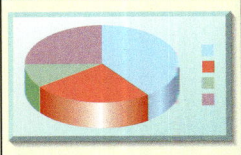

Wenn Anteile einer 100-prozentigen Menge im Verhältnis zueinander dargestellt werden sollen (z. B. Wahlergebnisse, Marktanteile), dann eignet sich v. a. das Kreis- oder Tortendiagramm. Die wichtigste Teilmenge beginnt dabei i. d. R. mit der 12-Uhr-Position. Visualisiert werden meist Strukturvergleiche und Mengenverhältnisse (z. B. prozentuale Anteile, Zusammensetzungen).

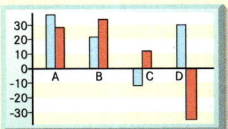

Mit dem Säulendiagramm lassen sich Vergleiche, Unterschiede und auch Trends über einen bestimmten Zeitraum darstellen (z. B. die Entwicklung des Ölpreises im Verhältnis zum Gaspreis). Teilmengen können anschaulich miteinander verglichen werden. Von Vorteil ist diese Darstellungsform zudem, weil sich auch negative Daten darstellen lassen. Im Gegensatz zum Balkendiagramm können mit dem Säulendiagramm Mengen in einer zeitlichen Abfolge dargestellt werden (Zeitreihe), die x-Achse dient dabei als Zeitachse.

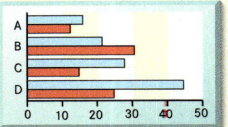

Sollen verschiedene Mengen miteinander verglichen werden (z. B. die Anzahl der Schulformen in den verschiedenen Bundesländern), dann eignet sich dazu das Balkendiagramm. Dieser Diagrammtyp betont das Verhältnis der Teilmengen untereinander. Oft werden Balkendiagramme dazu verwendet, um eine Rangfolge oder einen Vergleich zu visualisieren; es werden dabei entweder prozentuale Werte oder absolute Zahlen angegeben.

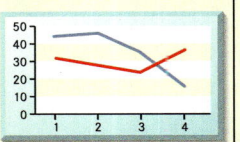

Das Linien- oder Kurvendiagramm findet v. a. Verwendung zur Darstellung einer Entwicklung, eines Verlaufs oder einer Zeitreihe (z. B. bei Wahlergebnissen oder Preisentwicklungen). In einem Liniendiagramm können aber auch Abhängigkeiten und Brüche (z. B. der Pillenknick bei der demografischen Entwicklung) dargestellt werden. Dieser Diagrammtyp eignet sich ideal, um Extremata (Höchstwerte/Tiefstwerte) miteinander zu vergleichen.

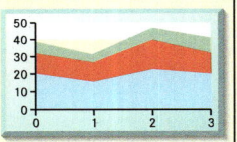

Das Flächendiagramm zeigt an, wie sich Daten im Lauf der Zeit verändern (z. B. die Entwicklung der Wirtschaftssektoren zueinander). Auch lässt sich die Beziehung von Teilen zum Ganzen darstellen.

3. Auswertung einer Statistik

Beschreibung
- Was ist das Thema der Tabelle oder des Diagramms?
- Von wem und von wann stammt die Statistik?
- Wo ist die Statistik erschienen (Zeitung, Internet, Statistisches Bundesamt etc.)?
- Welche Darstellungsform ist gewählt, Tabelle oder Diagramm (Diagrammart)?
- Welche Bezugsgrößen sind genannt (z. B. „Beschäftigte pro Jahr")?
- Wie sind die Begriffe, zu denen Aussagen gemacht werden, definiert?
- Welche Zahlenarten (absolute Zahlen, Prozentzahlen) werden verwendet?

Inhalt
- Was ist die Hauptaussage (Trend)? Welche Teilaussagen (Einzelaspekte) lassen sich ableiten? (Verbalisierung der statistischen Aussage)
- Auf welche Fragen antwortet das Material, auf welche nicht?
- Welche Entwicklungen sind erkennbar? Welche Auffälligkeiten zeigen sich?
- Welche Thesen werden gestützt oder infrage gestellt?

Kritische Bewertung
- Wie aktuell ist das Datenmaterial?
- Welcher Maßstab/welche Proportionen sind verwendet (Einteilungen, Verhältnis der Maßstäbe der beiden Achsen)?
- Wie wurden die Daten gewonnen bzw. von wem wurden sie bezogen? Welche mögliche Intention hatte der Verfasser?
- Stellungnahme zu der Aussageabsicht der Statistik!

4. Achtung Manipulation

METHODE

Dramatischer Wählerrückgang? Zwei Säulendiagramme zur Wahlbeteiligung bei Bundestags-wahlen

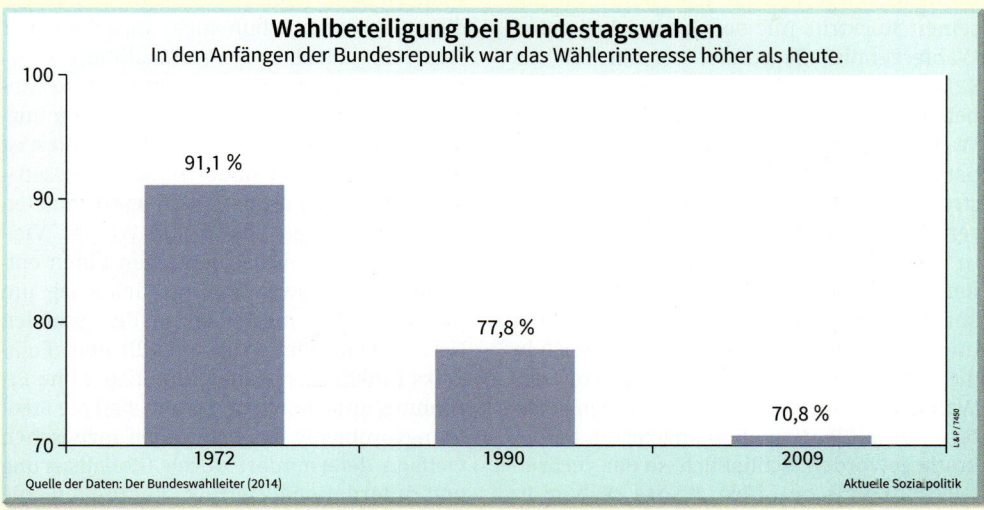

Wahlbeteiligung bei Bundestagswahlen
In den Anfängen der Bundesrepublik war das Wählerinteresse höher als heute.

91,1 % (1972)
77,8 % (1990)
70,8 % (2009)

Quelle der Daten: Der Bundeswahlleiter (2014)   Aktuelle Sozialpolitik

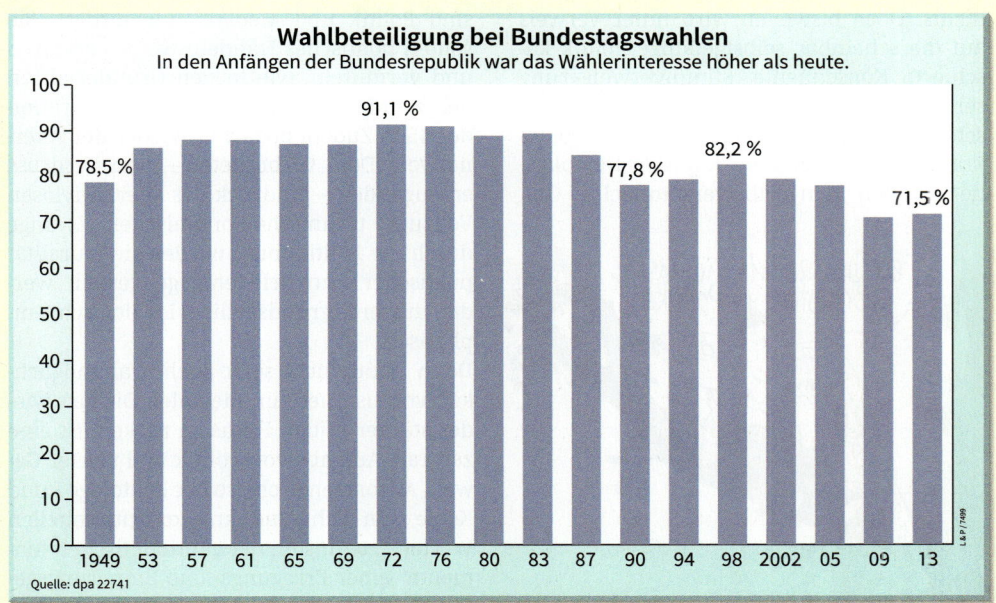

Wahlbeteiligung bei Bundestagswahlen
In den Anfängen der Bundesrepublik war das Wählerinteresse höher als heute.

91,1 %
78,5 %
77,8 %
82,2 %
71,5 %

1949 53 57 61 65 69 72 76 80 83 87 90 94 98 2002 05 09 13

Quelle: dpa 22741

1 Vergleichen Sie die beiden Säuöendiagramme auf dieser Seite miteinander.
2 Führen Sie ggf. arbeitsteilig am Beispiel der beiden Diagramme auf S. 36 umfassende Statistikanalysen durch. Nutzen Sie hierfür die unter Punkt 3: Auswertung einer Statistik genannten Fragestellungen.

3.3 Muss das Wahlrecht reformiert werden?

Warum wir eine Wahlpflicht brauchen

Jens Böhrnsen
(geb. 1949)
ist ein SPD-Politiker
und war von 2005 bis
2015 Bürgermeister
von Bremen.

TTIP und CETA
geplante Freihandels-
abkommen zwischen
der EU und den USA
bzw. der EU und
Kanada

Bremens Bürgermeister Jens Böhrnsen hat seinen Rücktritt mit dem „enttäuschenden Wahlergebnis" begründet. Grund für die SPD-Niederlage war auch die niedrige Wahl-
5 beteiligung. Es wäre daher Zeit, über eine Wahlpflicht nachzudenken. Das mag unsympathisch und anstrengend sein. Aber Anstrengung ist konstitutiv für das Funktionieren einer Demokratie.
10 In Bremen beobachtet man dieser Tage einen weiteren, vermeintlich traurigen Rekord: Nur etwa die Hälfte der Wählerinnen und Wähler verschlägt es überhaupt noch in die Wahllokale. Das Wegbleiben von der
15 Wahlurne ist inzwischen zur traurigen Realität einer auf Partizipation angelegten Demokratie geworden. Schließlich, so der verbreitete antipolitische Affekt, bringe Wählen in Zeiten der „Alternativlosigkeit" wenig bis
20 nichts. Doch bisweilen wird unter Verweis auf die scheinbar selbstgefällige Politik kaschiert: Konsequente Stimmverweigerung sei auch Zeichen einer ermüdeten Wählerschaft, die sich selbstgerecht in der Demo-
25 kratie eingerichtet habe. [...] Aber Demokratie ist eben kein selbstverständliches Gut,

sondern bedarf auch der alltäglichen Verteidigung – wenn schon nicht innerhalb der Parteien, so doch in der Wahlkabine.
Indes, die grassierende Politikverdrossen- 30
heit ist nicht nur ein Produkt einer ermüdeten Demokratie, sondern – diese Diagnose ist nun einmal nicht von der Hand zu weisen – auch eines sich immer mehr entfremdeten Verhältnisses von Politik und Wähler. Viel- 35
fach entstammen die politischen Eliten entrückten Lebenswelten. Der Kleinkrieg um politische Deutungshoheit in den sozialen Netzwerken oder den abendlichen Polit-Talks funktioniert ganz ohne Idee, ohne Er- 40
zählung, ohne Konzept. Zudem sind die Steuerungsprobleme des Politischen inzwischen vielfach determiniert durch Globalisierung und Internationalisierung, kurzum: wenig nachvollziehbar, wie TTIP, CETA und Co. Hier 45
sind Politik und Medien aufgefordert. Sie sollten politisches Handeln wieder erklären und vermitteln, wie in den Gründerjahren der Bundesrepublik durch die Generation der 45er. Zudem bedarf es wieder der Alter- 50
nativen. Dem verbreiteten – und Verdruss erzeugenden – Eindruck des alternativlosen Vollzugs technisch-ökonomischer Zwänge durch die Politik muss wieder die Pluralität politischer Entwürfe entgegengestellt wer- 55
den dürfen – grundsätzlich, ideologisch, emphatisch.
Denn Wahlpflicht setzt auch Wahlmöglichkeit voraus. Diese im medialen Diskurs wieder stärker in den Fokus zu rücken, ist eine 60
zentrale Aufgabe von Politik und vierter Gewalt. Ansonsten droht, so der Politologe Ruud Koole, ein Schwund an „konstitutionellen Werten" zugunsten der „antipolitischen Momente" einer Erregungs- und Empörungsge- 65
sellschaft, die zwangsläufig in populistischen Verwerfungen endet – AfD und „Pegida" lassen grüßen.
Gleichwohl ließe sich bereits heute die Wahlpflicht auch ohne diese Voraussetzungen be- 70
gründen. Denn Nichtwählen wird als politischer Akt in der Politik allzu häufig ignoriert, nicht selten in Sonntagsreden ausgelagert

Zeichnung: Gerhard Mester

oder nach wenigen Tagen aufgeregter Dis-
75 kussion um Verantwortlichkeiten auf den
nächsten traurigen Nichtwählerrekord ver-
tagt. Es mag ja sein, dass der Nichtwähler
sich bei der Wahlenthaltung etwas denkt.
Allein: Es kommt in der Politik nicht an. Der
80 Rücktritt Börnsens ist hier eher die Ausnahme, deren weiterführende Konsequenzen
offen bleiben. [...] Hier könnte die Wahlpflicht womöglich einiges ändern. Denn einmal in der Wahlkabine, hat ein jeder Wähler,
85 eine jede Wählerin eine probate Möglichkeit,
Verdruss deutlich zu kennzeichnen: indem
er oder sie ungültig wählt. Schon die DDR-
Machthaber fürchteten (fast) nichts mehr als
den Anteil der ungültigen Stimmen bei Wahlen. Und auch eine Demokratie wie die Bun- 90
desrepublik sollte Angst haben vor dieser
Form des geballten Protests. Denn der zyni-
sche, hinter vorgehaltener Hand zu hörende
Verweis, Nichtwählen könne auch eine Form
der stillen Zustimmung sein, Ausdruck einer 95
funktionierenden Demokratie nur eben ohne Wähler, dürfte dann obsolet werden.

Aus: Michael Lühmann, Warum wir eine Wahlpflicht brauchen, in: www.cicero.de/berliner-republik/
stimmenthaltung-warum-wir-eine-wahlpflicht-brauchen/59242, 11.5.2015 (Zugriff: 24.5.2016)

Bundestagswahl für alle?

Nicht alle, die hierzulande wohnen, dürfen
auch wählen: weder bei den Bundestagswahlen noch bei Landtags- und Kommunalwahlen. Immerhin dürfen in Deutschland
5 lebende Bürger aus EU-Staaten im Wahlalter
ihre Stimme bei Wahlen zum Europaparla-
ment und auf kommunaler Ebene abgeben.
Doch es bleibt eine nicht unerhebliche Zahl
von Ausländern, die zwar schon lange hier
10 wohnen, aber nicht wählen dürfen, weil sie
weder aus der EU stammen, noch die deutsche Staatsbürgerschaft haben.
In Freiburg sind das zum Beispiel 15 000
Menschen, gemessen an den bei Kommunal-
15 wahlen 152 900 Wahlberechtigten knapp
zehn Prozent. Bundesweit sind es 3,7 Millionen. „Zu viele, um darüber hinwegzugehen",
findet Clemens Hauser. Bei den Bundestagswahlen bleiben in Freiburg auch 9 000 EU-
20 Ausländer ausgeschlossen, im Wahlkreis 281
Freiburg demnach also fast 17 Prozent der
Wohnbevölkerung im Wahlalter. „Wir machen den Wahlkreis komplett", sagt Clemens
Hauser, der zusammen mit anderen vor elf
25 Jahren vor der Bundestagswahl 2002 den
Verein „Wahlkreis 100 Prozent" gegründet
hat. Im Verein sind Deutsche und Ausländer
vertreten, die in Sachen Migration und Integration ehrenamtlich tätig sind [...].
30 „Migranten, die zum Teil seit Jahrzehnten
hier leben, sind von politischen Entscheidungen betroffen", sagt Hauser, „ohne dass sie
die Möglichkeit hätten, politisch dazu ein Votum abzugeben." Sie zahlen Steuern und Ge-
bühren, aber wählen dürfen sie nicht. Auch 35
an einem Bürgerentscheid, selbst wenn es
um den Verkauf von Häusern geht, in denen
sie wohnen, dürfen sie nicht teilnehmen. [...]
Das unterstütze die allseits gewünschte Integration nicht, sondern eher den Rückzug in 40
die eigene *Community*, betont Hauser [...]
Bereits zwei Mal, bei den Bundestagswahlen
2002 und 2009 hat der „Wahlkreis 100 Prozent" parallel zum offiziellen Urnengang die
nicht wahlberechtigten Ausländer in der 45
Stadt zur Stimmabgabe aufgerufen. Auch am
nächsten Sonntag wird es so sein. 14 feste
und fünf mobile Wahllokale werden zur
Stimmabgabe für die offiziellen Kandidaten
und Parteien zur Bundestagswahl bereitste- 50
hen. Nicht als Spielerei, sondern mit Prüfung
des Wahlalters und Aufenthaltsortes, mit
Wahlkabinen und mit einem echten Wahl-
ausschuss, der die Zählung der abgegebenen
Stimmen überwacht. Beim letzten Mal ka- 55
men rund 800 Wähler in die Lokale. [...]
In Baden-Württemberg sprachen sich die
grünen OB von Freiburg und Tübingen, Dieter Salomon und Boris Palmer, für das Aus-
länderwahlrecht aus. 60

INFO

Ausländer
Der Begriff meint
Personen, die nicht
über die inländische
Staatsangehörigkeit
verfügen. Ausländer
haben entweder eine
andere Staatsangehö-
rigkeit oder sind staa-
tenlos. Mit Ausnahme
der Sonderregelungen
des Ausländerrechts
gelten für sie die allge-
meinen Gesetze.

GLOSSAR

Migration
Integration

Aus: Heinz Siebold, Noch ist ihr Wahlrecht nur symbolisch, in: Stuttgarter Zeitung, 19.9.2013

MATERIAL 3

Auch Jugendliche wollen wählen!

INFO

Wolfgang Gründiger
(geb. 1984)
Der Demokratiefor-
scher und Publizist ist
Sprecher der Stiftung
für die Rechte zukünfti-
ger Generationen.

Felix Finkbeiner
ist Initiator der Kinder-
und Jugendinitiative
Plant-for-the-Planet;
mit neun Jahren
gründete er 2007 die
Umweltschutzorgani-
sation, die mit Baum-
pflanzaktionen den
Klimawandel bekämp-
fen will.

GLOSSAR

Extremismus

Im Grundgesetz steht: „Alle Staatsgewalt geht vom Volke aus." 14 Millionen Deutsche aber sind vom Wahlrecht ausgeschlossen, nur weil sie nicht volljährig sind. Dieser Zu-
5 stand ist nicht haltbar. Mehr als ein Dutzend Kinder und Jugendliche im Alter zwischen 12 und 17 Jahren sind in den letzten Wochen zum Wahlamt gegangen, um ihren Wahlwillen zu bekunden. Ihnen allen wurde das
10 Wahlrecht verweigert. Wir werden die Bundestagswahl deshalb anfechten. Gemeinsam mit einer Reihe prominenter Unterstützer – unter ihnen die ehemalige Bundesfamilienministerin Renate Schmidt – werden wir
15 beim Wahlprüfungsausschuss des Deutschen Bundestags einen Einspruch einlegen, um die Wahl überprüfen zu lassen. Sollte unser Einspruch zurückgewiesen werden, ziehen wir notfalls bis zum Bundesverfassungs-
20 gericht. Wir fordern ein Wahlrecht ohne Mindestalter.
Wie soll das funktionieren? Sollen Babys künftig zur Wahlurne krabbeln? Nein, natürlich nicht. Vielmehr muss der Grundsatz gel-
25 ten: Jeder Mensch sollte sein Wahlrecht ausüben dürfen, sobald er es kann und möchte – unabhängig vom Geburtstag. Es könnte also weiterhin eine reguläre Altersgrenze von 16 oder 14 Jahren gelten, von der an man of-
30 fiziell zur Wahl geladen wird. Wer aber schon früher wählen möchte, sollte sich im Rathaus ins Wählerverzeichnis eintragen können. Kleinkinder, die noch am Schnuller nuckeln, werden das kaum tun. Aber einige
35 werden bereits mit 12 oder 13 Jahren wählen wollen.
Wir glauben, dass verantwortungsvolles politisches Bewusstsein und Urteilsvermögen in diesem Alter durchaus entwickelt sein
40 kann. [...] Wenn ein junger Mensch in seinem Gemeinwesen mitentscheiden möchte, sollte ihn kein Gesetz der Welt davon abhalten. Auch bei Erwachsenen fragt schließlich niemand, ob sie wählen wollen oder nicht.
45 Aber neigen junge Menschen nicht besonders stark zu extremen Parteien? Nein, tun sie nicht. Wir haben uns einmal das Projekt U18 angeschaut, eine an Schulen und in Jugendtreffs angebotene Alternativwahl für
50 junge Menschen unter 18 Jahren. Bei der U18-Bundestagswahl 2013 entfielen die Stimmen von rund 190 000 Kindern und Jugendli-

chen (wohlgemerkt: ohne Mindestalter!) wie folgt auf die Parteien: CDU/CSU 27,4 Prozent, SPD 20,3 Prozent, Grüne 17,6 Prozent, Pira-
55 ten 12,3 Prozent, Linke 7,8 Prozent, FDP 4,6 Prozent, sonstige 11,1 Prozent. Auch andere Untersuchungen, wie die Shell Jugendstudie, konnten keine generell erhöhte Tendenz zu extremen Parteien feststellen.
60 Nächstes Gegenargument: Kennen sich Kinder denn gut genug mit Politik aus? Auch diese Frage kann kein legitimer Einwand gegen das Wahlrecht für Jüngere sein. Denn in einer Demokratie darf es keine Wissenstests
65 geben. Das Wort „Wahlreife" ist nirgends definiert und wird bei niemandem geprüft, sei er nun 30, 60 oder 90 Jahre alt. Und das aus gutem Grund, denn selbst an den einfachsten Fragen würden die meisten Bürger schei-
70 tern: In repräsentativen Umfragen konnte kürzlich fast die Hälfte der stimmberechtigten Deutschen nicht einmal den Unterschied zwischen Erst- und Zweitstimme erklären.
75 Viele Kinder setzen sich nicht nur schon früh kritisch und klug mit ihrer Welt auseinander, sie sprechen auch besser Englisch und verstehen mehr vom Internet als ihre Eltern und Großeltern – sind also viel bessere Infor-
80 mationsbeschaffer. Psychologische Studien beweisen außerdem allesamt, dass junge Menschen heute bereits im Alter von 12 bis 15 Jahren zu sogenannten formal-logischen Denkoperationen fähig sind. Dies ist eine
85 entscheidende Stufe der kognitiven Entwicklung; auch Erwachsene überschreiten die Stufe nicht. Viele junge Leute haben in diesem Alter zudem schon eine stabile intellektuelle, soziale und moralische Urteilsfähig-
90 keit erreicht. Gleichzeitig sinkt der Einfluss des Elternhauses, während der von *Peergroups*, also gleichaltrigen Freunden, steigt. Dass jugendliche Wähler besonders stark von ihren Eltern beeinflusst würden, stimmt
95 spätestens dann nicht mehr. [...]
Übrigens: Es gibt auch keine Altersgrenze nach oben, obwohl man dafür auch Gründe finden könnte. In Deutschland leiden von derzeit 62 Millionen Wahlberechtigten rund
100 eine Million an Demenz. Sie dürfen trotzdem wählen. Doch 13-Jährige, die sich politisch engagieren und noch ihre ganze Zukunft vor sich haben, sollen nicht wählen dürfen? Das ist absurd.

105 Manche sagen: Ein Wahlmindestalter ist gerechtfertigt, weil die Folgen einer Wahl schließlich die Erwachsenen direkt treffen, etwa in Form von Steuererhöhungen. Doch die politischen Entscheidungen betreffen 110 auch junge Menschen direkt – nehmen wir allein Entscheidungen in der Schul- oder Umweltschutzpolitik als Beispiel.

Nicht zuletzt geht es um einen Ausgleich der politischen Gewichte: 1960 machten die un-115 ter 20-Jährigen noch knapp ein Drittel der Bevölkerung aus und die über 60-Jährigen ein Sechstel. Schon im Jahr 2020 wird sich dieses Verhältnis umgekehrt haben: Die Jungen werden dann nur noch ein Sechstel der Bevölkerung stellen und die Alten ein Drittel. 120 Mit dieser demografischen Verschiebung wächst die Gefahr, dass ältere Menschen durch ihr Wählergewicht die Themen der politischen Agenda bestimmen – und zwar auf eine Weise, die nicht unbedingt zukunfts- 125 orientiert wäre.

Aus: Wolfgang Gründiger/Felix Finkbeiner, Auch Jugendliche wollen wählen!, in: www.zeit.de/2013/39/ jugend-wahlrecht-bundestagswahl, 19.9.2013 (Zugriff: 24.5.2016)

Zusätzliche Stimmen für Eltern?

MATERIAL **4**

Laut Grundgesetz ist das Wahlrecht ein allgemeines. Einer großen Gruppe – gegenwärtig rund 13 Millionen Menschen – wird es dennoch bis heute pauschal vorenthalten, den 5 Minderjährigen nämlich. Andere Grundrechte gelten von Geburt an. Warum nicht auch das Wahlrecht? Mehr noch: Ein Seniorenpaar, das keine Enkel hat und auch keine Kinder, hat bei Wahlen zwei Stimmen – ge-10 nau so viele wie eine klassische Familie mit drei minderjährigen Kindern. Und das Seniorenpaar hat sogar ein doppelt so hohes Stimmgewicht wie eine Familie, deren Oberhaupt eine alleinerziehende Mutter ist. 15 Das für sich genommen ist eine Ungerechtigkeit. Und die wird nur noch größer, wenn man bedenkt: Es sind die Jungen, die die langfristigen Folgen der politischen Entscheidungen von heute besonders zu spüren be-20 kommen werden – im Guten, aber eben auch im Schlechten. [...] Stets geht die Politik Vorfestlegungen ein und in vielen Fällen auch Zahlungsverpflichtungen, die zu einem großen Teil Bürger treffen, die derzeit Kindergärten oder Grundschulen bevölkern. 25 Wenn aber der Gesetzgeber den nachfolgenden Generationen heute schon Verbindlichkeiten auferlegt, warum sollten nicht zumindest die bereits Geborenen so weit wie möglich an der Willensbildung beteiligt wer- 30 den? Warum also nicht einfach aus Artikel 38 Absatz 2 des Grundgesetzes den Halbsatz „Wahlberechtigt ist, wer das achtzehnte Lebensjahr vollendet hat" streichen und durch Änderungen im Bundeswahlgesetz für ein 35 wenig mehr Generationengerechtigkeit sorgen? Beispielsweise so: Minderjährigen wird das Wahlrecht zuerkannt, zur Stimmabgabe selbst sind aber nur Treuhänder befugt – die eigenen Eltern nämlich. 40

Aus: Olaf Gersemann, Nur ein Kinderwahlrecht kann die Alten stoppen, in: www.welt.de/debatte/kommentare/article134377432/Nur-ein-Kinderwahlrecht-kann-die-Alten-stoppen.html, 16.11.2014 (Zugriff: 3.1.2017)

1 Teilen Sie den Kurs in vier Gruppen auf und erstellen Sie arbeitsteilig Gesetzentwürfe mit Wahlrechtsreformen
a) zur Wahlpflicht (M 1),
b) zum Wahlrecht für ausländische Staatsbürger (M 2),
c) zum Wahlrecht für Jugendliche (M 3),
d) zum durch die Eltern ausgeübten Wahlrecht für Kinder (M 4).
Beachten Sie dabei bestehende gesetzliche Vorgaben (Grundgesetz, Bundes- und Landesgesetze).
Stellen Sie Ihre Entwürfe so konkret wie möglich dar. Begründen Sie Ihren Gesetzesentwurf und gehen Sie auch auf mögliche Einwände ein.

2 Diskutieren Sie die Gesetzentwürfe und stellen Sie sie zur Abstimmung.

METHODE Urteilsbildung – Sach- und Werturteile

- „In Deutschland lebende Ausländer sollten sich an allen Wahlen beteiligen dürfen."
- „Alle wahlberechtigten Bürger sollten zur Wahl gehen müssen."
- „Auch Jugendliche sollten wählen dürfen."

Diesen Forderungen aus den Texten in Kapitel I.3.3 kann man zustimmen oder sie ablehnen. Bei so gut wie allen politischen Entscheidungen gibt es unterschiedliche Vorstellungen darüber, was gut oder schlecht ist, was getan und was gelassen werden sollte um das Zusammenleben in einer Gesellschaft zu verbessern. Und diese Vorstellungen bauen auf Urteilen auf, die wir alle – bewusst oder unbewusst – tagtäglich fällen, nicht nur wenn es um Politik geht. Es lassen sich zunächst zwei Arten von Urteilen unterscheiden: Sachurteile und Werturteile.

In einem **Sachurteil** werden Gegebenheiten z. B. beschrieben oder verglichen:
- „Das Mindestwahlalter auf Bundesebene ist höher als das Mindestwahlalter auf kommunaler Ebene in Baden-Württemberg."
- „Junge Menschen neigen besonders stark zu extremen Parteien." (siehe S. 44 f., M 3)

Diese Sachurteile sind Aussagen über die Wirklichkeit und lassen sich als richtig oder falsch bezeichnen, sie sind nachprüfbar, z. B. anhand von Gesetzen oder Statistiken. Sachurteile sind damit auch eine Voraussetzung für Werturteile, denn zunächst muss Einigkeit über den Sachverhalt bestehen, bevor man ihn angemessen beurteilen kann. Wenn ich z. B. davon ausgehe, dass die zweite Aussage stimmt, denke ich vielleicht anders über eine Wahlrechtsreform als wenn ich davon ausgehe, dass diese Aussage falsch ist.

In einem **Werturteil** gibt es kein objektives „richtig" oder „falsch", sondern subjektive Bewertungen, z. B. darüber ob wir einen Sachverhalt oder eine Entscheidung einfach ausgedrückt für „gut" oder „schlecht" halten. Diesen Werturteilen kann man zustimmen oder sie ablehnen, z. B. …

… *bei Stellungnahmen:*
- „Ein allgemeines Wahlrecht für alle in Deutschland lebenden Ausländer ist gut, weil sie genau wie die Inländer über die Gestaltung der Gesellschaft mitentscheiden sollten."

… *bei Handlungsaufforderungen (Entscheidungsurteile):*
- „Damit Jugendliche sich für Politik interessieren, sollte das Wahlalter herabgesetzt werden."

… *bei detaillierten Problemlösungen (Gestaltungsurteile):*
- „Zunächst soll für Kommunalwahlen Wahlpflicht bestehen. Die Bürger erhalten zwei Monate vor dem offiziellen Wahltermin eine Aufforderung zur Wahl und können ab diesem Zeitpunkt jederzeit per Brief oder am Wahltermin selbst persönlich abstimmen. Wer nicht abstimmt, zahlt eine Strafe von 50 Euro."

Aber woran orientieren wir uns, wenn wir Stellung beziehen, Handlungen einfordern oder Problemlösungen vorschlagen? Das kann von ganz unterschiedlichen Faktoren abhängen wie dem Alter, der Herkunft, allgemeinen politischen Einstellungen oder der Parteizugehörigkeit bei einem Politiker. Wenn wir andere allerdings von unserer Position überzeugen wollen, ist es wichtig, dass wir unser subjektives Urteil sachlich mit guten Argumenten begründen können.
Zwei mögliche Wertmaßstäbe sind die der **Effizienz** und der **Legitimität**: Eine (politische) Maßnahme ist effizient, wenn sie sachangemessen, wirksam, ergiebig und kostengünstig ist. Sie ist legitim, wenn sie wichtige Grundwerte des demokratischen Gemeinwesens wie Menschenwürde, Freiheit, Gleichheit, Gerechtigkeit und politische Beteiligung respektiert:

- „Die Absenkung des Wahlalters ist als effizient zu bewerten, da sie zum Erreichen des Ziels, einem steigenden Interesse der Jugendlichen an Politik, führt."
- „Die Einführung einer Wahlpflicht ist nicht legitim, da der Bürger in seiner Wahl frei sein sollte."

Urteilsfähigkeit trainieren

Kategorien politischer Urteilsbildung

Beurteilungsmaßstab	Sichtweise der politischen Akteure	Sichtweise der politisch Betroffenen	Perspektive des demokratischen Systems
Kategorie Effizienz	■ Handlungsmöglichkeiten ■ Handlungsrestriktionen ■ Entscheidungskompetenzen ■ Macht ■ Aufwand ■ Kosten ■ etc.	■ individueller Nutzen ■ individuelle Kosten ■ individuelle Interessen	■ Funktionsfähigkeit ■ Leistungsfähigkeit ■ Stabilität

Kategorie Legitimität	■ Humanverträglichkeit:
	  – Menschenrechte
	  – Grundrechte
	  – demokratische Prinzipien
	■ Sozialverträglichkeit:
	  – Zumutbarkeit
	  – Interessenberücksichtigung
	■ Gemeinwohlorientierung:
	  – Akzeptanz
	  – Transparenz
	  – Partizipation
	■ Umweltverträglichkeit:
	  – Berücksichtigung der ökologischen Dimension
	  – Nachhaltigkeit
		■ Selbstbestimmung
		■ Mitbestimmung
		■ Identität
		■ verallgemeinerbare Interessen
		■ verallgemeinerbare Werte
			■ Grund- und Menschenrechte
			■ Demokratie
			■ Rechtsstaat
			■ Sozialstaat
			■ Alternativen

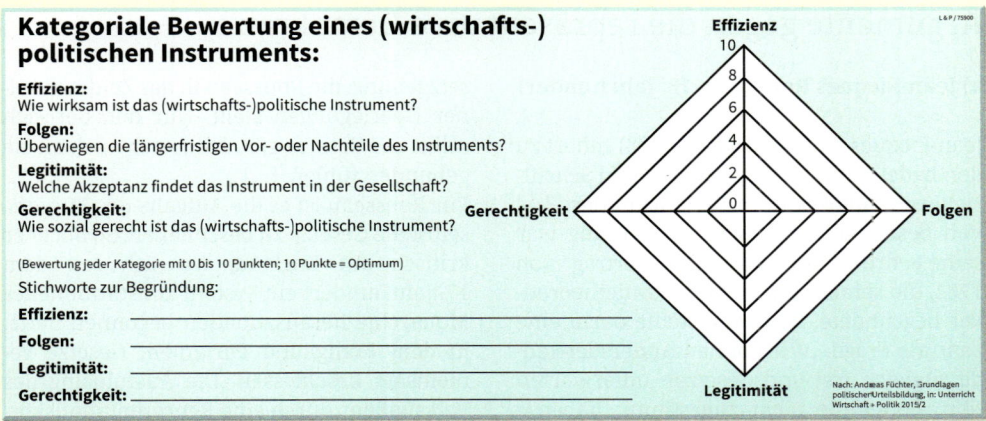

Kategoriale Bewertung eines (wirtschafts-) politischen Instruments:

Effizienz:
Wie wirksam ist das (wirtschafts-)politische Instrument?

Folgen:
Überwiegen die längerfristigen Vor- oder Nachteile des Instruments?

Legitimität:
Welche Akzeptanz findet das Instrument in der Gesellschaft?

Gerechtigkeit:
Wie sozial gerecht ist das (wirtschafts-)politische Instrument?

(Bewertung jeder Kategorie mit 0 bis 10 Punkten; 10 Punkte = Optimum)

Stichworte zur Begründung:

Effizienz: _____

Folgen: _____

Legitimität: _____

Gerechtigkeit: _____

Nach: Andreas Füchter, Grundlagen politischer Urteilsbildung, in: Unterricht Wirtschaft + Politik 2015/2, S. 1–11

1 Überprüfen Sie, ob es sich bei den folgenden Aussagen um Sachurteile oder Werturteile handelt:
  – „In allen Staaten der Europäischen Union herrscht Wahlpflicht."
  – „Eine Ausgrenzung der Ausländer aus dem Wahlprozess ist ungerecht."
  – „Die Einführung der Wahlpflicht wird von 63 Prozent der Bevölkerung abgelehnt."
  – „Der Staat hat das Recht, von seinen Bürgern Beteiligung an Wahlen einzufordern."
  – „Jugendlichen fehlt die Reife, um politische Entscheidungen zu treffen."

2 Arbeiten Sie arbeitsteilig aus den Materialien in Kap. I.3.3 Sach- und Werturteile heraus.

3 Beurteilen Sie die in Kap. I.3.3 vorgestellten Wahlrechtsreformen mithilfe der obigen Skala. Begründen Sie Ihre Urteile.

3.4 Ist die direkte die bessere Demokratie?

3.4.1 Die repräsentative Demokratie in der Kritik

MATERIAL **1**   König Wähler?

Zeichnung:
Dieter Hanitzsch

VOR DER WAHL ...   ... NACH DER WAHL

MATERIAL **2**   Argumente gegen die repräsentative Demokratie

INFO

Jean-Jacques Rousseau
Der Philosoph und
Pädagoge zählt zu der
bedeutendsten Vertre-
tern der Aufklärung

GLOSSAR

Aufklärung, Europäische
Demokratie, direkte
Demokratie,
repräsentative
Gesellschaftsvertrag

a) Jean-Jacques Rousseau, 18. Jahrhundert

Jean-Jacques Rousseau (1712–1778) gehört zu den bedeutendsten Philosophen und Schriftstellern Frankreichs im 18. Jahrhundert. [...] Von besonderer politischer Bedeutung war
5 seine Schrift „Vom Gesellschaftsvertrag" von 1762, die seinen Ruf als Demokratietheoretiker begründete. Rousseau stellte darin eine zentrale Frage. „Wie können Andersdenkende zugleich frei und Gesetzen unterworfen
10 sein, denen sie nicht zugestimmt haben?" [...] Zur Wiederherstellung der Freiheit ist es nach Ansicht Rousseaus notwendig, einen Gesellschaftsvertrag auszuhandeln. Der Einzelne beschließt mit seinen Mitmenschen die
15 Gründung eines politischen Gemeinwesens, mit dem Zweck, allgemeine Gesetze zur Wahrung der Freiheit zu erlassen. Das Gesetz etabliert und sichert Freiheit, zugleich verlangt es aber auch von den Bürgern, dass
20 sie sich ihm unterwerfen.
Diese paradox anmutende Konstruktion lässt sich nur dann rechtfertigen, wenn sich die Bürger selbst die Gesetze gegeben haben. Und so ist es vor allem die Idee der Selbstge-
setzgebung, die Rousseau in das Zentrum sei- 25 ner Überlegungen stellt: Nur der, der sich selbst die Gesetze gibt, kann sich auch an sie gebunden fühlen. [...]
Für Rousseau ist es die Aufgabe des Bürgers, selbst die Gesetze zu beschließen. So blickt er 30 kritisch auf England, wo sich seit dem 17. Jahrhundert ein System konstitutioneller Monarchie herauszubilden begonnen hatte, in dem König und Parlament Gesetze gemeinsam beschlossen. Die Ausführung des 35 Volkswillens durch eine Repräsentationskörperschaft, durch Parlamente, ist für Rousseau eine Illusion: „Das englische Volk glaubt frei zu sein. Es täuscht sich gewaltig, es ist nur frei während der Wahl der Parlaments- 40 mitglieder; sobald diese gewählt sind, ist es Sklave, ist es nichts. Bei dem Gebrauch, den es in den kurzen Augenblicken seiner Freiheit von ihr macht, geschieht es ihm Recht, dass es sie verliert". So scheint zwischen 45 Rousseau und der repräsentativen, parlamentarischen Demokratie ein unüberbrückbarer Gegensatz zu bestehen. [...]
Rousseau hatte große Sympathien für eine Form politischer Ordnung, in der Identität 50

zwischen Regierenden und Regierten besteht, einer identitären Demokratie also, wo gesetzgebende und ausführende Gewalt, Legislative und Exekutive in einer Hand, näm-
55 lich der des Volkes, liegen. Das Vorbild war die griechische Polisdemokratie, in der die gesamte Bürgerschaft nicht nur die Gesetze in der Volksversammlung beschloss, sondern auch berechtigt war, die ausführenden Ämter und die Gerichte selbst zu besetzen. 60 Rousseau ist gleichwohl realistisch genug, eine solche Form identitärer Demokratie für so voraussetzungsvoll zu halten, dass sie nur von einem „Volk von Göttern" eingerichtet werden könnte. 65

Nach: Hans Vorländer, Wege zur modernen Demokratie, in: Informationen zur politischen Bildung, Heft 284, Bonn 2013, S. 25 ff.

QUERVERWEIS
Vom Sinn der Gewaltenteilung
S. 114–117

b) Antonio Negri und Michael Hardt, 21. Jahrhundert

Die falsche und verzerrte Repräsentation der lokalen und nationalen Wahlsysteme wird schon seit langem bemängelt. Wählen scheint oftmals nichts anderes zu sein als die Verpflichtung, einen Kandidaten zu 5 wählen, den man nicht will, gleichsam als kleineres Übel, und der uns dann für zwei oder vier oder sechs Jahre „missrepräsentiert".

Aus: Michael Hardt/Antonio Negri, Multitude, Frankfurt a. M.: Campus, 2004, S. 299

INFO
Antonio Negri italienischer Politikwissenschaftler; gilt als Neomarxist

Michael Hardt Literaturtheoretiker an der Duke-Universität in den USA

Merkmale direkter und repräsentativer Demokratie

MATERIAL **3**

Direkte und repräsentative Demokratie
Worin sie sich unterscheiden

	Direkte Demokratie	Repräsentative Demokratie
Herrschaftsausübung	Ständige unmittelbare Beteiligung der Aktivbürgerschaft an der Staatstätigkeit durch Volksinitiativen, Volksbegehren und Volksabstimmungen.	Mittelbare Beteiligung der Bürger an der Staatstätigkeit durch Wahl einer Repräsentativkörperschaft (Parlament), die für die Dauer der Wahlperiode in Vertretung des Volkes handelt.
Mandat	Imperatives Mandat: Die von den Bürgern bestellten Funktionsträger sind an deren Weisungen und Aufträge gebunden. Sie können wieder abberufen werden.	Freies Mandat: Die gewählten Vertreter sind an keine Aufträge und Weisungen gebunden. Sie sollen stets die Erfordernisse des ganzen Volkes mitbedenken.
Demokratieauffassung	Die Träger des Volkswillens sind mündige Bürger mit ausreichender Kompetenz in politischen Urteilen (dank Bildung, Zugang zu Informationen und demokratischem Bewusstsein).	Die wichtigen politischen Fragen sind zu komplex, um sie von Laien entscheiden zu lassen. Direkte Demokratie birgt die Gefahr, von Demagogen missbraucht zu werden.

ZAHLENBILDER
95 090

© Bergmoser + Höller Verlag AG

1 Analysieren Sie die Karikatur M 1 hinsichtlich ihrer Aussage zur (repräsentativen) Demokratie.

2 Fassen Sie die Kritik an der repräsentativen Demokratie aus M 2 a und b in eigenen Worten zusammen.

3 Erläutern Sie unterschiedliche Voraussetzungen für das Funktionieren einer identitären Demokratie nach dem Vorschlag Rousseaus (M 2 a, M 3).

3.4.2 Direktdemokratische Elemente in Deutschland und Europa

MATERIAL 1 **Direkte Demokratie – Instrumente und Verfahren**

	Direktdemokratisches Element	Rechtsgrundlage	Quoren und Zustimmungsvoraussetzungen	Beispiel
Europäische Union	Europäische Bürgerinitiative	Vertrag von Lissabon	Wenn innerhalb eines Jahres eine Million Unterstützer aus mindestens einem Viertel der EU-Staaten die Initiative unterzeichnen, muss sich die Europäische Kommission mit einem Thema befassen. Manche Themen sind aber tabu, etwa der Beitritt neuer Mitglieder.	2012: „Wasser und sanitäre Grundversorgung sind ein Menschenrecht"
Deutschland	Volksentscheid zur Neugliederung der Bundesländer	Art. 29 GG	Es müssen sich 25 Prozent der Bürger beteiligen, 50 Prozent der Abstimmenden müssen zustimmen.	1996: Abstimmung in Berlin und Brandenburg über eine Zusammenlegung beider Bundesländer
Baden-Württemberg (Land)	Volksantrag	Art. 43, 59 u. 60 Landesverfassung	Der Landtag muss sich mit einem Gesetzesentwurf befassen, wenn 0,5 Prozent der Wahlberechtigten dies wollen.	(seit November 2015 neu)
	Volksbegehren (Initiative durch das Volk) und Volksabstimmung		10 Prozent der Stimmberechtigten müssen mit ihrer Unterschrift bekunden, dass sie ein Volksbegehren unterstützen. Bei der Volksabstimmung müssen 20 Prozent der Wahlberechtigten zustimmen. Es gilt der Haushaltsvorbehalt der Parlamente. Es darf also nicht über finanzielle Fragen abgestimmt werden. Auch das Landesparlament kann durch ein Volksbegehren aufgelöst werden, wenn dies ein Sechstel der Wahlberechtigten verlangt und bei einer innerhalb von sechs Wochen vorzunehmenden Volksabstimmung die Mehrheit der Stimmberechtigten dafür eintritt.	Stuttgart 21 (Volksabstimmung zur Gesetzesvorlage der Landesregierung)
Baden-Württemberg (Kommunen)	Einwohnerversammlung	§ 20a Gemeindeordnung	Der Gemeinderat soll in der Regel einmal im Jahr, im Übrigen nach Bedarf eine Einwohnerversammlung anberaumen. Der Gemeinderat hat eine Einwohnerversammlung anzuberaumen, wenn dies von der Einwohnerschaft beantragt wird. Der Antrag darf nur Angelegenheiten angeben, die innerhalb der letzten sechs Monate nicht bereits Gegenstand einer Einwohnerversammlung waren. Er muss von mindestens 5 Prozent der Einwohner unterzeichnet sein, je nach Gemeindegröße gibt es aber andere Mindestzahlen.	Bau einer Umgehungsstraße
	Einwohnerantrag	§ 20b Gemeindeordnung	Die Einwohnerschaft kann beantragen, dass der Gemeinderat eine bestimmte Angelegenheit behandelt (Einwohnerantrag). Dieser darf aber nur Angelegenheiten des Wirkungskreises der Gemeinde zum Gegenstand haben, für die der Gemeinderat zuständig ist, und in denen innerhalb der letzten sechs Monate nicht bereits ein Einwohnerantrag gestellt worden ist. Der Einwohnerantrag muss hinreichend bestimmt sein und eine Begründung enthalten. Er muss mindestens von 3 Prozent der Einwohner unterzeichnet sein; je nach Gemeindegröße gibt es aber andere Mindestzahlen. Das Nähere wird durch das Kommunalwahlgesetz geregelt.	
	Bürgerbegehren und Bürgerentscheid	§ 21 Gemeindeordnung	7 Prozent (max. 20 000 Unterschriften) der Stimmberechtigten müssen mit ihrer Unterschrift bekunden, dass sie ein Bürgerbegehren unterstützen. Auch Zweidrittel des Gemeinderats können beschließen, dass eine Angelegenheit der Entscheidung der Bürger unterstellt wird. Beim Bürgerentscheid ist dann die Zustimmung von 20 Prozent der Wahlberechtigten notwendig. Einige Themen sind jedoch von solchen Abstimmungen ausgeschlossen.	

Zusammengestellt aus: Vertrag von Lissabon, Grundgesetz der Bundesrepublik Deutschland, Verfassung des Landes Baden-Württemberg, Gemeindeordnung für Baden-Württemberg, Stand: Jan. 2017

Direkte Beteiligungsmöglichkeiten in der EU: die Europäische Bürgerinitiative

MATERIAL **2**

Bürgernäher sollte die Europäische Union werden. *„Giving Citizens a Say"* – den Bürgern eine Stimme geben, so bewirbt die Europäische Kommission das Instrument. Es
5 geht um die Europäische Bürgerinitiative (EBI), und beim Start vor drei Jahren wurde sie noch als „neues Kapitel in der europäischen Demokratie" bejubelt.

Drei Jahre später fällt die Bilanz folgender-
10 maßen aus: Von insgesamt 51 Initiativen konnten nur drei genügend Unterstützer mobilisieren. [...] Jeder Bürger kann seit 2012 eine Initiative bei der EU-Kommission registrieren. Aber bereits da beginnen die
15 Schwierigkeiten. Das mussten kürzlich die Organisatoren der Initiative gegen die umstrittenen Freihandelsabkommen TTIP und CETA feststellen. Die EU-Kommission lehnte diese mit einer juristisch umstrittenen Argu-
20 mentation ab: die Verhandlungsmandate seien keine Rechtsakte, sondern interne Vorbereitungsakte. So wie den TTIP-Gegnern ergeht es den meisten Initiativen: Sie scheitern bereits an der Registrierung. Wer diese ge-
25 schafft hat, muss in den kommenden zwölf Monaten Unterschriften von einer Million Bürgern aus sieben EU-Mitgliedstaaten sammeln. [...]

Der zuständige EU-Kommissar Frans Tim-
30 mermans räumt in einer Stellungnahme ein, dass es bei der Bürgerinitiative durchaus Verbesserungsbedarf gibt: „Wir müssen nach innovativen Möglichkeiten suchen, um das Instrument besser und effektiver einsetzen
35 zu können." Erfolgreich – in dem Sinne, dass sich die EU-Kommission mit dem Anliegen befassen musste – waren in den vergangenen drei Jahren nur [...] [drei] Initiativen, [u.a.] „Wasser ist ein Menschenrecht – *Right-*
40 *2Water*": Sie richtete sich gegen eine Privatisierung der europäischen Wasserversorgung. Ziel war es, das Menschenrecht auf Wasserversorgung und Abwasserversorgung

in Europäisches Recht umzusetzen. Die Initi-
45 atoren sammelten 1 884 790 Unterschriften für ihr Anliegen und durften im Europäischen Parlament vorsprechen. Die EU-Kommission war gezwungen, eine Stellungnahme zu der Initiative abzugeben. Mehr bewirkte
50 sie aber auch nicht.

Die Initiative *„One of us"* („Einer von uns"): Abtreibungsgegner forderten die EU-Kommission auf, die Finanzierung sämtlicher Aktivitäten zu stoppen, die zur Tötung von Embry-
55 onen führen können. Dazu zählten sie auch die finanzielle Unterstützung von Schwangerschaftsabbrüchen. Insgesamt sammelten sie innerhalb eines Jahres 1 897 588 Unterschriften. Die EU-Kommission lehnte den An-
60 trag in einer Stellungnahme ab, es kam zu keinem Gesetzgebungsverfahren. [...]

Die Beispiele offenbaren die Schwächen der [EBI]: Sie kann ein sinnvolles Anliegen haben, sie kann aber auch von dubiosen Akti-
65 visten eingesetzt werden. [...] *„One of Us"* unterstützten auch fundamental-christliche Abtreibungsgegner und selbsternannte Lebensschützer, die sich im Sinne der US-amerikanischen *Pro-Life*-Bewegung verste-
70 hen. Sie verweigern der schwangeren Frau jegliches Selbstbestimmungsrecht. [...]

Europawissenschaftler Janning hält die Auflagen für angemessen. Er sieht das Instrument als eine von mehreren Möglichkeiten,
75 am politischen Prozess teilzunehmen. Allerdings sei das Potenzial der Bürgerinitiative zu Beginn überverkauft worden. „Dass aus einer guten Idee einzelner EU-Bürger aus unterschiedlichen Mitgliedstaaten eine Initiati-
80 ve wird, die zu einem Gesetzgebungsvorschlag der Kommission führt, ist ein frommer Wunsch, beschreibt aber nicht die Realität." Denn bislang hat noch kein Privatbürger eine Initiative erfolgreich abgeschlossen. Hin-
85 ter den obigen Beispielen stehen Organisationen, die Kampagnen-Erfahrung haben.

QUERVERWEIS

Das europäische Mehrebenensystem
S. 159, M 5

GLOSSAR

Europäische Union
Interessengruppen

Aus: Kathrin Haimerl, Gute Idee, leider überverkauft, in: www.sueddeutsche.de/politik/2.220/europaeische-buergerinitiative-gute-idee-leider-ueberverkauft-1.2425978, 12.4.2015 (Zugriff: 4.1.2017)

1 Bewerten Sie die direktdemokratischen Mitwirkungsmöglichkeiten auf den unterschiedlichen politischen Ebenen und diskutieren Sie mögliche Gründe für die Ausprägung (M 1, M 2).

3.4.3 Direkte Demokratie – sinnvoll oder gefährlich?

Sollte man direkt abstimmen über ... ?

- Parteienverbote
- Aufnahme von Flüchtlingen
- Bau von Moscheen

- Senkung der Wochenarbeitszeit
- Anhebung der Hartz IV-Sätze
- EU-Beitritt der Türkei

- Mitgliedschaft Deutschlands in der NATO
- Neuwahl des Bundestages

Mehr direkte Demokratie wagen?

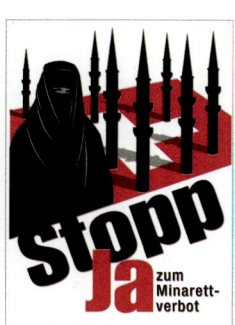

Beispiele für Plakate zu Volksabstimmungen in der Schweiz

a) Andreas Gross: Pro

Wer für die Erweiterung der indirekten (repräsentativen) Demokratie um direktdemokratische Elemente plädiert, will weder
5 schweizerische Verhältnisse nach Deutschland tragen, noch dem Populismus frönen, die Privilegierten privilegieren oder gar die repräsentative Demokratie aushebeln. Ganz im Gegenteil: In Deutschland würde die direk-
10 te Demokratie sehr viel überzeugender funktionieren als in der Schweiz; Populisten hätten es schwerer, weil in der direkten Demokratie weniger pauschal und sachnaher argumentiert werden muss, und die re-
15 präsentative Demokratie würde gestärkt, weil Unrecht und Vernachlässigte weniger übersehen und besser vertreten werden könnten im Bundestag. Wer für den Einbau von direktdemokratischen Elementen plädiert, möchte
20 die Macht besser verteilen, die Freiheit der Bürgerinnen und Bürgern vergrößern, deren Entfremdung zur Politik abbauen und die Lernfähigkeit der Gesellschaft stärken. [...]
Dazu gehört zunächst die Ausdifferenzie-
25 rung der direktdemokratischen Mitwirkungsformen [...]. So gilt es zu unterscheiden zwischen dem Nachfragerecht der Bürger und dem, was in ihrem Namen im Parlament beschlossen worden ist. Das wäre in helveti-
30 scher Diktion das Gesetzesreferendum, das innerhalb von 100 Tagen von einem Prozent der Wahlberechtigten verlangt werden kann, worauf der Volksentscheid nach etwa sechs Monaten erfolgt. Erachtet das Parlament ei-
35 ne Gesetzesrevision als dringlich, so kann es eine solche mit einer qualifizierten Mehrheit beschließen; das Gesetz tritt dann sofort in Kraft – vorbehaltlich eines möglicherweise negativen Volksentscheids, wonach es sofort
40 wieder aufgehoben würde.

Das andere große Mitwirkungsrecht der Bürgerschaft ist das Initiativrecht. Damit kann jederzeit eine Verfassungs- oder Gesetzesrevision beantragt werden. Hier sind sowohl für die Sammlung der Unterschriften als 45 auch für die Beurteilung durch Verwaltung und Regierung sowie der Interessensorganisationen, der Zivilgesellschaft und schließlich der großen Öffentlichkeit mehr Zeit einzuräumen. [...] Zur feinen Ausgestaltung der 50 Schnittstelle zwischen repräsentativer und unmittelbarer Demokratie gehört das Recht der Parlamentsmehrheit, einer Volksinitiative aus der Bürgerschaft zum gleichen Problem einen parlamentarischen Gegenvor- 55 schlag gegenüberstellen zu können, wobei dann im Volksentscheid die Bürger zwischen drei Optionen – keine Reform, Reform gemäß Bürgerinitiative oder Reform gemäß Parlamentsalternative – entscheiden und ih- 60 re Präferenz ausdrücken können.
Schließlich kann im Rahmen der direktdemokratischen Erweiterung der parlamentarischen Demokratie eine Art Antragsrecht der Bürgerschaft ans Parlament eingerichtet 65 werden; ein solcher Bürgerantrag würde ähnlich behandelt wie ein parlamentarischer Vorstoß und hätte keinen automatischen Volksentscheid zur Folge.
Entscheidend für ein bürgernäheres Macht- 70 gleichgewicht ist aber die Möglichkeit einer kleinen, aber noch repräsentativen Minderheit der Bürger, jederzeit und auch gegen den Willen von Regierung oder Parlamentsmehrheit einen Volksentscheid zu Bundes- 75 tagsbeschlüssen oder Gesetzesrevisionen auslösen zu können. Dieses Wissen verändert die politische Kultur. Regierung und Parlamentarier müssen viel mehr in die Gesellschaft hineinhören, viel mehr Überzeu- 80

gungsanstrengungen auf sich nehmen, Widerspruch antizipieren und die Vorlagen so sorgfältiger austarieren, dass sie weniger Widerstand provozieren.

b) Rudolf Steinberg: Kontra

Die zurzeit auch in Deutschland populäre Forderung nach Volksentscheiden auch auf Bundesebene beruht auf einer Reihe von Illusionen, ja auf ideologischen Konstrukten ohne Realitätsgehalt. So handelt bei Volksentscheiden regelmäßig nicht „das Volk", sondern eine mehr oder weniger kleine Minderheit „im" Volk, die überwiegend aus der Mittelschicht stammt. Möglicherweise liegt die Rousseausche Annahme der Göttlichkeit der Stimme des Volkes unausgesprochen immer noch der angeblich höheren moralischen Qualifizierung direktdemokratischer Entscheidungen zugrunde.

Demgegenüber ist festzuhalten: Direktdemokratische Entscheidungen sind nicht als solche „besser" oder „schlechter" als die repräsentativer Organe. Und sie sind nicht das geborene Instrument „fortschrittlicher" Kreise, sondern werden auch von rechtspopulistischen oder radikalen Gruppierungen genutzt, denen es um die Überwindung der repräsentativen Demokratie geht. Gruppierungen, die Initiativen zu einer Volksgesetzgebung oder zu einem fakultativen Referendum häufig mithilfe finanzkräftiger Gruppen betreiben, können kaum von sich behaupten, in irgendeiner Weise auf das gemeine Wohl verpflichtet, in irgendeiner Weise legitimiert oder repräsentativ zu sein. Deshalb tragen sie auch für die von ihnen angestoßenen oder getroffenen Entscheidungen und deren Folgen – anders als die repräsentativen Institutionen – keine Verantwortung. [...]

Die Einführung von Volksinitiativen und Referenden gegen vom Parlament beschlossene Gesetze wird durch die Schaffung neuer Veto-Positionen die Entscheidungsfähigkeit des politischen Systems – weiter – erschweren. [...]

Die Analysen von Staatsdenkern wie James Madison, Immanuel Kant oder John Stewart Mill sind nach wie vor gültig. Sie werden heute eindrucksvoll bekräftigt durch die Ergebnisse der Entscheidungstheorie oder der Neurowissenschaften. Diese belegen die Notwendigkeit institutioneller Stützen vor allem mit der begrenzten menschlichen Rationalität, während bislang eher auf die moralischen Schwächen des Menschen hingewiesen wurde. So sind die heute zunehmend vereinzelt lebenden Menschen immer mehr auf die Meinungs- und Stimmungsvorgaben von Medien und der öffentlichen Meinung angewiesen. Diese Abhängigkeit wird durch die zunehmende Komplexität vieler Sachfragen noch gesteigert.

Bei Sachplebisziten außerhalb der Kommune steht die Rationalität politischer Entscheidungen auf dem Spiel. Der Gedanke der rationalen Diskussion verbunden mit der Machtmonopole verhindernden Gewaltenteilung stellt aber die Grundlage der freiheitlichen Demokratie dar, sodass es nicht überrascht, dass vor allem Liberale seit dem 19. Jahrhundert immer Verfechter einer repräsentativen Demokratie gewesen sind. Demgegenüber kommt hinter der Forderung nach direkter Demokratie nicht selten die geheime Sehnsucht nach einfachen Lösungen auf der Grundlage eines identitären Herrschaftskonzepts zum Ausdruck wie auch eines mystischen Volksbegriffs, der zu einer direktdemokratischen Überhöhung des Volkes führt. Derartige romantische Volks- und Herrschaftsvorstellungen mit ihren antipluralistischen Affekten haben in Deutschland eine lange und unheilvolle Tradition. [...]

Zu warnen ist auch vor der unkritischen Übernahme von Institutionen anderer Staaten. [...] [D]er Berner Politikwissenschaftler Wolf Linder bezweifelt, ob sich das System des Schweizer Kleinstaates mit einer sehr eigenen und langen Tradition auf große Flächenstaaten wie Deutschland übertragen lässt.

Aus: Andreas Gross/Rudolf Steinberg, Mehr direkte Demokratie wagen?, in: Das Parlament, 40–41/2014, S. 9

INFO
antizipieren vorwegnehmen, vorgreifen
austarieren ins Gleichgewicht bringen, abwägen

fakultativ dem eigenen Ermessen überlassen, nicht unbedingt verbindlich

GLOSSAR
Plebiszit
Volksbegehren
Volksentscheid

QUERVERWEIS
Mehr Demokratie durch Volksentscheide?
S. 178 f.

METHODE Die Pro-Kontra-Diskussion
S. 54 f.

1 Überprüfen Sie, welche der Themen aus M 1 für bundesweite Volksentscheide geeignet wären, und begründen Sie Ihre Auswahl. Erörtern Sie auch mögliche Folgen.
2 Diskutieren Sie, über welche Frage Sie auf europäischer, Landes- oder kommunaler Ebene gerne direkt abstimmen würden, und erläutern Sie Ihre Präferenz.
3 Führen Sie eine Pro-Kontra-Debatte zur Frage durch, ob Volksentscheide ein sinnvolles Instrument für mehr Demokratie sein können (M 2).

METHODE Die Pro-Kontra-Diskussion – Trainingslager der Argumente

Der Wettstreit der Argumente ist ein wichtiger Bestandteil demokratischer Gesellschaften. Dabei sollte sich nicht der durchsetzen, der sich am besten ausdrücken kann, sondern derjenige, der durch gute Argumente inhaltlich zu überzeugen weiß.

Die Pro-Kontra-Diskussion ist dafür das perfekte Trainingslager. Sie kann auf alle Entscheidungsfragen, also Fragen die man mit „Ja" oder „Nein" beantworten kann, angewendet werden.

Eine Besonderheit der Pro-Kontra-Diskussion ist, dass man mitunter nicht seine eigene Position vertreten muss, sondern, weil das Los so entschieden hat, die Gegenseite. Aber ist das sinnvoll? Auf jeden Fall, denn so lernt man, dass es nicht nur Argumente für die eigene Meinung gibt und diese natürlich die „richtige" ist. Man muss sich in eine andere Perspektive hineinversetzen können. Und diese Fähigkeit ist ein weiterer wichtiger Bestandteil einer demokratischen Gesellschaft.

QUERVERWEIS

METHODE Urteilsbildung – Sach- und Werturteile S. 46 f.

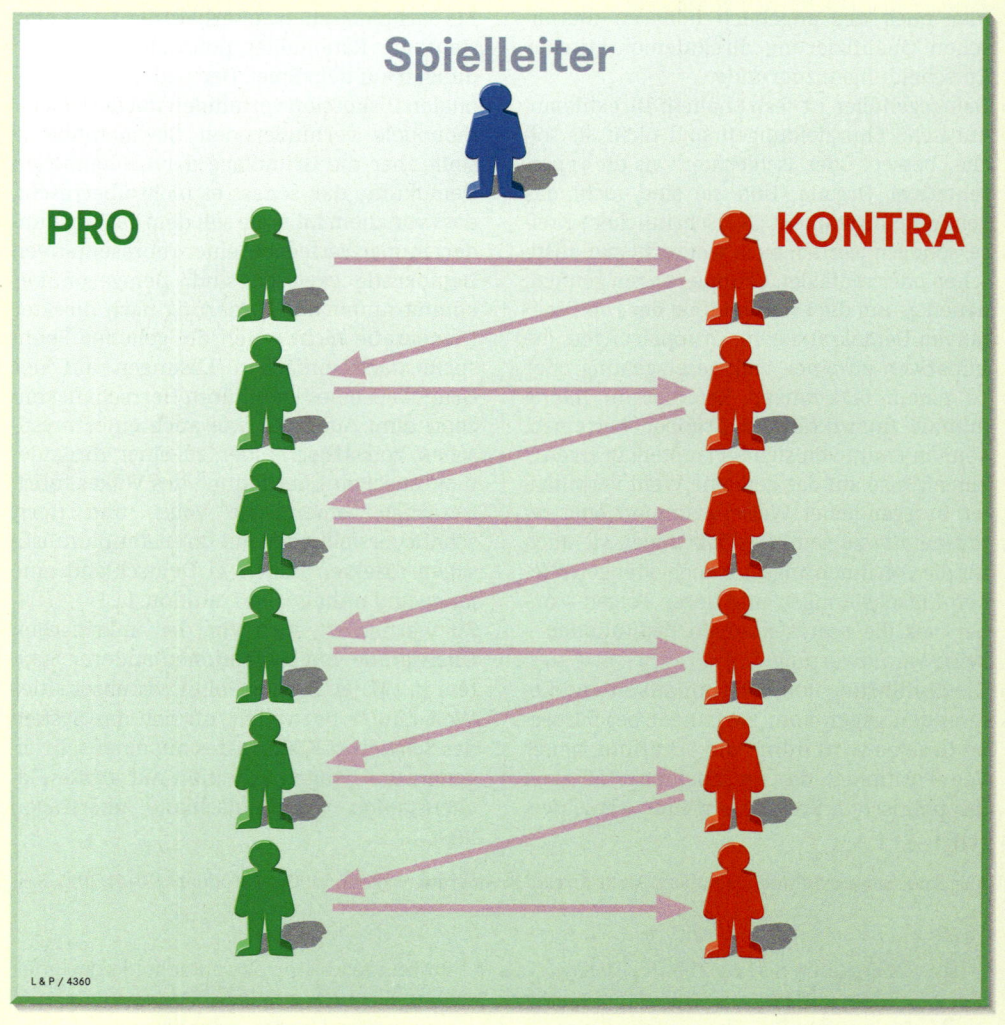

Spielleiter

PRO KONTRA

L & P / 4360

METHODE

Vorgehen	Beispiel: *„Brauchen wir in Deutschland auf Bundesebene mehr Elemente direkter Demokratie?"*
1. Zu Beginn muss die Fragestellung genau geklärt werden.	Die Frage bezieht sich auf die Bundesebene, also Abstimmungen in ganz Deutschland über Themen die ganz Deutschland betreffen, d. h. keine Entscheidung um eine Ortsumgehung.
2. Eine erste Abstimmung wird durchgeführt, bevor Argumente besprochen wurden.	Die Abstimmung kann z. B. per Handzeichen oder durch geheime Stimmzettel erfolgen.
3. Eine Pro- und eine Kontra-Gruppe werden gebildet, am besten nach dem Zufallsprinzip. (Alternative Variante A: Eine dritte Gruppe wird gebildet, die der Diskussion lediglich als Beobachter beiwohnt.)	Es können z. B. Lose oder Spielkarten unterschiedlicher Farbe gezogen werden.
4. Die Gruppen beschäftigen sich nun anhand von Materialien mit den Argumenten ihrer Seite und der Gegenseite. Dies kann in den Gruppen auch arbeitsteilig geschehen.	Siehe S. 52 f., M 2.
5. Es werden Gruppensprecher bestimmt.	Die Sprecher können in der Gruppe auch gewählt oder per Los bestimmt werden.
6. Eine geeignete Sitzordnung wird gewählt. Vorne sitzt ein Gesprächsleiter, die Gruppen sitzen sich gegenüber. (Alternative Variante B: Bei erfahrenen Diskussionsgruppen kann die Rolle des Gesprächsleiters wegfallen.)	Die Sitzordnung des britischen Unterhauses kann als Vorbild dienen.
7. Der Gesprächsleiter eröffnet die Diskussion, nennt das Thema und erläutert die Regeln sowie Dauer der Diskussion. (Fällt in der alternativen Variante B weg.)	*„Unser heutiges Thema ist … . Die Pro-Seite wird vertreten von … . Die Kontra-Seite wird vertreten von … . Ich erteile jeweils das Wort/Das Wort erteilen sich die Gruppen jeweils gegenseitig. Nach 20 Minuten beende ich die Diskussion."*
8. Die Gruppensprecher halten jeweils ein knappes Eingangsstatement.	*„Angesichts sinkender Wahlbeteiligung wird die Forderung nach mehr direkter Beteiligung der Bürger an der Politik auf Bundesebene immer lauter. Und das völlig zurecht. Nur wer den Bürgern Mitsprache … ."*
9. Anschließend erfolgen Rede und Gegenrede, wobei sich die Teilnehmer jeweils auf die Argumente der Gegenseite beziehen sollen, bevor sie neue Argumente in die Diskussion einbringen.	*„Ich gebe Dir recht, dass sich einige Bürger durch die Möglichkeit, direkt abzustimmen, auch mehr über Themen informieren würden. (Argument des Vorredners) Aber warum müssen sie das denn überhaupt? Es ist doch besser, wenn sich die Politiker als Experten damit beschäftigen (neues Argument) und die Bürger sich um ihre Arbeit und ihre Hobbys kümmern können. Das nennt man Arbeitsteilung."*
10. Nach dem Ende der Diskussion erfolgt die Auswertung der Diskussion. Dafür können die Diskussionsteilnehmer unabhängig von ihrer Gruppenzugehörigkeit (und Beobachter in der Variante A) die Argumente nennen, die sie überzeugt haben, und welche Diskussionsbeiträge ihnen besonders gefielen oder missfielen.	*„Ich fand gut, wie du das Argument gekontert hast."* *„Das Beispiel zu diesem Argument war nicht passend."* *„Dieses Argument kam zu kurz."* *„Ihr hättet euch ausreden lassen sollen."* *„Es haben sich fast alle beteiligt."*
11. Zum Abschluss erfolgt nochmals eine Abstimmung. Das Ergebnis wird mit der ersten Abstimmung verglichen und es werden Ursachen für evtl. Veränderungen diskutiert.	*„Ich habe meine Meinung geändert, weil mich … überzeugt hat/weil ich … nicht bedacht hatte."* *„Ich bin in meiner Meinung bestärkt, da keines der Argumente der Gegenseite besser war als … ."*

Nach: Lothar Scholz, Methodenkiste, 7. Aufl., Bonn: bpb, 2016, S. 30 f.

GRUNDWISSEN

Unterscheidungskriterien von Herrschaftsformen und politischen Systemen

Herrschaftsformen und politische Systeme lassen sich auf unterschiedliche Weise kategorisieren. Ein mögliches **Unterscheidungskriterium** ist die Form der **Herrschaftsbegründung**.

Der deutsche Soziologe **Max Weber** unterschied drei Typen legitimer Herrschaft, die **legal-rationale, die traditionale und die charismatische Herrschaft**. In den westlichen Staaten der Gegenwart ist vor allem der legal-rationale Typ vorherrschend, wobei es in der Realität zumeist **Mischformen** der drei Typen gibt. So kann etwa auch im demokratischen Rechtsstaat die Anerkennung des Staats- oder Regierungschef auf dessen Charisma basieren.

Als **weitere Kriterien** können die **Form der Willensbildung, die Herrschaftsstruktur und der Gestaltungsanspruch eines politischen Systems** dienen. Auf diese Weise lassen sich demokratische, autoritäre und totalitäre Systeme voneinander unterscheiden.

- **Demokratische Systeme** sind geprägt durch das Rechtsstaatsprinzip, Gewaltenteilung und politische Mitbestimmung des Volkes.
- In **autoritären Systemen** hingegen sind diese Kriterien zumeist nicht erfüllt.
- **Totalitäre Systeme** zeichnen sich darüber hinaus durch ein Eindringen des Staates in alle Lebensbereiche aus.

Wettstreit der Systeme

Nachdem Demokratisierungswellen im 20. Jahrhundert die Hoffnung auf einen globalen Siegeszug der Demokratie weckten, herrscht heute, auch angesichts des Aufstiegs nicht demokratischer Schwellenländer wie China, ein Wettstreit der Systeme. Dies führt in den demokratischen Staaten zu einem **erhöhten Legitimationsdruck** und zu **Fragen nach dem richtigen Umgang mit autoritären Regimen**.

Auch die **Frage, was Demokratie ausmacht**, wird unterschiedlich beantwortet. Dabei gilt das Abhalten regelmäßiger **Wahlen** als Minimalkonsens. Darüber hinaus werden Kriterien wie **Pluralismus, alternative Möglichkeiten politischer Teilhabe** und die **Einhaltung von Bürgerrechten** genannt.

Die freiheitliche demokratische Grundordnung

In Deutschland bildet das **Grundgesetz** den Rahmen für die Ausgestaltung der freiheitlichen demokratischen Grundordnung. Dazu gehören neben der **Demokratie** die **Rechtsstaatlichkeit**, **Bundesstaatlichkeit** und die **Sozialstaatlichkeit** (Art. 20 GG).

Auch grundlegende **Menschen- und Bürgerrechte** werden im Grundgesetz garantiert. Durch die sogenannte **Ewigkeitsklausel** (Art. 79 Abs. 3 GG) wird der Fortbestand dieser Grundsätze gewährleistet. Allerdings wird über die rechtliche Absicherung hinaus eine **Unterstützung durch die Bevölkerung** als notwendig angesehen.

Wahlsysteme: Mehrheitswahl und Verhältniswahl

Wahlen gelten als grundlegender Bestandteil von Demokratien. Es lassen sich zwei **Grundtypen von Wahlsystemen** unterscheiden: Mehrheitswahl und Verhältniswahl.

Bei der **Mehrheitswahl** wird ein Land in Wahlkreise eingeteilt. In jedem Wahlkreis gewinnt der Kandidat mit den meisten Stimmen. Bei der relativen Mehrheitswahl reicht dazu die einfach Mehrheit, bei der absoluten Mehrheitswahl sind, wenn nötig in mehreren Wahlgängen, über die Hälfte der abgegebenen Stimmen notwendig.

Bei der **Verhältniswahl** ist das ganze Land ein Wahlkreis. Hier entspricht das Verhältnis der abgegebenen Stimmen in etwa dem Verhältnis der Abgeordneten im Parlament.

Beide Grundtypen haben **Vor- und Nachteile** und finden sich in der Realität oft in abgewandelter Form, z. B. ergänzt durch Sperrklauseln oder Minderheitenquoten, oder in **Kombination** wieder.

Die personalisierte Verhältniswahl in der Bundesrepublik Deutschland

Das **deutsche Bundestagswahlsystem** trägt Elemente beider Wahlsysteme in sich. Bei der **personalisierten Verhältniswahl** kann jeder Wahlberechtigte **zwei Stimmen** abgeben:

Mit der **Erststimme** wählt der Bürger einen Direktkandidaten in seinem Wahlkreis. So ziehen insgesamt 299 direkt gewählte Kandidaten in den Bundestag ein. Dies ist der personalisierte Teil des Wahlsystems.

Wichtiger ist jedoch die **Zweitstimme**, mit der der Wahlberechtigte die Landesliste einer Partei wählt. Dem Verhältnis der Zweitstimmenanteile entspricht dann etwa dem Verhältnis der regulär 598 Abgeordneten der Parteien im Bundestag. Dabei gilt eine **Sperrklausel von fünf Prozent**.

Überhangmandate entstehen, wenn eine Partei bei der Wahl zum Bundestag mehr Direktmandate über die Erststimmen erhält, als ihr Sitze im Bundestag gemäß der Anzahl der Zweitstimmen zustünden. Der Bundestag wird dann um diese „überzähligen" Direktmandate vergrößert, die betroffene Partei kann also mehr Mitglieder ins Parlament schicken, als ihr nach dem Anteil der Zweitstimmen zukäme. Nach der Wahlrechtsreform von 2013 müssen diese Überhangmandate jedoch durch **Ausgleichsmandate** für die anderen Parteien neutralisiert werden, um das bundesweite Verhältnis an Zweitstimmen zwischen den Parteien exakt abzubilden. Die Gesamtzahl der Sitze im Bundestag wird dazu so lange vergrößert, bis alle Überhangmandate ausgeglichen sind und diese für eine Partei keinen relativen Vorteil mehr darstellen. Hierdurch kann es allerdings zu einer starken Vergrößerung des Bundestages kommen.

Wähler und Nichtwähler

Mit der Frage, warum Wähler wählen, wen sie wählen oder warum sie nicht wählen, beschäftigt sich die **Wahlforschung**. Dabei gibt es unterschiedliche Erklärungsansätze, die den **Einfluss des gesellschaftlichen Umfelds** sowie von **Parteien, Politikern** oder **individuellen Interessen** unterschiedlich bewerten. Hierzu zählen der soziologische Erklärungsansatz, der individualpsychologische Erklärungsansatz, das Modell des rationalen Wählers und das Modell der sozialen Milieus.

Eine Betrachtung der **Wahlbeteiligung** von verschiedenen gesellschaftlichen Gruppen zeigt, dass mit dem **Alter**, aber vor allem auch mit dem **Einkommen** die Wahlbeteiligung steigt.

Reform des Wahlrechts?

Die Ausgestaltung des Wahlrechts ist einem ständigen Wandel unterworfen. Reformansätze, die in diesem Zusammenhang diskutiert werden, umfassen u. a.

- die Einführung einer **Wahlpflicht**,
- die Frage, ob alle in Deutschland lebenden **ausländischen Staatsbürger** wählen dürfen sollten,
- die Regelung des **Mindestalters** von Wählern,
- die **stellvertretende Wahl durch Erziehungsberechtigte** bei Minderjährigen (Familienwahlrecht)

Direkte Demokratie

Als Gegenmodell zur repräsentativen Demokratie oder als deren Ergänzung gilt die **direkte Demokratie,** die insesondere auf der **identitären Demokratietheorie** des französischen Philosophen **Jean-Jacques Rousseau** fußt. In Deutschland sind Elemente direkter Demokratie hauptsächlich auf **kommunaler Ebene** in Form von Bürgerversammlungen, Bürgeranträgen sowie Bürgerbegehren und -entscheiden vorhanden.

Anhänger der direkten Demokratie hoffen u. a. auf eine **stärkere Aktivierung der Bürger** zur Teilhabe am politischen Leben.

Kritiker befürchten eine **zu starke Vereinfachung komplexer politischer Fragen** und die **Manipulierbarkeit des Volkes**.

KOMPETENZEN PRÜFEN Was ist Demokratie?

„Demokratie ist die schlechteste aller Regierungsformen – abgesehen von all den anderen Formen, die von Zeit zu Zeit ausprobiert worden sind."
(Winston Churchill, früherer brit. Premierminister)

„Ihre, letztlich existenzielle, Begründung findet Demokratie in der Humanisierung der Politik, das heißt in der Humanisierung des unvermeidlichen Umgangs mit der Macht."
(Helmut Schmidt, ehem. Bundeskanzler)

„Demokratie heißt eben nicht, die Macht in die Hände des Volkes zu legen. Demokratie heißt, dem Volk das Gefühl zu geben, es habe eine Wahl."
(Volker Pispers, Kaberettist)

Fünf Herausforderungen der Demokratie

Ideen politischer Ordnung lassen sich nur dann über den zeitlichen und geografischen Raum ihrer Entstehung verbreiten, wenn sie eine eigenständige Attraktivität aufweisen
5 können. [...] Dies [...] begründet gleichzeitig eine der wesentlichen Ursachen für den Zerfall des Sowjetimperiums. Sein Niedergang hatte lange vor der praktischen Erosion von Politik und Wirtschaft in den Köpfen der Menschen
10 begonnen. [...]
Zweitens dürfte eine der wirkungsmächtigsten Herausforderungen aus wachsenden Phänomenen demokratischer Selbstüberforderung entstehen: Ursachenzuweisungen an die
15 Fehlleistungen von Politikern – ohne hier im Einzelfall beschönigen oder entschuldigen zu wollen – sind vielleicht zu vorschnell und vor allem zu einfach. Zu den zentralen Entwicklungsmustern gerade demokratischer Syste-
20 me gehört jedoch der Trend, die Erwartung an die Regelungskapazität von Politik kontinuierlich zu steigern. [...] Je mehr Probleme der Daseinsvorsorge des Einzelnen dem Staat aufgebürdet werden, umso mehr werden Politiker
25 zu den Adressaten steigender Erwartungen ihrer Wähler. [...]
Zu einer dritten zentralen Herausforderung künftiger Politik in demokratischen Systemen wird das Spannungsverhältnis zwischen Eigen-

verantwortung und Staat, anders formuliert 30 zwischen individueller Freiheit, Anspruchsdenken und der Entzauberung der Politik werden. Individuelle Freiheit ist für uns längst ein Gut an sich. [...] Dabei scheinen wir eines zu vergessen: ... Wer frei ist oder es sein will, ist 65 auch verantwortlich für das, was er tut. [...] Aber genau hier setzt der Verdrängungsmechanismus ein. Statt sich der eigenen Verantwortung zu stellen, tendiert das moderne Individuum nur allzu leicht dazu, zwar die Vorzüge 35 der Freiheit in vollen Zügen zu genießen, die Kehrseite aber, die Verantwortung, abzuschieben auf ein Kollektiv, das wir üblicherweise Staat nennen. [...]
Der vierte Gesichtspunkt unterstreicht diesen 40 Wahrnehmungseffekt mit Nachdruck: Es geht um die Rolle von Medien [...]. Statt Probleme zu lösen, fliehen wir in Scheinwelten. Ein Knopfdruck genügt und die jeweils gewünschte Mischung aus Abenteuer, Schönheit und 45 „schöner neuer Welt" (Huxley) verbreitet sich wohlig in unseren Wohnzimmern. Die steigende Komplexität unseres Daseins verlangt eigentlich immer schnellere und komplexere Entscheidungen von uns. Statt diese zu tref- 50 fen, verzichten wir auf unseren Status als mündige Bürger und versuchen, dem Zwang zu entkommen, grundlegende Entscheidungen

selbst treffen zu müssen. [...] Der Kreis zwi-
55 schen Legitimität, individueller Verantwortung
und kollektivem Handeln schließt sich.
Fünftens schließlich werden demokratische
Repräsentativsysteme herausgefordert durch
steigende Erwartungen ihrer Bürger an Sicher-
60 heit und das damit einhergehende veränderte
Sicherheitsdenken. [...] Die Verantwortung für
Sicherheit wird in wachsendem Maße vom Individuum auf die Politik verlagert, und sie
droht, Politik, gerade auch demokratische Politik, nachhaltig zu überfordern. [...] Sicher- 65
heitsdenken, das Streben nach Absicherung
persönlicher Risiken durch staatliche Fürsorge, war eines der zentralen Denkmuster, die
die Demokratie der letzten Jahrzehnte beglei-
tet haben. Das Phänomen als solches ist we- 70
der verwunderlich noch neu.

Aus: Eberhard Sandschneider, „Transformation, Globalisierung und die Zukunft der repräsentativen Demokratie",
in: Karl Schmitt (Hrsg.), Herausforderungen der repräsentativen Demokratie, Baden-Baden: Nomos 2003, S.48 ff.

SWOT-Analyse/Teil 2

QUERVERWEIS

**METHODE SWOT-
Analyse/Teil 1**
S.7

Die Gegenüberstellung von Stärken/Schwächen einerseits und Möglichkeiten/Gefahren andererseits spannt ein Portfolio mit vier Quadranten auf. Jeder Quadrant steht für einen Strategie-
ansatz.

Interne Sicht (Team, Unternehmen, Produkt)

		Strenghts (Stärken)	Weaknesses (Schwächen)
Externe Sicht (Aufgabe, Wettbewerb, Markt)	Opportunities (Möglichkeiten)	mit den eigenen Stärken bestehende Chancen nutzen / z.B. mit bestehendem Produkt einen neuen Absatzmarkt erschließen	eigene Schwächen beseitigen, um bestehende Chancen zu nutzen / z.B. neues Produkt entwickeln, um Kundenanforderungen zu erfüllen
	Threats (Bedrohungen)	mit den eigenen Stärken bestehende Gefahren abwehren / z.B. durch Werbung für bestehendes Produkt einen neuen Wettbewerber zurückdrängen	eigene Schwächen beseitigen, um gegen drohende Gefahren bestehen zu können / z.B. Qualitätsmängel des eigenen Produkts beheben, um einen Wettbewerber zurückzudrängen

Aus: www.projektmagazin.de/glossarterm/swot-analyse (Zugriff: 20.7.2016)

1 Nehmen Sie Stellung zu den Positionen in den Sprechblasen.
2 a) Arbeiten Sie aus dem Text die fünf Herausforderungen der Demokratie heraus
und fassen Sie sie in jeweils einem Satz zusammen.
b) Nennen Sie weitere Herausforderungen.
3 Erläutern Sie, ob diese Herausforderungen eher durch interne Schwächen oder
externe Gefahren entstanden sind (SWOT-Analyse).
4 Entwickeln Sie arbeitsteilig Vorschläge, wie (und durch wen) auf diese Herausforderungen reagiert werden kann.
5 Beurteilen Sie gegenseitig Ihre Vorschläge.
6 Gestalten Sie eine Werbekampagne mit Plakaten und Videos für das Produkt
„liberale Demokratie".

II. Akteure der politischen Willensbildung

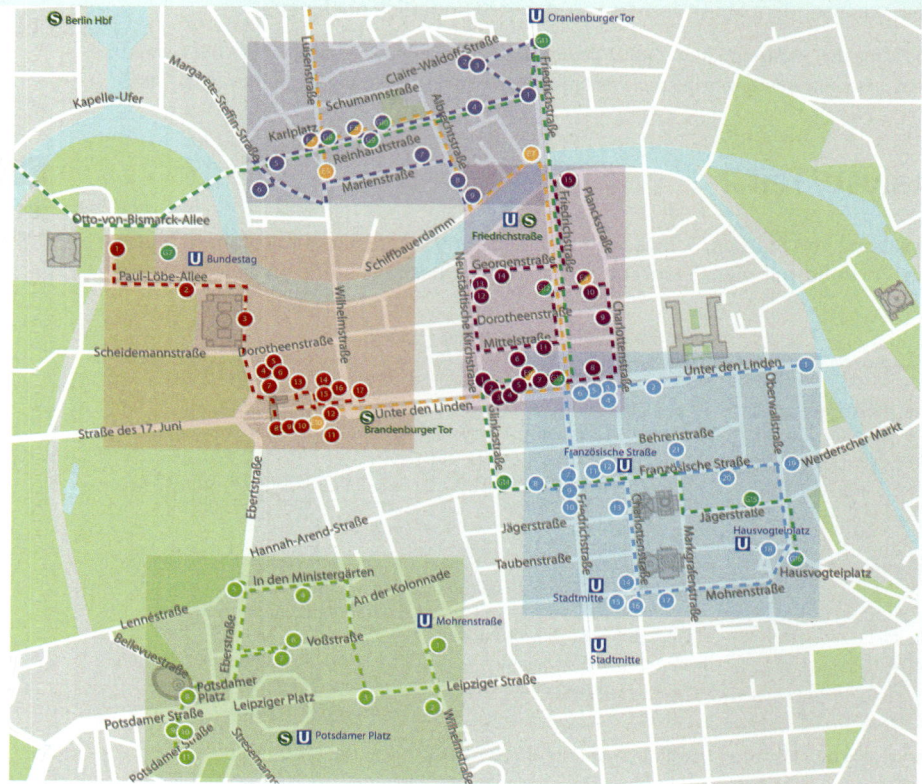

Übersichtskarte mit allen Routen

Route 1: Rund um den Reichstag

(1) Bundeskanzleramt, (2) Reichstag, (3) Parlamentarische Gesellschaft, (4) Diehl, KMW, (5) Stiftung Familienunternehmen, (6) Restaurant Tucher, (7) Haus Liebermann, (8) Commerzbank, (9) US-Botschaft, (10) DZ-Bank, (11) China Club, (12) Hotel Adlon, (13) Allianz, (14) Alber & Geiger, (15) Residenz, (16) Facebook, (17) Vertretung der Europäischen Kommission

Route 2: Vom Pariser Platz bis zur Spree

(1) Café Einstein, (2) Deutscher Zigarettenverband, (3) BMW, (4) BVI, (5) EUTOP, (6) ZDF, (7) ADAC, (8) Google, (9) American Chamber of Commerce, (10) Wilmer Hale, (11) BASE_camp, (12) Deutscher Brauer-Bund, (13) VCI, (14) INSM, (15) Verbändehaus

Route 3: Rund um die Reinhardtstraße

(1) Konvent für Deutschland, (2) Haus d. Land- u. Ernährungswirtschaft, (3) Deutsche Stiftung Eigentum, (4) ProLogo, (5) PJ Kommunikation, (6) Bundespressekonferenz, (7) Greenpeace, (8) BITKOM, (9) Ständige Vertretung

Route 4: Rund um den Gendarmenmarkt

(1) Bertelsmann, (2) Deutsche Bank, (3) Microsoft, (4) Metro Group, (5) Förderkreis Deutsches Heer, (6) VW, (7) DBB Forum, (8) degepol, (9) Deutsche Bureau AG, (10) Die Lebensmittelwirtschaft, (11) BDL, (12) Borchardt, (13) EKD, (14) Siemens, (15) ZDH, (16) Stiftung Marktwirtschaft, (17) Berlin Capital Club, (18) Ketchum Pleon und Deutscher Städtetag, (19) Quadriga-Hochschule/Helios, (20) Deutsche Telekom

Route 5: Rund um den Potsdamer Platz

(1) GDV, (2) Finanzministerium, (3) Bundesrat, (4) Ministergärten, (5) Burson-Marsteller, (6) Gesamtmetall, (7) Rheinmetall, (8) Deutsche Bahn, (9) Freshfields, (10) Airbus, (11) Daimler

Energieroute

(E1) Vattenfall, (E2) VKU, (E3) BEE, (E4) D.A.A., (E5) ExxonMobil, (E6) BDEW, (E7) EnBW, (E8) RWE, (E9) E.ON, (E10) BP

Gesundheitsroute

(G7) Gesundheitsausschuss, (G8) Marburger Bund, (G9) BVMed, (G10) GKV-Spitzenverband, (G11) Gesundheitsministerium, (G12) Hill & Knowlton, (G13) GlaxoSmithKline, (G14) PKV, (G15) ABDA, (G16) vfa

In diesem inhaltlichen Schwerpunkt befassen Sie sich mit folgenden Themen und Problemen

Zwischen den Bürgerinnen und Bürgern und den staatlichen Institutionen gibt es die sogenannten vermittelnden („intermediären") Instanzen. Diese beeinflussen den Prozess der Willensbildung in der Bevölkerung und tragen so auf indirekte und direkte Weise zur politischen Entscheidungsfindung bei.

Diese gesellschaftlichen Akteure umfassen im Wesentlichen die Parteien, die Verbände und die Medien.

Die politischen Parteien haben eine zentrale Bedeutung für unser demokratisches System. In **Kapitel 2.1** wird beleuchtet, wodurch Parteien charakterisiert sind, welche Aufgaben und Funktionen sie haben und wie sich das Parteiensystem im Laufe der Zeit gewandelt hat. Entlang welcher gesellschaftlichen Konfliktlinien entstehen neue Parteien und mit welchen Entwicklungen haben die großen Parteien zu kämpfen? Wie verändern sich Einstellungen und Präferenzen der Wähler und wie können Parteien darauf reagieren?

Auch die Verbände üben einen mitunter starken Einfluss auf politische Entscheidungen aus. **Kapitel 2.2** befasst sich mit Aufgaben, Arbeitsweisen und Zielen von Verbänden sowie bestehenden rechtlichen Regelungen ihres Einflusses. Inwiefern ist eine Repräsentation von Interessen gesellschaftlicher Gruppen durch Verbände sinnvoll oder auch notwendig? Wo läuft diese Einflussnahme Gefahr, illegitim zu werden? Und welche Vorschläge und Forderungen gibt es, um mehr Transparenz zu schaffen?

Kapitel 2.3 thematisiert die Bedeutung der Medien im politischen Prozess. Welche Rolle spielen Meinungs- und Pressefreiheit für die Demokratie? Wie verlaufen Wechselbeziehungen zwischen Politik und Medien? In den vergangenen Jahren haben die sozialen Medien zunehmend an Einfluss gewonnen. Haben sich die Hoffnungen auf mehr Beteiligung, eine Belebung der Demokratie durch die Digitalisierung erfüllt? Wo liegen Chancen, wo Risiken dieses „digitalen Zeitalters"? Und wie verändert sich dadurch die Politik?

1 Analysieren Sie die Karte und benennen Sie Ihre ersten Eindrücke.

2 Recherchieren Sie zu den Organisationen, Unternehmen und Institutionen in der Karte.

3 Erläutern Sie mögliche Verbindungen zwischen den abgebildeten Akteuren (Organisationen/Institutionen/Unternehmen).

1. Wohin entwickelt sich die Parteiendemokratie?

1.1 Parteien – Sprachrohre des Volkes?

1.1.1 Jugend und Parteien

MATERIAL **1**

GLOSSAR

Parte**i**
Partizipation

Parteien – nichts für die Jugend?

Zeichnung: Thomas Plaßmann

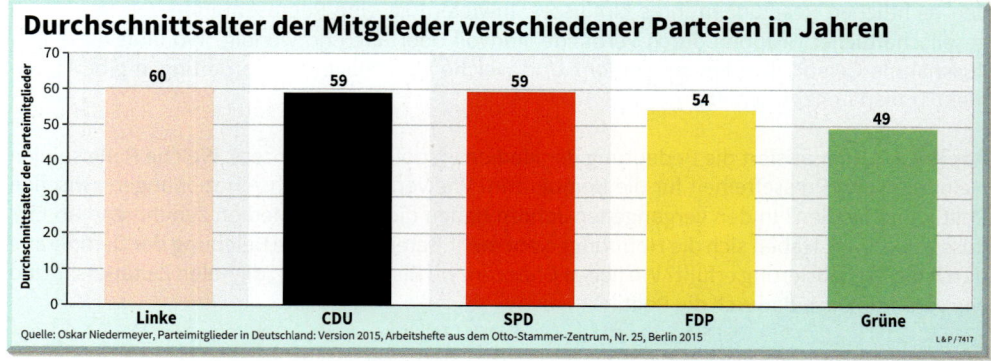

MATERIAL **2**

QUERVERWEIS

**Bereitschaft zu politi-
schem Engagement**
S. 176, M 1

Politische Partizipationsformen

**Beteiligung / Teilnahme / Mitarbeit /
Mitglied an / bei / in**

- ☒ Wahlen
- ☒ Unterschriftensammlung
- ☒ genehmigter Demonstration
- ☒ nicht genehmigter Demonstration
- ☒ Online-Protestaktion
- ☒ Bürgerinitiative
- ☒ Menschenrechtsgruppe
- ☒ Jugendorganisation einer Partei
- ☒ Partei

Jugendliche über ihr Engagement in Parteien

Viele Parteien klagen über sinkende Mitglie-derzahlen und sorgen sich um Nachwuchs. Doch die Jugend scheint engagierter zu sein, als vermutet. [...] Jugendliche, die in den Ju-gendorganisationen von Parteien aktiv sind, erzählen im Interview von ihrer Motivation, ihren Zielen und ihren Aufgaben.

Warum habt ihr euch entschieden, in eine Par-tei einzutreten?

Elias, JuLis: Meine Eltern sind politisch inte-
5 ressiert und ich habe mit ihnen oft über Poli-tik geredet. Ich denke, über die Parteischiene kann man ziemlich viel bewegen.

Sophia, GJ: Meine Mutter ist bei den Grünen aktiv. Dadurch habe ich von den Treffen der Grünen Jugend erfahren.

10 **Nino, Juso:** Ich wollte politisch aktiv werden und hatte durch meinen Bruder und Freun-de schon einen Bezug zu den Jusos.

Veronica, JU: Ich war schon immer politisch interessiert und dachte, es wird Zeit mich
15 einzubringen.

Was überzeugt euch an eurer Partei?

Nino, Juso: Auf dem Gymnasium habe ich festgestellt, dass die Eltern der anderen alle Ärzte und Anwälte sind, da dachte ich mir,
20 man muss etwas am Bildungssystem ändern. Da kam die SPD meinen Vorstellungen am nächsten.

Veronica, JU: Die CSU vertritt die christli-chen Werte und ist im Vergleich zur CDU so-
25 zialer ausgerichtet und näher am Bürger.

Nils, GJ: Ich finde es gut, dass die Grünen sehr offen und tolerant gegenüber allen sind.

Elias, JuLis: Mir ging es um die Überzeugung, dass der Einzelne möglichst wenig durch staatliche Regulierungen eingeschränkt wer-30 den soll.

Könnt ihr euch eine Politikkarriere vorstel-len?

Veronica, JU: Irgendwann möchte ich auf je-den Fall in den bayerischen Landtag. 35

Sophia, GJ: Wir machen keine Politik, um ein bestimmtes Amt zu erzielen, sondern we-gen den Inhalten.

Nino, Juso: Ich habe nicht vor, beruflich in die Politik zu gehen. Man kann auf lokaler 40 Ebene auf kleine Erfolge zurückblicken und das ist schön.

Elias, JuLis: Eine Politikkarriere ist nicht planbar. Ich engagiere mich, solange es mir Spaß macht und ich Zeit dazu habe. Worauf 45 das hinausläuft, wird sich zeigen.

Was steht außer den regelmäßigen Treffen an?

Sophia, GJ: Im Moment planen wir eine Ak-tion zum kritischen Konsum. 50

Veronica, JU: Wir haben unter anderem schon eine Cocktailparty für die Jugend in unserem Ort organisiert. Wir machen auch Ausflüge, z. B. Kanutouren.

Nino, Juso: Oft organisieren wir Aktionen 55 relativ kurzfristig aus gegebenen Anlässen.

Elias, JuLis: Als Landesvorsitzender der Jun-gen Liberalen Hessen nehme ich verschiede-ne Termine war. Im Schnitt sind es drei Ter-mine pro Woche. 60

Nach: „In Parteien kann man viel bewegen", Interview von Laura Löffler, in: www.fr-online.de/wie-po-litisch-ist-die-jugend-/jugendliche-in-parteien--in-parteien-kann-man-viel-bewegen-,14828290,1611 4274. html, 25.5.2012 (Zugriff: 31.5.2016)

INFO

Jugendorganisa-tionen
Alle großen Parteien in Deutschland haben Jugendorganisationen. Diese wollen Ideen-werkstatt sein und die Perspektiven und The-men Jüngerer in die Parteien einbringen. Für die Mutterparteien sind sie vor allem ein Rekrutierungsbecken für den dringend benö-tigten Nachwuchs. Den starken Mitglieder-schwund der Parteien können aber auch die Jugendorganisationen nicht mehr ausglei-chen, denn auch für sie ist es zunehmend schwierig, Mitglieder zu gewinnen.

Jugendorganisa-tionen der einzelnen Parteien:
Junge Union (CDU/CSU)
Jungsozialisten/Jusos (SPD)
Grüne Jugend (Die Grünen)
Linksjugend [,solid] (Die Linke)
Junge Liberale/JuLis (FDP)

1 Interpretieren Sie die Karikatur in M 1.

2 Analysieren Sie die Grafik in M 1 und diskutieren Sie mögliche Ursachen und Folgen der ersichtlichen Entwicklungen. Beziehen Sie auch die Aussagen der Karikatur ein.

3 a) Legen Sie zu den Partizipationsformen in M 2 eine Tabelle mit folgenden Spalten an: „Bereits gemacht" – „Kommt für mich infrage" – „Werde ich nicht tun". Kreuzen Sie in Einzelarbeit das für Sie Zutreffende an.
b) Vergleichen und diskutieren Sie Ihre Ergebnisse.

4 a) Vergleichen Sie die Aussagen in M 3 auf Übereinstimmungen und Abweichungen.
b) Vergleichen Sie die Motive der Jugendlichen mit dem Meinungsbild in Ihrem Kurs.

1.1.2 Die Parteien – Aufgaben und Funktionen

MATERIAL 1

Demokratie und Parteien

„Ja zur Demokratie sagen, aber Nein zu den Parteien, ist nicht möglich."

Wolfgang Thierse (SPD), 1998-2005 Präsident des Deutschen Bundestages, 2005–2013 dessen Vizepräsident.

MATERIAL 2

Die Parteien im Grundgesetz

Art. 21 Grundgesetz
(1) Die Parteien wirken an der politischen Willensbildung des Volkes mit. Ihre Gründung ist frei. Ihre innere Ordnung muss demokratischen Grundsätzen entsprechen. Sie müssen über die Verwendung und Herkunft ihrer Mittel sowie über ihr Vermögen öffentlich Rechenschaft geben.

(2) Parteien, die nach ihren Zielen oder nach dem Verhalten ihrer Anhänger darauf ausgehen, die freiheitliche demokratische Grundordnung zu beeinträchtigen oder zu beseitigen oder den Bestand der Bundesrepublik Deutschland zu gefährden, sind verfassungswidrig. Über die Frage der Verfassungswidrigkeit entscheidet das Bundesverfassungsgericht.

MATERIAL 3

Funktionen und Merkmale von Parteien

Funktionen nach §1 Parteiengesetz
■ *Personalrekrutierung:* Parteien präsentieren Kandidaten zur Besetzung öffentlicher Ämter.
■ *Interessenartikulation:* Parteien formulieren Erwartungen und Forderungen gesellschaftlicher Gruppen an die Politik. Sie sind „Sprachrohre des mit vielen Stimmen sprechenden Volkes".
■ *Programmfunktion:* In Wahlprogrammen fassen die Parteien ihre kurz- bis mittelfristig angestrebten politischen Ziele sowie ihre Vorstellungen zu deren Umsetzung zusammen. Grundsatzprogramme bringen hingegen tiefer gehende Überzeugungen zum Ausdruck und sollen längerfristige Orientierungen für die Tagespolitik bieten.
■ *Partizipationsfunktion:* Parteien ermöglichen die politische Beteiligung der Bürger.
■ *Legitimationsfunktion:* Die Parteien verbinden Volk und staatliche Entscheidungsträger (Parlament und Regierung). Sie sollen so zur Akzeptanz des politischen Systems in der Gesellschaft beitragen.

Merkmale nach §2 Parteiengesetz
■ *Vereinigung von Bürgern:* Es können nur natürliche Personen, nicht aber Verbände einer Partei angehören. Eine Partei soll kein verlängerter Arm eines Interessenverbandes sein.
■ *Politische Willensbildung:* Die politische Einnahme darf sich weder inhaltlich noch räumlich nur auf kleine, eng begrenzte Bereiche beziehen. Sogenannte „Ein-Punkt-Parteien" und „Rathausparteien" sind keine Parteien im Sinne des Parteiengesetzes.
■ *Teilnahme an Wahlen:* Es kommt auf regelmäßige, nicht zwingend erfolgreiche Teilnahme an Bundestags- bzw. Landtagswahlen an.
■ *Parteiorganisation:* Eine Partei darf sich organisatorisch nicht auf einen fremden Verwaltungsapparat, z.B. eines ihr nahestehenden Verbandes stützen, und muss ständig, also nicht nur zu Wahlzeiten funktionsfähig sein.
■ *Mitgliederzahl:* Sie soll landesweite Präsenz und Schlagkraft der Partei ermöglichen.

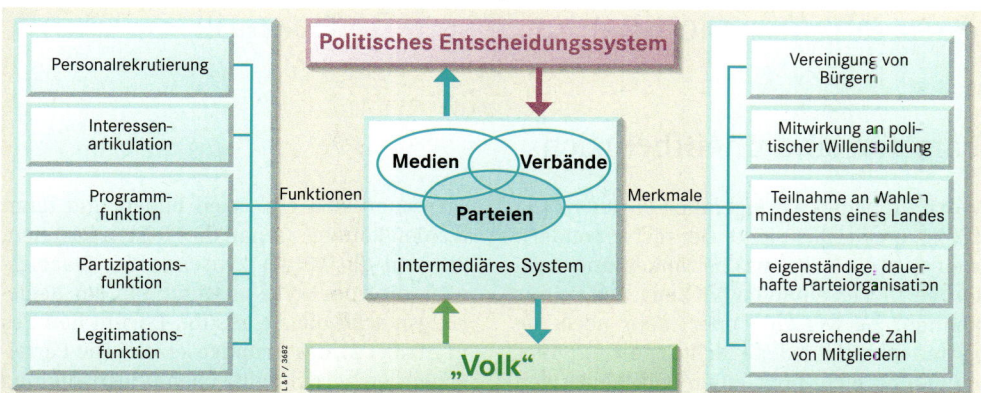

GLOSSAR

intermediäres System

Wie finanzieren sich die Parteien?

MATERIAL **4**

INFO

Parteien erhalten ihre Gelder aus drei Einnahmequellen:

- Mitgliedsbeiträgen, Mandatsträgerbeiträgen und ähnlichen regelmäßigen Beiträgen,
5 - Spenden natürlicher und juristischer Personen,
- staatlichen Mitteln und sonstigen Einnahmen (v. a. Einnahmen aus Unternehmenstätigkeit, Beteiligungen, Vermögen, Veröffentlichungen und Veranstaltungen). 10

Natürliche Personen umfassen alle Menschen.

Juristische Personen sind Vereinigungen mehrerer Personen oder Kapitalgesellschaften, die aufgrund des Zusammenschlusses eine eigene Rechtspersönlichkeit erlangen. Das können Vereine, Unternehmen und Stiftungen sein, aber auch die Körperschaften des öffentlichen Rechts wie Staat, Gemeinden, Gemeindeverbände zählen dazu.

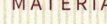

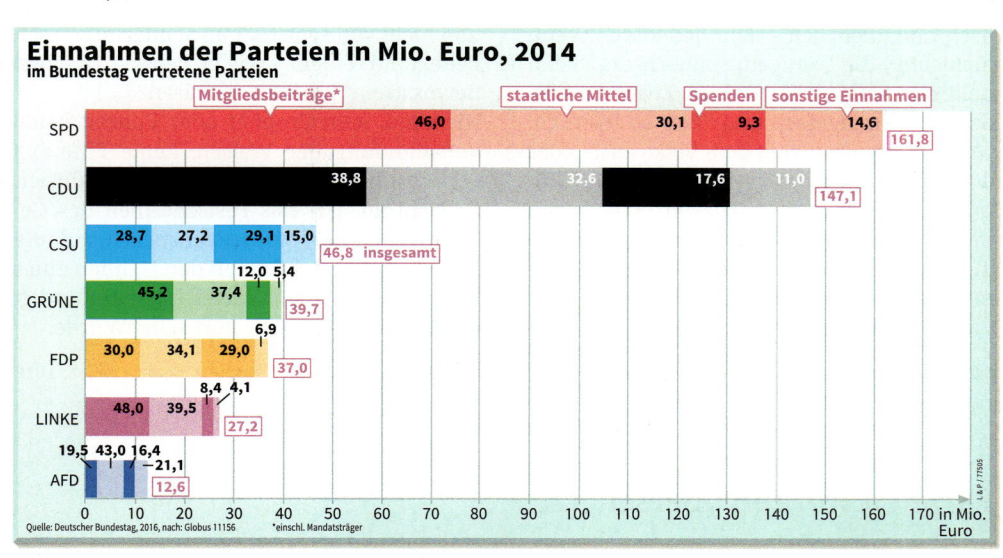

Einnahmen der Parteien in Mio. Euro, 2014
im Bundestag vertretene Parteien

Quelle: Deutscher Bundestag, 2016, nach: Globus 11156 *einschl. Mandatsträger

1. „Ja zur Demokratie sagen, aber Nein zu den Parteien, ist nicht möglich." (M 1) Arbeiten Sie aus M 2 und M 3 Argumente heraus, die diese Aussage stützen können.
2. Erläutern Sie die Bedeutung der einzelnen Bestimmungen von Art. 21 GG (M 2) für die Parteiendemokratie.
3. Charakterisieren Sie eine Vereinigung, die nach § 2 Parteiengesetz als „Partei" gilt (M 2).
4. Vergleichen Sie die Funktionen und Aufgaben von Parteien auch vor dem Hintergrund von M 2 mit denen von Interessenverbänden oder Bürgerinitiativen.
5. Analysieren Sie die Grafik zur Parteienfinanzierung (M 4). Versuchen Sie, die verschiedenen Finanzquellen den Aufgaben der Parteien (M 2 und M 3) zuzuordnen.

QUERVERWEIS

Unmittelbare und mittelbare Einflussnahme von Verbänden
S. 86, M 1

1.1.3 Sind die Parteien unverzichtbar für unsere Demokratie?

MATERIAL **1**

QUERVERWEIS

**Die Demokratie
und die Bürger**
S. 14, M 2b

Parteien sind unentbehrlich

Wozu brauchen wir eigentlich Parteien? [...] Selbstverständlich sind sie nicht, sondern weit eher ein Ärgernis. Sie zanken und streiten, sie flicken einander am Zeug, wie sie nur
5 können. Sie weisen – oder mehr noch, sie zerren in verschiedene Richtungen. [...] Aber muss man nicht noch einen entscheidenden Schritt weitergehen und sagen: Parteien sind an und für sich etwas Negatives, nämlich ein
10 Ausdruck dafür, dass die Einheit, die Harmonie des Ganzen, die es eigentlich geben sollte, zerrissen ist und dass nicht mehr das Gemeinwohl, sondern der Egoismus der Sonderinteressen im Vordergrund steht? [...] Da-
15 her nochmals: Wozu brauchen wir eigentlich Parteien?
Es bietet sich an, auf diese einfache Frage eine einfache Antwort zu geben: Parteien mögen ein Notbehelf sein, aber sie sind prak-
20 tisch unentbehrlich – dann jedenfalls, wenn nicht bloß die wenigen, sondern die vielen politisch mitsprechen sollen: Zwar verkündet das Grundgesetz in Artikel 20 feierlich: „Alle Staatsgewalt geht vom Volke aus." Aber
25 das Volk kann nicht regieren; [...]. Das Pro und Kontra der komplizierten Sachfragen und ihre Lösungsmöglichkeiten ebenso wie die Kandidatenauslese für Führungsämter muss vielmehr organisiert und in Alternati-
30 ven öffentlich dargestellt werden, damit die

Menschen sich ein Urteil bilden und dann wählen können. Genau dies leisten Parteien. Sie sind die Mittler zwischen der Staatsgewalt, die vom Volke ausgeht, und der Regierungsmacht, die sie ausübt. Darum heißt es 35 in Artikel 21 des Grundgesetzes: „Die Parteien wirken bei der politischen Willensbildung des Volkes mit." Das allerdings ist gelinde gesagt eine Untertreibung. Die Parteien nehmen eine, nein: die schlechthin zentrale 40 Stellung ein; ohne sie gäbe es keine Willensbildung des Volkes, zumindest keine, die real wirksam werden könnte. [...]
Ein Einwand drängt sich sofort auf: Gibt es nicht so etwas wie das Gemeinwohl? Jeden- 45 falls: Sollte es das nicht geben, das Wahre, Gute, Gerechte schlechthin, in dessen Zeichen alle einig sind oder zumindest dann einig sein müssten, wenn sie genügend informiert und nicht von egoistischen Sonderinteressen 50 behext, mit einem – wie es heißt – „falschen Bewusstsein" geschlagen wären? [...]
Niemand, kein Prophet oder Führer, keine Versammlung der Weisen, keine Elite [...] verfügt über das Ganze, über die Wahrheit 55 schlechthin. [...] Das Festschreiben des Gemeinwohls, der Monopolanspruch auf die Wahrheit und das Gute in den Händen eines Führers oder einer Partei [...] entmündigt den Menschen und zerstört seine Würde. 60

Aus: Christian Graf von Krockow/Peter Lösche (Hrsg.), Parteien in der Krise, München: Beck, 1986, S. 10 ff.

MATERIAL **2**

Parteien werden überschätzt

Politische Parteien, so steht es im Grundgesetz, „wirken an der politischen Willensbildung des Volkes mit". Und es gab Zeiten, in denen das den Parteien großartig gelungen
5 ist. Ende der 1960er-Jahre zum Beispiel, als die Mitgliederzahlen von SPD und CDU sich nur in eine Richtung entwickelten: nach oben. Auf dem Höhepunkt hatten 1,022 Millionen Menschen ein sozialdemokratisches
10 Parteibuch. Wer konservativ war, ging damals zur Union. Wer linke Politik wollte, en-

gagierte sich in der SPD. Es war angesagt, in einer Partei zu sein. Und die Menschen wussten, woran sie bei den Parteien waren. Denn die Parteien verkörperten die unterschiedli- 15 chen politischen Ideale, hinter denen sich die Menschen versammeln konnten.
All das hat sich verändert. Parteien haben dramatisch Mitglieder verloren – und an Ansehen. Nur 23 Prozent der Deutschen ver- 20 trauen ihnen noch, schlechtere Werte bekommen nur Banken, Manager und Wer-

beagenturen. Die Bundeskanzlerin, die ja auch Vorsitzende einer Partei ist, kommt dagegen auf 65 Prozent. Ein riesiges Gefälle. Welche Rolle spielen Parteien angesichts dessen noch bei der Willensbildung? Was sind sie noch Wert in Zeiten, in denen die Satiretruppe „Die Partei" bei Wahlen mancherorts mehr Stimmen bekommt als die Union?

Gründe, warum der Wert von Parteien extrem fraglich geworden ist

1. Personen entscheiden Wahlen, nicht Parteien.

Seit Jahren hält sich die CDU in Umfragen souverän bei über 40 Prozent – auf Bundesebene. Dem Kanzlerbonus sein Dank. [...] Sobald der Merkel-Faktor aber wegfällt, sieht es düster aus für die CDU. [...] Der SPD geht es nicht anders. Bei den Wahlen in Hamburg triumphierten vor Kurzem nicht die Sozialdemokraten – es gewann der bei den Hamburgern enorm beliebte Spitzenkandidat und Amtsinhaber Olaf Scholz. Nicht zufällig haben Medien umgehend die Frage aufgeworfen, ob nicht Scholz aufgrund seines überragenden Ergebnisses ein viel besserer Kanzlerkandidat für die SPD sei als Sigmar Gabriel, der als Parteichef Vorrang hat. [...] Nur in der Theorie wird bei Wahlen in Deutschland bis auf wenige Ausnahmen über Parteien abgestimmt, die daraufhin entscheiden, wer aus ihren Reihen die zu besetzenden Posten bekommt. Tatsächlich aber ist der Wahlkampf der Parteien immer häufiger immer stärker auf (möglichst gute) Kandidaten zugeschnitten als auf Inhalte. Die Parteien werben mit ihrem Spitzenpersonal auf Plakaten, sie schicken ihre Kandidaten in TV-Duelle. [...]

2. Die Mitgliederzahlen sinken. Und sinken.

Die SPD hat zuletzt so viele Mitglieder verloren wie zuvor lange nicht mehr. Zum Ende des Jahres 2014 besaßen 459 902 Menschen das Parteibuch der Sozialdemokraten; das sind 13 760 oder 2,9 Prozent weniger als am 31. Dezember 2013. Bei der CDU sieht es nicht viel besser aus. Aber warum sollten die Menschen sich auch dazu entschließen, einer Partei beizutreten? Dass immer weniger Menschen Mitglied in einer Partei sein wollen, hänge zum einen mit dem gewachsenen Unwillen zusammen, sich in formalen Organisationen zu engagieren, sagt Parteienforscher Falter. „Eine Parteimitgliedschaft erfordert Aktivität und sie erfordert, Beiträge zu zahlen. Das macht man nicht mehr gern." Zum anderen spiele der Faktor eine Rolle, „dass die Menschen glauben, als Parteimitglied wenig bewirken zu können". Wo sind denn noch Möglichkeiten, als Parteimitglied wirklich Einfluss auf Parteipolitik zu nehmen? Wahlplakate aufhängen und Prospekte auf dem Marktplatz verteilen gehört eher nicht dazu. Wenn sie spürbar Einfluss auf die politische Agenda einer Partei hätten, wären auch mehr Menschen für eine Mitgliedschaft zu begeistern. Die Piratenpartei hat vor einigen Jahren ausprobiert, ihre Anhänger bei jeder Entscheidung teilhaben zu lassen. Auch wenn der Versuch schließlich im Chaos endete – die Euphorie war anfangs enorm. Denn die Menschen hatten plötzlich eine Stimme. Und die Partei war Ort der politischen Debatte.

3. Kandidaten machen die Programme, nicht die Parteien.

Die CDU streitet nicht erst seit gestern darüber, dass während der Kanzlerschaft von Angela Merkel das Profil der Partei verloren gegangen ist. Je mächtiger und beliebter Merkel wurde, desto mehr rückte die CDU in die politische Mitte – zu Lasten ihres traditionell konservativen Profils. „Wir müssen abseits von Personen stärker herausstreichen, wofür wir stehen", sagt CDU-Mann Spahn. [...] Dass sich Parteien programmatisch ihren Spitzenkandidaten fügen, ist kein neues Phänomen. Eine „Agenda 2010" hätte es mit der SPD kaum gegeben – wenn da nicht Kanzler Gerhard Schröder gewesen wäre. Wo ist die Willensbildung geblieben und wo die Integrität, wenn Parteien sich inzwischen ganz freiwillig Einzelpersonen unterordnen, nur weil die beim Volk beliebt sind?

Nach: Jan David Sutthoff, Warum Parteien ziemlich überflüssig geworden sind, in: www.huffingtonpost.de/2015/02/24/parteien-ueberfluessig_n_6741474.html, Post, 24.2.2015 (Zugriff: 15.12.2015)

GLOSSAR

Agenda 2010

QUERVERWEIS

Mitgliederzahlen der Bundesparteien
S. 76, M 1

1 Arbeiten Sie Wert und Bedeutung der Parteien sowie die Kritik an ihnen heraus (M 1, M 2).
2 Verfassen Sie einen Kommentar zum parteienkritischen Beitrag (M 2).

METHODE Einen Kommentar verfassen
S. 82 f.

1.2 Innerparteiliche Demokratie – noch ausbaufähig?

Wie ist die SPD aufgebaut?

INFO

Innerparteiliche Demokratie
(siehe auch Glossar)
Nach Art. 21 Abs. 1 GG und dem Parteiengesetz muss die innere Ordnung der Parteien allgemeinen demokratischen Grundsätzen entsprechen. D. h., dass Parteiämter regelmäßig durch Wahlen von unten nach oben besetzt werden und alle Mitglieder die Möglichkeit haben, innerhalb der Partei ihre Meinung zu sagen und den Kurs der Partei mitzubestimmen (durch Wahl aller Parteiorgane, gleiches Stimmrecht aller Mitglieder etc.). Auch die Offenheit für neue Themen und neues Personal ist ein Indikator für den Grad der innerparteilichen Demokratie.

Nach: Eckart Thurich, pocket politik, Bonn: bpb, 2011

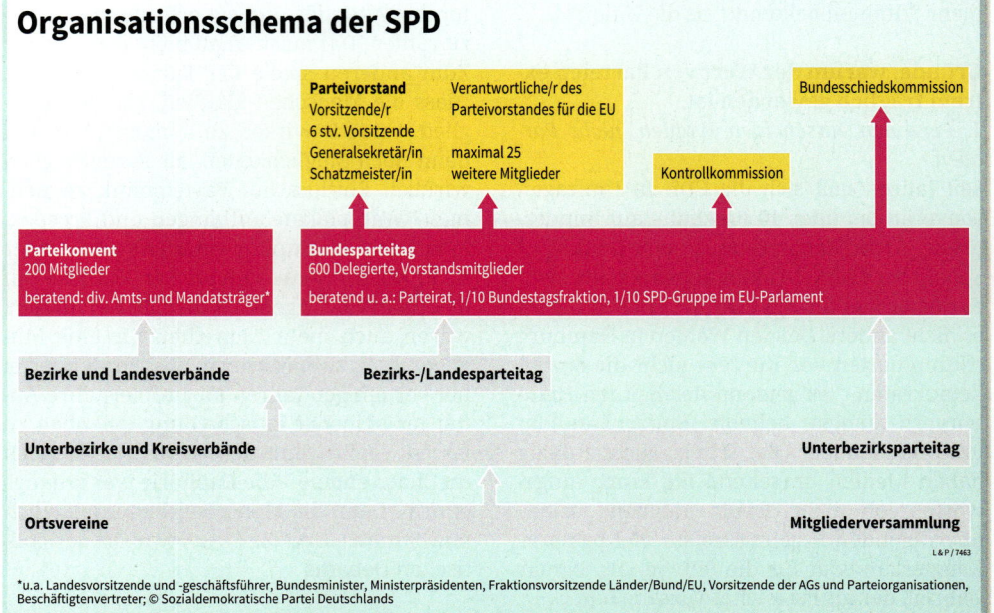

Organisationsschema der SPD

*u.a. Landesvorsitzende und -geschäftsführer, Bundesminister, Ministerpräsidenten, Fraktionsvorsitzende Länder/Bund/EU, Vorsitzende der AGs und Parteiorganisationen, Beschäftigtenvertreter; © Sozialdemokratische Partei Deutschlands

Mitbestimmung in der SPD

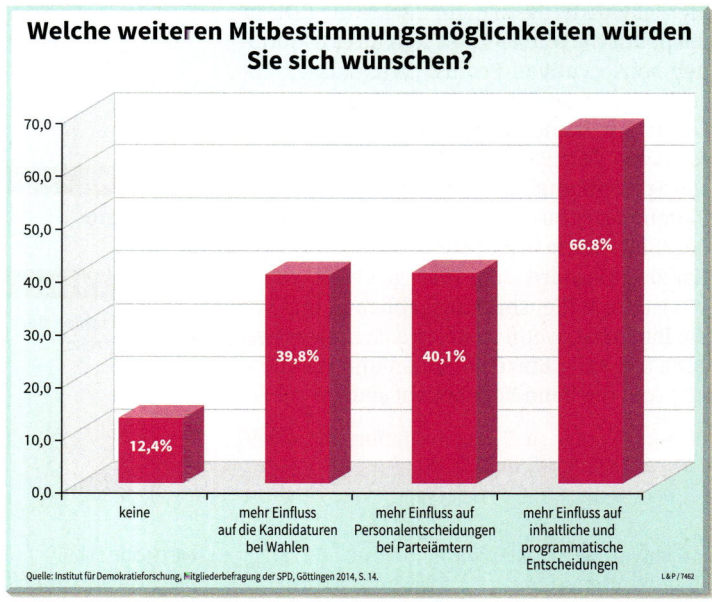

Quelle: Institut für Demokratieforschung, Mitgliederbefragung der SPD, Göttingen 2014, S. 14.

Parteitage sind eine Sonderform einer Mitgliederversammlung. Sie haben parteiinterne Willensbildungs- und öffentlichkeitsbezogene Werbefunktionen. Das Parteiengesetz schreibt (Bundes-)Parteitage mindestens einmal alle zwei Jahre vor. [5] Parteitage werden oft nicht für politische Beratungen und Diskussionen genutzt, sondern gelten eher z.B. der Eröffnung von Wahlkämpfen und der mediengerechten Inszenierung der Spitzenkandidaten. Anstehende politische Entscheidungen von grundlegender Bedeutung begünstigen einen diskussionsreichen und kontroversen Verlauf von Parteitagen. Auch andere Faktoren sind für den [10] [15] Ablauf von Bedeutung: So pflegt die CDU eher eine Konsenskultur, während die SPD und mehr noch die Grünen für ihre Konfliktkultur bekannt sind. Persönliches Ansehen, Popularität und Charisma der/ [20] des Parteivorsitzenden können einen Parteitag ebenfalls prägen.

SPD-Landesliste vertritt junge Menschen nicht

MATERIAL **3**

Bei der Bundestagswahl 2013 wurden 22 Kandidaten über die Landesliste der SPD-Bayern gewählt. 7,8 Prozent der Mitglieder der SPD in Bayern sind unter 30.

Die heute gewählte Liste [...] setzt das klare Signal, dass Menschen unter 30 bei der SPD nur einen Platz haben: Hinter Platz 30 der Landesliste. Die von den Jusos vorgeschlage- ne Kandidatin ist [...] im Vorschlag des SPD- 5 Landesvorstands auf den letztmöglichen Platz gesetzt worden. Es hat nie auch den Versuch des Landesvorsitzenden gegeben, mit den bayerischen Jusos über ihren Personalvorschlag [...] zu sprechen. Stattdessen 10 wurden bei der Listenfindung nur die Bezirksvorsitzenden und ihre Regionalinteressen einbezogen.

Aus: Philipp Dees, SPD-Landesliste vertritt junge Menschen nicht, in: jusos-bayern-de./meldungen/philipp-dees-spd-landesliste-vertritt-junge-menschen-nicht, 8.12.2012 (Zugriff: 4.1.2017)

Jugend wagen!

MATERIAL **4**

Klimawandel, Migrationsströme, demografischer Wandel, Sicherheit und Digitales – wie mit all diesen schwer überschaubaren Themen umgehen, wie sie richtig gestalten? Antworten auf diese Fragen zu finden, ist ein 5 generationsübergreifendes Projekt, Alt und Jung müssen ihr Wissen und ihre Ideen gleichermaßen einbringen können. Das ist in Deutschland aber nicht der Fall. Hier sind die Jungen im politischen Raum völlig unter- 10 repräsentiert. Deshalb fordern wir eine Jugendquote! Nur 31 der 631 Abgeordneten im Bundestag sind unter 35 Jahren alt. Das sind 4,9 Prozent, ihr Anteil an der Bevölkerung beträgt aber 35 Prozent. Die Altersgruppe 15 der 45- bis 65-Jährigen stellt mit 418 Mitgliedern hingegen 66 Prozent aller Abgeordneten, aber nur 31 Prozent der Bevölkerung. [...] Die aktuelle Politik und ihre Akteure legen einen klaren Fokus auf kurzfristige The- 20 men, auf die Rente mit 63 zum Beispiel, die in der Gegenwart Wählerstimmen bringt, in der Zukunft aber die Altersvorsorge für uns Jüngere noch schwieriger macht.

Dieses Problem ist im System angelegt: Durch 25 regelmäßige Wahlen auf regionaler, Landes- und Bundesebene werden Parteien dazu ermutigt, sich bevorzugt um jene Fragen zu kümmern, die eine baldige Wiederwahl garantieren, also schnelle und konkrete Resul- 30 tate erzeugen. [...] Dabei bleibt keine Zeit, sich mit Ansätzen zu beschäftigen, die erst in mehreren Jahren oder sogar Jahrzehnten Früchte tragen werden. [...].
Aus diesem Grund plädieren wir für eine Ju- 35 gendquote innerhalb der Parteien ebenso wie in den Parlamenten auf Landes- und auf Bundesebene. Um es konkret zu machen: Bei der Listenaufstellung der Parteien sollten mindestens 20 Prozent der Kandidaten auf 40 den vorderen Plätzen unter 35 Jahre alt sein. [...] Da grundlegende politische Entscheidungen in den Ausschüssen und an den Kabinettstischen der Bundes- und Landesregierungen getroffen werden, braucht es auch 45 hier die Quote. Das hieße in der Konsequenz, dass drei Bundesminister unter 35 sein müssten.

Aus: Vincent-Immanuel Herr/Martin Speer, Jugend wagen, in: Die Zeit, 26.3.2015

INFO

Die **„Arbeitsgemein-schaft der Jungsozialisten und Jungsozialistinnen in der SPD" (Jusos)** ist organisatorisch der Mutterpartei entsprechend aufgebaut. Die Juso-Vorsitzenden in Bund und Ländern sind kraft Amtes Mitglied des jeweiligen Parteivorstandes. Sie können so die Interessen, Ziele und Ideen der Jusos unmittelbar der Parteispitze vorbringen. Die Jusos haben außerdem Antrags- und Rederecht für die jeweiligen Parteitage.

1 Beschreiben Sie, auf welche Weise Parteimitglieder in der SPD mitwirken können (M 1).

2 Halten Sie aus Sicht des Juso-Vorsitzenden nach der für die Jusos enttäuschenden Abstimmung über die Landesliste eine kurze Rede vor dem Landesparteitag (M 3).

3 Bewerten Sie – auch vor dem Hintergrund der Parteifunktionen – die Idee einer Jugendquote (M 4).

4 Angenommen, eine Minderheit der bayerischen Jusos plante nach dem Vorbild der Frauenquote einen Vorstoß für die Einführung einer bundesweiten Jugendquote in der SPD. Entwickeln Sie in Gruppen mögliche Strategien für diesen Plan (M 1, M 2, Info).

QUERVERWEIS

Die Parteien – Aufgaben und Funktionen
S. 64 f.

1.3 Das Parteiensystem im Wandel

1.3.1 Merkmale und Entwicklungsetappen

MATERIAL **1** Stimmenanteile der Parteien bei den Bundestagswahlen

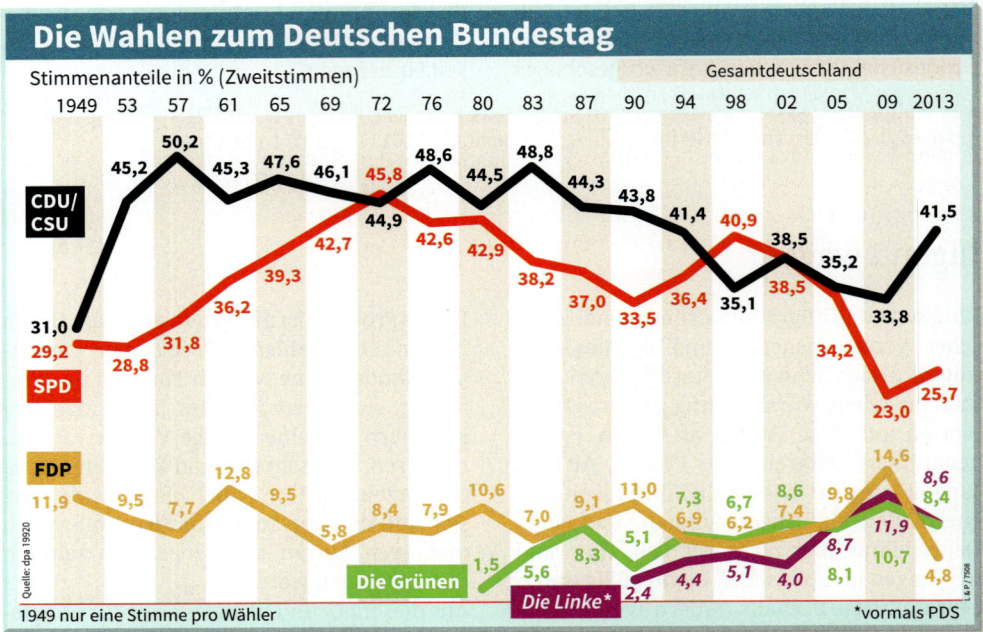

MATERIAL **2** Anzahl der Parteien bei Bundestagswahlen und im Bundestag

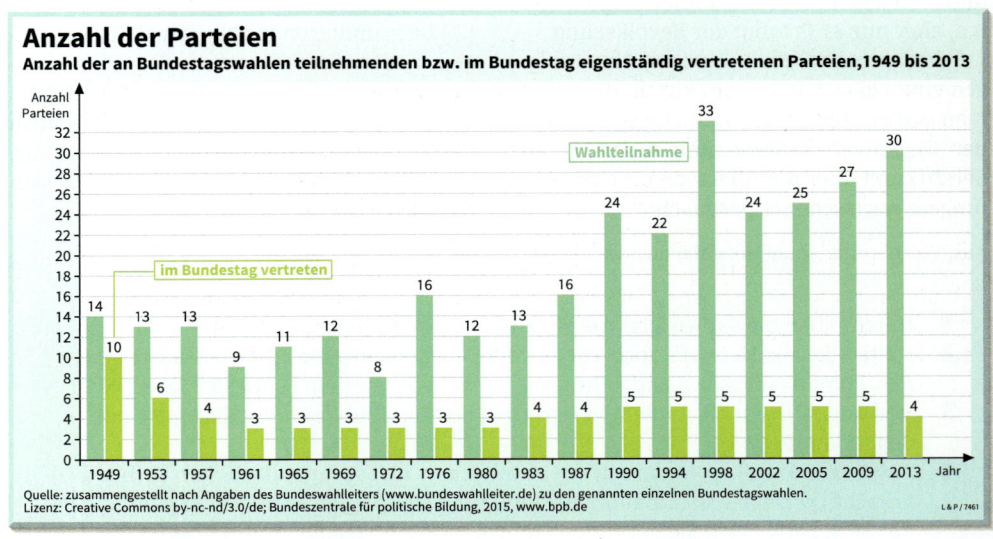

Etappen des Parteiensystems in Deutschland

MATERIAL **3**

1945–1953

Die 1945 wiedergegründeten Arbeiterparteien SPD und KPD konnten trotz der gemeinsamen Erfahrung der Verfolgung durch die NS-Diktatur ihre ideologisch-programmatischen [5] Gegensätze nicht überwinden. In der FDP dagegen vereinigten sich die unterschiedlichen liberalen Strömungen. Die wichtigste Neuerung aber war die Gründung der CDU und (in Bayern) der CSU. Initiiert von Repräsentan- [10] ten der alten katholischen Zentrumspartei entstand eine christlich geprägte überkonfessionelle Sammlungsbewegung, die zugleich konservativ, liberal und sozial ausgerichtet sein sollte. Daneben bildeten sich mehrere [15] kleine, meist konservative Regionalparteien.

1953–1961

CDU und CSU konnten, auch wegen der 1953 eingeführten Fünfprozentklausel bei Wah- [20] len, zahlreiche Anhänger der Regionalparteien an sich binden. Als Reaktion auf die CDU/CSU-Erfolge vollzog die SPD 1959 mit ihrem Godesberger Programm die Abkehr von der marxistischen Ideologie und bekannte sich [25] zur sozialen Marktwirtschaft. Die SPD stellte jetzt für bürgerliche Wähler und nicht zuletzt auch für Katholiken eine mögliche Wahlalternative dar. Sie entwickelte sich neben der CDU/CSU zur zweiten Volkspartei.

1961–1983

Im Bundestag waren nur noch CDU/CSU, SPD [30] und FDP vertreten, wobei der FDP die Rolle als Mehrheitsbeschaffer für CDU/CSU bzw. SPD und als liberales Korrektiv zukam. Die 1964 gegründete rechtsextreme NPD schaffte [35] den Einzug in einzelne Landtage.

1983–2005

Der Einzug der Grünen in den Bundestag 1983 führte langfristig zu einer neuen parteipolitischen Konstellation: CDU/CSU und FDP [40] sowie SPD und Grüne standen sich als alternative Regierungskoalitionen gegenüber. Als Trend zeichnete sich seit dieser Phase ein Rückgang der Wahlbeteiligung, ein Nachlassen der Bindekraft der großen Parteien und [45] ein Anstieg der Zahl der Wechselwähler ab.

Seit 2005

Die Linke etablierte sich als Bundestagspartei. Erstmals konnte 2005 keine Zweierkoalition aus einer großen und einer kleinen Partei [50] gebildet werden. Bei der Wahl 2013 scheiterte die FDP an der Fünfprozenthürde. 2017 könnte die AfD als Profiteurin der Flüchtlingskrise in den Bundestag einziehen. Das Parteiensystem, das sich bisher durch hohe [55] Stabilität auszeichnete, ist in Bewegung geraten.

Nach: Wolfgang Rudzio, Das politische System der Bundesrepublik Deutschland, 9. Aufl., Wiesbaden: VS Verlag für Sozialwissenschaften, 2015, S. 107–140

QUERVERWEIS

Modelle des Wahlverhaltens
S. 32 ff., M 3

GLOSSAR

Konservatismus
Liberalismus
Sozialismus
Volkspartei

Parteiensystem
Ein Parteiensystem meint die Gesamtheit der Parteien in einem Staat und deren wechselseitigen Beziehungen.

Analysekriterien für Parteiensysteme
Format: Anzahl der Parteien (Zwei-, Mehr-, Vielparteiensystem)
Fragmentierung: Grad der Zersplitterung (Stärkeverhältnisse zwischen den Parteien)
Asymmetrie: Stärkeverhältnis zwischen den beiden größten Parteien
Volatilität: Veränderung der Stimmenanteile der Parteien von einer Wahl zur anderen [5]
Polarisierung: ideologisch-programmatische Distanz zwischen den Parteien
Segmentierung: Kooperationsfähigkeit der Parteien, z. B. zur Bildung von Koalitionen [10]

INFO

Volatilität
Flüchtigkeit, Ausmaß
von Schwankungen

1 Analysieren Sie die Entwicklung des Parteiensystems unter dem Gesichtspunkt von Kontinuität und Wandel (M 1–M 3) Verwenden Sie die Analysekriterien (Infokasten).

2 Gestalten Sie für die Phasen in M 3 jeweils eine kurze und prägnante Überschrift.

1.3.2 Wofür steht welche Partei?

Aus den Grundsatzprogrammen der Parteien

1. „Gerechtigkeit [erfordert] mehr Gleichheit in der Verteilung von Einkommen, Vermögen und Macht. Denn große Ungleichheiten in deren Verteilung gefährden die Gleichheit der Lebenschancen."
2. „Wir setzen nicht auf Gleichmacherei, sondern auf das Wettbewerbs- und Leistungsprinzip. [...] Das Wettbewerbs- und Leistungsprinzip ist die Quelle, sozialen Aufstieg durch eigene Anstrengung zu erreichen."
3. „Wir kämpfen für einen Systemwechsel, weil der Kapitalismus [...] auf Ungleichheit, Ausbeutung, Expansion und Konkurrenz beruht."
4. „Die Ehe ist unser Leitbild der Gemeinschaft von Mann und Frau. [...] Wir respektieren die Entscheidung von Menschen, die in anderen Formen der Partnerschaft ihren Lebensentwurf verwirklichen. [...] Dies gilt auch für gleichgeschlechtliche Partnerschaften. [...] Eine Gleichstellung mit der Ehe zwischen Mann und Frau [...] lehnen wir jedoch ebenso ab wie ein Adoptionsrecht für gleichgeschlechtliche Paare."
5. Niemand darf wegen seiner oder ihrer sexuellen Identität benachteiligt und ausgegrenzt werden. [...] Partnerschaften von Lesben und Schwulen müssen, auch dort wo Kinder sind, rechtlich vollständig gleichgestellt werden.

Aus: Grundsatzprogramme von CDU (2007), SPD (2007), Grünen (2002), Die Linke (2011), FDP (2012)

Konfliktlinien im heutigen Parteiensystem

Mit Ausnahme der Grünen haben alle relevanten Parteien ihre Wurzeln in der 2. Hälfte des 19. Jahrhunderts. Als Folgen der Industriellen Revolution und der Nationalstaatsbildung entstanden tief greifende, die Gesellschaft spaltende und parteibildende Konflikte, vor allem der Klassenkonflikt zwischen Kapital und Arbeit und der als Kulturkampf ausgetragene Konflikt zwischen dem säkularen Staat und der katholischen Kirche. Der soziale Wandel hat zur Transformation bzw. Abschwächung dieser Konflikte, aber auch zur Bildung neuer Konflikte geführt. Die Parteienforschung nimmt an, dass die heutigen politischen Streitfragen sich im Wesentlichen auf zwei Konfliktlinien zurückführen lassen, entlang derer sich die politischen Parteien in ihrem Wettbewerb positionieren.

Der traditionelle Klassenkonflikt (zwischen Kapitaleignern und abhängig Beschäftigten) wird heute als Sozialstaatskonflikt zwischen den Grundwerten Marktfreiheit und soziale Gerechtigkeit ausgetragen. Dabei wird von beiden Seiten mit unterschiedlichen Konzeptionen des Grundwerts der Gerechtigkeit argumentiert und dabei auf die Grundwerte Freiheit und Gleichheit Bezug genommen. Nach der Marktgerechtigkeitskonzeption sind Verteilungsergebnisse des Marktes, die nach bestimmten Grundregeln des Marktes zustande kommen, auch gerecht. Politik hat demnach nur durch Gewährleistung der Marktfreiheit die Einhaltung der Grundregeln zu sichern. Damit wird auf den Grundwert der Freiheit rekurriert und Gerechtigkeit stellt sich als Leistungsgerechtigkeit dar. Im Rahmen der Gegenposition werden materiell ungleiche Marktergebnisse als sozial ungerecht angesehen, es wird auf den Grundwert der Gleichheit gesetzt und soziale Gerechtigkeit stellt sich als solidarische Verteilungsgerechtigkeit dar. [...]
Im soziokulturellen Bereich hat sich der traditionelle Kirche-Staat-Konflikt [...] in einen Religionskonflikt zwischen religiösen und säkularen Wertesystemen transformiert, dessen Relevanz durch die gesellschaftlichen

Säkularisierungsprozesse immer stärker zu-
rückgeht. Bestimmte, mit religiösen Prägun-
50 gen verbundene kulturell-moralische Werthaltungen wurden zudem in die sich seit
Ende der 1970er-Jahre herausbildende neue
Konfliktlinie zwischen libertären und autoritären Wertesystemen integriert. Ursache die-
55 ser neuen Konfliktlinie sind vor allem die
mit der Globalisierung verbundenen kulturellen Entgrenzungsprozesse, die entweder
als Bereicherung oder Bedrohung empfun-
den werden und daher einerseits zur Heraus-
bildung libertärer Werthaltungen, wie Beto- 60
nung von Selbstverwirklichung, Toleranz
gegenüber Minderheiten, Bejahung von Mul-
tikulturalität und Unterstützung nonkonfor-
mistischer Lebensstile, oder [andererseits
zur Herausbildung] autoritärer Werte, wie 65
Unterordnung unter Autoritäten, Intoleranz
gegenüber Minoritäten, kulturelle Abschot-
tung, Fremdenfeindlichkeit und Unterstützung konformistischer Lebensstile, führen.

Aus: Oskar Niedermayer, Plädoyer für die Abschaffung der Links-Rechts-Dimension, in: Frankfurter Hefte, 5/2008, S. 32 ff., in: www.frankfurter-hefte.de/upload/Archiv/2008/Heft_05/NGFH_Mai_08_Archiv_Nie-
dermayer.pdf (Abruf am 31.5.2016)

GLOSSAR

Globalisierung

Parteien im Konfliktlinienmodell (Cleavage-Modell)

MATERIAL 3

QUERVERWEIS

Warum wählen?
S. 32 f.

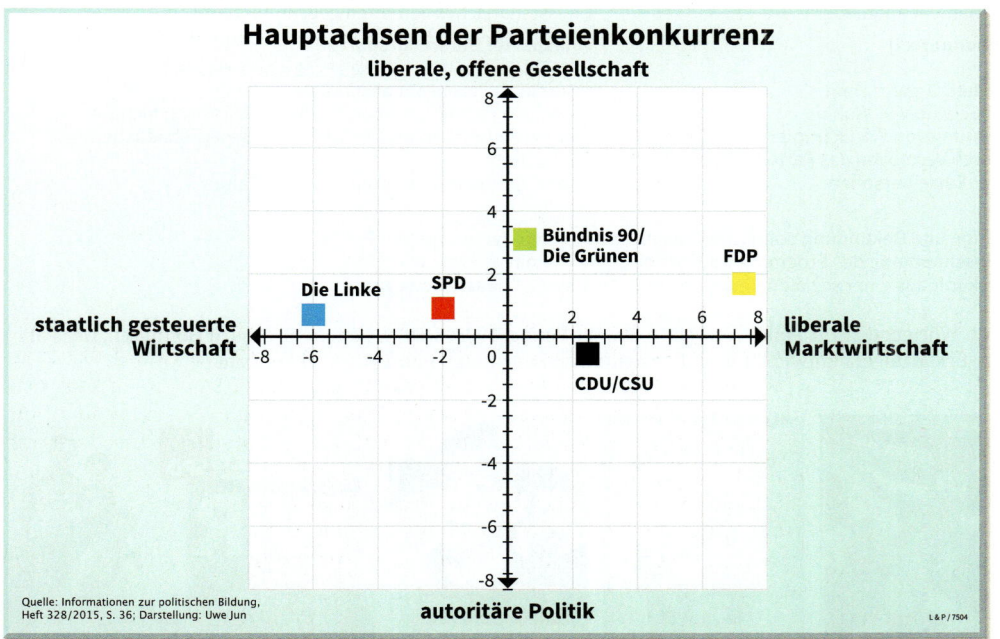

Quelle: Informationen zur politischen Bildung,
Heft 328/2015, S. 36; Darstellung: Uwe Jun

L & P / 7504

1 Sind die Parteien im Grunde gleich (Info)? Erstellen Sie ein Meinungsbild in Ihrem Kurs.
Begründen Sie Ihre Einschätzungen.

2 Ordnen Sie die Aussagen in M 1 den in der Quellenangabe genannten Parteien zu.
Begründen Sie Ihre Zuordnungen.

3 a) Recherchieren Sie aktuelle politische Streitfragen zur sozioökonomischen und zur
soziokulturellen Konfliktlinie (M 2) und die jeweiligen Positionen der wichtigsten
Parteien in diesen Auseinandersetzungen.
b) Legen Sie analog zu M 3 ein Konfliktlinienmodell an und verorten Sie die Parteien
jeweils an der Stelle, an der Sie deren Position in der betreffenden Streitfrage sehen.
c) Vergleichen Sie Ihre Ergebnisse und diskutieren Sie unterschiedliche Einschätzungen.

4 Erläutern Sie anhand des sog. Cleavage-Modells (M 3) das Aufkommen neuer Parteien.

MATERIAL 5 Parteitypen – Versuch einer Typologie

Parteitypen	
Kriterium: Organisationsstruktur	**Kriterien: angesprochene Adressaten; ideologisches Selbstverständnis**
Honoratiorenpartei ■ nur wenige Mitglieder (gesellschaftliche Honoratioren) ■ ehrenamtliche Wahrnehmung von Aufgaben ■ schwach ausgebildete Organisation ■ Aktivität nur vor Wahlen	**Patronagepartei** ■ ideologische Gesinnungslosigkeit ■ Besetzung von Mandaten und Ämtern als vorrangiges Ziel ■ Versorgung von Anhängern mit Posten als weiteres Ziel ■ opportunistisches politisches Verhalten
Kaderpartei ■ wenige Mitglieder (sich als Elite auffassende Berufsrevolutionäre) ■ straffe, zentralistische Organisation ■ viele Aktivitäten zunächst im Geheimen ■ Selbstverständnis als Vorhut einer Massenbewegung	**Klassenpartei** ■ Anspruch, die Interessen einer bestimmten Klasse zu vertreten ■ Mitgliederschaft aus einer bestimmten Klasse ■ Wählerschaft auf eine bestimmte Klasse begrenzt ■ ideologisch begründete Betonung von Klassengegensätzen
Massenpartei ■ zahlreiche Mitglieder ■ hierarchisch-bürokratische Organisation ■ Ausbildung von Berufspolitikern ■ hohe Aktivitätsbereitschaft der Mitglieder	**Weltanschauungspartei** ■ geschlossenes ideologisches Programm ■ hohe Bedeutung der Ideologie ■ kompromissloses Festhalten an der Ideologie ■ missionarisches Verhalten gegenüber der Welt
Wählerpartei (Kampagnenpartei) ■ wenige Mitglieder ■ sehr schwach ausgebildete Organisation ■ Konzentration auf den Gewinn von Wahlen ■ professionelle Durchführung von Wahlkämpfen ■ Finanzierung häufig durch Vermögen des Parteiführers oder Spenden finanzkräftiger Einzelpersonen	**Volkspartei (Allerweltspartei)** ■ ideologisch relativ diffuses Programm, das keine Gesellschaftsschicht abschreckt ■ Mitgliederschaft aus allen gesellschaftlichen Schichten ■ Mobilisierung von Wählern aus allen gesellschaftlichen Schichten ■ kompromissbereites politisches Verhalten

Weitere Typen:
■ **Protestpartei:** Bündelung und Bekundung politischer Unzufriedenheit mit der etablierten Politik
■ **Ein-Themen-Partei:** Beschränkung des Programms auf ein einziges Thema
■ **Bewegungspartei:** Herkunft aus einer sozialen Bewegung (z. B. Ökologie-, Friedensbewegung)

Nach: Manfred G. Schmidt, Wörterbuch zur Politik, Stuttgart: Kröner Verlag, 1995, S. 697 f. passim; Everhard Holtmann, Der Parteienstaat in Deutschland. Erklärungen, Entwicklungen, Erscheinungsbilder, Bonn: bpb 2012, S. 113 passim

  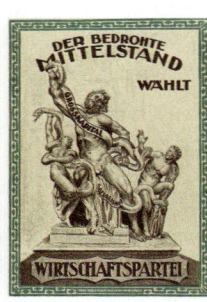  

Plakate von links nach rechts:
Sozialdemokratische Partei Deutschlands (SPD), 1919;
Kommunistische Partei Deutschlands (KPD), 1923;
Wirtschaftspartei, 1924;
Christlich Demokratische Union Deutschlands (CDU), 2013;
SPD, 2013

1 Ordnen Sie die Plakate der Parteien auf dieser Seite in das Schema der Parteitypen in M 5 ein.

2 Vergleichen Sie die Parteitypen anhand folgender Kriterien: Kompromissbereitschaft, Stellenwert des Parteiprogramms sowie Attraktivität für Mitgliedschaft und Mitarbeit (M 5).

Parteienerkundung und Programmanalyse

Parteienerkundung vor Ort

Erkunden Sie – arbeitsteilig – die Aktivitäten der verschiedenen Parteien in Ihrer Gemeinde.

Entwickeln Sie dazu Fragen für Interviews mit Vorstandsmitgliedern der jeweiligen Ortsverbände, Ratsmitgliedern und „einfachen" Parteimitgliedern.

Folgende Fragen könnten sinnvoll sein:

- Welche Motive geben die Parteimitglieder für ihr Engagement an?
- Wie ist die Partei vor Ort organisiert?
- Existiert ein Jugendverband der Partei im Ort?
- Wie wird die örtliche Parteiarbeit finanziert?
- Wie viele Mitglieder hat der Ortsverband der Partei? Wie ist die Berufs- und die Altersstruktur, wie der Frauenanteil beschaffen?
- Wie hat sich die Mitgliederzahl in den letzten zehn Jahren entwickelt?
- Welche Gremien in der Gemeinde werden mit Personen aus der Partei besetzt?
- Worin werden die Unterschiede zu den anderen Parteien in der Gemeinde gesehen?

Ergänzen können Sie die Ergebnisse Ihrer Interviews durch folgende Aktivitäten:

- Besuchen Sie öffentliche Veranstaltungen der Partei.
- Sammeln Sie aktuelle Pressemitteilungen über Aktivitäten der Ortspartei.
- Beachten Sie die Präsentation der Ortspartei im Internet.

Überlegen Sie, wie Sie Ihre **Ergebnisse** zusammenfassend auf Schautafeln oder in einer kleinen „Parteienzeitung" präsentieren können. Erfahrungsgemäß sind Ihre Gesprächspartner, aber auch die Lokalpresse an den Ergebnissen Ihrer Recherchen interessiert.

Analyse von Partei- und Wahlprogrammen

Partei- und Wahlprogramme beschreiben den politischen Standort der Parteien und enthalten in zusammenhängender, ausführlicher Darstellung die Ziele, für die sie in der Öffentlichkeit eintreten. Parteiprogramme kommen in der Regel erst nach einem längeren Diskussionsprozess zustande und sind notwendigerweise recht allgemein gehalten. Wahlprogramme beschreiben demgegenüber konkreter das politische Programm für die kommende Legislaturperiode.

Eine kriteriengeleitete Analyse der Programmaussagen der wichtigsten Parteien kann Ihnen Aufschluss über deren ideologisches Selbstverständnis und politische Gestaltungsabsicht geben. Nachdem Sie die Aussagen in Stichwortsätzen herausgearbeitet haben, können Sie sie z. B. auf einer Wandzeitung oder auf Folien gegenüberstellen. Dies erlaubt Ihnen einen Vergleich der Profile der Parteien.

Was viele nicht wissen: Gemäß § 6 Absatz 3 des Parteiengesetzes können Sie sich kostenlos alle oder einzelne Programme der Parteien vom Bundeswahlleiter schicken lassen. Im Gesetz heißt es zunächst, dass der Vorstand jeder Partei dem Bundeswahlleiter Satzung und Programm der Partei mitzuteilen hat und Änderungen anzeigen muss. Dann heißt es weiter: „Die Unterlagen können beim Bundeswahlleiter von jedermann eingesehen werden. Abschriften dieser Unterlagen sind auf Anforderung gebührenfrei zu erteilen."

Es bieten sich folgende Analyse- und Vergleichskriterien an.

- Menschenbild
- Grundwerte
- Demokratievorstellung
- Aufgaben des Staates
- Wirtschaftsordnung und -politik
- Familienbild
- Steuer- und Sozialpolitik
- Bildungspolitik

Beim Vergleichen sollte darauf geachtet werden, wie ausführlich die Programme die einzelnen Punkte behandeln und welchen Gruppen sich die Parteien jeweils besonders verpflichtet fühlen.

Im **Abschlussgespräch** können Sie die Überzeugungskraft der Programme kritisch erörtern.

Titelseiten der Grundsatzprogramme einiger Parteien

1.3.3 Wandel des Wählerverhaltens

MATERIAL **1**

QUERVERWEIS

Entwicklung der Par-
teimitgliedschaften
S. 167, M 2

Mitgliederzahlen der Bundestagsparteien

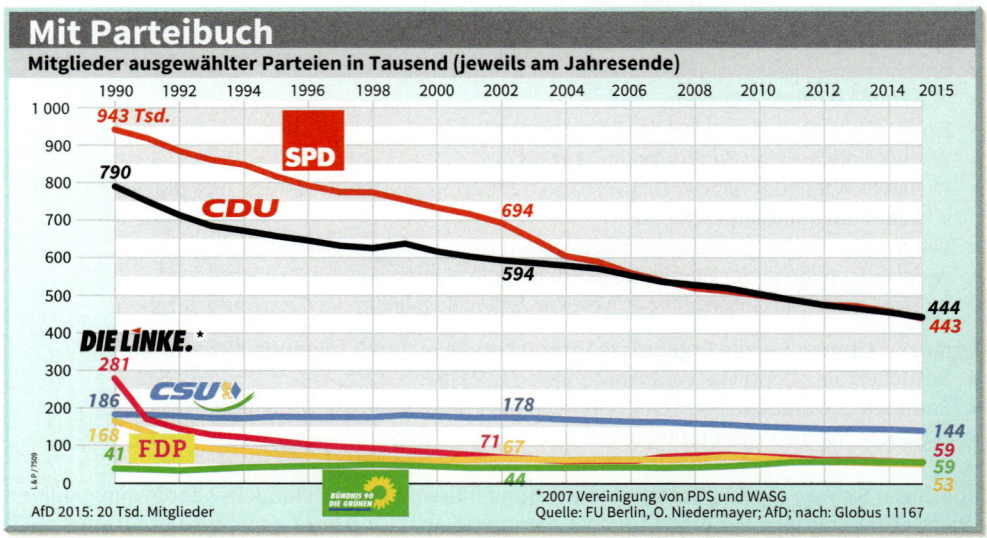

MATERIAL **2**

Wähler in Bewegung

Das Wählerverhalten hat sich nachhaltig verändert. Bei der Bundestagswahl 2013 war die Volatilität, die Veränderung der Stimmenanteile der Parteien gegenüber der vorherigen Wahl, stärker als bei jeder anderen Wahl zuvor. Jeder dritte Wähler hat eine andere Partei gewählt als bei der vorangegangenen Wahl. Der Anteil der Wählerinnen und Wähler, die einer Partei die Stimme gaben, die nicht im Bundestag vertreten ist, lag mit 15,8 Prozent extrem hoch – 2002 hatte dieser Anteil noch bei drei Prozent gelegen. Was diese Trends zeigen, ist, dass die Wähler in Deutschland im wahrsten Sinne in Bewegung sind.

Nach: Bernhard Weßels, War das wirklich so gewollt? Die Bundestagswahl 2013 und das Wählerverhalten, in: WZB Mitteilungen, Heft 143, März 2014, S. 43 f.

MATERIAL **3**

Wahlmotive: Einzelinteressen statt Bekenntnisdrang?

QUERVERWEIS

Modelle des Wahl-
verhaltens
S. 32 ff., M 3

Fest gefügt waren die politischen Milieus im Kaiserreich und in der Weimarer Republik. Sie waren Trutzburgen gegen eine feindlich gesinnte gesellschaftliche Umwelt. Die Katholiken [...] bildeten ein religiöses Bollwerk gegen den preußischen Kulturkampf, und die Geschichte der Sozialdemokratie war seit dem 19. Jahrhundert eine lange Geschichte des Kampfes gegen Verelendung, Verfolgung und Unterdrückung. Aus den gemeinsamen Erfahrungswelten, identitätsstiftenden Erinnerungen und kollektiven Legenden entstanden die traditionellen Parteibindungen. [...] Nur mit dieser tiefen weltanschaulich-kulturellen Verankerung konnten Union und SPD ihre historisch einmalige Vormachtstellung in der Bundesrepublik aufbauen und festigen. [...] In dieser politischen Welt der zwei

Lager, zwei Weltsichten und zwei dominie-
20 renden Parteien ordneten sich die meisten
Wähler fast zwangsläufig einer Seite zu. Sie
bewegten sich in entsprechenden kulturellen Kreisen, orientierten sich an Meinungs-
führern. [...] Dementsprechend entwickelten
25 die Wähler ihre politischen Loyalitäten und
Parteiidentifikationen. Nicht von Interessen
wurde die Wahlentscheidung maßgeblich
bestimmt, sondern von Einstellungen und
Überzeugungen. [...]

Inzwischen [wird] das politische Weltbild 30
[...] nicht mehr von abgeschotteten Lebenswelten oder einer dichotomischen Gesellschaft bestimmt, sondern von einer gleichermaßen individualisierten und globalisierten
Gesellschaft. An die Stelle des Bekenntnis- 35
dranges treten bei der Wahlentscheidung
vermehrt individuelle Interessen.

Aus: Christoph Seils, Parteiendämmerung oder was kommt nach den Volksparteien?, Berlin: wjs Verlag, 2010, S. 39–53

INFO

dichotomisch
zweigespalten,
zweiteilig

Erosion traditioneller Parteibindungen

MATERIAL 4

Der Bedeutungsverlust der einstmals partei-
bildenden [...] Milieus spiegelt sich vor allem
in der nachlassenden Bindungskraft der beiden großen – christdemokratisch-konserva-
5 tiven und sozialdemokratischen – Parteifa-
milien ab. Die Lockerung der Parteibindung,
hat (1) einen quantitativen und (2) einen
qualitativen Aspekt:
(1) Das zahlenmäßige Gewicht der Wähler-
10 gruppen, die zur natürlichen Klientel der
Parteien gehören, nimmt ab. So ist als Folge
der Säkularisierung der Anteil der regelmäßigen Kirchgänger unter den Katholiken, die
sich durch große Treue zur CDU/CSU aus-
15 zeichnen, in der Bundesrepublik in den letzten 50 Jahren von 50 % auf 13 % zurückgegangen. Ebenfalls, wenn auch nicht so stark,
sinkt infolge der Tertiärisierung der Anteil
der gewerkschaftlich organisierten Arbeiter,
20 die die traditionelle Kernklientel der Sozialdemokratie ausmachen.
(2) Die individuelle Bindung an die Groß-
gruppe wird schwächer, d.h. die Parteien
können sich nicht mehr auf die Loyalität „ih-
25 rer" Wähler verlassen. Als Ursachen sind
drei Entwicklungen zu nennen, die eng miteinander zusammenhängen und sich zum
Teil überschneiden:

■ **Individualisierung und Pluralisierung:**
Der wachsende Wohlstand, der Wandel 30
der Arbeitswelt und der Erwerbsformen,
die Bildungsexpansion und die damit einhergehende soziale, regionale und beruf-
liche Mobilität führen zur Schwächung
oder gar Auflösung der traditionellen so- 35
zialen Milieus mit ihren kollektiv geprägten Lebensweisen. Die Chancen für eine
individuelle Lebensgestaltung steigen. Eine Pluralisierung der Lebensstile und der
sozialen Interessen ist die Folge. 40
■ **Wertewandel:** Mit steigendem Wohlstand
vollzieht sich auch ein tief greifender
Wertewandel. Religiöse Werte verlieren
an Bedeutung; materielle Wertvorstellungen werden durch postmaterielle abgelöst 45
oder ergänzt. Als Folge dieser veränderten
Wertvorstellungen entstanden die „neuen
sozialen Bewegungen" (Frauen-, Ökologie-
und Friedensbewegung), aus denen die
Grünen hervorgingen. 50
■ **Medienangebot:** Die Vervielfachung des
Medienangebots ermöglicht eine vom sozialen Umfeld losgelöste Meinungsbildung und vervollständigt die Individualisierung der Lebensführung auf der 55
Informationsebene.

GLOSSAR

Bildungsexpansion
Individualisierung
Pluralisierung
Werte(-wandel)

INFO

Säkularisierung
Verweltlichung;
Lösung des Einzelnen,
des Staates und gesell-
schaftlicher Gruppen
aus den Bindungen an
die Kirche

Tertiärisierung
Wandel der Industrie-
zur Dienstleistungs-
gesellschaft (dritter /
tertiärer Sektor)

Nach: Frank Decker, Parteien und Parteiensysteme, Stuttgart: Kohlhammer, 2011, S. 45 ff.

1 Beschreiben Sie die aus M 1 und M 2 ersichtlichen Entwicklungen.
Vergleichen Sie anschließend Ihre Feststellungen mit M 3.
2 Erläutern Sie, wie sich laut M 4 die Motive des Wählers für seine Stimmabgabe
verändert haben.
3 Arbeiten Sie aus M 4 die Ursachen für die Erosion der Parteibindungen heraus.

1.4 Neue Entwicklungen im Parteienspektrum – das Beispiel AfD

1.4.1 Ursachen für Gründung und Erfolg der Partei

MATERIAL 1 **Wurzeln der AfD (Alternative für Deutschland)**

Zeichnung:
Kostas Koufogiorgos

MATERIAL 2 **Wer wählte die AfD?**

Neue Parteien entstehen entweder aus der Gesellschaft heraus oder als Abspaltung von bestehenden Parteien. [...] Letzteres trifft auf die AfD mit gewissen Einschränkungen zu.
5 Viele Führungsfiguren stammen aus dem bürgerlichen Lager von Union und FDP. [...] Die Abspaltungstendenzen lassen sich nachvollziehen, wenn man die Entwicklung bedenkt, die CDU und FDP in den vergangenen eineinhalb Jahrzehnten genommen haben. 10 Die CDU hat sich unter Merkels Führung einerseits „sozialdemokratisiert" und der von Merkel selbst ursprünglich favorisierten (wirtschafts-)liberalen Reformagenda abgeschworen. Andererseits ist sie kulturell immer 15 mehr in die Mitte gerückt, indem hergebrachte Positionen in der Familien- und Gesellschaftspolitik reihum aufgegeben wurden. [...] Der FDP gelang es [...] nicht, in der gemeinsamen Regierung ein Gegengewicht 20 zur Union zu bilden. Als euroskeptische Stimme fiel sie aus, nachdem die Parteibasis in (einem) Mitgliederentscheid mit knapper Mehrheit für eine Unterstützung der Rettungspolitik votierte. Und ihre Forderungen 25 nach Steuersenkungen konnte sie in der Koalition gegen den Widerstand der CDU/CSU nicht durchsetzen. Beide bürgerliche Parteien haben also durch ihren programmatischen Kurs und ihr Regierungshandeln Ni- 30 schen im Parteiensystem geöffnet, in die die AfD erfolgreich hineingesprungen ist.

Aus: Frank Decker, AfD, Pegida und die Verschiebung der parteipolitischen Mitte, in: APuZ 40/2015, S. 28

Wie erklärt sich der Wahlerfolg?

MATERIAL **3**

Unter Arbeitern und Arbeitslosen erzielte die AfD [...] herausragende Ergebnisse. [...] Brisant ist zudem: Nicht nur Bürger mit einfacher, sondern vor allem mit mittlerer Bildung
5 haben die AfD gewählt. Damit gelingt es der Partei nicht nur, die Abgehängten zu mobilisieren, sondern auch Teile der Mittelschicht zu erreichen. Jene, die zwar nicht entkoppelt sind, aber dem Aufstiegsversprechen moder-
10 ner Gesellschaften offenbar keinen Glauben mehr schenken und sich durch Veränderungen in erster Linie gefährdet sehen. Die Flüchtlingskrise scheint ihnen der Kulminationspunkt bedrohlicher Entwicklungen. [...]
15 Die Ergebnisse der Landtagswahlen [in Baden-Württemberg, Rheinland-Pfalz und Sachsen-Anhalt] liegen damit im Trend anderer westeuropäischer Staaten. Die unteren und mittleren Bildungsschichten, die sogenann-
20 ten einfachen Leute, werden von den linken Parteien kaum noch integriert [...]. Stattdessen grassieren hier Frustration und Unmut über etablierte Politik und vorgeblich korrumpierte Eliten. Man fühlt sich unverstan-
25 den, ungehört und neigt zu Parteien, von denen man glaubt, sie würden die Dinge „endlich einmal beim Namen nennen" [...]. [In den Milieus der AfD-Wähler] herrscht eine starke Verunsicherung gegenüber gesell-
30 schaftlichen Modernisierungsprozessen. [...] Die Demokratie sehen die AfD-Wähler als bloße Fassade, als Hülle ohne Inhalt an. [...] In Baden-Württemberg und Rheinland-Pfalz war ein deutlich kleinerer Anteil von ihnen
35 mit dem Funktionieren der Demokratie zufrieden als unter den Bürgern im Landesdurchschnitt. Für ihre Verunsicherung und Abstiegsangst spricht zudem, dass [...] den Wählern der AfD das Thema der sozialen Gerechtigkeit besonders am Herzen lag.
40 [...] Die Wahl der AfD erfolgte vor allem aus Protest und Enttäuschung über „die Politik". Insgesamt zeigt sich: Der Aufstieg der AfD ist in erster Linie kein Ergebnis des Protests von prekären Randgruppen oder einer volatilen
45 Jugend. Vielmehr hat sich am Sonntag eine radikalisierte Mitte dafür entschieden, ihre Stimme den rechten Populisten zu geben.

Aus: Robert Pausch, Partei der radikalisierten Mitte, in: www.zeit.de/politik/deutschland/2016-03/afd-analyse-erfolg-landtagswahlen-partei-waehler, 14.3.2016 (Zugriff: 6.9.2016)

INFO

Kulmination
Höhepunkt einer Entwicklung

volatil
flüchtig, unbeständig, sprunghaft

Was ist Rechtspopulismus?

MATERIAL **4**

Der Rechtspopulismus gebärdet sich als „Volkes Stimme". Er vereinfacht komplexe Sachverhalte, ist resistent gegen objektive Tatsachen und besseres Wissen, greift Versatzstücke
5 aus Stimmungen auf, schmiedet sie zusammen und gießt sie in eine politische Rhetorik gegen „die anderen" und „die da oben". [...] Mit denen „die da oben" sind vor allem „etablierte Eliten", Politiker und Medien gemeint.
10 Gegen sie werden Misstrauen und Missachtung geschürt, wobei umstritten ist, ob sich Rechtspopulismus lediglich gegen „das Establishment" oder auch gegen das System der parlamentarischen Demokratie als solches
15 wendet. Mit „wir hier unten" werden „das Volk" und „der einfache Mann" ebenso angesprochen wie ein bedrohtes „Wir", das sich vermeintlich gegen „die anderen" – also Ausländer, Muslime, Asylsuchende, Linke und andere mehr – verteidigen muss. Das „Wir" wird
20 dabei als eine homogene große Gruppe konstruiert („das Volk"), die gegenüber „denen da oben" und „den anderen" angeblich benachteiligt wird. Das „Wir" bleibt bewusst vage, um möglichst heterogene Gruppen, auch extre-
25 me Rechte, anzusprechen und zu integrieren.

Aus: Andreas Zick/Beate Küpper, Volkes Stimme?, in: APuZ 40/2015, S. 10

GLOSSAR

Extremismus

1 Analysieren Sie die Karikatur M 1 im Hinblick auf ihre zentrale Aussage.
2 Erläutern Sie die Gründe für das Entstehen der AfD auch am Beispiel des Cleavage-Modells (M 1 bis M 4 und S. 73, M 3).
3 Verfassen Sie einen Kommentar zu den Ursachen des AfD-Erfolgs.

QUERVERWEIS

METHODE Einen Kommentar verfassen S. 82 f.

1.4.2 Was will die AfD?

MATERIAL **1**

Aus dem Grundsatzprogramm

Die AfD hat auf ihrem Parteitag in Stuttgart die Grundpfeiler ihres Programms zementiert. Vor allem die weitreichende Ablehnung des Islam und die Aussage, diese Weltreligion gehöre nicht zu Deutschland, haben nicht nur bei den etablierten Parteien für Empörung gesorgt. Doch auch abseits des Themas Islam haben die Delegierten mit dem vom Parteivorstand eingebrachten Leitantrag Punkte beschlossen, die einen fundamentalen Umbau des Landes bedeuten würden. Eine Auswahl der [...] radikalsten Forderungen.

A Strafmündigkeit schon ab 12 Jahren
Die AfD will das Strafmündigkeitsalter von derzeit 14 auf 12 Jahre senken. Außerdem sollen die Hürden für die Anordnung von Untersuchungshaft gesenkt [...] werden [...].

B Sicherungsverwahrung statt Psychiatrie
Die AfD fordert, „nicht therapierbar alkohol- und drogenabhängige sowie psychisch kranke Täter", von denen eine erhebliche Gefahr für die Allgemeinheit ausgehe, nicht mehr in Psychiatrien, sondern direkt in der Sicherheitsverwahrung unterzubringen.

C Abschiebung ausländischer Krimineller
Die AfD fordert, die Ausweisungsvoraussetzungen herabzusetzen und das Ausweisungsverfahren zu „straffen", indem die Strafgerichte die Ausweisung Krimineller schon mit dem Strafurteil aussprechen. [...] Kriminelle Ausländer sollen nach der Vorstellung der AfD auch kein Recht mehr auf Einbürgerung haben.

D Behinderte Schüler
„Keine Inklusion um jeden Preis", findet die AfD – und lehnt eine weiterreichende Integration behinderter Kinder an normalen Schulen kategorisch ab. Diese „ideologisch motivierte Inklusion um jeden Preis" verursache „erhebliche Kosten" und behindere Schüler in „ihrem Lernerfolg". [...]

E Islam
„Der Islam gehört nicht zu Deutschland", erklärt die AfD [...] und will Minarette, Vollverschleierung und Muezzinrufe verbieten. Eine orthodoxe Auslegung des Islam [...] sei „mit unserer freiheitlich-demokratischen Grundordnung nicht vereinbar". Gleichzeitig stellt die Partei aber fest, dass viele Muslime „rechtstreu und integriert und akzeptierte Mitglieder unserer Gesellschaft sind". Trotzdem will sie islamischen Organisationen den Status einer Körperschaft des öffentlichen Rechts generell verwehren, weil diese die rechtlichen Voraussetzungen nicht erfüllten. [...] Koranschulen will die AfD generell schließen und die „Sonderrechte für muslimische Schüler" beenden, indem diese auch am Sportunterricht und Klassenfahrten „ohne Ausnahme" teilnehmen sollen.

F EU soll Kompetenzen an Nationalstaaten zurückgeben
Die AfD kritisiert die Institutionen der EU als „fremde Bevormundung" und fordert, die EU müsse Kompetenzen an die europäischen Nationalstaaten zurückgeben. Deutschlands Engagement in Europa und in internationalen Organisationen stehe „immer unter dem Vorbehalt der Reaktivierung der vollen eigenen Souveränität, sofern dies die interessenpolitische Lage erfordert".

H Stärkere Bundeswehr

[Die AfD] will [...] das militärische Selbstbewusstsein der Bundeswehr deutlich verstärken und als „Eckpfeiler deutscher Souveränität" ausbauen. Dafür will sie [...] die Wehrpflicht für Männer von 18 bis 28 Jahren wiedereinführen. Gemeinsame europäische Streitkräfte lehnt die Partei ab [...]. Das Recht auf Kriegsdienstverweigerung soll nur „im Ausnahmefall" gelten [...].

G Notfalls Austritt aus dem Euro

Die AfD will das „waghalsige Experiment" des Euro-Währungsraums „unverzüglich abbrechen" und auch die deutsche Beteiligung an der Euro-Rettungspolitik beenden. [Falls] die Partnerstaaten in diesem Punkt „mangelnde Einsicht" zeigten, fordert die AfD den Austritt Deutschlands aus dem Euro-Verbund oder [...] dessen „gemeinsame geordnete Auflösung".

J Deutsche Leitkultur statt Multikulturalismus

Die Ideologie des Multikulturalismus, die importierte kulturelle Strömungen auf geschichtsblinde Weise der einheimischen Kultur gleichstellt und deren Werte damit [...] relativiert, betrachtet die AfD als ernste Bedrohung für den sozialen Frieden und den Fortbestand der Nation als kulturelle Einheit.

I Individuelles Asylrecht abschaffen

Im Asylrecht will die AfD [...] das individuelle Asylrecht durch eine „grundgesetzliche Gewährleistung eines Asylgesetzes" als institutioneller Garantie ersetzen. Auch die Genfer Konvention [das zentrale völkerrechtliche Abkommen über Schutz und Rechte von Flüchtlingen] und andere „veraltete" supra- und internationale Abkommen müssten an die „globalisierte Gegenwart mit ihren weltweiten Massenmigrationsbewegungen" angepasst werden.

L Kein Geld mehr für den Klimaschutz

Die AfD sieht Kohlendioxid als „unverzichtbaren Bestandteil allen Lebens". Deshalb will die Partei die Wahrnehmung von CO_2 „nur als Schadstoff" beenden und „alle Alleingänge Deutschlands zum Reduzieren der CO_2-Emissionen unterlassen". Die AfD glaubt an die „positive Wirkung des CO_2 auf das Pflanzenwachstum und damit auf die Welternährung". [...] Der Ausstoß von CO_2 soll demnach nicht mehr finanziell belastet und die „Klimaschutzpolitik" beendet werden. [...] Auch das Erneuerbare-Energien-Gesetz (EEG) will die AfD „ersatzlos abschaffen" und sowohl die Subventionen für erneuerbare Energien als auch deren Vorrangeinspeisung in das Stromnetz einstellen. [...]

K Atomausstieg rückgängig machen

Die AfD setzt sich für den Ausstieg aus dem Ausstieg ein und will die Laufzeiten der deutschen Atomkraftwerke wieder verlängern. [...]

M Steuern abschaffen

Die AfD will die Einkommensteuer mit einem Stufentarif berechnen, die Erbschaftssteuer streichen und sie will die Gewerbesteuer abschaffen – wobei die Kommunen sich als Ersatz eine andere Steuer ausdenken sollen. Die Vermögens- und Erbschaftsteuer soll abgeschafft werden.

Nach: Oliver Georgi, So radikal will die AfD Deutschland umbauen, in: www.faz.net/aktuell/politik/inland/nach-programmparteitag-so-radikal-will-die-afd-deutschland-umbauen-14210980.html, 2.5.2016 (Zugriff: 5.1.2017)

1 Erörtern Sie die Vereinbarkeit ausgewählter Forderungen der AfD (M 1) mit dem Grundgesetz.

2 Vergleichen Sie die politischen Zielsetzungen der AfD (M 1) und die Ziele und Bedürfnisse ihrer Wähler (S. 78 f., M 2 und M 3). Beziehen Sie in Ihre Analyse auch weitere Punkte aus dem AfD-Grundsatzprogramm ein.

QUERVERWEIS

METHODE Analyse von Partei- und Wahlprogrammen
S. 75

METHODE   Einen Kommentar verfassen

Kurzdefinition der Textsorte Kommentar

Der Kommentar gehört innerhalb der journalistischen Textsorten zu den meinungsbetonten Darstellungsformen wie auch die Glosse. Der Leitartikel und die Kolumne sind die speziellen Textformen des Kommentars. Der Leitartikel sagt etwas aus über die politische Richtung einer Zeitung aus.

Welche Merkmale hat der Kommentar?

- Im Kommentar steht die subjektive Meinung des Autors/der Autorin zu einem Thema bzw. Ereignis im Mittelpunkt.
- Der Autor/die Autorin bezieht offen Stellung, nachdem er/sie sich einen Überblick über das Thema verschafft und alle vorliegenden Informationen analysiert hat.
- Er/sie interpretiert das Gelesene und gibt dieses Wissen weiter. Er/sie zeigt mögliche und unvermeidliche Folgen auf und sagt unmissverständlich seine/ihre Meinung zum Thema.

Wofür brauchen wir den Kommentar?

Anlässe, einen Kommentar zu schreiben, sind aktuelle Ereignisse, zum Beispiel aus Politik, Wissenschaft, Kultur und Sport. Alles, was eine Nachricht wert ist, kann Basis für einen Kommentar sein. Maßgeblich ist, dass das Ereignis eine Meinungsäußerung notwendig macht und öffentliches Interesse vorhanden ist. Kennzeichen aller Kommentare ist, dass die Autoren/Autorinnen die Leser/Leserinnen dazu bewegen wollen, ein Ereignis aus einem bestimmten Blickwinkel zu betrachten.

Übersicht über den Aufbau eines Kommentars

- Schon die **Überschrift** sollte gut überlegt sein, sie muss die Leser/Leserinnen einfangen, sie provozieren und zum Lesen animieren.

  Dann folgen:

- **Die Kontaktaufnahme mit den Lesern/Leserinnen**
  Das kann zum Beispiel eine These sein: Stell Dir vor, es ist Krieg und keiner geht hin. Die These ist umso effektiver, je mehr Widerstand zu erwarten ist.

- **Die Darstellung der Lage**
  Die Zusammenfassung einer Nachricht gehört in jeden Kommentar. Ein bis zwei Zeilen reichen vollkommen aus, um die Situation kompakt wiederzugeben.

- **Die Folgerungen daraus**
  Ist die Kontaktaufnahme formuliert und die Nachricht dargestellt, muss die Meinung des Autors folgen. Der Hauptteil des Kommentars sollte aus der Argumentation dieser persönlichen Sichtweise bestehen. Sie zeigt den Standpunkt des Autors/der Autorin und beweist seinen/ihren Durch- und Überblick.

- **Die Widerlegung gegnerischer Argumente**

- **Die Schlussfolgerung**
  In der Schlussfolgerung nimmt der Autor/die Autorin die These wieder auf und schließt mit den Konsequenzen der Überlegungen.

Welche Darstellungsformen der Textsorte Kommentar gibt es?

Der polemische Kommentar

Diese am häufigsten angewandte Form eignet sich am besten für Themen, die kontrovers diskutiert werden, aber in der Öffentlichkeit sehr wohl bekannt sind. Hier werden Argumente gesam-
melt, die sowohl dafür als auch dagegen sprechen. Am Ende muss der Leser/die Leserin entscheiden, welcher Argumentationsschiene er/sie folgen will, da dieser Kommentartyp ohne Fazit endet.

Der vergleichende Kommentar

Er wird angewandt, wenn erwartet werden muss, dass der Leser/die Leserin nicht in der Lage sein
wird, Zusammenhänge zu erkennen. Am Ende steht eine klare Schlussfolgerung.

Der analytische Kommentar

Diese Form arbeitet hauptsächlich mit dem erhobenen Zeigefinger: Das musste ja so kommen!

Der konstruktive Kommentar

Hier beschreibt der Autor/die Autorin eine mögliche Entwicklung in der Zukunft anstatt einer aktuellen Meldung.

Der windelweiche und der ratlose Kommentar

Beide sind streng genommen keine Kommentare, da sie dem Grundmuster des Kommentars nicht
folgen.

Typische Beratungsanfragen im Zusammenhang mit der Textsorte Kommentar:

Auf welche Informationen aus der Meldung, auf die ich mich mit dem Kommentar beziehen möchte, muss ich direkt eingehen?

... nur auf die Informationen, auf die sich deine Meinungsäußerung direkt bezieht. Da die Meldung
in der Zeitung direkt „neben" dem Kommentar erscheint, geht man davon aus, dass die Leser/
+Leserinnen sich in der Meldung weiter informieren, wenn sie an den Details interessiert sind.

Wie lang darf ein Kommentar sein?

Das kommt auf den Platz in der Zeitung an. Aber keinesfalls sollte der Kern der eigenen Meinung
„zerredet" werden.

Aus: Schreibzentrum der Pädagogischen Hochschule Freiburg, Schreiben im Zentrum. Journalistische
Werkstatt: Textsorte Kommentar, www.ph-freiburg.de/fileadmin/dateien/zentral/schreibzentrum/typo-
3content/Lehre_WS12_13/A5_Heft_Kommentar.pdf (Zugriff: 5.1.2017)

2. Lobbyismus – einflussreich und unkontrolliert?

2.1 Lobbyisten in Berlin

MATERIAL **1**

Interessenverflechtung?

Zeichnung:
Gerhard Mester

MATERIAL **2**

Lobbygruppen im Regierungsviertel

INFO

Lobbyismus
von engl. „Lobby":
Wandelhalle (des brit.
Parlaments); Ort für
Kontaktaufnahme zu
Abgeordneten. Allge-
mein: gezielte direkte
oder indirekte Einfluss-
nahme organisierter
Interessen auf Politik
und Gesellschaft.

QUERVERWEIS

Karte des
Regierungsviertels
S. 60

Es ist meistens der Höhepunkt einer unge-
wöhnlichen Berliner Stadtführung, wenn
Anne Zetsche ihre Touristengruppe kurz vor
dem Brandenburger Tor am Pariser Platz in
5 einen repräsentativen Durchgang lotst. Die
Stadtführerin von der Transparenzinitiative
LobbyControl erzählt den Besuchern dann
vor den blank geputzten Firmenschildern etwas über die Waffenlobby der Hauptstadt.
10 Über die Politflüsterer der Rüstungsschmie-
den Krauss-Maffei und Rheinmetall etwa.
Und über Politiker wie Dirk Niebel, der als
FDP-Entwicklungshilfeminister zusammen
mit anderen Ministern den gewinnbringen-
15 den Export von Panzern der Firma Rheinmetall nach Saudi-Arabien bewilligte. Und der
heute einen lukrativen Posten als Cheflobby-
ist bei Rheinmetall innehat.
An diesem Tag starren die Schüler eines
20 deutsch-französischen Gymnasiums nach-
denklich auf das Eingangsportal der Rüs-
tungslobbyisten und stellen empörte Fragen.
So hatten sie sich demokratische Politik in
der Hauptstadt eigentlich nicht vorgestellt.
Zu Fuß geht es weiter, vom Brauereiverband 25
bis zur Autolobby. In Deutschland könne ein
schwerer Geländewagen als klimafreundli-
cheres Fahrzeug gekennzeichnet werden als
ein Kleinwagen, erfahren die Schüler dort.
Der Trick: Der CO_2-Ausstoß werde nicht in 30
absoluten Zahlen, sondern im Verhältnis
zum Gewicht der Autos angegeben. Die deutsche Autolobby habe den Text der entsprechenden Verordnung eigenhändig verfasst –
und die Politik habe den Text fast vollständig 35
übernommen. [...] Ob Finanz-, Versiche-
rungs- oder Pharmalobby: Es gibt viele solche Geschichten aus dem Graubereich zwischen Politik und Wirtschaft. Geschichten
von Intransparenz, Interessenverquickung 40
und ausgeklügelter versteckter Einflussnahme. [...]
„Lobbyismus bestimmt unseren Alltag", sagt
Christina Deckwirth von LobbyControl. [...]
„Wie gut unsere Gesundheitsversorgung ist, 45
was wir essen und welche Qualität die Luft

hat, die wir atmen – auf nahezu alle Gesetze und Richtlinien nehmen finanzstarke Interessengruppen Einfluss. [...] Der immense
50 Einfluss der Lobbyisten schadet unserer Demokratie, die Interessen der Bürgerinnen und Bürger bleiben zu oft auf der Strecke." [...] Damit die Öffentlichkeit erfahre, wer in Deutschland mit welchen Mitteln Einfluss
55 nimmt, brauche man dringend ein verpflichtendes Lobbyregister, eine Datenbank der Interessengruppen, die öffentlich einsehbar sein müsse.
Man wolle Lobbyismus nicht verbieten, er-
60 klärt Stadtführerin Zetsche den jungen Besuchern. Schließlich sei es in vielen Fällen legal und auch normal, wenn Interessengruppen Einfluss nehmen wollten. Auch Gewerkschaften und Nichtregierungsorganisatio-
65 nen seien schließlich Lobbyisten für ihr je-

weiliges Anliegen. Es gehe LobbyControl jedoch darum, Intransparenz anzuprangern, ungleiche Machtverhältnisse bei der Interessenvertretung deutlich zu machen und für klare Regeln zu sorgen im Geschäft der Poli- 70 tikbeeinflussung. Wer wisse schon, dass es auch zahlreiche Versuche gebe, die Jugend zu beeinflussen, berichtet LobbyControl den erstaunten Gymnasiasten. So habe sich etwa die Initiative Neue Soziale Marktwirtschaft 75 (INSM) im Jahr 2002 für 58 670 Euro mehrere Dialoge in der ARD-Serie „Marienhof" gekauft. Die eingeflochtene politische Schleichwerbung wurde von LobbyControl enttarnt. [...] Nicht alle Lobbyisten sehen jedoch die 80 Besucher gerne direkt vor ihrer Tür. Manche hätten bereits spontan Rechtfertigungsvorträge gehalten, andere das Betreten der Hauseingänge untersagt.

Aus: Matthias Thieme, Wo die Wirtschaft in Berlin die Politik beeinflusst, in: www.morgenpost.de/ berlin/article205692331/Wo-die-Wirtschaft-in-Berlin-die-Politik-beeinflusst.html, 13.9.2015 (Zugriff: 5.1.2017)

1 Analysieren Sie die Karikatur M 1 und bewerten Sie Ihre Aussage.

2 Formulieren Sie ausgehend von M 2 Sie interessierende Fragen zum Problem „Lobbyismus". Diskutieren Sie Ihre Fragen im Kursverband.

3 Entwerfen Sie einen Vortrag eines Lobbyisten, in dem dieser seine Arbeit legitimiert. Zum Sammeln möglicher Argumente können Sie vorab ein Brainstorming in Arbeitsgruppen durchführen.

4 Arbeiten Sie aus dem Text Ziele und Methoden von Lobbycontrol heraus (M 2).

2.2 Lobbyismus – Akteure, Adressaten, Mittel

Unmittelbare und mittelbare Einflussnahme von Verbänden

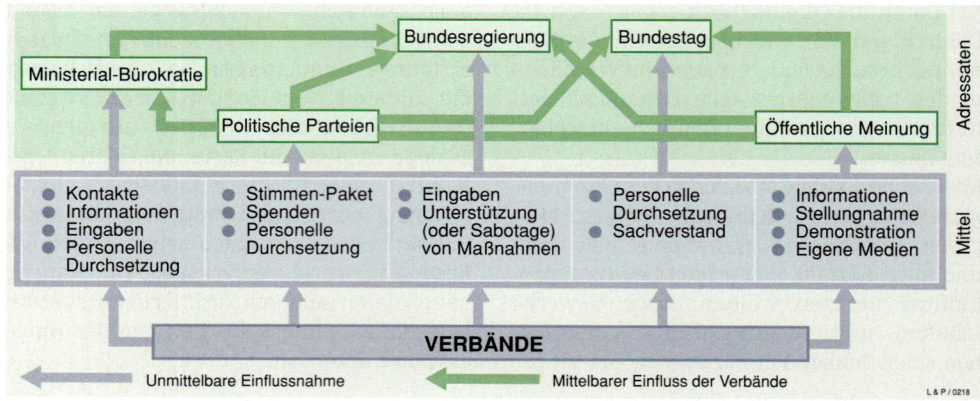

NGO kämpft gegen sexistische Werbung

Erst an diesem Morgen hat Stevie Schmiedel ein frisches Beispiel für ihr Anliegen in ihren E-Mails gefunden, eingeschickt von einer befreundeten Aktivistin. Das Handyfoto zeigt
5 das Werbebanner einer Gerüstbaufirma nahe Hannover, darauf quellen überdimensionale Frauenbrüste aus einem engen Shirt. „Einfach gut gebaut", lautet der Werbeslogan. „Brüste und Gerüste, was hat das bitte
10 miteinander zu tun?", fragt Schmiedel. Genau solchen Bildern hat die Feministin mit ihrer Initiative Pinkstinks den Kampf angesagt. „Wenn der weibliche Körper nur als Blickfang genutzt wird, ohne sachlichen Be-
15 zug zum Produkt, dann ist das erniedrigend und diskriminierend." Pinkstinks fordert ein gesetzliches Verbot sexistischer Werbung, und neuerdings hat die Mini-NGO mit vier Mitarbeitern einen mächtigen Verbündeten:
20 Justizminister Heiko Maas plant das passende Gesetz. [...] Maas' Pläne sind ein gewaltiger Erfolg für Pinkstinks. Ein Anliegen in nur drei Jahren von der Graswurzelkampagne zum Gesetzentwurf zu bringen, das dürfte
25 kaum eine Lobbygruppe je geschafft haben. [...]
Schmiedels Lobbykarriere begann mit einem empörten Leserbrief, den die Feministin 2012 an die „Zeit" schrieb. Sie wies auf die
30 Studien über das gestörte Verhältnis junger

Mädchen zu ihrem Körper hin und auf die verheerende Wirkung der Model-Casting-shows. Der Brief brachte ihr ein „Zeit"- Interview ein, in dem Schmiedel forderte, es müs-
35 se in Deutschland eine NGO geben, die sexistische Werbung bekämpft, so wie Pinkstinks in England. Plötzlich meldeten sich bei ihr unbekannte Menschen, ermutigten sie, die NGO selbst zu gründen. Die Fremden,
40 meist Frauen, boten ihr an, *pro bono* ihre Internetseite zu bauen, ihr zu helfen bei der Suche nach Sponsoren, Medienkontakten, Testimonials. Und es meldete sich die Juristin Berit Völzmann, die an einer Dissertation
45 zu exakt diesem Thema arbeitete – und an einem Konzept, wie man das Werbeverbot gesetzlich regeln könnte. So wurde Schmiedel Vollzeitlobbyistin und Völzmann steuerte die juristische Grundlage bei. Die Aktivistin-
50 nen gingen geduldig und beharrlich vor, bauten Facebook-Profile, Twitter-Auftritte und Mailverteiler auf, fanden einflussreiche Politiker und Künstler, die der Initiative ihren Namen liehen.[...] 32 Organisationen unter-
55 stützen Pinkstinks, gut 26000 Menschen zeichneten die Internetpetitionen der NGO. Aber Pinkstinks beließ es nicht bei der Graswurzelarbeit, man betrieb Lobbyarbeit, vor allem in der SPD-*Community*. [...] Die wich-
60 tigste Begegnung machte Berit Völzmann im

November 2014 bei einem Vortrag auf der ASF-Bezirkskonferenz in Offenbach. Dort traf sie die SPD-Frau Elke Ferner, zudem Parlamentarische Staatssekretärin im Frauenministerium, die sofort überzeugt war. „Gerade in der Werbung steht *sex sells* noch immer im Vordergrund", sagt ASF-Chefin Ferner heute, „das soll sich endlich ändern." Hilfreich sei gewesen, erinnert sich Schmiedel, „dass wir den Politikern einen Gesetzentwurf vorlegen konnten. Wir haben bewiesen, dass unser Anliegen rechtlich machbar ist". Völzmanns Arbeit erhielt einen Preis des Deutschen Juristinnenbundes, der auch offizieller Pinkstinks-Unterstützer ist, und wurde in der Reihe „Schriften zur Gleichstellung" publiziert. Unter den Herausgeberinnen: die Bundesverfassungsrichterin und Genderforscherin Susanne Baer. „Man muss solche Themen strategisch angehen", sagt Ferner, die im SPD-Bundesvorstand sitzt. Ob [das] Vorhaben [von Maas] gelingt, das nicht im Koalitionsvertrag steht, ist ungewiss. [...] Anfang 2016 machte sich dann der Parteivorstand, in dem auch Heiko Maas sitzt, das Thema Werbeverbot zu eigen. [...]

Schmiedel: „Man darf sich generell über Übergriffe auf Frauen nicht wundern, wenn in der Werbung Frauen alltäglich sexuell objektifiziert werden." Die Feministin achtet aber darauf, dass ihre Kampagne nicht radikal oder verbissen daherkommt. [...] Deshalb schließt Schmiedel selten Allianzen mit anderen feministischen Gruppen, etwa aus der Generation „Emma", die am liebsten sämtliche Busenbilder tilgen wollen. Ein Erfolgsgeheimnis der Kampagne ist gerade, dass sie klein und geschlossen ist. „In der Dessous- oder Duschgelwerbung finde ich Nacktbilder völlig in Ordnung", sagt Schmiedel. Aber ein Staat, den das Grundgesetz zur Gleichberechtigung der Geschlechter verpflichtet, könne doch keine Werbung dulden, in der Frauen zum Sexobjekt degradiert würden.

Aus: M. Amann/A. Müller/S. Salden, Von Brüsten und Gerüsten, in: Der Spiegel 10/2016, S. 34 f.

INFO

ASF
Arbeitsgemeinschaft
Sozialdemokratischer
Frauen

„Emma"
eine seit 1977 erscheinende feministische
Zeitschrift

Werbewirtschaft: Verbote helfen nicht gegen Sexismus

MATERIAL 3

Die Werber sind empört. Justizminister Heiko Maas (SPD) will mithilfe strengerer Gesetze geschlechtsdiskriminierende Werbung in Deutschland unterbinden. Die Werbebranche hält das nicht für notwendig. Daher werde der Agenturverband GWA „entschlossen dagegen vorgehen, eine weitere sinnlose Freiheitsbeschränkung zu akzeptieren", kündigte Ralf Nöcker, Geschäftsführer des Gesamtverbandes Kommunikationsagenturen GWA an. „Ich glaube an den gesunden Menschenverstand und nicht an Reglementierung. Der neue Vorstoß von Justizminister Maas bekämpft ein Problem, das empirisch kaum Bedeutung hat und gegen das es zudem bereits wirksame Mittel – den Werberat – gibt. Außerdem verlagert sich die Diskussion um zulässige Werbung damit endgültig auf die Geschmacksebene. Wer will eindeutig entscheiden, wann Werbung sexistisch ist?" Auch der Zentralverband der deutschen Werbewirtschaft (ZAW) wendet sich „scharf gegen Gesetze, die vorschreiben sollen, welche Bilder in der Werbung noch erlaubt sind", erklärte Manfred Parteina, der Hauptgeschäftsführer des ZAW. Parteina: „Die SPD-Verbotspläne ignorieren, dass Deutschland ein modernes Geschlechterbild hat, das gerade auch die Werbung immer wieder zeigt. Über gesetzliche Werbeverbote ein neues Geschlechterbild zu verordnen, geht an den Fakten vorbei. Die Bürger brauchen nicht den Staat, damit er ihnen Werbebilder vorsortiert und vorschreibt."

Nach: Susanne Herrmann, Werber wehren sich gegen Maas' Sexismus-Verbot, in: www.wuv.de/marketing/werber_wehren_sich_gegen_maas_sexismus_verbot, 11.4.2016 (Zugriff: 5.1.2017)

INFO

Verbot sexistischer Werbung
Mit dem Gesetzesentwurf wollte Maas einen Beschluss der SPD-Parteispitze umsetzen, die ein „modernes Geschlechterbild" in Deutschland etablieren will. Der Entwurf sieht vor, dass künftig Plakate oder Anzeigen unzulässig sein könnten, die Frauen und Männer auf Sexualobjekte reduzieren („Objektifizierung"). Im Streitfall würde ein Gericht die Entscheidung treffen. Bisher Anfang 2017 lag jedoch noch kein schriftlicher Entwurf vor.

1 Arbeiten Sie aus M 2 Ziele, Adressaten, Aktionsformen und Erfolge der NGO „Pinkstinks" und ihrer Gründerin heraus. Nutzen Sie hierfür auch M 1.

2 Entwickeln Sie eine Strategie, mit der die deutsche Werbewirtschaft versuchen könnte, das geplante Gesetz abzuwehren (M 2)

3 Analysieren Sie vor dem Hintergrund von M 1 bis M 3 die Funktionen des Lobbying.

2.3 Lobbyismus – die „fünfte Gewalt"?

MATERIAL **1**   ## Die Macht der Interessengruppen

GLOSSAR

Dienstleistungen
Legitimation

Lobbyismus wird von Personen betrieben, die am politischen Entscheidungsprozess nicht selbst beteiligt sind und über kein demokratisches Mandat verfügen. Sie sind eine
5 Macht ohne Legitimation. Lobbyisten haben das Ziel, den Interessen ihrer Auftraggeber möglichst umfassende Berücksichtigung bei politischen Entscheidungen zu verschaffen. Der Lobbyist steht symbolisch vor dem Par-
10 lament und hat weder Sitz noch Stimme in ihm.

Lobbying konzentriert sich vor allem auf die einflussreichen Personen im Regierungsapparat und in den Fraktionsspitzen, die Ent-
15 scheidungen vorbereiten und durchsetzen. Dieser Personenkreis umfasst die gesamte Ministerialbürokratie mitsamt dem Kanzleramt, die Referenten in den Regierungsfraktionen, wichtige Politiker wie Ausschussvorsit-
20 zende oder Fraktionssprecher für zentrale Politikbereiche wie Gesundheit, Rente, Finanzen und Wirtschaft. Die Lobbyisten wollen Gesetzentwürfe möglichst schon in der Entstehungsphase prägen und als bedenk-
25 lich empfundene Konzepte „frühzeitig versenken".

Im Kampf der Interessen haben sich in den vergangenen Jahren wesentliche Faktoren im parlamentarischen Machtgeflecht verän-
30 dert. [...] Das moderne Lobbying unterscheidet sich grundlegend von der verbandlichen Interessenvertretung der vergangenen Jahrzehnte.

Besonders die großen Wirtschaftsverbände
35 arbeiten ständig mit den entsprechenden Ministerien zusammen. Die Expertenstäbe auf beiden Seiten verfügen über jahrelang gewachsene persönliche Kontaktnetzwerke. Zudem hatten die Verbände überwiegend den
40 Anspruch, den nackten Interessenkampf zu zähmen und breitere Interessen zu formen. Anders ist dies beim (modernen) Lobbying. Es ist punktueller und situationsbezogener. Es artikuliert in der Regel ein konkretes, eng
45 definiertes Einzelinteresse. [...] Immer mehr

INFO

Die **Ministerialbürokratie** umfasst die in den Ministerien des Bundes sowie der Länder Beschäftigten der öffentlichen Verwaltung und deren zahlreiche Funktionen.

Think Tanks
(„Denkfabriken") umfassen Forschungsinstitute, Stiftungen, Beratungsfirmen und Agenturen mit unterschiedlichen Interessen und Hintergründen, die politische, soziale und wirtschaftliche Konzepte und Strategie entwickeln und diese Politik und Öffentlichkeit vorschlagen (Politikberatung).

Konzerne leisten sich sogar ein eigenes Lobbybüro in Berlin und Brüssel. [...] Hinzu kommen [...] Agenturen, die Lobbying als Dienstleistung anbieten und immer mehr international tätige Anwaltskanzleien, die bei 50 der Gesetzgebung mitmischen. [...]

Immer häufiger kommen Gesetzesentwürfe nicht mehr aus der Ministerialbürokratie, sondern von Lobbyisten und politikberatenden *Think Tanks*. [...] 55

Die Macht der Interessengruppen war für Demokratien schon immer eine Herausforderung. Das quantitativ zunehmende und qualitativ professionalisierte Lobbying verschärft dieses Problem aber noch. Interes- 60 sengruppen aus der Wirtschaft (Wirtschaftsverbände, Unternehmen, Handelskammern, Gewerkschaften) haben in unserem politischen System einen höheren Stellenwert als sogenannte *public interest groups* wie Ver- 65 braucher, Arbeitslose, Rentner, Kinder, Umwelt oder künftige Generationen.

Ein wichtiges Kennzeichen des Lobbyings ist sein informeller Charakter. Es gibt keine Verfahren und Regeln für die lobbyistische Poli- 70 tikbeeinflussung. Darüber hinaus gehen Lobbyisten ihren Geschäften gezielt abseits der Öffentlichkeit nach. „Unsere Arbeit ist prinzipiell nicht öffentlichkeitsfähig", heißt es immer wieder. Über Erfolge zu berichten 75 würde bedeuten, künftige Erfolge zunichte zu machen. Politik verlagert sich dadurch immer mehr in „graue Entscheidungsbereiche" [...] abseits der Öffentlichkeit und jenseits des Parlaments. 80

Lobbying kommt daher dem Anspruch von Demokratien nach größtmöglicher Transparenz und Regelhaftigkeit des Regierungshandelns nicht nach. Ministerialbeamte, Minister und Staatssekretäre sind dem Gemeinwohl 85 verpflichtet. Interessenunabhängigkeit ist ihr Vertrauenskapital. Die Öffentlichkeit hat deshalb das Recht, zu erfahren, welche Interessen bei politischen Entscheidungen im Spiel waren. 90

Aus: Thomas Leif/Rudolf Speth, Die fünfte Gewalt, in: www.zeit.de/online/2006/10/lobbyismus 29.11.2013 (Zugriff: 31.5.2016)

Ausmaß und Intensität des Lobbying

MATERIAL **2**

Von folgenden Schätzungen kann ausgegangen werden:

- ca. 4000 bundesweit tätige Verbände mit 3 bis 120 Mitarbeitern
- ca. 120 Unternehmensrepräsentanzen in Berlin mit durchschnittlich 4 Mitarbeitern
- ca. 90 *Public-Affairs*-Agenturen mit insgesamt rund 1000 Mitarbeitern
- ca. 50 *Think Tanks* mit einem Sitz in Berlin
- ca. 20 Anwaltsfirmen, die auch Lobbying betreiben
- ca. 200 Wissenschaftler in Beiräten oder als Gutachter
- ca. 30 Unternehmensberatungen
- ca. 30 wissenschaftliche Institute und Hochschulen
- ca. 25 Stiftungen, die politikberatend tätig sind
- ca. 300 Einzellobbyisten bzw. Politikberater

Lobbying wird nach wie vor durch die Tätigkeit der Verbände dominiert. Diese stellen ca. 80 Prozent der Lobbyisten. Eine Form der „gewollten lobbyistischen Einflussnahme" ist die Anhörung, die regelmäßig im Rahmen von Gesetzgebungsprozessen durch die Ministerien und die Ausschüsse des Bundestags veranstaltet werden. Die Form der Anhörung, die relativ spät im politischen Prozess angesiedelt ist, wird ergänzt durch persönliche Gespräche, direkt in den Büros der Abgeordneten oder der Mitarbeiter in den Ministerien. Hinzu kommen zahlreiche Veranstaltungen, in denen der informelle Kontakt gepflegt wird. [...] Die wichtigsten Politikfelder für Lobbyings sind nach wie vor diejenigen, in denen der Staat stark regulatorisch tätig ist: Energiepolitik, Industriepolitik, Gesundheit, Finanzmärkte und Banken, Verkehr und Verteidigung. In Bereichen, in denen der Staat selbst Kunde ist (z. B. Verteidigung), ist die Beschaffung mit Lobbying verbunden.

Aus: Transparency International Deutschland e. V. (Hrsg.), Lobbying in Deutschland, Berlin 2014, S. 12 f.

Deep Lobbying

MATERIAL **3**

In der lobbykritischen Debatte wird häufig der Begriff des *„deep lobbying"*, eine Art erweitertes Lobbying, verwendet. Damit ist die langfristige Beeinflussung von Einstellungen und Stimmungen oder Diskursen in der Gesellschaft gemeint. Indirekt sind die Politik bzw. das politische Klima Ziel der Aktivitäten. So ist etwa im Bildungsbereich die arbeitgeberfinanzierte „Initiative Neue Soziale Marktwirtschaft" (INSM) besonders aktiv. Sie setzt sich u. a. dafür ein, dass das Bildungswesen stärker an den Bedürfnissen von Unternehmen ausgerichtet wird. Dieser Sichtweise entsprechen auch die von der INSM erstellten Unterrichtsmaterialien.

Damit Lobbyisten mit ihrer Botschaft in den Unterricht vordringen können, müssen sie ihr Engagement entsprechend legitimieren und mögliche Bedenken zerstreuen. In zahlreichen Studien werden Mängel des Bildungssystems betont, um so das Engagement von Unternehmen und Verbänden an Schulen argumentativ zu untermauern.

Nach: Felix Kamella, Lobbyismus an Schulen, hrsg. v. LobbyControl – Initiative für Transparenz und Demokratie e. V., Köln 2013, S. 6, 12

---

1 Arbeiten Sie aus M 1 bis M 3 Informationen zu Akteuren, Adressaten und Methoden von Lobbyismus heraus.

2 Erstellen Sie mithilfe Ihrer Ergebnisse zu Aufgabe 1 ein Schaubild.

3 Bewerten Sie den Einfluss von Interessenverbänden.

2.4 Lobbyismus – Schaden oder Nutzen für die Demokratie?

Günter Grass
(1927–2015)
Deutscher Schrift-
steller und bildender
Künstler; international
bekannt machte ihn
besonders sein Roman
Blechtrommel aus dem
Jahr 1959.

Günter Grass: „Der ärgste Feind der Demokratie"

Anfang Januar 2008 war es auffällig still in der SPD-Bundestagsfraktion. Ein ganz besonderer Gast war der Einladung des Fraktionsvorsitzenden gefolgt. Zu ihrer Klausur hatten sie den Literaturnobelpreisträger Günter Grass eingeladen. Sein Gastvortrag zum 80. Geburtstag sollte ein spätes Geschenk der Sozialdemokraten an den großen Schriftsteller werden. (Thomas Leif)

Liebe in den Bundestag gewählte Sozialdemokraten!

[...] Damit bin ich bei [...] einem Thema, das besonders Ihnen, den freigewählten Abge-
5 ordneten des Bundestags vertraut sein sollte. Ich spreche vom Einfluss der Lobby auf die gesetzgebenden Parlamente. Ob es die Pharmaunternehmen, die Banken oder die Autofirmen sind, ihre geballte Macht, die we-
10 der von der Verfassung noch vom Volk, dem eigentlichen Souverän, legitimiert ist, bestimmt mehr und mehr bis in die Gesetzgebung hinein die Politik.
Die Interessen der Lobbyisten schlugen
15 durch, als es um die Gesundheitspolitik ging. Sie maßten sich das letzte, in der Regel verhindernde Wort an, als Schadstoffbegrenzungen festgelegt werden sollten. Sie und ihre Klientel in den Parlamenten blockierten
20 den Versuch einer wirksamen Bankenaufsicht und Kartellkontrolle.
Sie sind der Staat im Staate. Und was faul stinkt im Staate, sind sie. Sie, ungewählt, doch mit der Macht des Kapitals ausgestattet, ver-
25 körpern den ärgsten Feind der Demokratie. Ihr, der Lobby, ist keine Bannmeile gesetzt. Asoziale Managergehälter und allerorts wuchernde Korruption sind die Begleiterscheinungen des Lobbyismus.
30 Wen wundert es angesichts dieser offenen, zudem von abhängigen Medien gestützten

Missstände, wenn immer weniger Bürger bereit sind, von ihrem Wahlrecht Gebrauch zu machen, weil die immer beiseite gemurmel-
35 te Vermutung, „Was in der Politik läuft, wird sowieso nicht im Parlament, sondern in den Chefetagen bestimmt", tagtäglich Bestätigung findet?
Ärger kann man einer Demokratie kaum schaden. Keine Rechts- oder Linksradikalen
40 haben das Potenzial, sie derart zu schädigen. Doch unser Verfassungsschutz jagt lieber Phantomen hinterdrein und verlangt nach Gesetzen, die die Freiheit der Bürger immer mehr einengen, lässt aber die verfassungs-
45 widrige Beeinflussung der Parlamente unbeachtet. So wird Demokratie zur Farce. So offen bekundet der Staat seine Ohnmacht. So unbehindert vollzieht sich der Abbruch des demokratischen Gehäuses von innen.
50 Das alles, liebe Freunde, ist Ihnen wohlbekannt. Und doch wird der zunehmende Verlust von Glaubwürdigkeit der Demokratie wie ein nicht abzuwendendes Schicksal hingenommen, und zwar von allen Fraktionen,
55 auch von der sozialdemokratischen, der bewusst sein sollte, dass nur in einer verfassungstreuen Demokratie soziale Gerechtigkeit zu verwirklichen ist.
Als Freigewählte vertrauten Ihnen die Bür-
60 ger auf Zeit ein Mandat an. Machen Sie Gebrauch davon. Das Gebäude des Bundestages ist das Haus der Demokratie. Erteilen Sie der Lobby, ja doch der Vielzahl wieselnder Lobbyisten von morgen an Hausverbot. Greifen
65 Sie endlich zum Besen für den großen Kehraus. Denn nur so wird es möglich sein, vor den oft beschworenen, mittlerweile zu sonntäglichen Sprechblasen verkommenen „Herausforderungen des 21. Jahrhunderts" zu
70 bestehen.

Aus: Günter Grass, Fünf Merkzettel. Rede vor der SPD-Bundestagsfraktion am 11.1.2008, in: www.marco-buelow.de/uploads/media/Rede_Guenter_Grass_08-01-11.pdf (Zugriff: 27.4.2016)

Wolfgang Thierse: „Lobbyismus per se ist nicht unanständig"

MATERIAL **2**

Ein Interview mit dem damaligen Bundestags-vizepräsidenten Wolfgang Thierse

Herr Thierse, wie ist das im Bundestag? Die Abgeordneten schreiben die Gesetze oder schreiben die Gesetze ab?

Also in den meisten Fällen kommen ja Ge-
5 setzentwürfe aus der Regierung – die haben
ja einen riesigen Beamtenapparat mit sehr
viel Expertise – und in einer geringeren Anzahl kommen sie aus dem Bundestag selber.
Aber sie werden natürlich einer intensiven
10 Diskussion unterzogen vor einer Verabschiedung.

Das klingt so, als würden Sie kein Problem da-
rin erkennen, dass ganze Textpassagen aus
Texten von Lobbyorganisationen eins zu eins
15 *übernommen werden?*

Nein, darin sehe ich ein erhebliches Problem. Ich will grundsätzlich sagen: Lobbyismus *per se* ist nicht unanständig. In einer offenen Gesellschaft mit unterschiedlichen
20 Interessen und Meinungen ist es ganz selbstverständlich, dass auch das Parlament mit
den Interessen und Meinungen unterschied-
lichster Personen, Institutionen, Verbänden
und Initiativen beschäftigt wird. Das ist auch
25 in Ordnung so, unter ein paar einfachen Voraussetzungen.

Erstens: Es darf es sich nicht um versteckte
Einflussnahme handeln, also Transparenz ist
ein wichtiges Kriterium.
30 Zweitens: Es darf kein Geld fließen, also Be-
stechung darf nicht erlaubt sein.

Und es wäre wichtig […], wenn man jeweils
erkennen kann, ob und wie Einfluss genommen worden ist und was im Ergebnis davon
35 in einem Gesetz sich dann wiederfindet.

Auch das ist nicht sofort schlecht, denn natürlich haben doch Institutionen, Vereinigungen,
Unternehmen, Gewerkschaften, Kirchen sehr
viel Fachwissen, das sie auch in vernünftiger
Weise einbringen können. Wir sind angewie- 40
sen auf Expertise von außerhalb.

Aber es ist wichtig […], dass man weiß […],
dass hier eine bestimmte Meinung, ein bestimmtes Interesse […] aus nachvollziehba-
ren Gründen Eingang gefunden hat in ein 45
Gesetz. […]

[Ich glaube], dass wir eine neue Regelung
brauchen für mehr Transparenz im Lobbyismus. Also: ein verbindliches Lobbyregister
schaffen, Regeln dafür schaffen, ob und in 50
welchem Umfang und nach welchen klar definierten Regeln externe Personen, externe
Mitarbeiter in Ministerien arbeiten können
und an Gesetzentwürfen mitarbeiten dürfen. […] 55

Es sind ja nicht nur Unternehmen, Unterneh-
merverbände und Unternehmerinstitutio-
nen zu Gange, sondern auch Gewerkschaften, die Kirchen, viele andere. Also das ist ja
der Sinn eines […] Lobbyistenregisters, dass 60
man erkennt, wer alles am Ort des Parla-
mentes, am Ort der Regierung seine Interessen vertritt. Und als Abgeordnete haben wir
darauf zu achten, dass da Fairness waltet.
[…] Da, wo wir das unmittelbar selber tun, 65
bei Anhörungen in den Ausschüssen, sind ja
die unterschiedlichen Fraktionen daran beteiligt auszuwählen, welcher Fachmann,
welcher Interessenvertreter zu dieser Anhörung eingeladen wird, und da einigt man 70
sich auch immer darauf, unterschiedliche
Interessen, unterschiedliche Ansichten und
unterschiedliches Fachwissen zu Worte kommen zu lassen.

Aus: „Wir sind angewiesen auf Expertise von außerhalb". Wolfgang Thierse (SPD) im Gespräch mit
Peter Kapern, in: www.deutschlandfunk.de/wir-sind-angewiesen-auf-expertise-von-ausserhalb.694.
de.html?dram:article_id=238157, 21.2.2013 (Zugriff: 26.4.2016)

INFO

Art. 9 GG
(1) Alle Deutschen
haben das Recht, Ver-
eine und Gesellschaf-
ten zu bilden.
[…]
(3) Das Recht, zur Wahrung und Förderung
der Arbeits- und Wirt-
schaftsbedingungen
Vereinigungen zu bil-
den, ist für jedermann
und für alle Berufe
gewährleistet. Abre-
den, die dieses Recht
einschränken oder zu
behindern suchen,
sind nichtig, hierauf
gerichtete Maßnah-
men sind rechtswidrig.
[…]

QUERVERWEIS

Wolfgang Thierse
S. 64, M 1

**Die Demokratie
und die Bürger**
S. 14, M 2b

1 „Werft die Lobbyisten aus dem Bundestag!" Arbeiten Sie die Argumente heraus,
mit denen Günther Grass diese Aufforderung begründet (M 1).

2 Vergleichen Sie die Position von Grass mit der Auffassung von Wolfgang Thierse (M 2).

3 Erörtern Sie in einer Pro-Kontra-Debatte, welche Vor- und Nachteile des Lobbying
Sie erkennen.

4 Bewerten Sie aus Ihrer Sicht das Verhältnis von Lobbyismus und Demokratie.
Berücksichtigen Sie dabei auch Art. 9, Abs. 1 und 3 des Grundgesetzes (Info).

QUERVERWEIS

**METHODE Die Pro-
Kontra-Diskussion**
S. 54 f.

2.5 Wie den Lobbyismus regulieren?

MATERIAL 1

INFO

Lobbyregister
In einem verpflichtenden Lobbyregister müssen alle Lobbyisten angeben, mit welchem Budget, in wessen Auftrag und zu welchem Thema sie Einfluss auf die Politik nehmen.

Karenzzeiten
Karenzzeit meint eine Sperrfrist, die in der Politik den unmittelbaren Wechsel von Politikern oder Spitzenbeamten in Lobbytätigkeiten unterbinden und so das Problem der Seitenwechsel regulieren soll ("Drehtür-Effekt").

Parteienfinanzierung
Um zu vermeiden, dass z. B. große Wirtschaftskonzerne durch Parteispenden oder Sponsoring Einfluss auf politische Entscheidungen nehmen, wird diskutiert, Parteispenden zu begrenzen und stärker als bisher offenzulegen.

Nebeneinkünfte
Abgeordnete können unbegrenzt nebenbei Geld verdienen. Bezahlte Nebentätigkeiten können zu finanziellen Abhängigkeiten und Interessenkonflikten führen, daher fordern viele die Offenlegung solcher Einkünfte.

Positionen der Parteien zum Lobbyismus

Vor der Bundestagswahl 2013 hat LobbyControl den damals im Bundestag vertretenen Parteien als Wahlprüfsteine bezeichnete Fragen zum Umgang mit dem Lobbyismus vorgelegt. Die Fragen bezogen sich auf fünf Themenkomplexe.

Partei	Verpflichtendes Lobbyregister	Karenzzeiten für ausscheidende Spitzenpolitiker	Mehr Transparenz und Schranken bei der Parteienfinanzierung	Transparente Nebeneinkünfte	Wirksames Gesetz gegen Abgeordnetenkorruption
CDU/ CSU	wird abgelehnt	wird abgelehnt	wird abgelehnt	beschlossene 10-Stufen-Regelung wird für ausreichend gehalten	bisher keine eigene Initiative für ein Gesetz
SPD	wird befürwortet	Karenzzeit wird befürwortet, aber nicht weitgehend genug	Schranken und mehr Transparenz werden befürwortet; bei Parteispenden nur kleine Verbesserungen	Offenlegung auf Euro und Cent wird befürwortet	eigener Gesetzesentwurf liegt vor
FDP	wird abgelehnt	Regelungsvorschlag besteht, sehr schwach ausgestaltet	Sponsoring soll offen gelegt werden; mehr Transparenz bei Spenden "nicht erforderlich", Schranken abgelehnt.	beschlossene 10-Stufen-Regelung wird für ausreichend gehalten	bisher keine eigene Initiative für ein Gesetz
Bündnis 90/ Die Grünen	wird befürwortet	Karenzzeit wird befürwortet, aber nicht weitgehend genug	Schranken und mehr Transparenz werden befürwortet	Offenlegung auf Euro und Cent wird befürwortet	eigener Gesetzesentwurf liegt vor
Die Linke	wird befürwortet	gesetzliche Karenzzeit wird befürwortet, aber anders ausgestaltet	Schranken und mehr Transparenz werden befürwortet	Offenlegung auf Euro und Cent wird befürwortet	eigener Gesetzesentwurf liegt vor

Tabelle aus: LobbyControl, Bundestagswahl 2013 – Das sagen die Parteien zu unseren Forderungen, in: www.lobbycontrol.de/wp-content/uploads/LobbyControl-Wahlpruefsteine-2013.pdf (Zugriff: 6.9.2016)

Zeichnung: Gerhard Mester

Lobbyisten als Politiker – und andersherum

MATERIAL 2

Das Satiremagazin Postillon brachte die Nachricht im Januar 2014 angeblich zuerst: Ex-Kanzleramtschef Ronald Pofalla (CDU) wechsle als Lobbyist zur Deutschen Bahn. Als die
5 scheinbare Satiremeldung sich doch als Tatsache erwies, wurde harsche Kritik laut [...].
Der Casus Pofalla war indes nicht die erste bekannt gewordene „Drehtürkarriere": Interessengruppen rekrutieren scheidende Poli-
10 tiker/-innen, um sich deren intime Kenntnisse des politischen Betriebs und persönliche Netzwerke zunutze zu machen. [...] Auch andersherum profitieren Interessengruppen, wenn ihre Mitarbeiter/-innen in Behörden
15 oder Parlamente wechseln oder gar als gewählte Politiker/-innen unmittelbar als „eingebaute" Lobbyist/-innen fungieren. Beides öffnet privilegierte Kanäle für den Einfluss bestimmter Interessengruppen.
20 Das Problem dabei ist nicht der Austausch zwischen Politik und Wirtschaft an sich; schlechterdings würde ansonsten eine in sich geschlossene politische Kaste gebildet werden, und ein Berufsverbot ist schwerlich vor-
25 stellbar. Bedenken kommen allerdings dann auf, wenn ehemalige Politiker/-innen als Lobbyist/-innen in den Feldern tätig werden, für die sie zuvor in ihrem politischen Mandat verantwortlich waren. Dann liegt der Ver-
30 dacht nahe, dass sie ihr Mandat darauf verwendeten, bestimmten Interessengruppen Vorteile zu verschaffen und sich damit als Kandidat für spätere lukrative Stellen zu präsentieren. Dieser Verdacht streut Zweifel an
35 der Integrität des politischen Personals und bringt die Demokratie in Misskredit.
Das wohl prominenteste Beispiel für einen solchen Wechsel ist Gerhard Schröder (SPD). Nach seiner politischen Laufbahn ging er als
40 Aufsichtsratschef zur Nord Stream AG, dem von der russischen Gazprom dominierten Betreiberkonsortium der Ostseepipeline – ein umstrittenes Projekt, das er zuvor als Bundeskanzler maßgeblich vorangetrieben hat-
45 te. Auch die Wirtschaftsminister seiner beiden Amtszeiten Werner Müller und Wolfgang Clement wechselten in die Energiewirtschaft: Müller als Vorstandsvorsitzender der Ruhrkohle AG, Clement als Aufsichtsratsmitglied
50 u.a. der RWE Power AG. Da beide Minister sich während ihrer politischen Laufbahn für die Interessen der fossilen Energiewirtschaft eingesetzt hatten, liegt der Verdacht nahe, dass sie für ihr Entgegenkommen belohnt werden sollten. Zudem konnten sich die Un-
55 ternehmen dadurch politische Kontakte und Informationen einkaufen, die ihnen Vorteile gegenüber ihrer Konkurrenz verschafften. Erhebliche Bedenken erregte auch der jüngste Wechsel des ehemaligen Bundesentwick-
60 lungsministers Dirk Niebel (FDP) zum Rüstungskonzern Rheinmetall, wo er seit 2015 den Vorstand berät. Dass ausgerechnet ein Entwicklungshilfeminister sich nun als Rüstungslobbyist betätigt, sorgte für starke Kritik
65 in Medien und Zivilgesellschaft.
[...] Auch Vertreter zivilgesellschaftlicher Interessenverbände finden sich in politischen Ämtern wieder. Im aktuellen Kabinett Merkel betrifft dies etwa Jochen Flasbarth,
70 Staatssekretär im Bundesumweltministerium, der zuvor u.a. dem Naturschutzbundes (NABU) vorsaß, sowie Rainer Baake (Grüne), Staatssekretär im Bundeswirtschaftsministerium und zuvor u.a. Bundesgeschäftsführer
75 der Deutschen Umwelthilfe. [...]
Im Juli 2015 verabschiedete der Bundestag ein Gesetz, das Kabinettsmitgliedern bei einem Wechsel in die Wirtschaft eine Sperrzeit von bis zu 18 Monaten vorschreibt.
80

*Gerhard Schröder
(SPD)*

*Dirk Niebel
(FDP)*

*Ronald Pofalla
(CDU)*

Aus: Wolfgang Gründinger, Lobbyisten als Politiker – und andersherum, in: www.bpb.de/dialog/netzdebatte/212523/lobbyisten-als-politiker-und-andersherum, 21.10.2015 (Zugriff: 5.1.207)

1 Recherchieren Sie arbeitsteilig, zu welchen der in M 1 genannten fünf Themenkomplexe der Gesetzgeber inzwischen mit welchen Ergebnissen tätig wurde.

2 Analysieren Sie die Positionen der Parteien (M 1) und erläutern Sie die Unterschiede.

3 Bewerten Sie die einzelnen Regulierungsvorschläge auch anhand der Kriterien von Effizienz und Legitimität und erklären Sie dabei den Unterschied zwischen Legalität und Legitimität.

4 Überprüfen Sie Wirksamkeit einer Karenzzeit anhand der genannten Beispiele (M 2).

QUERVERWEIS
Wofür steht welche Partei?
S. 72–74

METHODE Urteilsbildung – Sach- und Werturteile (Kriterien Effizienz und Legitimität)
S. 46 f.

3. Medien in der Demokratie

3.1 Die „vierte Gewalt" – Bedeutung und Funktion von Medien

MATERIAL **1** Pressestimmen

Bitte helfen Sie uns, die grausamen Stierkämpfe in Spanien endgültig abzuschaffen!
Jahr für Jahr werden tausende Stiere in ganz Spanien in Stierkampfarenen gequält und getötet. Diese grausame Praktik hat nichts mit Tradition oder Kultur zu tun. Bitte appellieren Sie an die verantwortlichen Politiker, Stierkämpfe endlich abzuschaffen.
Aus: Aufruf der Tierschutzorganisation PETA, in: www.peta.de/aktionsaufrufstierkampf (Zugriff: 5.4.2016)

Massendemo gegen TTIP: So viele kamen noch nie
Es war eine der größten Demonstrationen in Deutschland in den vergangenen Jahren: In Berlin haben nach Polizeiangaben rund 150 000 Menschen gegen die geplanten Freihandelsabkommen mit den USA und Kanada, TTIP und CETA, protestiert.
Aus: So viele kamen noch nie, in: www.spiegel.de/wirtschaft/unternehmen/ttip-demonstration-in-berlin-stellt-teilnehmer-rekord-auf-a-1057187.html, 10.10.2015 (Zugriff: 5.4.2016)

Politbarometer: Flüchtlingspolitik
Rückhalt für Merkel gestiegen
Die Meinungen über die Arbeit von Angela Merkel im Bereich Flüchtlinge und Asyl sind weiterhin geteilt, allerdings befürwortet nach 47 Prozent im Februar jetzt wieder eine knappe Mehrheit von 53 Prozent die Flüchtlingspolitik der Kanzlerin, 42 Prozent (Feb.: 50 Prozent) sind damit unzufrieden.
Aus: Politbarometer der Forschungsgruppe Wahlen vom März 2016, in: www.forschungsgruppe.de/Aktuelles/Politbarometer (Zugriff: 5.4.2016)

Zwei Zeitungen für Aufdeckung des NSA-Skandals ausgezeichnet
Der britische „Guardian" und die „Washington Post" erhalten den diesjährigen Pulitzer-Preis – den wichtigsten Journalistenpreis der Welt. Sie hatten das Material von Edward Snowden veröffentlicht, das die Aufdeckung der NSA-Affäre ins Rollen brachte.
Aus: Zwei Zeitungen für Aufdeckung des NSA-Skandals ausgezeichnet, in: www.sueddeutsche.de/medien/pulitzer-preis-zwei-zeitungen-fuer-aufdeckung-des-nsa-skandals-ausgezeichnet-1.1937596, 14.4.2016 (Zugriff: 5.4.2016)

MATERIAL **2** Aufgaben und Funktionen der Medien

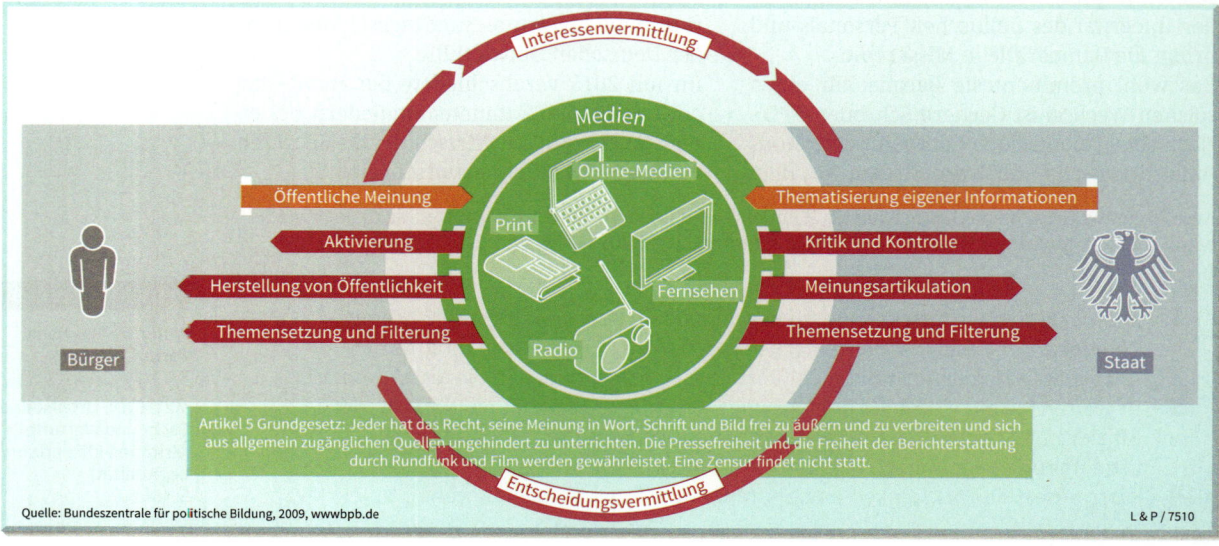

Quelle: Bundeszentrale für politische Bildung, 2009, wwwbpb.de

L & P / 7510

Rundfunkbeitrag: Ärgernis oder Garant für Qualität?

Rundfunkbeitrag ist rechtens

Das Bundesverwaltungsgericht hat den Rundfunkbeitrag für verfassungsgemäß erklärt. Ihr entsprechendes Urteil verkün-
5 deten die Richter in Leipzig. Private Klä-
ger hatten das aktuelle Beitragsmodell für ungerecht und verfassungswidrig gehalten. Die Richter entschieden: Sie müssen den Beitrag bezahlen, obwohl sie gar kein
10 Rundfunkgerät oder nur ein Radio besit-
zen. Der Rundfunkbeitrag wird seit Janu-
ar 2013 pro Wohnung erhoben. Dabei spielt es keine Rolle, ob es darin Rund-
funkgeräte gibt oder nicht. Auch in den
15 Vorinstanzen waren sämtliche Klagen er-
folglos.
Aus: dpa-Meldung, in: www.sueddeutsche.
de/news/wirtschaft/medien-urteil-rundfunk-
beitrag-ist-verfassungsgemaess-dpa.urn-
newsml-dpa-com-20090101-160318-99-266825,
18.3.2016 (Zugriff: 8.8.2016)

Teurer Unterhaltungszwang

Wozu soll ich für das Vorhalten eines Un-
terhaltungsangebotes zahlen, das ich nicht nutze? Laut der Rundfunkgesetze soll der öffentliche Rundfunk für Infor-
5 mation, Bildung und danach für Unterhal-
tung sorgen. Tatsache ist aber, dass man beim Blick in die Programme zuerst Unterhaltung und dann noch mehr Unter-
haltung und dann Werbung und danach
10 den Rest findet. So berichten mir jedenfalls Leute, die noch fernsehen.
Aus: Leserkommentar von „petrel", in: www.
tagesspiegel.de/medien/bundesverwaltungsge-
richt-zum-rundfunkbeitrag-der-zwang-nimmt-
mit-jedem-urteil-zu/13339836.html, 21.3.2016
(Zugriff: 8.8.2016)

Der Rundfunkbeitrag
Seit 2013 folgt die soli-
darische Finanzierung des öffentlich-rechtli-
chen Rundfunks durch alle Bürger dem Motto „Eine Wohnung – ein Beitrag". Der Rundfunkbeitrag soll eine von wirtschaftlichen und politischen Interessen unabhängige Berichterstattung garantieren.

Massenmedien

Duales Rundfunksystem

Das deutsche Rundfunksystem ist „dual", d. h es gibt neben den öffentlich-rechtlichen Sendeanstalten – ARD, ZDF und Deutschlandradio – seit Anfang 1984 auch private, kommerzi-
elle Sender. Nur öffentlich-rechtliche Sender sind dem sog. Programmauftrag verpflichtet,
der eine vom Staat unabhängige, unparteiische und ausgewogene „Grundversorgung" der 5
Bevölkerung mit Information, Bildung, Kultur und Unterhaltung gewährleisten soll.
Der öffentlich-rechtliche Rundfunk ist zu etwa 80 Prozent durch Rundfunkgebühren finanziert und dem Gemeinwohl verpflichtet, arbeitet also nicht gewinnorientiert.
Angesichts der über sieben Milliarden Euro Rundfunkgebühren, die den Öffentlich-Rechtlichen für diesen Zweck jährlich zufließen, geraten sie immer wieder unter Rechtfertigungs- 10
druck. So wird etwa hinterfragt, ob sie ihrem Programmauftrag wirklich gerecht werden oder ob sie ähnlich stark auf „die Quote" bedacht sind wie die privaten Sender.
Daneben existieren große private Medienhäuser. Diese finanzieren sich im Wesentlichen über Werbeeinnahmen. Durch die zunehmende Medienkonzentration haben Konzerne wie Bertelsmann (zugehörig sind u. a. Gruner + Jahr, RTL Group; Umsatz 2015 rund 17 Mrd. 15
Euro) oder Axel Springer (BILD, Die Welt, zahlreiche Zeitschriften sowie Stellen- und Immo-
bilienportale; Umsatz 2015 gut 3 Mrd. Euro) eine große Marktmacht erlangt.
Kritikern zufolge wird durch diese „Oligopolisierung" der – interne und externe – publizis-
tische Qualitäts- und Innovationswettbewerb eingeschränkt. Kritische Kontrolle und Selbst-
reflexion könnten abnehmen, zudem auch der Ansporn, bessere journalistische Leistungen 20
als die Konkurrenz zu erbringen, weil es immer weniger unabhängige Mitbewerber gibt.
Die Fusion von Medienunternehmen muss vom Bundeskartellamt genehmigt werden.

1 Ordnen Sie die Schlagzeilen in M 1 den in der Grafik M 2 dargestellten Funktionen zu.

2 Analysieren Sie die Grafik M 2 und erläutern Sie in eigenen Worten, welche Funktionen die Medien für Staat und Bürger haben (sollten). Ergänzen Sie Ihre Ausführungen ggf. um ein aktuelles Beispiel zu den jeweiligen Funktionen.

3 Erörtern Sie vor dem Hintergrund von M 2–M 3 die Angemessenheit des Rundfunkbeitrags.

3.2 Pressefreiheit – Grundbedingung für die Demokratie

MATERIAL **1**

Art. 5 GG: Presse- und Informationsfreiheit

Jeder hat das Recht, seine Meinung in Wort, Schrift und Bild frei zu äußern und zu verbreiten und sich aus allgemein zugänglichen Quellen ungehindert zu unterrichten. Die
5 Pressefreiheit und die Freiheit der Berichterstattung durch Rundfunk und Film werden gewährleistet. Eine Zensur findet nicht statt. Diese Rechte finden ihre Schranken in den Vorschriften der allgemeinen Gesetze, den gesetzlichen Bestimmungen zum Schutze 10 der Jugend und in dem Recht der persönlichen Ehre.

MATERIAL **2**

Wie frei ist die Presse global gesehen?

Quelle: Reporter ohne Grenzen, 2016

gute Lage
zufriedenstellende Lage
erkennbare Probleme
schwierige Lage
sehr ernste Lage

Pressefreiheit weltweit 2016

L & P / 7506

MATERIAL **3**

Pressefreiheit in Gefahr

Aktuelle Nachrichten über den Stand der Pressefreiheit sind weltweit fast immer schlechte Nachrichten. Pressefreiheit ist noch nicht einmal dort selbstverständlich ge-
5 geben, wo sie gesetzlich verankert und Teil einer freiheitlich-demokratischen Kultur ist. Sie ist eine sensible Konstruktion, die bewusst und aktiv gelebt werden muss. Im Zusammenwirken von demokratischen, freiheitlichen Institutionen, von Medien, journalisti- 10 schem Ethos und einer interessierten Öffentlichkeit, die zu schätzen weiß, welches Privileg die Pressefreiheit darstellt.
Nicht nur brutale Maßnahmen autoritärer Regime gefährden sie, sondern auch die 15 geschäftlichen Interessen von Medienkon-

zernen und das vielerorts schwindende Bewusstsein in der Öffentlichkeit für den Wert journalistischer Arbeit [...]. Viele genießen die
20 Vorzüge der umfassenden Freiheit, die mit der speziellen Form der Pressefreiheit einhergeht, aber nur wenige sind sich dessen bewusst.

Aktuell informiert die „Rangliste der Pressefreiheit 2016", die „Reporter ohne Grenzen"
25 veröffentlicht hat, über den steigenden Druck, unter dem Medien und Journalisten weltweit stehen. Es sind nicht nur autokratische Regierungen wie in der Türkei oder die demokratisch gewählte konservative Regie-
30 rung in Polen, die das öffentlich-rechtliche Fernsehen unter ihre Kontrolle bringen will, die dazu beitragen, sondern auch teils schleichende, teils offensichtliche Tendenzen in den Ländern Nordwesteuropas, in denen
35 Pressefreiheit zwar als hohes Gut gehandelt, aber dennoch nicht fraglos abgesichert ist.

Pressefreiheit gerät auch da in eine schwierige Situation, wo sich Medien im Besitz von Konzernen finden, deren wirtschaftliche In-
40 teressen ganz woanders liegen, oder wo Medienhäuser sich vor allem als Unternehmen mit Profitorientierung verstehen. Sie ist bedroht, wo die Nähe von politisch Mächtigen und Medienunternehmern oder einflussrei-
45 chen Journalisten zu groß ist und die Unabhängigkeit gefährdet.

Sie wird untergraben, wenn im Rahmen von Anti-Terror-Maßnahmen der Regierungen in demokratischen Staaten die Freiheit journa-
50 listischen Arbeitens durch ausgeweitete Überwachung im Internet oder durch Datenspeicherung betroffen ist, wenn der Schutz von Informanten und die Vertraulichkeit zwischen Journalisten und ihren Quellen nicht
55 mehr sichergestellt ist. [...]

Bedenklich ist in dem Zusammenhang auch, dass Deutschland auf der aktuellen Rangliste [...] auf den 16. Rang abgerutscht ist – vor allem wegen der zunehmenden Übergriffe und
60 Bedrohungen von Journalisten im Zusammenhang mit der Berichterstattung über ausländer- und islamfeindliche Demonstrationen. 39 solcher Fälle listet „Reporter ohne Grenzen" auf.

Das ist kein Vergleich zu der Lage in man- 65 chen Staaten Mittel- oder Südamerikas, wo paramilitärische Einheiten oder Drogenkartelle Journalisten ermorden, zu den Bürgerkriegsverhältnissen in Syrien, zum Gebaren afrikanischer Diktatoren oder zu der Situ- 70 ation in China, wo weltweit die meisten Journalisten inhaftiert sind. Doch es trägt zur insgesamt steigenden Gefährdung der Pressefreiheit bei. [...]

Die Veröffentlichung der *„Panama Papers"* 75 durch einen weltweit arbeitenden Zusammenschluss von Journalisten ist derzeit ein Beispiel dafür, welchen Wert und welche Wirkung solche journalistische Arbeit für Aufklärung und gesellschaftspolitische Kul- 80 tur haben kann. Solche Leistungen aber sind von vielen Faktoren abhängig: von der Absicherung des Rechtes auf Auskunft durch Unternehmen oder Institutionen, vom Informantenschutz, nicht zuletzt von der Fi- 85 nanzierbarkeit solcher Recherchen, die wiederum davon abhängt, ob die Öffentlichkeit an solchen Informationen überhaupt interessiert ist, ob sie das wissen und dafür auch bezahlen will. 90

Zeitungssterben, Internetunternehmen und soziale Medien haben in den vergangenen Jahren die Selbstverständlichkeit der Existenz der klassischen Medien infrage gestellt. Sie haben bislang aber nur wenige neue Fo- 95 ren geschaffen, wo journalistische Arbeit in dieser Form betrieben und finanziert werden kann – im Sinne von Nachhaltigkeit genauso wie im Sinne von Lebensunterhalt für den einzelnen Journalisten. Pressefreiheit gibt es 100 nicht umsonst, nicht für die, die sich dem Journalismus verschreiben, nicht für die, die von gutem Journalismus profitieren möchten.

Aus: Alexander Glodzinski/Michael Schmitt, Pressefreiheit in Gefahr, in: Kulturzeit vom 26.4.2016 , www.3sat.de/page/?source=/kulturzeit/themen/186484/index.html (Zugriff: 5.1.2017)

QUERVERWEIS

Fallbeispiel: Wie demokratisch ist die Türkei?
S. 16 f.

INFO

„Panama Papers"
Bei den „Panama Papers" handelt es sich um vertrauliche Dokumente des panamaischen Offshore-Dienstleisters Mossack Fonseca. Mit ihnen wurde im April 2016 enthüllt, dass zahlreiche Prominente aus der ganzen Welt mithilfe von Briefkastenfirmen in der Steueroase Panama Steuern vermieden und auch Straftaten wie Steuer- und Geldwäschedelikte verübt hatten.

1 Erläutern Sie mögliche Motive für die Einschränkung der Pressefreiheit (M 1) in manchen Staaten (M 2).

2 Arbeiten Sie die einzelnen Gefährdungen der Pressefreiheit weltweit heraus (M 3). Recherchieren Sie dazu ggf. nähere Informationen.

3 Bewerten Sie die Bedeutung der Pressefreiheit für eine freiheitliche demokratische Grundordnung.

QUERVERWEIS

Die freiheitliche demokratische Grundordnung in Deutschland
S. 18 f.

3.3 Medien und Politik

3.3.1 Ein symbiotisches Verhältnis?

Die Macht der Politik: der Fall Nikolaus Brender

a) Durch ihr Mitspracherecht können die Rundfunkräte Einfluss auf das Programm ausüben. Am häufigsten geschieht dies über Personalentscheidungen. So werden die Intendanten der Sender von den Rundfunkräten gewählt, und je nach parteipolitischer Zusammensetzung im Rundfunkrat fährt nicht selten auch der jeweilige Intendant auf dem Ticket der politischen Mehrheit. Aber die parteipolitische und interessegeleitete Beeinflussung kann manchmal noch tiefer gehen: Ende 2009 lehnte der ZDF-Verwaltungsrat die Vertragsverlängerung des ZDF-Chefredakteurs Nikolaus Brender ab, trotz massiver öffentlicher Proteste und gegen den Willen des ZDF-Intendanten. Ausschlaggebend war eine CDU-Mehrheit im Rat. Der in seiner politischen Berichterstattung mutmaßlich für so manchen Politiker unbequeme Zeitgenosse Brender musste gehen. Unabhängigkeit und Staatsferne – die obersten Gebote des öffentlich-rechtlichen Rundfunks – sehen anders aus.

Aus: Kerstin Stoll, Hintergrund: Medien und Politik, in: www.planet-schule.de/wissenspool/quo-vadis-brd/inhalt/sendung-medien-und-politik/hintergrund-medien-und-politik.html (Zugriff: 5.1.2017)

b) „Wir erleben ja immer wieder Versuche der Politik, in den Medienbetrieb einzugreifen. Wir haben es leider erlebt, dass beim ZDF durch Druck einer Partei der Chefredakteur nicht mehr gewählt wurde. Nikolaus Brender musste gehen, weil die CDU ihn aus dem Haus geputscht hat. Da sieht man, was Parteien für Allmachtvorstellungen haben können. Sie wollen ihre Leute, ihre zuverlässigen Leute auf die Positionen bringen, damit das befördert wird, was den Parteien gefällt."

Quo Vadis – O-Ton Hans Leyendecker, in: www.planet-schule.de/wissenspool/quo-vadis-brd/inhalt/sendung-medien-und-politik/hintergrund-medien-und-politik.html (Zugriff: 5.1.2017)

Die Macht der Medien: der Fall Christian Wulff

Michael Götschenberg ist Leiter des MDR-Hauptstadtbüros und Autor des Buchs *Der böse Wulff. Die Geschichte hinter der Geschichte und die Rolle der Medien*.

taz: Von den anfänglichen Vorwürfen gegen den ehemaligen Bundespräsidenten Wulff, die vor allem von Medien kolportiert wurden, ist nicht viel übrig geblieben. Haben die Medien versagt?

Michael Götschenberg: Ja, in gewisser Hinsicht schon. Im Endeffekt hat sich fast alles von dem, was in den Wochen der Affäre Wulff auf den Tisch gepackt wurde, als belanglos, haltlos oder sogar unwahr herausgestellt. Insofern sagen dieser Prozess und sein Ausgang auch etwas über die Berichterstattung aus.

Gab es aus Ihrer Sicht eine bewusste Medien-Kampagne gegen Christian Wulff?

Zumindest ein Teil der Medien war damals mit einer Mission unterwegs. Meines Erachtens ging es darum, den Mann aus dem Amt zu entfernen. Ich würde nicht alle über einen Kamm scheren, aber zumindest der BILD-Zeitung würde ich attestieren, dass sie eine Kampagne gegen Wulff gefahren hat. Mit Sicherheit.

Wie zeigte sich das?

Spätestens ab Mitte Januar 2012 waren alle Vorwürfe auf dem Tisch und es ging erkennbar nur noch darum, die Affäre mit allen denkbaren Mitteln am Laufen zu halten. Im Präsidialamt gingen die absurdesten Fragen ein: zum Beispiel ob zutreffend sei, dass

Wulff bei seiner Wahl zum Schülersprecher Mitschüler mit After Eight bestochen habe. Als letztes Mittel folgte der Druck auf die Justiz, endlich ein Ermittlungsverfahren einzu-
35 leiten.

Welche Interessen wurden damit verfolgt?
Zum einen ging es ganz einfach um Quote und Auflage, also um ökonomische Gründe – die Affäre Wulff hat sich über Wochen hin-
40 weg sehr gut verkauft. Zum anderen würde ich sagen, dass in den Medien einige davon überzeugt waren, dass Wulff die falsche Besetzung für das Amt des Bundespräsidenten war, dass er dem Amt nicht gewachsen war.

45 *Die Medien haben also versucht, politisch Einfluss zu nehmen?*
Ja. Ich würde sagen, die Medien haben sich in einen regelrechten Machtkampf mit dem Bundespräsidenten begeben. Sie wollten
50 über Sein oder Nicht-Sein dieser Präsidentschaft mitentscheiden. Dazu muss man allerdings sagen, dass dies nur möglich war, weil die Politik ihrer Rolle nicht gerecht geworden ist. Es wäre an der Politik gewesen, das politische Problem „Präsidentenkrise" zu lösen. 55 Stattdessen hat sie sich weggeduckt und die Lösung dieser Krise den Medien überlassen.

Viele sagten später: Wer mit der BILD-Zeitung ins Bett gehe, müsse sich nicht wundern, wenn er später fallen gelassen werde, hieß es. Ist 60 *das so?*
Es besteht überhaupt kein Zweifel daran, dass Christian Wulff einen maßgeblichen Teil dazu beigetragen hat, dass er am Ende nur noch zurücktreten konnte. Mit dem 65 Management dieser Krise war er völlig überfordert [...]. Richtig ist auch, dass er als Ministerpräsident in Niedersachsen eine Art Geschäftsbeziehung mit der BILD-Zeitung gepflegt hat, die natürlich auch zu seinem 70 Nutzen war: Schöne Geschichten und exklusive Bilder für die BILD-Zeitung, im Gegenzug eine freundliche Berichterstattung über den Ministerpräsidenten Wulff. Das war zum beiderseitigen Vorteil. 75

Aus: „Ein Teil der Medien war auf Mission", Interview mit Michael Götschenberg, in: www.taz.de/ !5047518/, 27.2.2014 (Zugriff: 5.1.2017)

INFO

Die Affäre Wulff
Ursprünglich ging es im „Fall Wulff" um einen umstrittenen Privatkredit, den der ab 2010 amtierende Bundespräsident Christian Wulff zur Finanzierung seines Privathauses erhalten hatte. 2011 versuchte Wulff die Berichterstattung darüber zu verhindern, indem er dem damaligen Chefredakteur der „BILD"-Zeitung eine Drohung auf der Mailbox hinterließ.
Wulff trat 2012 zurück, als die Staatsanwaltschaft Ermittlungen wegen Bestechlichkeit gegen ihn einleitete. Juristisch wurde er inzwischen freigesprochen.

Wechselbeziehungen zwischen Politik und Medien   MATERIAL 3

Sichtweise	Verhältnis Politik – Medien
Gewaltenteilung	Politik und Medien sind klar voneinander getrennte und autonom funktionierende Bereiche. Medien nehmen im politischen Prozess die Funktion der kontrollierenden bzw. kritisierenden Öffentlichkeit wahr. Medien sind in diesem Sinne die „vierte Gewalt" im Modell der Gewaltenteilung.
Instrumentalisierung	Es gibt intensive Bezüge zwischen Politik und Medien, die mit einem Abhängigkeits- bzw. Beeinflussungsverhältnis einhergehen. Je nach Standpunkt wird dabei entweder die Politik als Steuerungsobjekt der Medien gesehen oder werden umgekehrt die Medien als Steuerungsobjekt der Politik betrachtet.
gegenseitige Abhängigkeit (Interdependenz)	Hier wird die Interaktionsbeziehung zwischen Politik und Medien betont. Das Verhältnis wird verstanden als eine Partnerschaft zwischen beiden Ebenen auf der Grundlage einer vorteilhaften Tauschbeziehung: Politik bietet Informationen und benötigt Öffentlichkeit, Medien bieten Öffentlichkeit und benötigen Informationen.

Nach: Ulrich Sarcinelli, Politische Kommunikation in Deutschland, Wiesbaden: VS Verlag für Sozialwissenschaften, 2009, S. 117 ff.

1 Beschreiben Sie die Wechselbeziehung zwischen Politikern und Journalisten (M 3).
2 Arbeiten Sie heraus, welche dieser Mechanismen in den geschilderten Fällen gewirkt haben (M 1 und M 2).
3 Erörtern Sie, ob bzw. inwiefern man von einem symbiotischen, also von gegenseitigem Nutzen geprägten Verhältnis von Medien und Politik sprechen kann.

Mediale Überbelichtung der Politik?

Auf einmal ist alles öffentlich: das eigene Stolpern und Stottern, der Tränenausbruch bei einer Pressekonferenz, der *Blackout* in einer Talkshow […].

5 Die unmittelbare, für jeden erkennbare Folge dieser medialen Überbelichtung der Politik besteht darin, dass banale Normverletzungen und echte, gesellschaftlich relevante Enthüllungen permanent bekannt werden.

10 Mal sind es unbeherrschte Gesten, mal blödsinnige Tweets, mal längst gelöscht geglaubte Wutnachrichten auf einer Mailbox, die für Aufsehen sorgen.

Das ist im Konkreten nicht einfach nur

15 schlecht, denn natürlich werden im Tremolo der Dauer-Entlarvung auch echte Skandale und wirkliche Sauereien offenbar, von denen die Öffentlichkeit wissen muss.

Aber in der Summe verschärft die totale

20 Sichtbarkeit eine ohnehin grassierende Politikverachtung, die sich aus der Tatsache ergibt, dass das Publikum schlicht zu viel Unangenehmes und Bizarres weiß, um einem Politiker noch vertrauen zu können. Was an

25 strategischer Raffinesse und Imagepolitik – von Kommunikations- und Politikberatern in die Welt hinausgeblasen – offenbar wird, erzeugt den Eindruck eines endlosen, von persönlichen Egoismen regierten Macht-

30 spiels, bei dem es eigentlich nie um die Sache geht. […] Was wäre, wenn wir auf YouTube ein verwackeltes Handyvideo sehen könnten, das Willy Brandt zeigt, wie er in einem Hotel in Warschau, dirigiert von einem Imageberater, wieder und wieder den Knie-

35 fall probt? Hätte seine Geste noch diese so unendlich traurig scheinende Würde, könnte sie überhaupt noch wirken?

Das ist – aus der Sicht des Publikums be-

40 trachtet – der Metaeffekt einer Medienwelt, in der […] die Unterscheidung von Vorder- und Hinterbühne kollabiert und jede Schweißperle in Nahaufnahme sichtbar wird: Eigentlich kann man, so die Schlussfolgerung, die ganzen Poser der Politik nicht mehr wirklich

45 ernst nehmen, kann sie nicht mehr bewundern, sondern nur noch als tricksende Normalos wahrnehmen, die man für ihre beschämende Alltäglichkeit, ihre unbeherrschten Gesten und Flunkereien verachten muss.

50 Für den Politiker selbst bedeutet die Erfahrung permanent drohender Öffentlichkeit eine dramatische Verwandlung des eigenen Lebensgefühls: Aus dem Ideal der informationellen Selbstbestimmung, das die Möglich-

55 keit von Schutz und Rückzug verspricht, wird die Erfahrung der informationellen Verunsicherung. Es entsteht eine Art *Big Brother*-Gefühl, das von der permanent drohenden Eventualität handelt, dass man gera-

60 de jetzt beobachtet und kurz darauf attackiert werden könnte.

Was macht der Parteifreund mit seinem Smartphone, sticht er soeben womöglich die Ergebnisse interner Beratungen aus einer

65 laufenden Sitzung an Journalisten durch? Kann man in der Nacht noch an einen Kiosk gehen, um beispielsweise eine Flasche Wodka zu kaufen? Oder muss man dies unterlas-

70 sen, wie der einstige Hamburger Bürgermeister Ole von Beust in einem Interview gestand, weil ein Leserreporter mit seiner Kamera kommen könnte und dann die Schlagzeile: „Trinkt Ole?" Was heißt es, wenn

75 man weiß, dass jede klare Positionierung und moralische Festlegung, jede aus dem Moment entstandene Rede und jede große Reformerzählung allgemein zugänglich in den Archiven des Netzes schlummert, um ei-

Am 7. Dezember 1970 kniete der damalige Bundeskanzler Willy Brandt vor dem Ehrenmal für die Toten des Warschauer Ghettos nieder, um Vergebung für die deutschen Verbrechen während des Zweiten Weltkriegs zu bitten. Diese Geste wurde zum Symbol der von der Regierung Brandt betriebenen Ostpolitik der Entspannung.

80 nes Tages zu neuem Leben erweckt zu werden? [...]

Die Konsequenz derart unkalkulierbarer Fernwirkungen besteht darin, dass man nicht mehr weiß, auf welcher Bühne man ge-
85 rade steht und vor welchem Publikum man eigentlich spricht. Es entsteht eine Art „Zwischenbühnen-Verhalten" (Joshua Meyrowitz), das von der Idee geleitet wird, sich situationsübergreifend möglichst unangreif-
90 bar zu machen.

Die Flucht in die Floskel, eine möglichst blasse Rhetorik, das stete Bemühen, öffentliche Erregung durch glatte Inszenierungen zu vermeiden und die permanente Selbstzen-
95 sur in Richtung des ohnehin gerade Konsensfähigen erscheinen vor diesem Hintergrund als konsequente Reaktion, als Strategie der smarten Vermeidung von Provokationen.

Bloß nicht auffallen! Bloß nicht die Kontrolle
100 verlieren in diesen unkontrollierbaren Zeiten, niemals Privates preisgeben, das über brave Belanglosigkeiten hinausginge – so lautet die Devise einer stets vorsichtig und abgemessen formulierenden Angela Merkel,
105 die als Medienkanzlerin der digitalen Moderne in die Geschichtsbücher eingehen könnte. Sie hat verstanden, dass die sprachliche Unauffälligkeit und das programmatisch Ungefähre als Schutzhülle funktionieren, an
110 der eine schweifende Erregungsbereitschaft und der lauernde Furor abgleiten. Wer sich kaum festlegt, lässt sich auch nicht festlegen und an den Marterpfahl eigener Ansprüche nageln; er hält sich alle Optionen offen und
115 kann als Medienchamäleon bei Bedarf die Farbe wechseln. [...]

Es sind die Medienmacher und das Publikum selbst, die in dieser Situation ihre Maßstäbe zur Beurteilung des politischen Personals
120 überdenken müssen. Sie müssen lernen, mit Normalsterblichen zu leben, die Schwächen haben, eitel sind und manchmal erschöpft, übellaunig und unbeherrscht und deren Frisur, Vorleben oder Gesamtpersönlichkeit ei-
125 nem nicht notwendig gefällt. [...] Den Typus des Angstpolitikers, der nur vorsichtig abtastet, was gerade Mode ist, um dann auf der momentan aktuellen Meinungswelle zu surfen, kann niemand wollen.
130

Aus: Bernhard Pörksen, „Es entsteht eine grell ausgeleuchtete Welt, ein monströses Aquarium, in dem kaum noch etwas verborgen bleibt", in: www.zeit.de/2015/08/medien-macht-angst-anpassung-oezdemir-cannabis/komplettansicht, 21.2.2015 (Zugriff: 5.1.2017)

Schwierige Texte verstehen: die 5-Schritt-Lesemethode

1. Im ersten Schritt verschaffen Sie sich einen groben Überblick über den Text. Die Überschrift, die Anfänge der einzelnen Abschnitte, Schlüsselwörter oder bekannte Begriffe können Ihnen dabei eine Vorstellung von dem Textinhalt vermitteln. Der Text wird überflogen.
2. Sie überlegen, um welche Fragen oder Probleme es in dem Text geht.
3. Jetzt wird der Text gründlich gelesen. Unterstreichen und markieren Sie dabei die wichtigsten Aussagen oder Schlüsselbegriffe. Unbekannte Begriffe schreiben Sie heraus und klären sie mithilfe eines Lexikons.
4. Fassen Sie die einzelnen Abschnitte in eigenen Worten zusammen und formulieren Sie Überschriften.
5. Wiederholen Sie die wichtigsten Informationen des Textes.

Nach: Lothar Scholz, Methodenkiste. Methoden für Schule und Bildungsarbeit, 4., überarb. Auflage, Bonn: bpb, 2010

QUERVERWEIS

Textverstehen (Hermeneutik) und Textanalyse
S. 118 f.

1 Arbeiten Sie mithilfe der 5-Schritt-Lesemethode die Argumentation des Medienwissenschaftlers Bernhard Pörksens zur „medialen Überbelichtung" der Politik heraus (M 4).

2 Erläutern Sie die Folgen, die die mediale Inszenierung von Politik laut Pörksen für Politiker und parteipolitische Programme haben kann (M 4), anhand von Beispielen.

3 Erörtern Sie, ob die „neue Transparanz" sich positiv oder negativ auf Politik in der Demokratie auswirkt.

3.3.2 Revolutionieren soziale Medien die politische Kommunikation?

Das Medienverhalten 12- bis 19-Jähriger

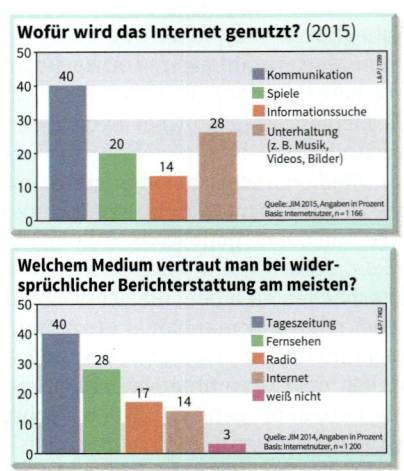

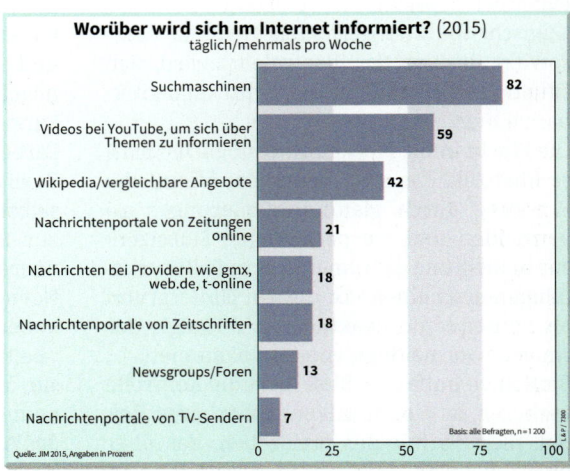

Das Leistungsspektrum der sozialen Medien

Das Internet ist das Leitmedium des 21. Jahrhunderts. Zwar zeigen Studien, dass klassische Massenmedien noch immer intensiv genutzt werden – ihre Bedeutung für den öffentlichen Diskurs und das gesellschaftliche *Agenda Setting* ist nicht zu unterschätzen. Dennoch ist das Internet das Medium, in dem sich Nachrichten blitzschnell verbreiten, unzählige Menschen ihre Beobachtungen beschreiben, Meinungen äußern, in dem sich Bürger organisieren – sei es zu privaten, professionellen oder politischen Zwecken. Immer häufiger greifen die klassischen Massenmedien Entwicklungen, Meldungen und Stimmungen auf, welche im Internet verbreitet wurden. [...]

Gegenüber sowohl Rundfunk als auch Print weist das Internet den Vorteil auf, unvergleichlich mehr, vielfältigere und reichhaltigere multimediale Inhalte bereitzuhalten. Doch der größte Vorteil des Internets ist zweifellos, dass es sich um ein interaktives Medium, ein sogenanntes Mitmach-Medium handelt. Seine Nutzer können passive Rezipienten sein, sie haben jedoch jederzeit die Wahl, selbst zu aktiven Kommunikatoren zu werden, die Inhalte anderer beurteilen,

kommentieren, eigene Inhalte erstellen und mit einem nahezu unbegrenzten Publikum teilen können. Insbesondere das Web 2.0, die sozialen Medien, hat das Mitmachen für Laien einfacher denn je gemacht. In sozialen Netzwerken, *Blogs*, *Microblogging*-Diensten, *Content*-Netzwerken wie Foto- oder Videoportalen können selbst erstellte Inhalte kinderleicht veröffentlicht und geteilt werden. Das Monopol der Inhalteproduktion aufseiten der Medienkonzerne ist gefallen, die Medienproduktion wurde in diesem Sinne „demokratisiert". [...]

Ist das Internet, sind soziale Medien also von politischer Bedeutung? [...] Die Erforschung der Auswirkungen des Internets auf die Politik hat verschiedene Phasen durchlaufen. Ab Mitte der 1990er-Jahre wurden eine Reihe euphorischer Studien publiziert, die dramatische Umbrüche der politischen Institutionen angesichts neuer digitaler Medien prophezeiten: Das Netz würde zur Aufklärung der Bürger beitragen und ihre politische Beteiligung stimulieren. Neue Formen der Partizipation würden im Netz entstehen, neue politische Kräfte würden sich etablieren. Tatsächlich zeigt die Empirie, dass es häufig

55 kleine, im politischen Alltag kräftemäßig benachteiligte Gruppen sind, die neue Medien zuerst und mit Gewinn einsetzen. Dieses „*Underdog*"-Phänomen gab den utopischen Szenarien der Netzpolitik auftrieb. [...] In der
60 Forschung griff [dann] die Normalisierungshypothese um sich: Ressourcenstarke politische Organisationen haben eine lautere Stimme im Mediengetümmel – gleich ob *on-* oder *offline*. Nachdem sich der Einsatz inter-
65 aktiver Onlinemedien als Norm etabliert hat, können die großen, etablierten politischen Kräfte diese wie gewohnt mit größerer Wucht (und größeren Budgets) einsetzen als neue, kleine Wettbewerber. Politisch bleibt
70 daher alles beim Alten. [...]

Ist der Spuk also schon vorbei? Hat die Verbreitung des Internets nur kleine Erschütterungen hinterlassen, aber keine bleibenden Spuren? Kaum, denn wichtige und bleibende
75 Auswirkungen des digitalen Mediums zeigen sich eben nicht in den spektakulären Einzelfällen, sondern in der graduellen Veränderung des Alltags. [...]

In der Forschung setzt sich daher zuneh-
80 mend eine „realistische" Schule durch, die die tatsächlich beobachtbaren Veränderungen analysiert, ohne diese utopisch zu überhöhen. Denn richtig ist: Das Internet stellt eine immer schnellere und größere Informa-
85 tionsflut zur Verfügung, die nicht nur das Mediennutzungs-, sondern tatsächlich das Informationsverhalten der Bürger verändert. Neue Filter- und Selektionsmechanismen verändern den öffentlichen Diskurs,
90 führen zu einer Differenzierung und Nischenbildung, gelegentlich auch zu abgekoppelten Diskursblasen. Individuen und Organisationen sind in einen ständigen Informationsfluss eingebunden und müssen daher auch
95 immer schneller kommunikationsfähig sein.

Das Netz schläft nie und kennt keine Hauptsendezeiten. [...]

Richtig ist auch: Soziale Medien senken die Transaktionskosten der Medienproduktion. Nicht jeder Bürger, aber deutlich mehr als in 100 der Vergangenheit produzieren mediale Inhalte – Artikel, Kommentare, Analysen. In sozialen Medien ist es die Norm, dass Inhalte nicht nur aufgenommen, sondern auch beurteilt oder kommentiert werden. [...] Es ent- 105 steht ein partizipativer Modus, der auf Mitsprache beruht und der eine größere Widerspruchsbereitschaft zur Folge hat. Der politische Diskurs wird dadurch breiter, dynamischer und unübersichtlicher. Welche 110 Diskurse lohnt es sich aber zu beobachten? Auf welche Kommentatoren im Netz sollte gehört werden? Werden politische Entscheidungsträger im sozialen Netz zuhörbereiter? Auf welche Weise halten sie sich über aktuel- 115 le Debatten auf dem Laufenden, an welcher Stelle und wie schalten sie sich selbst in diese ein? Wird im Netz politische Kommunikation tatsächlich dialogischer?

Richtig ist schließlich auch, dass soziale Me- 120 dien mehr können als nur zwitschern. Sie sind „sozial", weil sie auf persönlichen Netzwerken beruhen. Sie erleichtern das Finden von und Verbinden mit interessanten, gleichgesinnten Kontakten – ob alten oder neuen. 125 Das Knüpfen von Kontakten in Verbindung mit der Veröffentlichung von Inhalten wird derart vereinfacht, dass Interessengruppen schneller denn je zusammenfinden, sich organisieren und aktiv werden können. Nicht 130 immer sind solche „*communities of interest*" von Dauer, gelegentlich dominiert auch der politische *Flashmob*. In jedem Fall werden jedoch Inhalte in Netzwerken und in Communities geteilt und verbreitet, Meinungen 135 entstehen im digitalen Referenzkreis.

Aus: Institut für Medien- und Kommunikationsmanagement (Universität St. Gallen), Politiker im Netz. Treiber und Hürden der Social-Media-Nutzung unter Bundes- und Landtagsabgeordneten. Abschlussbericht, Juli 2013, S. 11 ff.

GLOSSAR
Interessengruppen
Partizipation

1 Beschreiben Sie das Medienverhalten Jugendlicher (M 1).

2 Diskutieren Sie unter Rückgriff auf M 1 sowie Ihre eigene Mediennutzung, ob das Internet für Jugendliche (auch) eine politische Bedeutung hat.

3 Werten Sie M 2 nach folgenden Aspekten aus:
  a) Leistungen, die soziale Medien im Unterschied zu herkömmlichen Medien erbringen,
  b) Thesen der Forschung über die politische Bedeutung der sozialen Medien,
  c) Auswirkungen sozialer Medien auf die politische Kommunikation.

4 Erörtern Sie Chancen und Risiken der sozialen Medien für die politische Kommunikation.

3.3.3 Mehr Demokratie durch das Internet?

MATERIAL 1

Der trügerische Schein der digitalen Demokratie

An die Entwicklung des Internets als Sinnbild des Fortschritts haben sich von Anfang an große demokratische Erwartungen geknüpft. Sie gründeten in der Hoffnung auf eine neue
5 technologisch-demokratische Kreativität, auf die Möglichkeit, Proteste über digitale soziale Medien zu mobilisieren, die Schwellen für die politische Beteiligung abzubauen, partizipationsorientierte Plattformen zu etablieren oder
10 Abstimmungs- und Entscheidungssoftware zu entwickeln. Die Befürworter der „elektronischen Demokratie" verweisen noch immer auf die Schnelligkeit und die geringen Transaktionskosten von Information, Partizipation
15 und Dezision im Netz.

INFO

Dezision
Entscheidung

Die unteren Schichten bleiben weiterhin außen vor

Das große demokratische Versprechen der basisorientierten Befürworter der digitalen
20 Demokratie lautet: Raum und Zeit verlieren ihren Begrenzungscharakter für die Demokratie. Der aufgeklärte digitale Bürger kann je nach Bedürfnis zwischen Kommunikation, Partizipation, Repräsentation und Dezision
25 wechseln. Er kann morgens partizipieren, mittags repräsentieren oder repräsentiert werden und abends in die direktdemokratische Position des Entscheiders wechseln. Alles fließt zusammen in der schönen neuen
30 Welt des Internets.
Was diesen schönen Schein trübt, ist die Wirklichkeit. Die unteren Schichten bleiben weiterhin außen vor. Die neuen elektronischen Medien haben nicht zu einem Anwach-
35 sen der Wahlbeteiligung geführt. Es sind vor

QUERVERWEIS

Mehr direkte Demokratie wagen?
S. 52 f., M 2

allem junge Menschen, die von der Möglichkeit Gebrauch machen, elektronisch ihre Stimme abzugeben. Voraussetzung ist, dass sie sich schon vorher für Politik interessieren. Tun sie dies nicht, wird sie auch die
40 (durchschnittliche) Zeitersparnis von 4 mal 20 Minuten alle vier bis fünf Jahre bei Kommunal-, Regional-, Bundes- und Europawahlen kaum dazu veranlassen, sich ihres vorher vernachlässigten Wahlrechts zu bedienen.
45 Aber die demokratischen Hoffnungen der digitalen Aktivisten richten sich gar nicht wesentlich auf Wahlen, sondern auf direkte Beteiligung. Diese setzt Wissen und politische Informationen voraus. Das Internet bietet
50 dafür heute eine historisch bisher nicht gekannte Vielfalt. Allerdings ist diese Vielfalt nicht risikofrei zu haben. In den elektronischen Medien verschmelzen Information und Meinungsbildung viel stärker als in den
55 großen Zeitungen und öffentlichen Funk- und Fernsehanstalten. Die Authentizitäts- und Qualitätsprüfung fällt im Internet weg. Die Gefahr von Manipulation, Konspiration und Desinformation ist viel größer, ebenso
60 die der *shitstorms* mit grober Verletzung von Persönlichkeitsrechten. Die Auswahl seriöser Informationsquellen ist schwieriger geworden. Zudem haben wir heute in den entwickelten Demokratien nicht ein Vielfalts-,
65 sondern ein Selektionsproblem der Informationen. Die Gleichung, mehr Informationsangebot ist gleich größere politische Kompetenz, kann jedenfalls nicht überzeugen.

Die Mobilisierung „gegen etwas" klappt
70 im Netz am besten
[...] Bei „unkonventionellen" Beteiligungsformen wie der Protestmobilisierung bieten Internet, Twitter, Facebook und andere digitale Netzwerke tatsächlich neue Möglichkeiten.
75 Dies gilt für die Mobilisierung zu Demonstrationen auf der Straße wie für die Manifestation von Protest durch Petitionen im Netz. So war etwa die Mobilisierung der *Occupy*-Bewegung auf den Straßen vergleichsweise ge-
80 ring. Ihre eigentliche Bedeutung hat sie durch die Protestartikulation und Problemsensibilisierung im Internet erfahren. Die

Zeichnung:
Roger Schmidt

neuen sozialen Medien im Netz haben sich
85 bisher in der Mobilisierung von Protest „gegen etwas" viel wirksamer erwiesen als in der gemeinsamen Konstruktion „von etwas". Eine zunehmend wichtige Rolle spielen onlinebasierte Kampagnen, die, von NGOs be-
90 trieben, rasch und direkt auf die politische Agenda zugreifen. Ihr Hauptinstrument sind elektronische Petitionen. [...] Heute agieren die virtuellen Organisationen länderübergreifend (wie „*Avaaz*") oder national (wie
95 „*Campact*" in Deutschland). Sie sind also nicht nur Transparenz fördernde Beobachter der repräsentativen Institutionen, sondern schalten sich über Kampagnen und Protestmobilisierung direkt in politische Entscheidungs-
100 prozesse ein. Der australische Demokratieforscher John Keane spricht deshalb von einer heraufziehenden *monitory democracy*. Weniger leuchten die verwirrenden und verwirrten Delegationsregeln der *liquid demo-*
105 *cracy* ein. Diese waren ein programmatisches Versprechen der Piratenpartei. [...] Aber auch ohne die Piraten können digitale Plattformen für die Kommunikation, Partizipation und Dezision in Parteien eine beachtliche Zukunft
110 haben. Offen und solidarisch angewandt, können sie der Mitgliederbasis und den Wählern eine bessere Mitsprache bei parteiinternen Angelegenheiten ermöglichen. [...] Die Vertrauensverluste, die Parteien und Parla-
115 mente in den vergangenen drei Jahrzehnten hinnehmen mussten, werden jedoch durch diese unausweichliche technologische Modernisierung allein nicht zu stoppen sein.
Die von der Piratenpartei verkündete Vision,
120 „dass mithilfe neuer technischer Mittel Demokratie heute neu erfunden werden kann" [...], verrät ein naiv-technokratisches Verständnis von Demokratie und ihren normativen wie institutionellen Geboten. Die Hoff-
125 nung, „niederschwellige" Beteiligungsangebote zögen vormals unbeteiligte Gruppen und Individuen in die politische Partizipati-

on, hat sich bisher nicht bestätigt. Das Gegenteil könnte der Fall sein. Denn selbst wenn alle Bürger über die notwendigen digitalen 130 Kompetenzen und Ausrüstungen verfügten, bliebe der Verdacht, das Internet und seine politischen Plattformen beförderten [...] Unverbindlichkeit, Beliebigkeit und Kurzfristigkeit. Es entstünde die Illusion, man könne mit 135 einem bequemen Mausklick schon politisch gestalten. Politische Teilhabe erfordert aber ein Fundament an Beharrlichkeit, Erfahrung und Berechenbarkeit, ohne dass sie leerläuft. Gerade der regellose, unverbindliche und in- 140 dividuelle Charakter digitaler Kommunikation erschwert allerdings den Aufbau kontinuierlicher Vertrauensbeziehungen. Wirksame politische Partizipation ohne kollektive bürgerschaftliche Verantwortung funktioniert 145 nicht. Die Politik bleibt, wie es Max Weber formuliert hat, „ein starkes langsames Bohren von harten Brettern mit Leidenschaft und Augenmaß zugleich". [...]
Die digitale Kommunikation wird die repräsentativen Institutionen nicht ersetzen, könn- 150 te sie aber in Zukunft effektiver durchleuchten und gegenüber der digitalen Zivilgesellschaft responsiver machen. Dies ist die positive Seite. *Responsiveness*, verstanden als Rückbin- 155 dung an die Wähler, ist aber noch lange nicht *Responsibility*, also Verantwortung. Eine zukunftsfeste, fortschrittliche Demokratie benötigt aber beides: die enge Bindung der Repräsentanten an die Repräsentierten sowie 160 gleichzeitig eine deliberative Distanz der Regierenden gegenüber den Regierten, um langfristig verantwortlich für gegenwärtige und zukünftigen Generationen handeln zu können. Verantwortlichkeit gegenüber dem 165 Gemeinwohl der Gesellschaft [...] entsteht eher im Pluralismus großer kollektiver Organisationen und der kompromissbereiten Deliberation parlamentarischer Diskurse als in der atomistischen Beteiligungslandschaft des 170 Internets.

Aus: Wolfgang Merkel, Der trügerische Schein der digitalen Demokratie, in: Berliner Republik, Das Debattenmagazin, 01/2015, www.b-republik.de/archiv/der-truegerische-schein-der-digitalen-demokratie (Zugriff: 5.1.2017)

1 Analysieren Sie M 1 im Hinblick auf die Entwicklungspotenziale und Gefahren für die Demokratie, die der Politikwissenschaftler Wolfgang Merkel in der politischen Beteiligung über das Internet sieht.
2 Führen Sie eine Pro-Kontra-Debatte zum Thema „Digitale Beteiligung – Zukunft der Demokratie?" durch und vergeben Sie hierfür Rollen u. a. für einen Bundestagsabgeordneten, eine Nichtregierungsorganisation und einen Blogbetreiber.

QUERVERWEIS

METHODE Textanalyse
S. 119

METHODE Die Pro-Kontra-Diskussion
S. 54 f.

Parteiendemokratie

Parteien sind ein wesentlicher Bestandteil demokratischer Gesellschaften. Sie sind die zentralen **Vermittlungsinstanzen** zwischen Gesellschaft und Staat. Ohne sie sind **politische Partizipation** und **politischer Wettbewerb** als wesentliche Kennzeichen einer Demokratie nur schwer vorstellbar. **Artikel 21 des Grundgesetzes** weist den Parteien daher ausdrücklich die **Mitwirkung an der politischen Willensbildung** als Aufgabe zu.

Begriff der Partei

Nach gängiger Vorstellung ist eine Partei eine **Gruppe von Bürgern**, die gemeinsam ihre **politischen Ziele und Interessen** durchsetzen wollen und dafür nach **Macht im Staat** streben.

Das **Parteiengesetz** formuliert einen ausführlicheren Parteibegriff. Danach ist eine Partei durch folgende **Merkmale** bestimmt:
- eine **Vereinigung von Bürgern**,
- Teilnahme an der **politischen Willensbildung** des Bundes oder eines Landes,
- Teilnahme an **Bundes- oder Landtagswahlen**,
- Nachweis der **Ernsthaftigkeit dieser Zielsetzung** durch ein gewisses Ausmaß an **Umfang und Festigkeit der Parteiorganisation** und die Art und Weise ihrer **Öffentlichkeitsarbeit**.

Funktionen einer Partei

Nach dem Parteiengesetz sollen die Parteien „an der Bildung des politischen Willens des Volkes auf allen Gebieten des öffentlichen Lebens mitwirken". Es zählt zahlreiche **Funktionen** auf. Die wichtigsten sind:
- Personalrekrutierung,
- Interessenartikulation,
- Erstellung von Programmen (langfristige Grundsatzprogramme und kurzfristige, d. h. auf eine Wahlperiode zielende Wahlprogramme),
- Partizipationsfunktion,
- Legitimationsfunktion.

Parteienwettbewerb

Die **pluralistische Demokratie** geht davon aus, dass es in einer Gesellschaft sehr unterschiedliche, ja gegensätzliche Wertvorstellungen, Interessen und dementsprechend unterschiedliche politische Ziele gibt. Diese als legitim erachtete Vielfalt gilt es auszugleichen. Der **Ausgleich** erfolgt vor allem über den **Wettbewerb der Parteien** untereinander. Dieser wird in **Wahlen** und in der **parlamentarischen Auseinandersetzung** ausgetragen.

Innerparteiliche Demokratie

Das Grundgesetz schreibt in **Artikel 21** vor, dass die **innere Ordnung der Parteien demokratischen Grundsätzen entsprechen muss**. Danach sollen alle Mitglieder einer Partei die gleichen Chancen haben, die Personalentscheidungen (Vorstandswahlen, Nominierung von Kandidaten für anstehende Parlamentswahlen) und den politischen Kurs mitzubestimmen.

Ungeachtet dessen stellt sich die Frage, wieweit die **Parteibasis** tatsächlich die **innerparteilichen Willensbildungsprozesse beeinflussen** kann. Doch auch wenn die Parteiführung im Allgemeinen das Heft in der Hand hat und z. B. mit einer klugen Parteitagsstrategie einen **Parteitag** – formal das oberste Beschluss- und Wahlorgan einer Partei – lenken kann, darf sie doch die Stimmungen, Meinungen und Strömungen in der Partei nicht ignorieren. Neben ihrer Führungsqualität ist auch die Fähigkeit der Parteiführung zum Ausgleich der divergierenden Interessen gefragt.

In den vergangenen Jahren haben die Parteien durch Satzungsänderungen die **Möglichkeit des Mitgliederentscheids in Personal- und Sachfragen** geschaffen und damit **Elemente direkter Demokratie** in den Parteien eingeführt.

GRUNDWISSEN

Parteitypen

Die Parteien unterscheiden sich in ihren Merkmalen. Hinsichtlich der **Organisationsstruktur** lassen sich Honoratiorenparteien, Kaderparteien, Massenparteien und Wählerparteien feststellen. Hinsichtlich der angesprochenen **Adressaten** und der **ideologischen Ausprägung** gibt es im Wesentlichen Patronageparteien, Klassenparteien, Weltanschauungsparteien und Volksparteien. **Weitere Parteitypen** sind Protestparteien, Ein-Themen-Parteien und Bewegungsparteien.

Parteiensystem

Das Parteiensystem ist definiert als die **Gesamtheit der Parteien in einem Staat und deren wechselseitigen Beziehungen**.

Analysekritierien für die Struktur eines Parteiensystems sind:

- das **Format** (meint die Anzahl der an den Wahlen teilnehmenden bzw. der im Parlament vertretenen Parteien),
- die **Fragmentierung** (drückt den Grad der Zersplitterung bzw. der Konzentration des Parteiensystems aus),
- die **Volatilität** (erfasst die Stabilität der Bindung der Wähler an ihre Parteien),
- die **Polarisierung** (bezieht sich auf die ideologisch-programmatische Distanz zwischen den Parteien),
- die **Segmentierung** (nimmt mögliche Koalitionsbildungen zwischen den Parteien in den Blick).

Entwicklung des Parteiensystems in der Bundesrepublik

Das Parteiensystem der Bundesrepublik war zu Beginn von den beiden großen Volksparteien **CDU** und **SPD** dominiert. Die **1960er- bis 1990er- Jahre** waren die **Hochzeit der Volksparteien**. Es entstand auf der parlamentarischen Ebene ein **„Zweieinhalbparteiensystem"**, wobei der kleinen Partei, der **FDP**, die Rolle des Mehrheitsbeschaffers für eine der beiden Großen zukam.

Mit Aufkommen der **Grünen** Mitte der **1980er-Jahre** entwickelte sich das Parteiensystem zu einem **„Zweilagersystem"**.

Nach der deutschen Einheit konnte sich die aus der SED-Nachfolgerin PDS und einer SPD-Abspaltung hervorgegangene **Linkspartei** im Bundestag etablieren. Mit der **AfD** steht 2017 eine rechtspopulistische Partei vor den Toren des Bundestages.

Wandel des Parteiensystems

Der Wandel des deutschen Parteiensystems seit Beginn der 1980er-Jahre ist durch drei Faktoren gekennzeichnet:

- Die **nachlassende Bindungskraft der Volksparteien CDU und SPD** (sinkende Mitgliederzahlen und Stimmanteile bei den Wahlen), die bedingt ist durch schwindende Prägekraft der sozialen Milieus, die traditionell Parteiidentifikation stifteten.
- Die **zunehmende Volatilität der Wähler**, die ihre Wahlentscheidung nicht mehr – wie früher – als ein Bekenntnis zu „ihrer" Partei, sondern interessengeleitet betrachten.
- Die **Pluralisierung der Parteienlandschaft:** Mit den Grünen, der Linken und zuletzt der AfD entstanden neue Parteien, an die die beiden Volksparteien einen Teil ihrer Wähler verloren haben. Während das Erstarken der Linkspartei bzw. die Gründung der AfD eher auf die Unzufriedenheit mit bestimmten politischen Entscheidungen (Arbeitsmarktreformen bzw. Eurorettungspolitik) zurückzuführen ist, sind die Grünen das Produkt eines tief greifenden gesellschaftlichen Wertewandels, der in den 1970er-Jahren einsetzte.

GRUNDWISSEN

Lobbyismus

Der Begriff leitet sich vom englischen **„lobby"** ab und bezeichnet die **Einflussnahme organisierter Interessen auf die Politik**.

In Deutschland erfolgt das Lobbying traditionell (und immer noch ganz überwiegend) durch **Verbände**. Ein Verband ist eine auf Dauer angelegte, nicht mit dem Staat oder Parteien verbundene Vereinigung von Personen, Gruppen, Unternehmen oder Institutionen zur organisierten Vertretung gemeinsamer Interessen gegenüber der Politik. Die **parteipolitische Unabhängigkeit** der Verbände darf allerdings **nicht** mit **parteipolitischer Neutralität** verwechselt werden. Eine gewisse Nähe einzelner Verbände zu einer bestimmten politischen Partei ist schon von der Interessenlage ihrer Mitglieder her gegeben. Doch müssen die Verbände in einer freiheitlichen Demokratie mit wechselnden parteipolitischen Konstellationen rechnen und deshalb eine organisatorische Verflechtung mit den Parteien vermeiden.

Die Verbände sind auf **fünf zentralen Handlungsfeldern tätig**: Arbeit und Wirtschaft, Gesellschaft und Politik, Freizeit und Kultur, Bildung und Wissenschaft, Gesundheit und Soziales.

In jüngerer Zeit wird Lobbying auch als **Dienstleistung z. B. von Anwaltskanzleien oder Politikberatern** angeboten. Außerdem unterhalten **große Unternehmen** eigene Interessenvertretungen.

Adressaten und Methoden von Lobbying

Die Tätigkeit der Lobbyisten richtet sich primär an die **Regierung** bzw. die **Ministerialbürokratie**. Ihre Sachkenntnis ist bei der Vorbereitung von Gesetzen gefragt; auch verspricht sich die Regierung von ihrer Mitwirkung praxisgerechtere Lösungen.

Die **Mitwirkung der Lobbyisten** kann sehr umfassend sein (Verfassen von Gesetzentwürfen; Entsendung von „Leihbeamten" in die Ministerien, Anhörungen in Ministerien und Parlament). **Parlamentarischen Einfluss** gewinnen Interessensorganisationen vor allem aber, wenn es ihnen gelingt, die Parlamente personell zu durchsetzen und „ihre" Abgeordneten in den für sie relevanten Parlamentsausschüssen zu platzieren. Lobbying kann sich auch als **Druck auf die Entscheidungsträger** zeigen, z. B. mit der Drohung, im Fall bestimmter gesetzgeberischer Maßnahmen Unternehmen ins Ausland zu verlagern.

Als **„deep lobbying"** bezeichnet man langfristig angelegte Aktivitäten, die auf die Beeinflussung von Einstellungen in der Gesellschaft und damit indirekt auch auf die Politik zielen.

Legitimität des Verbandseinflusses

Verfassungsrechtliche Grundlage des Verbandswesens ist **Artikel 9 des Grundgesetzes**, der das **Recht auf Vereinigungsfreiheit** gewährleistet. Im Selbstverständnis einer **pluralistischen Demokratie** gewinnen politische Entscheidungen der gewählten Repräsentanten des Volkes durch die Einbeziehung jeweils betroffener gesellschaftlicher Gruppen zusätzlich an Legitimität, wenn dies zum **Ausgleich konkurrierender Interessen** beiträgt.

Machtungleichgewichte

Der **Einfluss eines Verbandes** hängt vor allem von seiner **wirtschaftlichen und politischen Bedeutung**, seiner Finanzkraft und seiner **Konfliktfähigkeit** ab, also davon, wie glaubhaft er mit Konsequenzen für den Fall drohen kann, dass die von ihm vertretenen Interessen nicht hinreichend berücksichtigt werden. Interessen bzw. Gruppierungen, die kaum organisations- und konfliktfähig sind, etwa die Belange sozialer Randgruppen, können daher leicht ins Hintertreffen geraten (haben also **„keine Lobby"**). Auch ist es nicht einfach, **langfristige und allgemeine Interessen** wie etwa den Umweltschutz gegen eher **kurzfristige ökonomische und soziale Interessen bestimmter Bevölkerungsgruppen** ins Spiel zu bringen.

Transparenz des Verbandseinflusses

Angesichts der **Ungleichgewichte im Verbandseinfluss** ist es von besonderer Bedeutung, dass dessen **Transparenz** gewährleistet ist. Organisationen wie **„LobbyControl"** fordern eine Überprüfbarkeit der von den Verbänden vorgebrachten Argumente und Daten und Transparenz über mögliche Verflechtungen mit politischen Entscheidungsträgern (Forderung nach einem **Lobbyregister**).

Aufgaben und Funktionen von Medien

Neben Parteien und Verbänden sind auch die Medien ein **zentraler Akteur im politischen Willensbildungsprozess**. In Deutschland bestehen **private Medienkonzerne** neben den **Medienanstalten des öffentlich-rechtlichen Rundfunks ("duales System")**.

Nur die **öffentlich-rechtlichen Sendeanstalten** sind in ihrer Arbeit dem sogenannten **„Programmauftrag"** verpflichtet, der die Grundversorgung mit Information, Unterhaltung, Bildung und Kultur gewährleisten soll. **Programm- und Personalentscheidungen** werden in den öffentlich-rechtlichen Sendeanstalten von Gremien getroffen, in denen auch Vertreter von Bund, Ländern und politischen Fraktionen sitzen. Das **Gebot der politischen Unabhängigkeit** bzw. der Staatsferne wird in der Realität daher nicht immer vollständig erfüllt, wie manche Konfliktfälle gezeigt haben.

Medien sollen in der Demokratie **vier zentrale Aufgaben** erfüllen:

- Information (Herstellung von Öffentlichkeit)
- Kritik und Kontrolle (Medien als „vierte Gewalt" neben Legislative, Exekutive und Judikative)
- Artikulation verschiedener Standpunkte, Meinungen und Interessen
- Themensetzung und -filterung (*„Agenda Setting"*).

Pressefreiheit

Um ihre Aufgaben ungehindert erfüllen zu können, müssen Medien frei arbeiten können, d. h. **ohne Zensur und Überwachung**. In diesem Sinne garantiert **Artikel 5 des Grundgesetzes** die **Meinungs-, Informations- und Pressefreiheit**. Eine freie, unzensierte Presse- und Rundfunkberichterstattung gilt somit als **wichtiges Element der freiheitlichen demokratischen Grundordnung**.

Medien und Politik

Es gibt **vielfältige Wechselbeziehungen** zwischen Politik und Medien. Stellenwert und Bedeutung der Medien für die Politik werden unterschiedlich eingeschätzt und bewertet: Während die einen die Medien eher als **Kontrollinstanz** im Rahmen der Gewaltenteilung wahrnehmen, kritisieren andere eine zunehmend **enge Abhängigkeit** oder gar **wechselseitige Instrumentalisierung** und eine **zu starke Macht der Medien im politischen System**.

Der Begriff der **„Mediendemokratie"** verdeutlicht, dass die Medien großen Einfluss auf politische Entscheidungsprozesse nehmen (können) und stark darauf einwirken, in welcher Weise Themen und Personen von der Bevölkerung wahrgenommen werden.

Digitale Medien und Demokratie

Mit der Entwicklung des Internets waren u. a. große **Hoffnungen auf mehr Bürgerbeteiligung und Transparenz** verbunden. Durch elektronische Abstimmungssoftware, Beteiligungsplattformen u. Ä. erwarteten sich viele eine Belebung der Demokratie.

Inwiefern sich diese Erwartungen erfüllt haben, ist umstritten. Einerseits haben sich durch das Internet die **Möglichkeiten der Information und Kommunikation** enorm erhöht, andererseits wird die **Auswahl vertrauenswürdiger Informationen** durch die Vielzahl der Anbieter und den häufigen Verzicht auf Qualitätssicherung insbesondere in den sozialen Netzwerken **schwieriger**. Zudem bleiben **viele Formen digitaler Beteiligung punktuell, unverbindlich** und werden eher von denjenigen Bevölkerungsschichten genutzt, die sich auch vorher und auf konventionelle Weise an politischen und gesellschaftlichen Prozessen beteiligt haben.

Transformation des Parteiensystems

Die Parteien in der Bundesrepublik sind Teil einer Erfolgsgeschichte. Nach dem Zweiten Weltkrieg und dem Zusammenbruch des NS-Regimes haben CDU und SPD eine demokrati-
5 sche Entwicklung eingeleitet und die zweite deutsche Demokratie maßgeblich geprägt. Mittlerweile sind die Institutionen der Demo-kratie akzeptiert. [...] Wer hätte das gedacht? Wer hätte nach der Nazidiktatur voraussagen
10 wollen, dass sich Deutschland innerhalb weni-ger Jahrzehnte zu einer stabilen und selbstbe-wussten Demokratie entwickelt und dass zwei Parteien ein halbes Jahrhundert lang die Poli-tik der Bundesrepublik Deutschland dominie-
15 ren würden? [...]
Trotzdem: Das Kapitel Volksparteien in der deutschen Geschichte ist abgeschlossen. Es führt kein Weg zurück zu den abgeschotteten Milieus, zu den alten ideologischen Schlach-
20 ten, zu den festen Wählerbindungen [...].
Die neuen gesellschaftlichen Konfliktlinien, die sich um die alte soziale Frage, um die glo-balisierte Ökonomie und die individualisierte Gesellschaft, um die digitalisierte Welt und die
25 Zuwanderung ranken, werden nicht wieder verschwinden. Die moderne Gesellschaft ist vielfach gespalten: zwischen Arm und Reich, zwischen Gewinnern und Verlierern der Glo-balisierung, zwischen Inländern und Migran-
30 ten, [...] zwischen Jung und Alt, zwischen oben und unten, zwischen Ost und West. Es gibt keine Religionen mehr und auch keine Ideologien, mithilfe derer sich diese Spaltun-gen überbrücken ließen, keine festgefügten
35 politischen Lager, die sich gegenseitig stabili-sieren. [...]
Die Parteien [...] werden zwischen den gesell-schaftlichen Kräften der Bewegung und Be-harrung zusätzlich zerrieben. Die Gruppenin-
40 teressen sind so heterogen, dass sie von den etablierten Parteien nicht mehr gebündelt werden können. [...]

Doch was kommt nach den Volksparteien? Parteien wird es weiterhin geben. Sie sind weltweit ein elementarer Bestandteil jeder de- 45 mokratisch verfassten Gesellschaft. Es gibt in Deutschland mittelgroße und mittelkleine Parteien und möglicherweise wird schon bald eine der kleinen Parteien zu den mittelgroßen aufschließen oder aus einer der mittelgroßen 50 wird eine kleine Partei werden.
Die Parteien werden sich zudem an ein ständi-ges Auf und Ab und große Sprünge in der Wäh-lergunst gewöhnen müssen. Die Transformati-on des Parteiensystems schreitet voran. Die 55 Politiker, die politischen Eliten und die Wähler werden sich an fünf, sechs oder möglicherwei-se gar sieben Parteien im Bundestag, an schwierige Regierungsbildungen, häufige Ko-alitionskrisen und an Minderheitsregierungen, 60 an mehr Populismus, mehr Unübersichtlich-keit und mehr Instabilität im politischen Sys-tem gewöhnen müssen.
Die etablierten Parteien sind längst dabei, sich an die veränderten Bedingungen in der Gesell- 65 schaft, an die neuen Regeln der Mediendemo-kratie und das veränderte Wahlverhalten an-zupassen. Im Mittelpunkt stehen für sie nicht mehr die Mitglieder, sondern eine professio-nelle Öffentlichkeitsarbeit und eine weitge- 70 hend autarke Parteiführung. Parteien setzen nicht mehr auf kollektive Werte, ideologische Grundüberzeugungen und eine verbindende Leitidee, sondern auf Markenimage, Persona-lisierung und Populismus. Aus Mitgliederpar- 75 teien werden professionelle Medienparteien. [...]
Aber sie werden sich, wenn sie überleben wol-len, nicht beliebig öffnen können, sondern sie müssen zumindest einen Kernbereich von ver- 80 bindenden Ideen und parteipolitischer Identi-tät erhalten.

Aus: Christoph Seils, Parteiendämmerung oder was kommt nach den Volksparteien?, Berlin: wjs verlag, 2010, S. 169–177

1 Erläutern Sie mithilfe der Materialien dieser Doppelseite die dargestellten Ursachen für den Wandel des Parteiensystems.
2 Stellen Sie sich vor, Sie wären als Berater für eine Partei tätig. Gestalten Sie ein Konzept, das Ihrer Partei dabei helfen könnte, sich auf den Wandel des Parteien-systems einzustellen.

Abkehr von den Volksparteien?

Zeichnung:
Thomas Plaßmann

Nutzung sozialer Medien

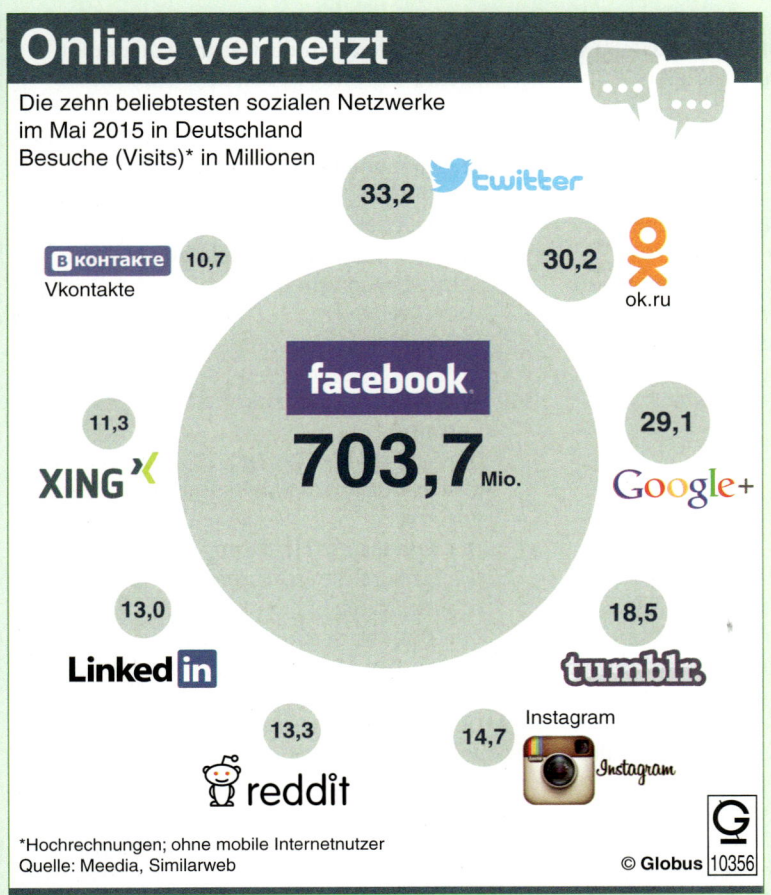

III. Das parlamentarische System

QUIZ

1. Woraus besteht die Bundesregierung?
- ☐ Bundeskanzler und Bundesminister
- ☐ Bundesrat und Bundestag
- ☐ Bundestag

2. Im Modell der Gewaltenteilung gehören Bundestag und Bundesrat zur
- ☐ Exekutive
- ☐ Judikative
- ☐ Legislative

3. Welches Gericht ist für die Auslegung des Grundgesetzes zuständig?
- ☐ Bundesgerichtshof
- ☐ Bundesverfassungsgericht
- ☐ Verwaltungsgericht

4. Was beinhaltet das Kanzlerprinzip?
- ☐ Der Kanzler macht die Gesetze.
- ☐ Er bestimmt die Richtlinien der Politik und trägt dafür die Verantwortung.
- ☐ Er ernennt die Minister.

5. Wer wählt den Bundeskanzler?
- ☐ Bundesrat
- ☐ Volk
- ☐ Bundestag
- ☐ Bundespräsident

6. Was ist mit der Rede von einer „repräsentativen Demokratie" gemeint?
- ☐ Alle Entscheidungen, die auf Regierungsebene getroffen werden, entsprechen der Meinung des durchschnittlichen Bürgers.
- ☐ Die politischen Grundstrukturen der Bundesrepublik entsprechen vollkommen dem demokratischen Prinzip.
- ☐ Im Parlament sitzen Repräsentanten des Volkes, die für das Volk über wichtige Entscheidungen abstimmen.

7. Die Fünfprozentklausel im deutschen Wahlrecht besagt, dass ...
- ☐ eine Partei mindestens fünf Prozent der Zweitstimmen erhalten muss, um einen Anspruch auf Wahlkampfkostenerstattung zu haben.
- ☐ eine Partei mindestens fünf Prozent der Zweitstimmen erhalten muss, um Mandate im Bundestag zu erhalten.
- ☐ eine Partei mindestens fünf Prozent der Zweitstimmen erhalten muss, um bei der nächsten Wahl wieder antreten zu dürfen.

8. Entscheidend für die Gesamtzahl der Sitze im Bundestag ist fast ausschließlich ...
- ☐ die Erststimme.
- ☐ die Zweitstimme.
- ☐ Engagement des Wahlkreiskandidaten.

9. Mit welchem Verfahren wird die Verteilung der Bundestagsmandate berechnet?
- ☐ Sainte-Laguë/Schepers
- ☐ Hare-Niemeyer
- ☐ D'Hondt

10. Was ist das „konstruktive Misstrauensvotum"?
- ☐ Die Wähler können dem Bundestag das Misstrauen aussprechen und Neuwahlen fordern.
- ☐ Der Bundespräsident kann dem Bundestag das Misstrauen aussprechen und Neuwahlen ansetzen.
- ☐ Der Bundesrat kann dem Bundespräsidenten das Misstrauen aussprechen, indem er einen Nachfolger wählt.
- ☐ Der Bundestag kann dem Bundeskanzler das Misstrauen aussprechen, indem er einen Nachfolger wählt.

1–6: Autorentext; 7–10 nach: www.bpb.de/politik/grundfragen/deutsche-demokratie; Quiz (Zugriff: 9.1.2017)

In diesem inhaltlichen Schwerpunkt befassen Sie sich mit folgenden Themen und Problemen

Der politische Prozess im parlamentarischen Regierungssystem ist durch das Zusammenwirken der verschiedenen Verfassungsorgane bestimmt.

Kapitel 1 stellt die verschiedenen Akteure mit ihren zentralen Aufgaben und Funktionen vor. So haben Bundesregierung, Bundeskanzler, Bundestag, Bundesrat, Bundespräsident und Bundes-verfassungsgericht jeweils bestimmte Machtbefugnisse im politischen Entscheidungsprozess und spielen auch im Sinne des *„Checks-and-balances"*-Systems eine wichtige Rolle für die Gewal-tenverschränkung und Gewaltenteilung.

Das Prinzip gegenseitiger Kontrolle und Machtbeschränkung wird insbesondere im Gesetzge-bungsprozess deutlich, der in **Kapitel 2** beleuchtet wird. Hier geht es zunächst darum, mithilfe des Politikzyklus ein grundlegendes Verständnis vom Ablauf politischer Entscheidungsprozesse zu bekommen, bevor der Gesetzgebungsprozess auf nationaler Ebene betrachtet wird.

Da Gesetze und politische Normen im Zuge der Europäisierung zunehmend auch durch Insti-tutionen der Europäischen Union geprägt werden, richtet sich der Blick schließlich auf die Gesetz-gebungsprozesse innerhalb der EU.

1 a) Aktivieren Sie Ihr Vorwissen und kreuzen Sie bei den Fragen 1 bis 7 diejenige Antwort an, die Ihnen richtig erscheint.
b) Bearbeiten Sie zur Vertiefung die Fragen 8 bis 10.
Begründen Sie jeweils Ihre Auswahl.

2 Ordnen Sie die Fotos vor dem Hintergrund Ihrer Kenntnisse aus der Sekundarstufe I politischen Institutionen zu und beschreiben Sie die Funktion(en) der jeweils darge-stellten Situation.

1. Die Verfassungsorgane

1.1 Vom Sinn der Gewaltenteilung

MATERIAL 1

GLOSSAR
Gewaltenteilung
Macht

Schlüssel zur Macht

Zeichnung:
Holger Appenzeller

MATERIAL 2

Warum die Macht begrenzen?

INFO

Charles de Montesquieu
(1689–1755)
war ein französischer
Jurist und Philosoph der
Aufklärung. Mit seinem
Modell der Gewaltentei-
lung entwickelte er ein
bis heute grundlegendes
Prinzip des freiheitlichen
Rechtsstaates, das Macht
beschränken soll, um die
Freiheit zu sichern.

GLOSSAR
Aufklärung, Europäische

11. Buch 4. Kapitel
[...] Eine ewige Erfahrung lehrt jedoch, dass
jeder Mensch, der Macht hat, dazu getrieben
wird, sie zu missbrauchen. [...] Damit die
5 Macht nicht missbraucht werden kann, ist
es nötig, durch die Anordnung der Dinge zu
bewirken, dass die Macht die Macht brem-
se. Ein Staat kann so aufgebaut werden,
dass niemand gezwungen ist, etwas zu tun,
10 wozu er nach dem Gesetz nicht verpflichtet
ist, und niemand gezwungen ist, etwas zu
unterlassen, was das Gesetz gestattet.

11. Buch 6. Kapitel
In jedem Staat gibt es drei Arten von Ge-
15 walt: die gesetzgebende Gewalt, die vollziehende Gewalt in Ansehung der Angelegenheiten, die vom Völkerrechte abhängen,
und die vollziehende Gewalt hinsichtlich
der Angelegenheiten, die vom bürgerlichen
20 Recht abhängen.
Vermöge der ersten gibt der Fürst oder Ma-
gistrat Gesetze auf Zeit oder für immer, verbessert er die bestehenden oder hebt sie
auf. Vermöge der zweiten schließt er Frieden oder führt er Krieg, schickt oder emp- 25
fängt Gesandtschaften, befestigt die Sicherheit, kommt Invasionen zuvor. Vermöge der
dritten straft er Verbrechen oder spricht das
Urteil in Streitigkeiten der Privatpersonen:
Ich werde diese letzte die richterliche Ge- 30
walt und die andere schlechthin die vollziehende Gewalt des Staates nennen.
Die politische Freiheit des Bürgers ist jene
Ruhe des Gemüts, die aus dem Vertrauen er-
wächst, das ein jeder zu seiner Sicherheit 35
hat. Damit man diese Freiheit hat, muss die
Regierung so eingerichtet sein, dass ein Bürger den anderen nicht zu fürchten braucht.
Wenn in derselben Person oder der gleichen obrigkeitlichen Körperschaft die gesetzgebende Gewalt mit der vollziehenden 40
vereinigt ist, gibt es keine Freiheit; denn es
steht zu befürchten, dass derselbe Monarch
oder derselbe Senat tyrannische Gesetze
macht, um sie tyrannisch zu vollziehen.

45 Es gibt ferner keine Freiheit, wenn die richterliche Gewalt nicht von der gesetzgebenden und vollziehenden getrennt ist. Ist sie mit der gesetzgebenden Gewalt verbunden, so wäre die Macht über Leben und Freiheit 50 der Bürger willkürlich, weil der Richter Gesetzgeber wäre. Wäre sie mit der vollziehenden Gewalt verknüpft, so würde der Richter die Macht eines Unterdrückers haben.

Alles wäre verloren, wenn derselbe Mensch oder die gleiche Körperschaft der Großen, 55 des Adels oder des Volkes diese drei Gewalten ausüben würde: die Macht, Gesetze zu geben, die öffentlichen Beschlüsse zu vollstrecken und die Verbrechen oder die Streitsachen der einzelnen zu richten [...]. 60

Aus: Charles de Montesquieu, Vom Geist der Gesetze (1748), Stuttgart: Reclam, 1965

Von der Trennung und Verschränkung der Gewalten

MATERIAL **3**

GLOSSAR

Exekutive
Legislative
Judikative

QUERVERWEIS

Strukturprinzipien
des Grundgesetzes
S. 18, M 1

Um eine übermäßige Machtkonzentration auf ein Staatsorgan zu verhindern, unterliegen die einzelnen Staatsorgane dem Prinzip der Gewaltenteilung. Nach Art. 20 Abs. 2 GG 5 wird die Staatsgewalt auf die Organe der Gesetzgebung, der vollziehenden Gewalt und der Rechtsprechung verteilt.
Diese **horizontale Gewaltenteilung** erfährt im deutschen Staat noch eine Erweite-10 rung durch eine **vertikale Gewaltenteilung**. Die Rechte und Befugnisse der einzelnen Gewalten werden zwischen dem Bund und den Ländern aufgeteilt. So vollzieht sich auch die Gesetzgebung nicht nur auf der 15 Bundesebene, sondern wird ergänzt durch die Befugnisse der Länder und Gemeinden. Im Bundesrat wirken die einzelnen Länder direkt an der Gesetzgebung mit.
Die Trennung der Gewalten **Exekutive** und 20 **Legislative** verläuft aber nicht so eindeutig, wie sie eigentlich formuliert ist. Denn die Bundesregierung (Exekutive) wird ja von der Mehrheit des Bundestages (Legislative) gewählt und die Minister der Regierung 25 können ihren Status als Abgeordneten behalten. Aus diesem Grund spricht man auch von einer **Gewaltenverschränkung**.
Der Grundsatz der Gewaltenteilung wird in den demokratischen Staaten unterschied-30 lich realisiert. Das deutsche System orientiert sich an einem Modell der parlamentarischen Demokratie, das seinen Ursprung in Großbritannien hat.
Der Bundestag (Legislative) wählt den Bun-35 deskanzler (Exekutive) durch Mehrheitsentscheid.

Der Bundeskanzler und seine Minister und Ministerinnen behalten in der Regel ihre Abgeordnetenmandate auch als Regierungsmitglieder und sind daher berechtigt, an Ent-40 scheidungen des Bundestages teilzunehmen. Die Regierung spielt als Exekutive auch eine zentrale Rolle bei der Gesetzgebung (Legislative). Gesetze werden in der Regel von der Regierung eingebracht. Da sie die Parla-45 mentsmehrheit hinter sich hat, kann sie auch mit einer Mehrheit für ihre Gesetzesvorschläge rechnen. Das gibt ihr die Möglichkeit, maßgeblich die Politik zu gestalten.
Legislative und Exekutive sind folglich mit-50 einander verbunden, getrennt von ihnen ist dagegen die Rechtsprechung [**Judikative**]. Die Gewalten sind daher nicht durch eine strikte Trennung gekennzeichnet, sondern durch eine Verschränkung einzelner 55 Bereiche.
„Eine Beschränkung und Kontrolle der Macht der Regierenden bleibt gewährleistet durch:
- die Opposition im Bundestag, 60
- das föderalistische System mit der Aufteilung der staatlichen Gewalt und der staatlichen Aufgaben auf Bund, Länder und Gemeinden,
- die unabhängige Justiz, vor allem die 65 weitreichenden Befugnisse des Bundesverfassungsgerichts,
- die öffentliche Meinung."
(Horst Pötzsch, in: Die deutsche Demokratie, Bonn 2009, S. 85) 70

Aus: Landeszentrale für politische Bildung Baden-Württemberg, Deutschland: Eine repräsentative Demokratie, in: www.bundestagswahl-bw.de/grundlagen_uebersicht.html (Zugriff: 9.1.2017)

Gewaltenteilung und Gewaltenverschränkung

Die Teilung der Staatsgewalt

Grundgesetz

Gesetzgebende Gewalt

Bundesebene

Art. 38–49 — Bundestag — Volksvertretung
Art. 50–53 — Bundesrat — Ländervertretung
Art. 71, 73 — Ausschließliche Gesetzgebung

Länderebene

Art. 72, 74 — Konkurrierende Gesetzgebung — **Parlamente der Länder** — Gesetzgebung der Länder

Vollziehende Gewalt

Bundesebene

Art. 62–69 — Bundeskanzler — **Bundesregierung** — Art. 86, 87 — Bundeseigene Verwaltung

Länderebene

Art. 85 — Auftragsverwaltung — **Länderregierungen** — Länderverwaltungen — Kreisverwaltungen — Gemeindeverwaltungen

Rechtsprechende Gewalt

Bundesebene

Art. 92–104 — **Bundesverfassungsgericht** — **Oberste Gerichtshöfe**

Länderebene

Gerichte der Länder

Art. 20: **Alle Staatsgewalt** geht vom Volke aus

ZAHLENBILDER

© Bergmoser + Höller Verlag AG

61 110

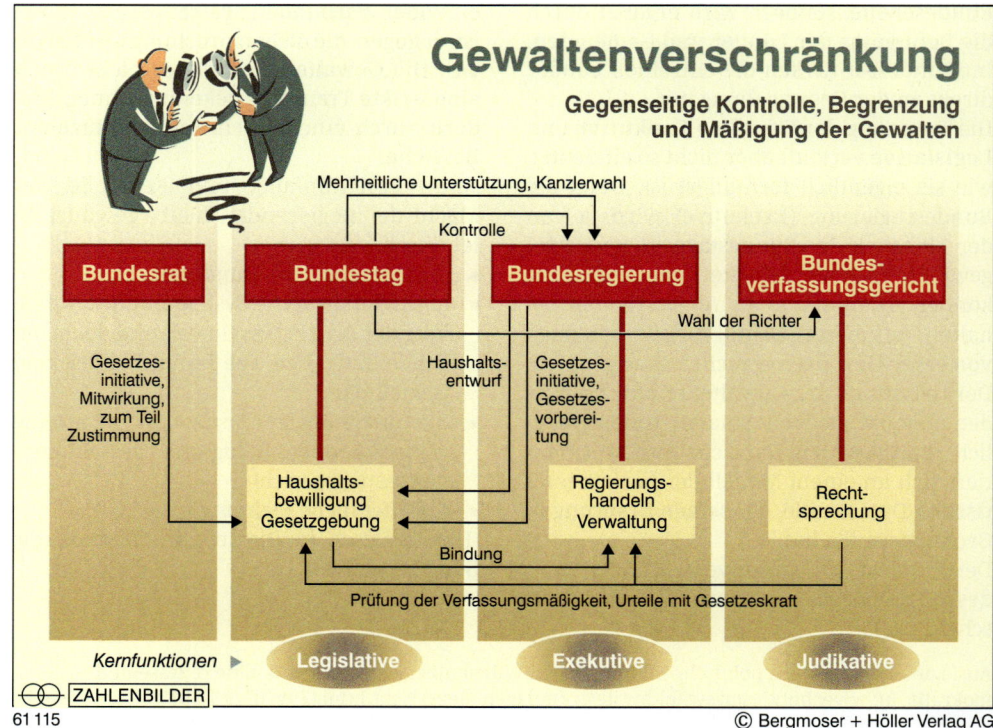

Gewaltenverschränkung

Gegenseitige Kontrolle, Begrenzung und Mäßigung der Gewalten

Mehrheitliche Unterstützung, Kanzlerwahl

Kontrolle

Bundesrat — **Bundestag** — **Bundesregierung** — **Bundesverfassungsgericht**

Wahl der Richter

Gesetzesinitiative, Mitwirkung, zum Teil Zustimmung

Haushaltsentwurf

Gesetzesinitiative, Gesetzesvorbereitung

Haushaltsbewilligung Gesetzgebung

Regierungshandeln Verwaltung

Rechtsprechung

Bindung

Prüfung der Verfassungsmäßigkeit, Urteile mit Gesetzeskraft

Kernfunktionen ▶ **Legislative** — **Exekutive** — **Judikative**

ZAHLENBILDER

61 115

© Bergmoser + Höller Verlag AG

Gewaltenverschränkung im Grundgesetz

Artikel 43 GG

(1) Der Bundestag und seine Ausschüsse können die Anwesenheit jedes Mitgliedes der Bundesregierung verlangen. [...]

5 **Artikel 58 GG**

Anordnungen und Verfügungen des Bundespräsidenten bedürfen zu ihrer Gültigkeit der Gegenzeichnung [= Unterschrift als Zeichen des Einverständnisses] durch 10 den Bundeskanzler oder durch den zuständigen Bundesminister. [...]

Artikel 61 GG

(1) Der Bundestag oder der Bundesrat können den Bundespräsidenten wegen vorsätz-licher Verletzung des Grundgesetzes oder 15 eines anderen Bundesgesetzes vor dem Bundesverfassungsgericht anklagen. [...]

Artikel 81 GG

(1) Wird im Falle des Artikels 68 [= gescheiterte Vertrauensfrage des Bundeskanzlers] 20 der Bundestag nicht aufgelöst, so kann der Bundespräsident auf Antrag der Bundesregierung mit Zustimmung des Bundesrates für eine Gesetzesvorlage den Gesetzgebungsnotstand erklären, wenn der Bundestag 25 sie ablehnt, obwohl die Bundesregierung sie als dringlich bezeichnet hat. [...]

Geteilte politische Macht meint, dass die Erfüllung einer Staatsfunktion mehreren Organen zugewiesen ist. [...] **Kontrollierte politische Macht** bedeutet, dass ein Organ durch ein anderes Organ zur politischen Rechenschaft, gegebenenfalls sogar zur rechtlichen Verantwortung gezogen werden kann.

Nach: Joachim Detjen, Die Werteordnung des Grundgesetzes, Wiesbaden: VS Verlag für Sozialwissenschaften 2009, S. 263 f.

Machtkontrolle jenseits der Institutionen

Die Frage, wie Macht beschränkt werden kann, ist aber längst keine historische Frage, sondern bestimmt die politische Debatte bis heute. Nicht nur Länder, deren politi-5 sches System durch Machtkonzentration geprägt ist, sind davon betroffen, sondern auch die modernen westlichen Demokratien müssen sich dieser Frage stellen.

Die Skandale um die globalen Überwa-10 chungs- und Spionagesysteme, die in den letzten Wochen und Monaten publik geworden sind, verdeutlichen, dass Machtkonzentration und Machtmissbrauch auch die Bürger- und Menschenrechte in den 15 westlichen Demokratien in Gefahr bringen können. [...]

Die Kontrolle politischer Herrschaft beschränkt sich aber nicht nur auf die institutionelle Ausgestaltung des politischen Sys-20 tems durch das Prinzip der Gewaltenteilung. Es reicht nicht, dass sich die staatlichen Gewalten gegenseitig beschränken und kontrollieren, sondern es bedarf weiterer Mechanismen, um einen Missbrauch von Macht durch staatliche Institutionen und 25 Akteure zu begrenzen.

In diesem Kontext werden meist die Medien genannt, die durch ihre kritische Berichterstattung und ihre investigative Recherche die Ausübung politischer Macht 30 wesentlich kontrollieren. Nicht umsonst werden sie als „4. Gewalt" – neben Legislative, Exekutive und Judikative – bezeichnet. [...]

Neben den klassischen Gewalten und den 35 Medien trägt aber auch eine lebendige Zivilgesellschaft zur Kontrolle politischer Machtausübung bei. Das gesellschaftliche und politische Engagement der Bürgerinnen und Bürger verhindert, dass zu viel 40 Macht in den Händen weniger konzentriert wird.

Aus: Dörthe Hecht/Erik Müller, Kontrolle politischer Herrschaft, in: Politik betrifft uns, 4/2014, S. 1 f.

1 Analysieren Sie die Karikatur M 1 hinsichtlich ihrer Aussage zur Gewaltenteilung.

2 Arbeiten Sie die Motive Montesquieus für seine Entwicklung der Gewaltenteilungslehre sowie das ihr zugrunde liegende Menschenbild heraus (M 2).

3 Stellen Sie die Grundprinzipien von Gewaltenteilung und -verschränkung dar (M 3, M 4).

4 Prüfen Sie, ob in den GG-Artikeln geteilte oder kontrollierte politische Macht vorliegt (M 5).

5 Bewerten Sie dieses System der Verteilung von Macht anhand der Kriterien Legitimität und Effizienz (M 3 bis M 5).

6 Erörtern Sie anhand selbst gewählter Beispiele die Notwendigkeit weiterer Kontrollmechanismen politischer Macht durch Medien und Zivilgesellschaft (M 6).

QUERVERWEIS

METHDOE Textverstehen (Hermeneutik) S. 118

METHODE Urteilsbildung – Sach- und Werturteile (Kriterien Effizienz und Legitimität) S. 46 f.

METHODE Textverstehen (Hermeneutik)

Texte über politische Ideen befassen sich mit Gegenständen, die sehr weit von der Lebenswirklichkeit der Menschen entfernt sind. Ihre Argumentationsweise ist oft nicht leicht zu verstehen. Die Erschließung solcher Texte erfordert ein sorgfältiges, aus mehreren Phasen bestehendes Lesen, für das die Hermeneutik, die **Lehre des Verstehens oder Auslegens**, die Instrumente bereithält.

Der hermeneutische Prozess beginnt mit dem Bewusstwerden des **Vorverständnisses** der betreffenden Sache. Dieses gewinnt man aus der bisherigen Beschäftigung mit der Sache, insbesondere aus der Lektüre von Texten und dem gemeinsamen Gespräch über den Gegenstand. Es empfiehlt sich, das Vorverständnis in einigen Sätzen schriftlich festzuhalten.

Dann folgt das Gewinnen eines **vorläufigen Textverständnisses**. Dieses ergibt sich aus einem intensiven Lesen des zugrunde liegenden Textes. Dabei sollte das Lesen grundsätzlich „mit dem Bleistift bzw. Markierer" vorgenommen werden. Denn so lässt sich Auffälliges unterstreichen, Fragliches mit Zeichen markieren und können Eindrücke sofort notiert werden. Hilfreich ist die Beachtung einiger Tipps für diese Phase der Texterschließung.

Unterstreichungen im Text	Rot = deskriptive Kernaussagen
	Blau = normative Kernaussagen
Markierungen am Rand	! = Zustimmung
	?! = Zweifel
	? = Unklarheit
	D = Definition
	N = Nachlesen und Klären

Bei schwierigen Texten muss man notfalls **Satz für Satz** lesen. Das kostet Zeit, ist aber unerlässlich. Ob man einen Satz verstanden hat, lässt sich daran ersehen, dass man in der Lage ist, ihn **mit eigenen Worten wiederzugeben**. Gegebenenfalls sollte dieser Test auf Absätze angewendet werden, die man zusätzlich mit **Überschriften** versieht.

Verbessert wird das vorläufige Textverständnis, wenn man verstandene Zusammenhänge durch **einfache Grafiken** darstellt. Empfehlenswert ist es weiterhin, seine Ergebnisse **mit anderen auszutauschen**. Auf diese Weise lassen sich eventuell Verstehensschwierigkeiten beheben und ergeben sich möglicherweise neue und besser begründete Sichtweisen. Eine Ursache für diese Ausdehnung des Verstehenshorizontes liegt darin, dass in das vorläufige Textverständnis der anderen Vorverständnisse eingegangen sind, die sich vom eigenen unterscheiden.

Zu einem **vertieften Textverständnis** gelangt man, wenn man den Umstand berücksichtigt, dass jeder Text in einen **Handlungszusammenhang** eingebettet ist und insofern die Antwort des Autors auf eine Frage oder ein Problem darstellt. Falls der Autor seine Problemstellung nicht selbst klar ausspricht, muss man sie rekonstruieren. Die Ermittlung der **Frage-Antwort-Relation** führt auch zum Erfassen der **Intention des Autors**. Sinnvoll ist ebenso die Frage, an welche **Adressaten** der Autor wohl gedacht hat und zu welchen Einsichten und Einstellungen er sie vermutlich bringen will. Erweitert wird das Textverständnis schließlich durch Einbeziehung der **Biografie des Autors**, der **zeitgeschichtlichen Situation**, in der er schrieb, und der **Wirkungsgeschichte** des Textes von seiner Erstveröffentlichung bis zur Gegenwart.

Zu einer Art **Gesamtverständnis** gelangt der hermeneutische Prozess, wenn der Leser den Text abschließend **auf sich selbst bezieht** und sich fragt, welche Bedeutung der Text für das eigene politische Denken hat und ob er gegebenenfalls eine Antwort auf eine als wichtig angesehene Frage darstellt.

Textanalyse

METHODE

In einer Textanalyse werden die **Intention** und **Argumentation** eines Textes detailliert untersucht. Sie besteht aus Einleitung, Hauptteil und Schluss.

a) Einleitung:
- Angabe des Titels und der Textsorte *(Rede, Kommentar, Essay, Studie …)*
- Angaben über den Verfasser, das Erscheinungsdatum und den Erscheinungsort
- Nennen des Themas, der zentralen These *(Es geht dem Autor um …)*

b) Hauptteil:
- Beschreibung des Argumentationsganges *(Zuerst …, dann …, schließlich …)*
- Analyse der wichtigsten Argumente *(These, Begründung, Belege, illustrierende Beispiele, stillschweigend vorausgesetzte Regeln/Gesetzmäßigkeiten, eventuell Konzessionen [Zugeständnisse], Schlussfolgerung)*
- Analyse der Argumentationsweise *(bestimmender oder zweifelnder Ton, Aufgreifen oder Ignorieren gegenteiliger Auffassungen, Trennung oder Verwischung deskriptiver [= beschreibender, den Ist-Zustand wertfrei darstellender] und präskriptiver [= vorschreibender, bestimmte Normen festlegender und auf einen Soll-Zustand gerichteter] Aussagen)*
- Analyse des Argumentationsstils *(nüchterne oder bilderreiche Sprache, Wiederholungen, rhetorische Fragen, Übertreibungen, Ironie …)*
- Erschließen der Verfasserintention *(Beschreibung von Sachverhalten, Bemängelung von Zuständen, Kritik herrschender Auffassungen, Präsentation neuer Ideen, Appell zur Änderung der Verhältnisse …)*

c) Schluss
- knappe Zusammenfassung der Ergebnisse
- keine eigene Stellungnahme dazu, ob man dem Text zustimmt oder nicht

Bei der sprachlichen Gestaltung einer Textanalyse ist Folgendes zu berücksichtigen:

- Es muss streng zwischen der **Wiedergabe von Aussagen des Autors** und **eigenen Aussagen** unterschieden werden. Für Aussagen des Autors benutzt man die indirekte Rede (Konjunktiv I, ersatzweise Konjunktiv II). Eigene Aussagen kleidet man in den Indikativ.
- Eine Textanalyse wird im **Präsens** verfasst, selbst wenn der Text schon vor Jahrhunderten geschrieben wurde.
- Da bei einer Textanalyse die Aussagen eines Autors im Mittelpunkt stehen, muss man **Verben des Sagens** treffend einsetzen. Also: Der Autor legt dar, behauptet, erklärt, unterstreicht, kritisiert, bemängelt, lobt, widerspricht, hält es für erwiesen, bestreitet, zweifelt, beweist …

1.2 Die Bundesregierung

Regieren heißt Gestalten

Regieren generell

Mit dem Regieren wird ganz allgemein der Prozess der politischen Koordination, Lenkung und Leitung eines Gemeinwesens be-
5 zeichnet. [...] Im weiteren Sinne ist die Gesamtheit der Verfassungsorgane, im engeren Sinne nur die Regierung mit dem Regieren betraut. Um effektiv regieren zu können, bedarf diese aber immer der Unterstützung
10 des Parlaments, konkret: der Mehrheit des Parlaments.

Regieren umfasst die spezifisch politische Ausübung von Staatsgewalt nach innen und nach außen:

15 ■ Akte der inneren Staatsführung (Finanz- und Steuerpolitik, Politik der inneren Sicherheit, Gestaltung der verschiedenen Politikfelder),

■ Akte der auswärtigen Gewalt (Gestaltung
20 der diplomatischen Beziehungen zu anderen Staaten, Abschluss völkerrechtlicher Verträge, Entscheidung über Krieg und Frieden).

Der komplexe Regierungsprozess erschließt
25 sich nicht allein durch eine Analyse verfassungsmäßiger Institutionen und Kompetenzen. Die Frage nach verfassungsmäßigen Strukturen muss erweitert werden um die Suche nach spezifisch politischen Funktio-
30 nen staatlicher und gesellschaftlicher Kräfte, die auf den Regierungsprozess einwirken. [...]

Führen

Führen ist die politischste Regierungsfunktion. Ihre Ausübung wird einmal durch die
35 Persönlichkeit des Regierungschefs, zum anderen durch Verfassungsnormen und die Geschäftsordnung der Bundesregierung bestimmt. Das Grundgesetz stattet den Bundeskanzler mit einer starken Position aus. [...]

Planen
40
Da zukünftige Entwicklungen nur teilweise vorhersehbar sind, ist politische Planung nur bedingt möglich. Politische Führung verlangt auch die Flexibilität, sich auf immer neue veränderte politische Situationen einzustellen. 45
Gleichwohl ist ein zukunftsorientierter Entwurf zum Regieren notwendig, um der politischen Betätigung eine Perspektive zu geben. Je längerfristig jedoch Planungen angestellt werden, desto unbestimmter, allgemeine poli- 50
tische Ziele beschreibend, müssen sie sein.

Um regieren zu können, braucht man Informationen. In der Informationsbeschaffung kann man geradezu eine Form der Regierungstechnik sehen. Der Zusammenhang zwi- 55
schen Regieren und Informationsbeschaffung zeigt sich darin, dass politische Richtlinien oft nur Reaktionen auf bestimmte politische Situationen sind, über deren Bedeutung man informiert ist und die deshalb politisch beein- 60
flusst werden sollen. [...] Der hohen Bedeutung, die man im Bundeskanzleramt der Informationsbeschaffung beimisst, entspricht die Institutionalisierung der Lagebesprechung zu Beginn der täglichen Arbeit. [...] 65

Koordinieren

Die an sich organisatorische Frage des Koordinierens wird zu einem politischen Problem, wo immer vielfältigere Staatsaufgaben immer seltener als reine Ressortangelegen- 70
heiten angesehen werden können. [...] Wichtigstes Koordinationsinstrument ist der Bundeshaushalt. [...] Eine Reihe institutionalisierter Gremien und Verfahrensweisen ist Ausdruck der Bemühung um Koordination. 75
Hierzu zählen der Bundessicherheitsrat, das Wirtschaftskabinett und diverse interministerielle Ausschüsse.

langfristig	Langzeitprogramme der Parteien
	Wahlplattformen/-programme der Parteien
	Koalitionsvereinbarung der Regierungsparteien
	Regierungserklärung
	Gesetzesentwürfe
kurzfristig	Kabinettsbeschlüsse

Entscheiden

80 Das Entscheiden ist ein so wesentliches Element des politischen Prozesses, dass manche Theoretiker der Politik darin geradezu das eigentliche Politische sehen wollten. Daran ist richtig, dass die politischen Institutionen der 85 Gesellschaft ihren Sinn darin haben, in strittigen Fragen verbindliche Entscheidungen herbeizuführen. Nur würde man Politik missverstehen, wenn man sie gleichsam auf den Punkt der formellen Entscheidung reduzieren 90 wollte. Die meist langwierige Vorbereitung von Entscheidungen, der Kampf um ihre Durchsetzung, die Bearbeitung ihrer Folgen, ihre Modifizierung gehören untrennbar zum politischen Prozess. Ebenso gehört häufig da-95 zu die „Entscheidung", eine Sache nicht zu entscheiden, sondern offen zu halten – weil Informationen fehlen, die Ungewissheiten und Risiken zu groß scheinen; weil die Mehrheit unsicher, die Finanzierung strittig ist; weil Wahlen anstehen, vor denen man mögli-100 cherweise unpopuläre Entscheidungen vermeiden möchte. [...]

Schließlich muss man für das Verstehen von Politik unbedingt unterscheiden zwischen informellen und formellen Entscheidungen. 105 Erstere sind in aller Regel die politischeren – als Entschluss, eine Sache so oder so regeln zu wollen, sie also „auf den Weg zu bringen". An dessen Ende muss dann allerdings auch die formelle Entscheidung der zuständigen Orga-110 ne stehen, und bis dahin kann ein Vorhaben immer noch scheitern.

Nach: Bernhard Sutor/Joachim Detjen, Politik. Ein Studienbuch zur politischen Bildung, Paderborn: Schöningh, 2001, S. 200, 203, 208, 209 ff. (Text leicht geändert)

Entscheidungsprozess in der Bundesregierung

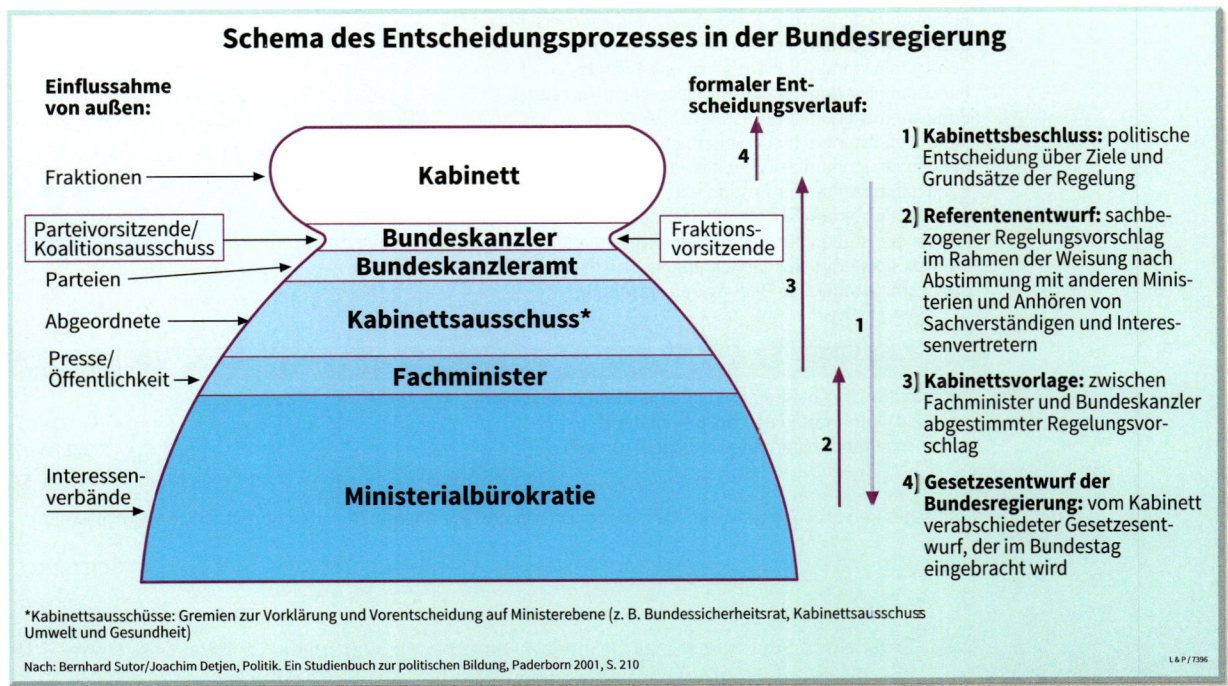

Schema des Entscheidungsprozesses in der Bundesregierung

Einflussahme von außen:

- Fraktionen
- Parteivorsitzende/Koalitionsausschuss
- Parteien
- Abgeordnete
- Presse/Öffentlichkeit
- Interessenverbände

Kabinett
Bundeskanzler
Bundeskanzleramt
Kabinettsausschuss*
Fachminister
Ministerialbürokratie

Fraktionsvorsitzende

formaler Entscheidungsverlauf:

1) **Kabinettsbeschluss:** politische Entscheidung über Ziele und Grundsätze der Regelung

2) **Referentenentwurf:** sachbezogener Regelungsvorschlag im Rahmen der Weisung nach Abstimmung mit anderen Ministerien und Anhören von Sachverständigen und Interessenvertretern

3) **Kabinettsvorlage:** zwischen Fachminister und Bundeskanzler abgestimmter Regelungsvorschlag

4) **Gesetzesentwurf der Bundesregierung:** vom Kabinett verabschiedeter Gesetzesentwurf, der im Bundestag eingebracht wird

*Kabinettsausschüsse: Gremien zur Vorklärung und Vorentscheidung auf Ministerebene (z. B. Bundessicherheitsrat, Kabinettsausschuss Umwelt und Gesundheit)

Nach: Bernhard Sutor/Joachim Detjen, Politik. Ein Studienbuch zur politischen Bildung, Paderborn 2001, S. 210

L & P / 7396

1 Fassen Sie zusammen, worin Regieren besteht (M 1)

2 Beschreiben Sie die Abfolge des Entscheidungsprozesses in der Regierung (M 2).

MATERIAL **3**

Gesetzesinitiativen

Ursprung der Gesetzentwürfe (1949–2013)

Bundesrat 11%

Bundesregierung 73%

Bundestag 16%

Quelle: Deutscher Bundesrat, Statistik, 1.–17. Wahlperiode des Deutschen Bundestages

L & P / 7398

MATERIAL **4**

Das Personal in Bundesregierung und Bundestag* im Vergleich

Bundesregierung	
Bundeskanzleramt	790
Auswärtiges Amt	4 454
Bundesministerium des Innern	1 126
Bundesministerium der Justiz und für Verbraucherschutz	753
Bundesministerium der Finanzen	1 439
Bundesministerium für Wirtschaft und Energie	1 260
Bundesministerium für Ernährung und Landwirtschaft	685
Bundesministerium für Arbeit und Soziales	866
Bundesministerium für Verkehr und digitale Infrastruktur	780
Bundesministerium der Verteidigung	1 130
Bundesministerium für Gesundheit	406
Bundesministerium für Umwelt, Naturschutz, Bau und Reaktorsicherheit	812
Bundesministerium für Familie, Senioren, Frauen und Jugend	341
Bundesministerium für wirtschaftliche Zusammenarbeit und Entwicklung	597
Bundesministerium für Bildung und Forschung	720
gesamt	**16 159**
Bundestag	
Beschäftigte der Abteilungen „Parlament und Abgeordnete", „Wissenschaft und Außenbeziehungen" und „Information und Dokumentation"	323
wissenschaftliche Mitarbeiter von Abgeordneten	2 086
gesamt	**2 409**

* politisches Personal und zuarbeitende Mitarbeiter (Beamte bzw. Angestellte mit wissenschaftlicher Qualifikation)

1 Entwickeln Sie unter Rückgriff auf M 4 Hypothesen, warum die meisten Gesetzentwürfe von der Bundesregierung stammen (M 3).

2 Erläutern Sie die Strukturen, innerhalb derer sich die praktische Regierungsarbeit in der Praxis bewegt (M 6).

3 Ordnen Sie die Schlagzeilen in M 5 den im Text M 6 genannten Strukturmerkmalen zu und sammeln Sie weitere Beispiele.

4 Beurteilen Sie die Regierungsstrukturen anhand der Kriterien Legitimität und Effizienz (M 6).

QUERVERWEIS

METHODE Urteilsbildung – Sach- und Werturteile (Kriterien Effizienz und Legitimität) S. 46 f.

Schlagzeilen

MATERIAL **5**

Neue EU-Richtlinie zur Lebensmittelkennzeichnung

Bundesverfassungsgericht kassiert Betreuungsgeld

Routerzwang: Bundesrat blockiert Gesetz für freie Routerwahl

Regierungszwist: FDP-Generalsekretär beklagt Stillstand bei der Union

... und wer regiert noch mit?

MATERIAL **6**

In Deutschland wirken [...] viele Kräfte in der Politik mit: die Parteien, oft auch die Verbände, überall die Massenmedien. Mitunter kommt das Bundesverfassungsgericht hinzu
5 [...]
Der internationale Vergleich lehrt, dass Deutschland ein Staat mit einer sehr hohen Vetospieler- und Mitregentendichte ist. Das liegt vor allem an zwölf Konstellationen.
10 Es sind dies:
- ein parlamentarisches Regierungssystem, das im Unterschied zum Präsidentialismus die Regierung verletzlicher gegen parlamentarische Vetokräfte macht;
15 - Koalitionsregierungen als die typische Regierungsform im Unterschied zur Alleinregierung [...];
- hohe Barrieren für Verfassungsänderungen [...];
20 - richterliche Nachprüfbarkeit aller Staatsgewalten;
- ausgebauter Minderheitenschutz hauptsächlich durch verfassungsrechtlich garantierte Grundrechte;
25 - weitreichende Delegation öffentlicher Aufgaben an Experteninstitutionen wie die autonome [Europäische] Zentralbank;
- Delegation öffentlicher Funktionen an Verbände der Gesellschaft, wie im Falle
30 der Tarifautonomie;
- Selbstverwaltung auf lokaler Ebene und im Bildungs- und Wissenschaftswesen;

- Souveränitätstransfers an internationale und supranationale Organisationen;
35 - ausgeprägte Machtaufteilung mit starkem Kooperationszwang für Bund und Länder;
- häufig divergierende Mehrheiten im Bundestag und Bundesrat und
40 - eine Dauerwahlkampfatmosphäre infolge der vielen Wahlen von bundespolitischer Bedeutung.

Die hohe Vetospieler- und Mitregentendichte hat zwei Hauptwirkungen: Erstens befestigt sie Deutschlands eigentümliche Mischung 45 aus Mehrheits- und Verhandlungsdemokratie. Zweitens erfordert das Regieren in diesem Kontext einen besonders hohen Koordinations- und Kooperationsaufwand. Der Spielraum für politische Gestaltung ist deshalb in 50 der Regel schmal [...].

Die hierfür [...] erforderliche Konsensbildung hat meist einen hohen Preis: oft nur unzureichende Problemlösung, vor allem bei Gesetzesänderungen, die tiefere Ein- 55 schnitte in lieb gewordene Besitzstände erfordern. Überdies führen die wechselseitigen Abhängigkeiten von Bund und Ländern und von Regierung und Opposition oft dazu, dass die „Fenster der Gelegenheit" für große 60 Reformen geschlossen bleiben oder nur mit Brachialgewalt geöffnet werden können. All dies addiert sich zu beträchtlichen Begrenzungen des Regierens.

Nach: **Manfred G. Schmidt, Das politische System der Bundesrepublik Deutschland, München: Beck 2016, S. 77 f.**

GLOSSAR

Koalition

INFO

Minoritäten
Minderheit, Minderzahl; gemeint ist hier der Schutz von Minderheiten vor Diskriminierung durch die Mehrheit.

1.3 Der Bundeskanzler

Richtlinienkompetenz?

Zeichnung:
Thomas Plaßmann

Die Rolle des Bundeskanzlers in der Verfassung

GLOSSAR

Bundeskanzler

QUERVERWEIS

Das Verfahren der Kanzlerwahl
S. 126, M 4

Misstrauensvotum und Vertrauensfrage
S. 127, M 6

Der Kanzler wird ohne Aussprache vom Bundestag gewählt. Die Wahl erfolgt auf Vorschlag des Bundespräsidenten. Im ersten Wahlgang muss die absolute Mehrheit der
5 Mitglieder des Bundestages erreicht werden. Ist sie erreicht, muss der Bundespräsident den Gewählten zum Kanzler ernennen. [...] Der Bundeskanzler plus die [...] Bundesminister bilden die Bundesregierung. Die Minis-
10 ter führen ihre Ressorts eigenverantwortlich [...] [**Ressortprinzip**]. Bei Konflikten zwischen den Mitgliedern der Bundesregierung entscheiden die Regierungsmitglieder durch Mehrheitsbeschluss [...] [**Kollegialprinzip**].
15 Dem Bundeskanzler kommt in diesem Kollegium [...] eine besondere Rolle zu. Nicht nur verfügt er im Verteidigungsfall über die Befehls- und Kommandogewalt des Militärs, ihm steht im politischen Alltagsgeschäft auch
20 die sogenannte **Richtlinienkompetenz** zu (Art. 65 GG). Nur er ist demokratisch legitimiert und dem Parlament gegenüber direkt verantwortlich. Daraus begründet sich seine Stellung als *primus inter pares* (Erster unter
25 Gleichen). Die Richtlinienkompetenz besagt,

dass der Bundeskanzler die Grundlinien der Innen- und Außenpolitik festlegt.
Die Verantwortlichkeit des Bundeskanzlers ist im sogenannten konstruktiven Misstrauensvotum geregelt (Art. 67 GG).
30 In der Weimarer Reichsverfassung war vorgesehen, dass der Reichskanzler, nachdem ihm der Reichstag das Vertrauen entzogen hat, zurücktreten musste, ohne dass eine Alternative vorliegen oder Mehrheiten für eine
35 stabile Regierungsbildung vorhanden sein mussten. Dieses hat zur Instabilität der Weimarer Republik beigetragen. Aus diesem Grund sieht das Grundgesetz vor, dass der Bundestag dem Bundeskanzler das Misstrau-
40 en nur dadurch aussprechen kann, dass er mit der Mehrheit seiner Mitglieder einen Nachfolger wählt. Auf diese Weise ist eine Regierungskontinuität gewährleistet.
Umgekehrt kann der Bundeskanzler im Bun-
45 destag die Vertrauensfrage stellen (Art. 68 GG). [...] Den Bundesministern steht durch die Ministerien eine große Zahl von Mitarbeitern zur Verfügung. Dem Bundeskanzler arbeitet das Bundeskanzleramt zu.
50

Aus: Bundeskanzler und Bundesregierung, in: www.bpb.de/politik/grundfragen/24-deutschland/40444/bundeskanzler-und-bundesregierung, 28.8.2013 (Zugriff: 9.1.2017)

Zwei Meinungen, eine Entscheidung

„Es gab unterschiedliche Auffassungen zwischen den Koalitionspartnern Union und SPD. Im Ergebnis wird die Bundesregierung im vorliegenden Fall die Ermächtigung erteilen", hat der zentrale Satz von Bundeskanzlerin Angela Merkel (CDU) gelautet, mit dem sie – wie es der Paragraf 104a des Strafgesetzbuches verlangt – strafrechtliche Ermittlungen gegen den ZDF-Satiriker Jan Böhmermann wegen Beleidigung des türkischen Staatspräsidenten Recep Tayyip Erdogan nach Paragraph 103 des Strafgesetzbuches zugelassen hat. Selten kommt es vor, dass ein Bundeskanzler in dieser Form und Offenheit von der sogenannten Richtlinienkompetenz Gebrauch macht. Sie ist im Grundgesetz normiert. Dessen Artikel 65 legt fest: „Der Bundeskanzler bestimmt die Richtlinien der Politik und trägt dafür die Verantwortung."

In Paragraf 1 der Geschäftsordnung der Bundesregierung ist die Richtlinienkompetenz noch deutlicher beschrieben. Der Kanzler bestimme die Richtlinien „der inneren und äußeren Politik". Und es heißt weiter: „In Zweifelsfällen ist die Entscheidung des Bundeskanzlers einzuholen." Von dieser Regelung, mit der sich die Minister – mithin auch die Koalitionspartner – „in Zweifelsfällen" dem Regiment des Kanzlers unterwerfen, hat Merkel Gebrauch gemacht. [...]

Es kam dem SPD-Fraktionschef Thomas Oppermann als Erstem zu, Merkel zu kritisieren: „Ich halte die Entscheidung für falsch."

Dass hingegen auch [Bundesaußenminister Frank-Walter] Steinmeier und [Bundesjustizminister Heiko] Maas die Entscheidung Merkels für falsch hielten, ist ungewöhnlich. Äußerungen von Ministern müssen laut Geschäftsordnung der Regierung mit den vom Kanzler vorgegebenen „Richtlinien der Politik im Einklang stehen". Doch ist die SPD der Auffassung, Merkel habe von der Richtlinienkompetenz keinen Gebrauch gemacht.

Grundgesetz und Geschäftsordnung der Bundesregierung konkurrieren mit dem Koalitionsvertrag von Union und SPD. „Im Kabinett wird in Fragen, die für einen Koalitionspartner von grundsätzlicher Bedeutung sind, keine Seite überstimmt", heißt es darin. Auch ist geregelt: Der „Koalitionsausschuss", also die Partei- und Fraktionsvorsitzenden, „führt in Konfliktfällen Konsens herbei".

Das war in Sachen Erdogan/Böhmermann in der Sitzung am Mittwoch nicht gelungen. Entsprechend widersprach der CDU/CSU-Fraktionsvorsitzende Volker Kauder seinem SPD-Kollegen: „Die Entscheidung der Bundesregierung im Fall Böhmermann ist richtig." Doch hatte die SPD vorab eingestanden, dass die Causa Böhmermann für sie nicht eine Frage von „grundsätzlicher Bedeutung" sei.

In der politischen Realität ist der Kanzler auf die bleibende Unterstützung des Koalitionspartners angewiesen. Zugeständnisse müssen gemacht werden. Merkel tat es: „Darüber hinaus möchte ich Ihnen mitteilen, dass unabhängig von diesem konkreten Verfahren die Bundesregierung der Auffassung ist, dass Paragraf 103 Strafgesetzbuch als Strafnorm zum Schutz der persönlichen Ehre für die Zukunft entbehrlich ist. Wir werden deshalb einen Gesetzentwurf zu seiner Aufhebung vorlegen. Der Gesetzentwurf soll noch in dieser Wahlperiode verabschiedet werden und 2018 in Kraft treten."

Aus: Günter Bannas, Die Kanzlerin setzt auf die Richtlinienkompetenz, in: www.faz.net/aktuell/politik/inland/fall-boehmermann-die-kanzlerin-setzt-auf-die-richtlinienkompetenz-14180995.html, 16.4.2016 (Zugriff: 9.1.2017)

INFO

Der Fall Böhmermann
Als Böhmermann-Affäre werden ein Fernsehbeitrag des Satirikers und Moderators Jan Böhmermann und die folgenden Reaktionen von türkischer und deutscher Seite bezeichnet. Der Beitrag wurde am 31.3.2016 in der ZDF-Sendung *Neo Magazin Royale* gesendet. Dort trug Böhmermann unter dem Titel *Schmähkritik* ein Gedicht über den türkischen Staatspräsidenten Recep Tayyip Erdoğan vor. Daraufhin erstattete dieser Strafanzeige gegen Böhmermann wegen Beleidigung. Am 4.10.2016 erklärte die Staatsanwaltschaft Mainz das Strafverfahren gegen Böhmermann für eingestellt.

Koalitionsausschuss
Koalitionsausschüsse zählen zu den sog. informellen Gremien. Solche Gremien zur politischen Entscheidungsfindung sind nicht in der Verfassung geregelt sind, also nicht „offiziell". Weitere solche Gremien sind z. B. bestimmte Verhandlungsgruppen bei der Regierungsbildung, von der Regierung eingesetzte Expertenrunden oder Kommissionen wie die Ethikkommission oder Treffen der Parteivorsitzenden. Für Befürworter dieser informellen Gremien sind diese für den politischen Prozess unverzichtbar, Kritiker hingegen befürchten, dass sich die politische Entscheidungskompetenz aus den verfassungsmäßig vorgesehenen Institutionen verlagert und Entscheidungen so nicht mehr ohne Weiteres zuzuordnen sind.

QUERVERWEIS

Fallbeispiel: Wie demokratisch ist die Türkei?
S. 16 f.

1 Analysieren Sie die Karikatur M 1 und bewerten Sie Ihre Aussage.

2 Erläutern Sie einer landesfremden Person die Rolle des Bundeskanzler innerhalb der Organisation der Bundesregierung (M 2).

3 a) Arbeiten Sie aus M 2 und M 3 die Grenzen heraus, die die Richtlinienkompetenz des Bundeskanzlers in der Realität erfährt.

b) Ergänzen Sie ggf. weitere Aspekte, die Ihres Erachtens die Richtlinienkompetenz einschränken und gestalten Sie dazu ein Schaubild.

MATERIAL **4**

Das Verfahren der Kanzlerwahl

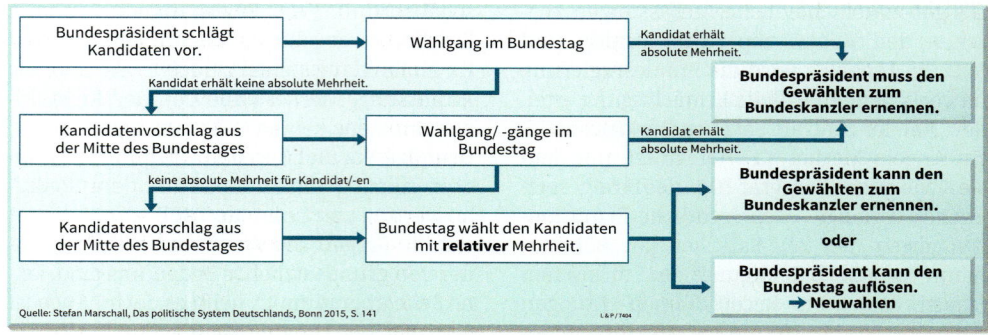

Quelle: Stefan Marschall, Das politische System Deutschlands, Bonn 2015, S. 141

MATERIAL **5**

Kanzlerwahl bei schwierigen Mehrheitsverhältnissen

Vor der nächsten Bundestagswahl spielen Journalisten das folgende Szenario durch:

- Die Wahl ergibt die folgende Verteilung der 598 Sitze im Bundestag: CDU/CSU: 200,
5 SPD: 155, Bündnis 90/Die Grünen: 83, Die Linke: 64, FDP: 62, AfD: 34.
- Zwei Parteien waren mit einem jeweils eigenen „Kanzlerkandidaten" angetreten, nämlich die CDU/CSU und die SPD.

10 Im Wahlkampf äußerten sich die Parteien zu möglichen Koalitionen wie folgt:

- CDU und CSU favorisieren eine Koalition mit der FDP. Eine Große Koalition mit der SPD lehnen sie aufgrund erheblicher poli-
15 tischer Gegensätze ab. Eine solche Koalition komme nur in „Notzeiten" infrage. Zu den Grünen besteht große Distanz, obwohl es mit diesen seit einigen Jahren auf Landes- und kommunaler Ebene Koalitio-
20 nen gibt. Ein Zusammengehen mit der Linken lehnen CDU und CSU aufgrund weltanschaulicher Differenzen ab.
- Die SPD möchte mit den Grünen koalieren. Zur FDP besteht große Distanz, wenn
25 auch kein unüberwindlicher Graben. Eine Regierungsbeteiligung der Linken wird nicht angestrebt, aber auch nicht kategorisch ausgeschlossen. Immerhin koaliert die SPD auf Länderebene mit dieser
30 Partei. In der SPD gibt es zudem einige

Stimmen, die eine politische Nähe zur Linken sehen. Eine Große Koalition mit CDU/CSU akzeptiert die SPD als allerletzten Notbehelf.

- Die Grünen wollen mit der SPD eine Koa- 35 lition bilden. Sie sind aber gespalten darüber, ob dies auch gilt, wenn die Linke an der Regierung beteiligt wird. Eine Koalition mit der CDU/CSU ist unpopulär, wird aber nicht ausgeschlossen. Zur FDP be- 40 steht große Distanz.
- Die Linke erklärt ihre Bereitschaft, sich an einer von der SPD geführten Regierung zu beteiligen. Sie ist bereit, einen Kanzlerkandidaten der SPD auch dann zu wäh- 45 len, wenn sie nicht Koalitionspartner werden sollte. Sie will ebenso eine von der SPD geführte „Minderheitsregierung" tolerieren, wenn diese die „richtige" Politik betreibt. 50
- Die FDP hält sich mit Koalitionsaussagen zurück und betont ihre Eigenständigkeit. Ihre politischen Aussagen weisen aber eine Nähe zur CDU/CSU und Distanz zur SPD auf. Sie sieht die Grünen als schärfs- 55 ten politischen Gegner. Auf Landesebene ist sie aber an Koalitionen mit SPD und Grünen beteiligt. Eine Zusammenarbeit mit der Linken ist ausgeschlossen.
- Die AfD erklärt, sich an keiner Koalitions- 60 regierung beteiligen zu wollen.

Autorentext

Misstrauensvotum und Vertrauensfrage

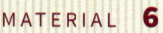

MATERIAL 6

Artikel 67 GG (Misstrauensvotum)

(1) Der Bundestag kann dem Bundeskanzler das Misstrauen nur dadurch aussprechen, dass er mit der Mehrheit seiner Mitglieder ei-
5 nen Nachfolger wählt und den Bundespräsidenten ersucht, den Bundeskanzler zu entlassen. Der Bundespräsident muss dem Ersuchen entsprechen und den Gewählten ernennen.
10 **(2)** Zwischen dem Antrage und der Wahl müssen achtundvierzig Stunden liegen.

Artikel 68 GG (Vertrauensfrage)

(1) Findet ein Antrag des Bundeskanzlers, ihm das Vertrauen auszusprechen, nicht die Zustimmung der Mehrheit der Mitglieder 15 des Bundestages, so kann der Bundespräsident auf Vorschlag des Bundeskanzlers binnen einundzwanzig Tagen den Bundestag auflösen. Das Recht zur Auflösung erlischt, sobald der Bundestag mit der Mehrheit sei- 20 ner Mitglieder einen anderen Bundeskanzler wählt.
(2) Zwischen dem Antrage und der Abstimmung müssen achtundvierzig Stunden liegen.

INFO

„echte" und „unechte" Vertrauensfrage

Die *Vertrauensfrage* ist ein Instrument in den Händen des Bundeskanzlers. Mit ihr kann er prüfen, ob er noch genügend Rückhalt im Bundestag, konkret in den Regierungsfraktionen, besitzt. Der Kanzler wird diese Frage stellen, wenn er sich seiner Mehrheit nicht mehr sicher ist. Seine Absicht ist es, die Regierungsmehrheit zu disziplinieren und damit seine Position zu stabilisieren („*echte Vertrauensfrage*").

Der Bundeskanzler kann die Vertrauensfrage aber auch nutzen, um eine Neuwahl des Bundestages herbeizuführen. In diesem Falle enthalten sich die Mehrheitsfraktionen (oder Teile davon) ihrer Stimme, obwohl sie den Kanzler eigentlich unterstützen. Da die Oppositionsfraktionen dem Kanzler in aller Regel nicht das Vertrauen aussprechen, geht auf diese Weise die Vertrauensabstimmung verloren, und der Kanzler kann den Bundespräsidenten bitten, den Bundestag aufzulösen. Kritiker sprechen von einer *„unechten Vertrauensfrage"*.

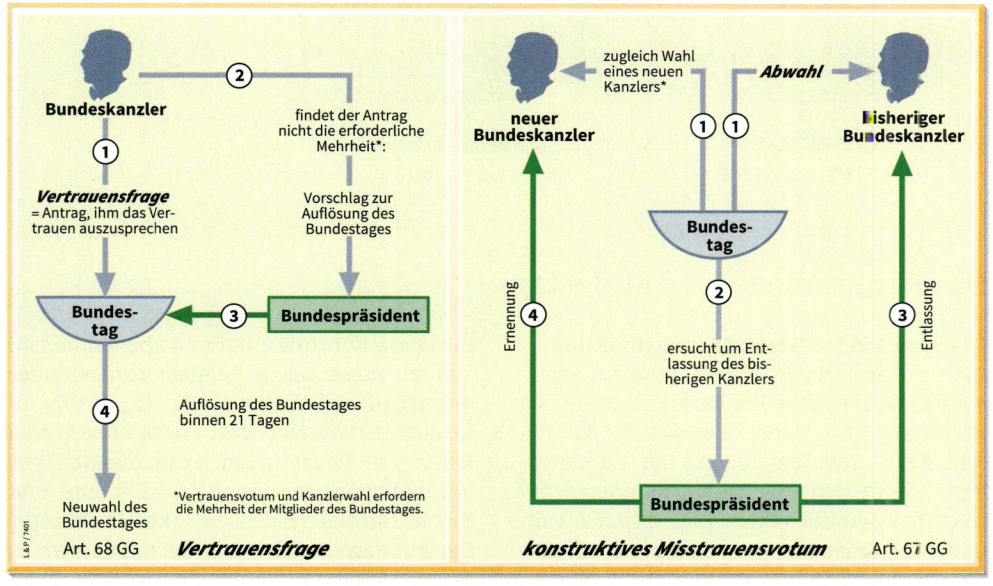

GLOSSAR

Misstrauensvotum, konstruktives
Vertrauensfrage

1 Beschreiben Sie das Verfahren der Kanzlerwahl (M 4).

2 Begründen Sie, warum ein mit absoluter Mehrheit gewählter Bundeskanzler den Bundespräsidenten vor eine andere Situation stellt als ein mit relativer Mehrheit gewählter (M 4).

3 Entwickeln Sie angesichts der in M 5 geschilderten Situation eine Position dazu, aus welcher Partei und Koalitionsabsprache der Bundespräsident einen Kandidaten zur Wahl des Bundeskanzlers vorschlagen sollte.

4 Erläutern Sie die einzelnen Bestimmungen des Artikels 67 GG (M 6).

5 Versuchen Sie, zu erklären, was im parlamentarischen Regierungssystem der Bundesrepublik im Vorfeld eines Misstrauensvotums im Bundestag geschehen sein muss.

6 Erläutern Sie die einzelnen Bestimmungen des Artikels 68 GG (M 6 und Info). Gehen Sie dabei insbesondere darauf ein, was nach einer verlorenen Vertrauensabstimmung geschehen kann.

7 Gestalten Sie politische Szenarien, die einen Bundeskanzler veranlassen könnten, die echte sowie die unechte Vertrauensfrage zu stellen (Info).

1.4 Der Bundestag

1.4.1 Aufgaben und Funktionen

MATERIAL **1**   ## Man findet immer gute Gründe ...

Zeichnung:
Heiko Sakurei

MATERIAL **2**   ## Die Funktionen des Bundestags

GLOSSAR

Bundestag

QUERVERWEIS

Der Bundesrat
S. 136 f.

Legislative oder Gesetzgebungsfunktion
Die Gesetzgebung ist die Aufgabe des Parlaments; der Deutsche Bundestag ist somit das wichtigste Organ der Legislative. Er be-
5 schließt – unter Beteiligung des Bundesrates – alle Gesetze, die in den Kompetenzbereich des Bundes fallen. Die Abgeordneten und Fraktionen des Bundestages können – genau wie der Bundesrat und die Bundesre-
10 gierung – neue oder überarbeitete Gesetze als Entwürfe in den Bundestag einbringen (Initiativrecht). Hier findet nach einem festgelegten Ablauf die Debatte, Beratung und Abstimmung über den Gesetzentwurf statt.
15 Da die Länder im Föderalismus einen wesentlichen Anteil an der Staatsgewalt haben, ist auch der Bundesrat am Gesetzgebungsverfahren beteiligt. Ihm werden alle Gesetze zur Abstimmung vorgelegt, er kann – abhän-
20 gig von der Art des Gesetzes – einen Entwurf sogar scheitern lassen.
Kontrollfunktion
Als direkt gewählter Vertretung des Volkes kommt dem Bundestag eine weitere sehr
25 wichtige Aufgabe zu: die Kontrolle der Bundesregierung. Innerhalb des Parlaments fällt diese Aufgabe vor allem der Opposition zu.

Um diese Kontrollfunktion wahrnehmen zu können, müssen sich die Abgeordneten über die Arbeit und Vorhaben der Regierung in- 30 formieren können. Dazu steht ihnen eine Reihe von Rechten und Instrumenten zur Verfügung – wie zum Beispiel Kleine und Große Anfragen oder die Aktuelle Stunde. Der Bundestag bildet aber auch Gremien, zu 35 deren Aufgabe die Kontrolle der Regierung gehört. Das sind zum einen die Ständigen Ausschüsse, deren primäre Aufgabe die Mitwirkung bei der Gesetzgebung ist, zum anderen zählen auch spezielle Gremien wie die 40 Untersuchungsausschüsse dazu, die fast ausschließlich zur Regierungskontrolle eingesetzt werden und die als schärfstes Kontrollinstrument gelten.
Verabschiedung des Bundeshaushalts 45
In der Haushaltswoche debattiert der Bundestag, wer im nächsten Jahr wie viel Geld bekommt. Die Verabschiedung des Bundeshaushalts ist das „Königsrecht" des Parlaments. Im Haushaltsplan werden jährlich 50 die Einnahmen und Ausgaben des Bundes festgelegt. Er ist das „Regierungsprogramm in Zahlen", denn er gibt Auskunft darüber, welche Aktivitäten der Staat für das kom-

mende Jahr beabsichtigt und für welche Zwecke wie viel Geld ausgegeben wird. Der Entwurf des Haushaltsplans und des Haushaltsgesetzes wird vom Finanzministerium erstellt und von der Bundesregierung beraten und beschlossen. Danach muss er den Bundestag und Bundesrat durchlaufen, um in Kraft treten zu können.

Wahlfunktion

Eine Aufgabe des Bundestages ist die Wahl des Bundeskanzlers/der Bundeskanzlerin auf Vorschlag des Bundespräsidenten. Die Wahl erfolgt ausschließlich durch die Abgeordneten, und zwar ohne vorherige Aussprache und mit verdeckten Stimmzetteln – also geheim. Der Kandidat benötigt die absolute Mehrheit der Stimmen des Parlaments.

Artikulations- und Repräsentationsfunktion

Der Bundestag hat als „Volksvertretung" kommunikative Aufgaben: die Vermittlung zwischen den Bürgern auf der einen Seite und dem staatlichen Entscheidungsbereich auf der anderen Seite. Es ist eine zentrale Funktion von Parlamenten, die Interessen der Bevölkerung wahrzunehmen und im politischen Prozess zu artikulieren. Hierzu dienen auf der Ebene des einzelnen Abgeordneten etwa Wahlkreissprechstunden oder andere Begegnungsforen. Eine zunehmend wichtige Rolle in der Abgeordneten-Bürger-Kommunikation spielen neben den Massenmedien die onlinebasierten Medien. Auch Petitionsverfahren sind eine Möglichkeit, Bürgeranliegen im Bundestag einzubringen.

Nach: www.bundestag.de/bundestag/aufgaben (Zugriff: 1.9.2017) und Stefan Marschall, Das politische System Deutschlands, Bonn: bpb 2015, S. 145

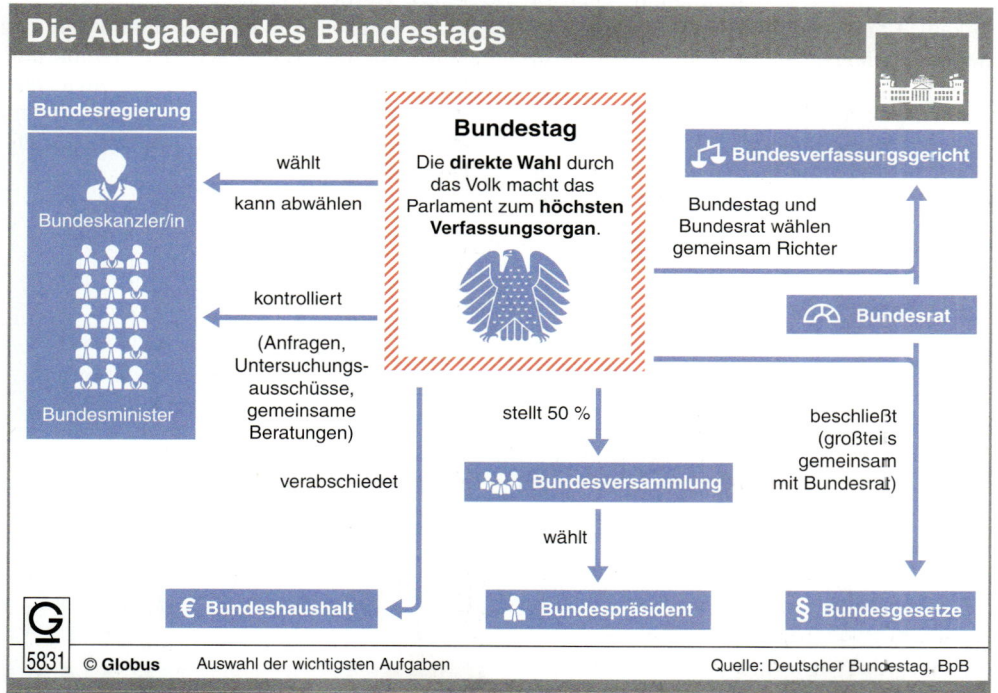

Ausschüsse

Die eigentliche parlamentarische Arbeit wird in den sogenannten Ausschüssen geleistet. Hier werden die Gesetzesentwürfe und andere Initiativen vorbereitet, die dann im Plenum des Bundestags zur Verabschiedung vorgelegt werden.
Zudem gibt es die Ständigen Ausschüsse, die entsprechend der jeweiligen Fraktionsstärke besetzt werden. Jedem Ministerium ist ein Fachausschuss zugeordnet (z. B. der Rechtsausschuss dem Justizministerium), darüber hinaus gibt es ressortübergreifende ständige Ausschüsse wie den Haushalts- oder den Petitionsausschuss. Außer diesen für die gesamte Legislaturperiode eingesetzten Ausschüssen gibt es noch Untersuchungs- und Sonderausschüsse. Die Ausschüsse tagen für gewöhnlich nicht öffentlich.

GLOSSAR

Fraktion
Plenum

MATERIAL **3**

Die Arbeitsweise im Parlament

GLOSSAR

Opposition

Kennzeichnend für die parlamentarische Arbeitsweise sind die öffentliche Debatte sowie der Schutz von Minderheitenrechten bei gleichzeitigem Mehrheitsprinzip.

5 [...] Das Parlament ist ein Ort der öffentlichen Aussprache, der gesellschaftlichen Auseinandersetzung. [...] Das, was im Plenarsaal der Öffentlichkeit präsentiert wird, sind die Ergebnisse einer [i. d. R.] bereits abgeschlos-
10 senen Meinungsbildung. Die Debatte im Plenum dient der öffentlichen Begründung [...] der vorher gefällten Entscheidungen [...]. Denn das Plenum entscheidet über „Beschlussvorlagen" [...], die in den Ausschüssen
15 getroffen worden sind. [...] Die Vorarbeiten in den Fachausschüssen sind ein unverzichtbarer Bestandteil der parlamentarischen Tätigkeit. Damit weist der Bundestag auch deutliche Merkmale eines „Arbeitsparla-
20 ments" auf. Die Praxis des Bundestags liegt somit zwischen den beiden Typen „Rede-" und „Arbeitsparlament".
Die Arbeit des Bundestags wird [weiterhin] geprägt [durch] die Auseinandersetzung zwi-

schen parlamentarischer Regierungsmehr- 25 heit und Opposition. [...] Die Mehrheitsfraktionen sitzen am Entscheidungshebel. Denn [i. d. R.] reicht die Mehrzahl der anwesenden Abgeordneten, um eine Entscheidung [...] herbeizuführen. [...] 30
Obwohl die Mehrheitsregel gilt: Im Bundestag werden zugleich die Rechte der Minderheiten, insbesondere die Rechte der Opposition geschützt. [...] Im Parlament kommt der Opposition eine [...] unentbehrliche Rolle zu. 35
Sie kontrolliert und kritisiert die Regierung, stellt Alternativen vor und übernimmt somit substanzielle demokratische Aufgaben. [...]
Das Parlamentsrecht umfasst folglich eine Menge an Rechten, die von der Opposition 40 genutzt werden können.
In der Konstellation einer Großen Koalition stellt sich die Frage nach den demokratischen Minderheitenrechten neu: Inwieweit ist die „Kleine Opposition" überhaupt in der 45 Lage, die kontrollierenden Aufgaben [...] effektiv zu übernehmen?

Aus: Stefan Marschall, Das politische System Deutschlands, Bonn: bpb, 2015, S. 139 f.

MATERIAL **4**

Die Funktionen der Opposition

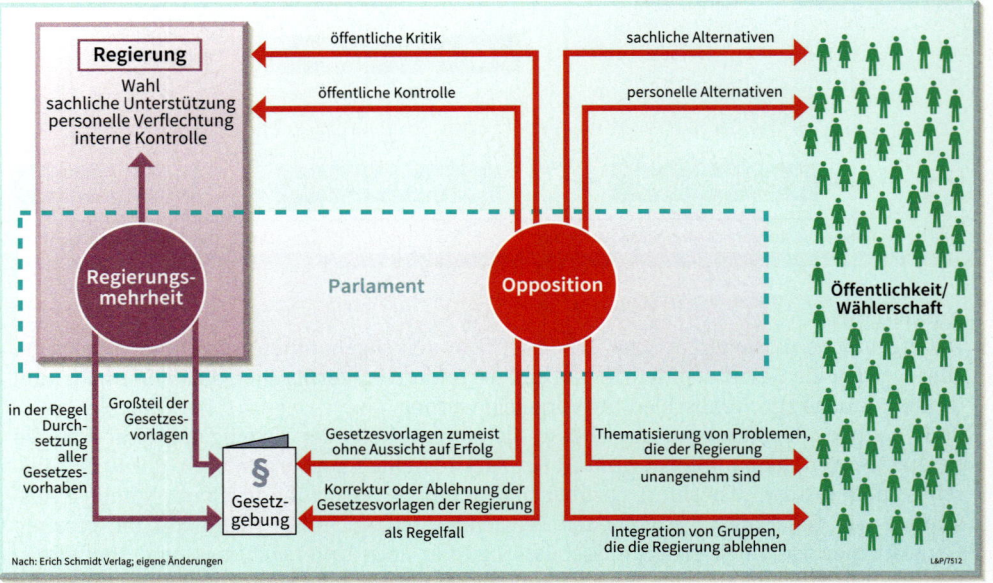

Das Arsenal parlamentarischer Kontrollmittel

MATERIAL 5

Große Anfrage
schriftliche Anfrage zu einem größeren politischen Themenkomplex durch eine Fraktion bzw. mindestens 5 % der Abgeordneten
An die Beantwortung durch die Bundesregierung schließt sich in der Regel eine Debatte vor dem Bundestag an.

Fragestunde
Einzelfragen zur mündlichen oder schriftlichen Beantwortung, von einzelnen Abgeordneten eingebracht
mündliche Beantwortung in den beiden wöchentlichen Fragestunden des Bundestags
Möglichkeit für die Abgeordneten, mit Zusatzfragen nachzuhaken

Parlamentarische Kontrolle

Fragerechte des Bundestags
Hauptfunktionen:
▶ *Beschaffung von Informationen*
▶ *öffentliche Herausforderung der Regierung durch die Opposition*
▶ *Gelegenheit, die Haltung der Opposition darzulegen*

L & P / 7399

Kleine Anfrage
schriftliche Anfrage zu konkreten Einzelthemen durch eine Fraktion bzw. mindestens 5 % der Abgeordneten
Die Antwort erfolgt schriftlich durch das jeweils zuständige Bundesministerium.

Aktuelle Stunde
politische Debatte mit Kurzbeiträgen zu einem aktuellen Thema
auf Verlangen einer Fraktion bzw. von mindestens 5 % der Abgeordneten oder nach Vereinbarung im Ältestenrat
Redezeit für die Abgeordneten: 5 min; Gesamtdauer: 1 Stunde + Redezeit der Regierung

Quelle: Zahlenbilder 66 250

INFO
Als „schärfstes Schwert" der Opposition gilt der **parlamentarische Untersuchungsausschuss**, der nach Art. 44 GG Abs. 1 vom Bundestag auf Antrag eines Viertels seiner Mitglieder – also ggf. auch einer oppositionellen Minderheit – eingerichtet werden muss, um bestimmte Sachverhalte zu prüfen und etwaige Missstände aufzuklären.

Bundestag stärkt Kontrollmöglichkeiten der Opposition

MATERIAL 6

Eigentlich soll die Opposition die Regierungsarbeit kontrollieren – nicht so einfach, wenn Grüne und Linke nur 20 Prozent der Abgeordneten stellen. Deshalb stärkt der Bundestag jetzt die Rechte der Mini-Opposition.

Selten war die Opposition im Bundestag so klein wie in dieser Legislaturperiode. Die überwältigende Parlamentsmehrheit von Union und SPD hatte seit den Bundestags-
5 wahlen im vergangenen Herbst für Diskussionen gesorgt. Abgeordnete und Beobachter fürchteten, dass die Opposition ihre Kontrollfunktion gegenüber der großen Koalition nicht wahrnehmen könne.
10 Nun hat der Bundestag die Rechte der Opposition gestärkt. In namentlicher Abstimmung votierte eine große Mehrheit der Abgeordneten [...] für eine Änderung der Geschäftsordnung, die es Linken und Grünen erleichtert, etwa Untersuchungsausschüsse durchzusetzen oder Anhörungen abzuhalten. 15
Dem Beschluss zufolge sind für einen Untersuchungsausschuss, eine Sondersitzung des Bundestages, eine Subsidiaritätsklage beim 20 Europäischen Gerichtshof oder die Einsetzung einer Enquetekommission in der laufenden Legislaturperiode nur noch 120 Stimmen erforderlich. Bislang musste ein Viertel der Abgeordneten zustimmen – das 25 wären derzeit 158 Parlamentarier. Linke und Grüne verfügen insgesamt über 127 Sitze im Parlament.

Aus: Bundestag stärkt Kontrollmöglichkeiten der Opposition, in: www.sueddeutsche.de/politik/minderheitenrechte-im-parlament-bundestag-staerkt-kontrollmoeglichkeiten-der-opposition-1.1929129, 3.4.2014 (Zugriff: 1.9.2017)

INFO
Eine **Subsidiaritätsklage** ermöglicht es EU-Mitgliedstaaten oder deren Parlamenten, gegen einen beschlossenen EU-Gesetzgebungsakt vor dem Europäischen Gerichtshof (EuGH) zu klagen, wenn die Kläger meinen, dass der Rechtsakt auch auf nationaler oder regionaler Ebene umgesetzt werden kann.

Auf Antrag eines Viertels seiner Mitglieder muss der Bundestag zur Vorbereitung von Entscheidungen über wichtige und komplexe Sachfragen **Enquetekommissionen** einsetzen. Diese bestehen aus Abgeordneten und externen Sachverständigen.

---

1 Analysieren Sie die Karikatur M 1 im Hinblick auf das zentrale Dilemma, in dem sich Parlamentsarbeit demnach bewegt.

2 Erläutern Sie die zentralen Aufgaben des Bundestags (M 2).

3 Beschreiben Sie unter Bezug auf M 3 und M 4 die Funktionen der Opposition im parlamentarischen Regierungssystem.

4 Arbeiten Sie aus M 5 heraus, worin bei den Mitteln jeweils das Kontrollieren besteht.

5 Erörtern Sie die Eignung der parlamentarischen Kontrollmittel (M 5 mit Info) anhand der Kriterien Öffentlichkeitswirksamkeit und Chance, die Politik der Regierung zu ändern.

6 Beurteilen Sie die Möglichkeiten einer kleinen Opposition, die Regierung durch die parlamentarischen Kontrollmittel effektiv zu kontrollieren (M 3, Z. 43–47), vor und nach der Änderung des Geschäftsführung des Bundestages (M 6).

1.4.2 Die Abgeordneten

MATERIAL **1**

INFO

Der Alltag von Bundestagsabgeordneten wird eingeteilt in sog. **Wahlkreiswochen** (Tätigkeit im jeweiligen Wahlkreis) und **Sitzungswochen** (Wochen im Berliner Bundestag).

Obleute sind die Abgeordneten, die in den einzelnen Ausschüssen Hauptansprechpartner ihrer jeweiligen Fraktionsführung sind.

Alltag eines Abgeordneten – zwei typische Wochentage

Dienstag

8.30	Kurze Absprache „Innovationsoffensive" mit stv. Fraktionsvorsitzendem
9.30	Sitzung AG Bildung und Forschung
13.00	AG Sitzung Kultur und Medien
15.00	Fraktionssitzung
19.00	Parlamentarischer Abend Telekommunikationsfirmen

Donnerstag

8.00	Frühstück mit Medienvertretern zum Mediendatenschutz
9.00	Beginn Plenarsitzung
11.00	Rede zum „Weltgipfel Informationsgesellschaft" im Plenum
12.30	Mittagessen mit Siemens-Vertreter im Bundestagsrestaurant
13.30	Journalistenrunde „Hochschulfinanzierung"
14.30	Obleuterunde „Neue Medien"
15.00	Sitzung Unterausschuss „Neue Medien"
17.00	Ausschuss „Immunität und Geschäftsordnung"
19.00	Empfang Deutsche Forschungsgesellschaft, Wissenschaftsforum

Nach: Horst Pötzsch, Die deutsche Demokratie, Bonn: bpb 2009, S. 65

MATERIAL **2**

Rechte und Privilegien

Abgeordnete genießen bestimmte im Grundgesetz verankerte Sonderrechte:

- **Immunität,** d.h. Abgeordnete dürfen während der Zeit ihres Mandats für strafbare Handlungen nicht strafrechtlich verfolgt werden, sofern der Bundestag die Immunität nicht aufhebt. Diese Regelung soll den Schutz vor willkürlicher Verfolgung sicherstellen. [5]

- **Indemnität:** Für im Parlament getätigte Äußerungen und Abstimmungen können Abgeordnete nicht strafrechtlich belangt werden. So soll Redefreiheit gewährleistet werden. [10]
- **Zeugnisverweigerungsrecht:** Abgeordnete brauchen keine Auskunft zu geben über Personen, die ihnen Vertrauliches mitgeteilt haben. [15]

Autorentext

MATERIAL **3**

GLOSSAR

Abgeordnete
Fraktion

Das freie Mandat

Die Abgeordneten des Bundestages sind laut Artikel 38 des Grundgesetzes „Vertreter des ganzen Volkes, an Aufträge und Weisungen nicht gebunden und nur ihrem Gewissen unterworfen". Doch ist der Abgeordnete auch [5] Vertreter einer Partei, über die er in der Regel sein Mandat erhält. Ein imperatives Mandat aber, das seine Rechte den Interessen von Partei oder Lobbygruppen unterordnet, lässt das Grundgesetz nicht zu. [10]

Das freie Mandat bedeutet allerdings nicht, dass Abgeordnete ohne Rücksicht auf Partei oder Fraktion abstimmen können. Es wird zwar jede Art von Fraktionszwang abgelehnt, nicht aber die Fraktionsdisziplin. So [15] werden die Rechte der Abgeordneten durch die Geschäftsordnungen der Fraktionen begrenzt – auch um die Handlungsfähigkeit des Parlaments sicherzustellen.

Die Fraktionsgeschäftsordnungen lassen das [20] Abweichen von der Fraktionsmehrheit bei der Stimmabgabe aber grundsätzlich zu. Abweichler können nach Ansicht von Verfassungsrechtlern dennoch aus Partei und Fraktion ausgeschlossen werden, wenn sie der [25] Gemeinschaft als nicht mehr zumutbar erscheinen, verlieren aber [nicht] ihr Mandat.

Aus: Deutsche Anwaltsauskunft, in: anwaltauskunft.de/magazin/gesellschaft/staat-behoerden/1104/ zwischen-gewissensfreiheit-und-fraktionszwang, 12.8.2015 (Zugriff: 1.9.2017)

Gewissensfreiheit vor Fraktionszwang?

MATERIAL 4

60 CDU- und CSU-Abgeordnete haben der Regierung vor ein paar Wochen die Gefolgschaft verweigert: Sie stimmten gegen weitere Verhandlungen mit Griechenland und
5 stellten sich damit gegen die Regierung und damit sowohl gegen ihre Parteichefin und Kanzlerin als auch gegen [Fraktionschef Volker] Kauder. Der will die 60 nun bestrafen. Er hat angekündigt, Abweichlern wich-
10 tige Ausschussposten zu entziehen. Über Haushalts- und Europapolitik soll in der Unionsfraktion nur noch mitreden dürfen, wer der Regierungslinie folgt. So deutlich sind Strafaktionen in Berlin selten ange-
15 kündigt worden. Es gehört zum Geschäft, dass Fraktionsführungen versuchen, zweifelnde Abgeordnete zu überzeugen, und dass sie bei hartnäckigem Widerstand auch mal drohen – mit einer schlechten Platzie-
20 rung auf der nächsten Wahlliste zum Beispiel. Beichtstuhlverfahren heißen solche Gespräche, der Name macht klar, wer das Sagen hat – oder wer meint, es zu haben. Und dass der Inhalt solcher Beichtgesprä-
25 che meist geheim bleibt. [...]
Kauder beruft sich auf das Demokratieprinzip: „Wir diskutieren, streiten und stimmen ab, aber am Schluss muss die Minderheit mit der Mehrheit stimmen."
30 Demokratisch ist etwas anderes: Da kann die Minderheit stimmen, wofür sie will. Sie muss dann mit der Mehrheitsmeinung leben. Die Rollen sind dabei klar verteilt: Wo die Kanzlerin ist, hat die Mehrheit zu sein –
35 schon allein weil sonst deren Autorität und die Regierungsmacht infrage stehen wür-

den. Dadurch ist in einer Regierungsfraktion die Position der Kanzlerin stets der Maßstab. Korrekturen sind erlaubt, aber
40 keine Ablehnung.
Der Fraktionszwang – Kauders „Korpsgeist" – ist ein verständliches Organisations- und Ordnungsprinzip für einen Fraktionschef. Festgeschrieben aber ist es nirgends, nicht
45 einmal in der Geschäftsordnung der Unionsfraktion – anders als die Gewissensfreiheit des Abgeordneten, die im Grundgesetz steht.
Diese Gewissensfreiheit müsste man abso-
50 lut setzen – was in der Praxis allerdings selten geschieht. Zumindest jedoch sollte man ihr einigen Raum geben, besonders, wenn die Regierungsmehrheit so groß ist, dass sie durch abweichende Meinungen in den
55 eigenen Reihen nicht gefährdet ist.
Und wenn sie in Gefahr geriete? Auch dann wäre nicht die Zeit für Drohungen oder andere Kraftmeierei. Merkel müsste ihre Position noch einmal und besser erklären –
60 oder umsteuern. Es ist ja immer noch der Bundestag, der die Kanzlerin wählt, und nicht umgekehrt. Selbst wenn die Unionsfraktion wohl nur deshalb so groß ist, weil eben diese Kanzlerin zur Wahl stand. Und
65 die Richtlinienkompetenz der Bundeskanzlerin gilt nur für ihr Kabinett.
Es reicht also nicht, den 60 Nein-Sagern – immerhin einem Fünftel der Fraktion – Geltungsdrang zu unterstellen [...]. Nicht
70 krampfhafte Geschlossenheit sollte das Hauptziel einer Partei sein, sondern die inhaltliche Auseinandersetzung.

INFO
Der sog. **Fraktions-zwang** wird bei Abstimmungen zu (bio-)ethisch bedeutsamen Fragen häufig aufgehoben, so etwa bei den Abstimmungen über das Transplantationsgesetz (1997), die Präimplantationsdiagnostik (2011) oder die Regelungen zur Sterbehilfe (2015).

Aus: Daniela Vates, Kauders Korpsgeist, in: www.fr-online.de/leitartikel/unions-fraktionschef-kauders-korpsgeist,29607566,31438458.html, 11.8.2015 (Zugriff: 9.1.2017)

1 Arbeiten Sie aus M 1 die verschiedenen Aufgabenfelder eines Abgeordneten heraus.
2 Erläutern Sie die Regelungen zum freien Mandat und zur Fraktionsdisziplin (M 2, M 3).
3 „Nicht krampfhafte Geschlossenheit sollte das Hauptziel einer Partei sein, sondern die inhaltliche Auseinandersetzung." (M 4, Z. 69–72) Bewerten Sie diese Aussage vor dem Hintergrund von freiem Mandat und Fraktionsdisziplin. Legen Sie dabei die Kriterien Ihrer Bewertung dar (z. B. Aspekte der innerparteilichen Demokratie, Durchsetzungsfähigkeit im Bundestag ...).
4 Entwickeln Sie Hypothesen dazu, warum bei Abstimmungen zu sog. Gewissensentscheidungen der Fraktionszwang aufgehoben werden kann (Info).

METHODE Karikaturenanalyse

1. Was sind Karikaturen?

Karikaturen sind satirische Darstellungen von Menschen, gesellschaftlichen Zuständen oder politischen Problemen. Sie streben eine inhaltlich verdichtete, auf das Wesentliche konzentrierte Aussage an. Sie überzeichnen, übertreiben und deformieren die Wirklichkeit. Durch die so bewirkte Veränderung des gewohnten Wirklichkeitsbildes schaffen sie Distanz und eröffnen neue Sichtweisen. Karikaturen wollen schockieren und provozieren. Sie verstehen sich als ein kritisches Medium, das die Unvollkommenheiten der Welt aufdeckt, ohne jedoch Lösungen anzubieten.

2. Karikaturenanalyse

Karikaturen sind subjektive politische Kommentare. Sie sind folglich parteilich. Sie fordern deshalb zu einer Stellungnahme des Betrachters heraus.

Eine solche Stellungnahme verlangt indes, dass der Betrachter die Karikatur zuvor genau analysiert hat, um ihre Aussage zu verstehen. Die Analyse ist nicht immer einfach, weil Karikaturen kontextgebunden sind. Der Betrachter muss ein Vorwissen über den dargestellten Sachverhalt besitzen, wenn er die Botschaft der Karikatur verstehen will.

Die Analyse folgt einem Dreischritt: **Beschreiben – Interpretieren – Werten**.

3. Analysekriterien

a) Beschreiben
- Name des Karikaturisten, Veröffentlichungsdatum;
- Akteure (Politiker, Prominente, typisierte Personen, gegebenenfalls Tiere);
- Körpersprache (Haltung, Aussehen, Gestik, Mimik der Personen/Tiere);
- räumliche Umgebung;
- zeichnerische Stilmittel (Übertreibung, Verzerrung, Symbolisierung konkreter und abstrakter Gegebenheiten);
- Text (Sprechblasen, Unterschrift).

b) Interpretieren
- Deutung der Stilmittel;
- Einschätzung des Übertreibungs- und Verzerrungsgrades der Wirklichkeit;
- Formulierung der zentralen Botschaft der Karikatur;
- vermutete Wirkungsabsicht beim Betrachter.

c) Werten
- Qualität der Karikatur (Verständlichkeit, angemessenes Verhältnis zwischen der Wirklichkeit und der von der Karikatur gezeichneten Wirklichkeit);
- Zustimmung zur/Ablehnung der von der Karikatur vermittelten Botschaft;
- Formulieren einer eigenen Meinung zur dargestellten Problematik.

1 Analysieren Sie arbeitsteilig jeweils eine der Karikaturen auf dieser Doppelseite vor dem Hintergrund Ihrer Kenntnisse der Stellung des Abgeordneten im parlamentarischen Regierungssystem des Bundesrepublik Deutschland.

Zeichnung:
Klaus Stuttmann, 15.4.2012

Zeichnung:
Nel, 12.8.2015

Zeichnung:
Christiane Kiesgen, 2009

1.5 Der Bundesrat

MATERIAL **1**

GLOSSAR

Bundesrat

QUERVERWEIS

Wie ensteht ein Gesetz?
Kapitel III.2.2

Der Bundesrat im politischen Prozess

Über den Bundesrat werden die Länder bzw. die Landesregierungen am Gesetzgebungs- und Regierungsprozess des Bundes beteiligt. Der Bundesrat soll dabei nicht nur ein Gegengewicht zum Bundestag bilden, sondern auch machthemmend gegenüber der Bundesregierung wirken. Eben diese Funktion trägt dazu bei, dass der Bundesrat das wohl umstrittenste der fünf Bundesverfassungsorgane im Regierungssystem der Bundesrepublik Deutschland darstellt.
Je nach den Mehrheitsverhältnissen in Bundestag und Bundesrat loben die einen, dass der Bundesrat eine sehr wirksame Kontrolle ausübe und die Regierungsmehrheit im Bund immer wieder zu Zugeständnissen an die Mehrheit der Landesregierungen zwinge. Andere wiederum beklagen, dass die Rücksichtnahme auf Mehrheitsverhältnisse im Bundesrat die Handlungsmöglichkeiten der Regierungsfraktionen im Bundestag beeinträchtige und dadurch sogar der Auftrag der Wählerinnen und Wähler auf Bundesebene unterlaufen werde.

Aus: Ursula Münch, in: Informationen zur politischen Bildung, Heft 298: Föderalismus, Bonn 2008, S. 30

MATERIAL **2**

Der Bundesrat

INFO

Der **Bundesrat** hat eine zentrale Rolle im Gesetzgebungsverfahren des Bundes. Wichtig ist hier die Unterscheidung in Zustimmungs- und Einspruchsgesetze – nur bei ersteren ist die Zustimmung des Bundesrats erforderlich. **Zustimmungsgesetze** betreffen die Finanzen oder die Verwaltungsstruktur der Länder. Auch Verfassungsänderungen bedürfen der Zustimmung des Bundesrates. **Einspruchsgesetzen** muss der Bundesrat nicht zustimmen, er darf aber Einspruch gegen sie erheben. Der Bundestag kann diese Gesetze allerdings dennoch verabschieden.

Gesetzgebungs-kompetenzen

Art. 71 73 GG — **Ausschließliche Gesetzgebung des Bundes**

- Auswärtige Angelegenheiten
- Verteidigung, Zivilschutz
- Staatsangehörigkeit
- Pass- und Meldewesen
- Freizügigkeit, Ein-/Auswanderung
- Währung, Außenwirtschaft
- Zoll und Grenzschutz
- Schutz des deutschen Kulturguts gegen Abwanderung ins Ausland
- Luftverkehr, Bundes-Eisenbahnen
- Post und Telekommunikation
- Recht der Bundesbeamten
- Gewerblicher Rechtsschutz
- Terrorismusabwehr durch BKA
- Polizeiliche Zusammenarbeit von Bund und Ländern
- Waffen- und Sprengstoffrecht
- Nutzung der Kernenergie

Art. 70 GG — **Grundregel**
Soweit das Grundgesetz nicht dem Bund die Befugnis erteilt, haben die Länder das Recht der Gesetzgebung.

Art. 72 74 GG — **Konkurrierende Gesetzgebung**
Vorrangige Zuständigkeit des Bundes; solange und soweit er davon keinen Gebrauch macht, haben jedoch die Länder die Gesetzgebungsbefugnis.

- Bürgerliches Recht, Strafrecht
- Personenstandswesen
- Vereinsrecht
- Kriegsfolgen, Wiedergutmachung
- Sozialversicherung, Arbeitsrecht
- Wettbewerbsrecht
- Agrarförderung, Ernährung
- Bodenrecht, Wohngeldrecht
- Gesundheitswesen
- Schifffahrt
- Umweltrecht (Abfall, Luft, Lärm)
- Statusrechte der Länderbeamten
- Jagdwesen*
- Naturschutz, Landschaftspflege*
- Raumordnung*
- Wasserhaushalt*
- Hochschulzulassung, -abschluss*

- Aufenthaltsrecht
- Öffentliche Fürsorge
- Recht der Wirtschaft (u.a. ohne Ladenschluss, Gaststätten, Messen)
- Ausbildungsförderung
- Forschungsförderung
- Überführung in Gemeineigentum
- Krankenhauswirtschaft
- Lebensmittel-, Produktsicherheit
- Straßenverkehr, Kraftfahrwesen
- Staatshaftung
- Gentechnik

- *In diesen Bereichen ist der Bund nur zuständig, wenn und soweit zur Herstellung gleichwertiger Lebensverhältnisse oder zur Wahrung der Rechts- und Wirtschaftseinheit eine bundesrechtliche Regelung erforderlich ist.*

Von bundesgesetzlichen Regelungen auf diesen Gebieten können die Länder abweichen.

Quelle: Zahlenbilder 66001, Bergmoser + Höller Verlag AG

---

1 Erläutern Sie die Rolle des Bundesrates in der föderalistischen Ordnung (M 1 und M 2).

2 Ermitteln Sie aus der Zusammensetzung des Bundesrates (M 3) die Zahl der Stimmen, die die Politik der Bundesregierung (2017: CDU/CSU-SPD-Koalition) vermutlich unterstützen. Recherchieren Sie ggf. auch die aktuelle Zusammensetzung.

3 Beschreiben Sie den Interessenkonflikt zwischen Bundesregierung und Bundesrat, der in M 1 und M 4 deutlich wird.

4 Erörtern Sie vor dem Hintergrund von M 1 bis M 4, ob der Bundesrat das „Salz in der Suppe" oder eher „Sand im Getriebe" der demokratischen Gesetzgebung ist.

Die Zusammensetzung des Bundesrates

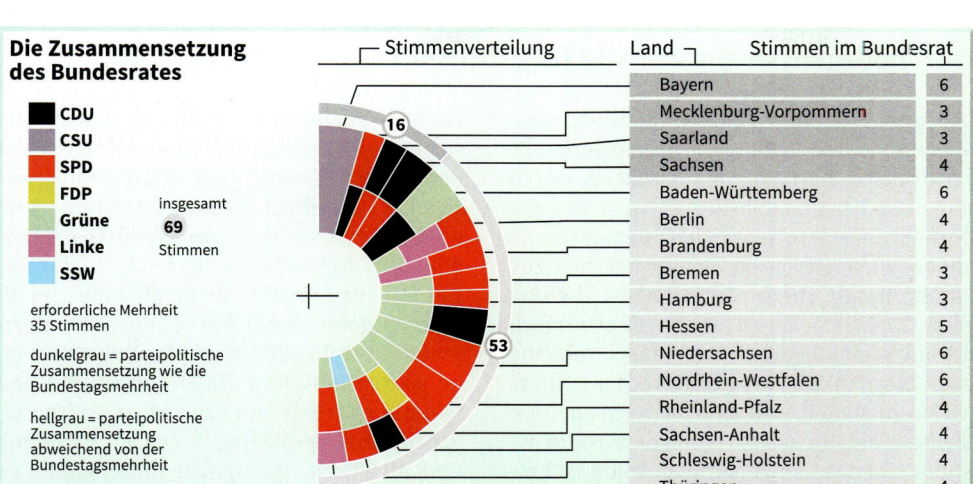

Die Zusammensetzung des Bundesrates

- CDU
- CSU
- SPD
- FDP
- Grüne
- Linke
- SSW

insgesamt **69** Stimmen

erforderliche Mehrheit 35 Stimmen

dunkelgrau = parteipolitische Zusammensetzung wie die Bundestagsmehrheit

hellgrau = parteipolitische Zusammensetzung abweichend von der Bundestagsmehrheit

Quelle: Bundesrat, Stand: Januar 2017   L&P / 7513

Stimmenverteilung — Land — Stimmen im Bundesrat

Land	Stimmen im Bundesrat
Bayern	6
Mecklenburg-Vorpommern	3
Saarland	3
Sachsen	4
Baden-Württemberg	6
Berlin	4
Brandenburg	4
Bremen	3
Hamburg	3
Hessen	5
Niedersachsen	6
Nordrhein-Westfalen	6
Rheinland-Pfalz	4
Sachsen-Anhalt	4
Schleswig-Holstein	4
Thüringen	4

Bund und Länder im Konflikt – der Streit um die Erbschaftsteuer

Die Reform der Erbschaftsteuer steht wieder auf der Kippe. Im Finanzausschuss des Bundesrates lehnte die Mehrzahl der Minister den Kompromiss ab, den die Große Koalition
5 nach monatelangen Streitigkeiten geschlossen hatte. Sie forderten in acht Punkten Änderungen an dem Gesetzeswerk und plädierten dafür, den Vermittlungsausschuss zwischen Bundestag und Bundesrat anzurufen.
10 Die Stimmen kommen vor allem aus dem Lager der SPD, aber auch die Grünen hatten für deutliche Änderungen an der Vorlage plädiert. Die Finanzminister mit CDU- und CSU-Parteibuch hingegen stimmten für den
15 Gesetzentwurf des Bundestages.
Die Erbschaftsteuer für Unternehmensnachfolger widerspricht nach dem Urteil des Verfassungsgerichts dem Grundgesetz. [...] Karlsruhe forderte den Gesetzgeber daher auf, die
20 Erbschaftsteuer bis Ende Juni zu reformieren. Die Frist ist schon wegen des langen Streits im Bundestag verstrichen. Die Uneinigkeit in der Länderkammer trägt nun zu einer weiteren Verzögerung bei.
25 Nach Worten von Hessens Finanzminister Thomas Schäfer (CDU) wird es weitere drei

Monate kosten, sollte der Vermittlungsausschuss eingeschaltet werden. Dass es für ein solches Votum im Bundesrat reicht, ist wahrscheinlich, aber noch offen. Im Finanzaus-
30 schuss stimmt jeder Minister nach seiner Parteizugehörigkeit ab. Beim Votum im Bundesrat spielt aber auch noch eine Rolle, welche Koalition das Land regiert. So könnte sich etwa Hessen enthalten (und damit dage-
35 gen stimmen), weil dort Grüne und CDU regieren. Die Grünen haben bereits deutlich gemacht, dass sie den Entwurf nicht mittragen wollen.
Einer der Initiatoren des Änderungsantra-
40 ges ist der nordrhein-westfälische Finanzminister Norbert Walter-Borjans (SPD). Zwar habe SPD-Chef Sigmar Gabriel einiges verhindern können, sagte er. Doch sei der Gesetzentwurf durch den Druck der Lobby der
45 Familienunternehmen zu großzügig geraten, sagte er. Das Verfassungsgericht werde durch seinen Inhalt brüskiert. „Wir haben einen Gesetzentwurf, der die Privilegierung der Unternehmen noch verstärkt." Das müs-
50 se geändert werden.

Aus: Guido Bohsem, Blockade bei Erbschaftsteuer, in: www.sueddeutsche.de/politik/bundesrat-blockade-bei-erbschaftsteuer-1.3056960, 30.6.2016 (Zugriff: 9.1.2017)

INFO

Vermittlungsausschuss
Der Vermittlungsausschuss ist ein für die Dauer einer Wahlperiode des Bundestages eingesetzter ständiger Ausschuss. Er besteht aus jeweils 16 Mitgliedern des Bundestags und des Bundesrats. Wenn vom Bundestag beschlossene Gesetze im Bundesrat keine Mehrheit finden, kann letzterer die Einberufung des Vermittlungsausschusses verlangen. Dieser versucht dann, einen Konsens zwischen beiden Verfassungsorganen herzustellen. Bei zustimmungspflichtigen Gesetzen können auch der Bundestag und die Bundesregierung die Einberufung des Vermittlungsausschusses verlangen.

1.6 Die föderale Ordnung

Der Föderalismus – ein Erfolgsmodell?

Förderalismus
Subsidiaritätsprinzip

[Historisch gesehen sollte der Föderalismus] Mitsprache und Beteiligung organisieren. Er verkörperte die Idee, dass das Reich durch seine Gliedstaaten konstituiert wird, und die
5 Einsicht, dass jede der beiden Ebenen auf die andere angewiesen ist. Später hat sich zur Beschreibung dieses Verhältnisses der Begriff „Subsidiaritätsprinzip" eingebürgert, der im Wesentlichen besagt, dass Probleme
10 nach Möglichkeit dort gelöst werden sollten, wo sie entstehen, und dass die nächsthöhere Ebene erst dann aktiv werden darf, wenn die untere Ebene aus eigener Kraft keine sachgerechte Lösung erreichen kann. [...]
15 Die Grundproblematik des Föderalismus lässt sich [...] in wenigen Fragen zusammenfassen. Erstens: Wie definieren wir in einer Ordnung mit mehreren Ebenen und Akteuren das „allgemeine Wohl"? Zweitens: Wie sichern wir eine kluge Balance zwischen 20 dem Allgemeinwohl und den Eigeninteressen der einzelnen Akteure? Drittens: Wie kommen wir zu einer gerechten Lastenverteilung zwischen ihnen? [...]
Der Föderalismus ist mehr als eine techni- 25 sche Organisationsform politischer Herrschaft. Er steht in unserem Land auch für eine politische Kultur, die er geprägt hat und von der er wiederum geprägt ist. Diese Kultur zielt auf Abwägung, Kompromissfindung 30 und Ausgleich. Das macht Entscheidungen manchmal etwas mühsamer und dämpft die Ausschläge des politischen Pendels. Manche nennen das dann „Schwerfälligkeit". Man kann aber auch anderes dazu sagen, nämlich 35 „Maß und Mitte".

Aus: Rede von Bundespräsident Joachim Gauck zum Jubiläum „25 Jahre – 16 Länder im Bundesrat" im Bundesrat vom 27.11.2015, in: www.bundesrat.de/SharedDocs/texte/15/20151127-rede-gauck-25jahre-16laender.html?nn=4969076 (Zugriff: 13.4.2016)

Die **„Herstellung gleichwertiger Lebensverhältnisse im Bundesgebiet"** als anzustrebendes Ziel ist in Art. 72 Abs. 2 GG festgehalten.

Subsidiarität und Solidarität – Grundprinzipien der föderalistischen Ordnung
Der Föderalismus beruht auf zwei Grundsätzen: Subsidiarität und Solidarität. Die Subsidiarität bedeutet hier, dass Gesetzgebung und Verwaltung zuvorderst als Sache der Länder gilt und der Bund diese Aufgaben nur übernimmt, wenn es notwendig ist. In der Praxis ist diese
5 Regelung oft Auslegungssache und somit Gegenstand von Konflikten. Das Solidarprinzip schlägt sich am deutlichsten nieder in der deutschen Regelung des Länderfinanzausgleichs, d.h. die finanzstärksten Bundesländer verteilen Gelder zu den finanzschwächeren Ländern um, um so die Gleichwertigkeit der Lebensverhältnisse zu gewährleisten. Der Länderfinanzausgleich ist regelmäßig Anlass für Konflikte zwischen Geber- und Nehmerländern.

Der Föderalismus – Fluch oder Segen?

a) Wider die Föderalismuskritik
[In] Deutschland hat der Föderalismus einen schlechten Ruf. [...] [S]obald es konkret wird, verunglimpft man ihn als „Kleinstaaterei".
5 Egal, ob es um das Abitur, ganz allgemein um Schulsysteme, um die Lehrerausbildung, das Hochschulwesen, die Lebensmittelaufsicht, die Atomaufsicht, den Verfassungsschutz, den öffentlich-rechtlichen Rundfunk oder den
10 Straßenbau geht – stets scheint es Argumente dafür zu geben, warum gerade in diesem Bereich Schluss sein sollte mit der Bundesstaatlichkeit.
Erstaunlicherweise setzen dabei Menschen, die sonst dem Staat kritisch gegenüberste- 15 hen, ein großes Vertrauen in den Zentralstaat. Wenn erst einmal die entsprechenden Zuständigkeiten in einer Bundesbehörde gebündelt seien, dann – so die Vorstellung – laufe alles wie am Schnürchen. Dabei zeigt 20

die Lebenserfahrung bei bereits zentralisier-
ten Aufgaben: [...] Wenn auf Bundesebene
etwas schief läuft, dann läuft es in einem viel
größeren Maßstab schief.

25 Nehmen wir als Beispiel die Schulpolitik. Sicherlich mag es nervig sein, wenn bei einem
Umzug von Oldenburg nach Stuttgart Schüler und Eltern mit neuen Anforderungen
konfrontiert werden. Es kann auch sein,
30 dass in einem Gymnasium in Bayern höhere Ansprüche gestellt werden als in einem
Gymnasium in Berlin. [...] In jedem Fall
aber ist dieser Unterschied das Resultat eines Wettbewerbs der Systeme. Wer sagt
35 denn, dass ein Bundesschulministerium in
Berlin den gymnasialen Standard auf baye-
rischem und nicht etwa auf bremischem
Niveau festlegen würde? Wie groß wäre das
Geschrei, wenn plötzlich ein Ministerialrat
40 in einer Berliner Zentralbehörde über schu-
lische Angelegenheiten in Baden-Württemberg entschiede? Wenn bei entsprechender
bundespolitischer Konstellation in Bayern
die Gesamtschule durchgesetzt würde oder
45 in Berlin wieder abgeschafft? Zentralismus
bringt nicht automatisch bessere Ergebnisse: Das französische Schulsystem mit seinen
zentralstaatlich festgelegten Prüfungen er-
weist sich in den Pisa-Untersuchungen als
keineswegs leistungsfähiger als das deut- 50
sche, föderalistische.

Der deutsche Föderalismus krankt nicht daran, dass die Bundesländer zu eigenständig
sind, sondern daran, dass sie stets ihre regionalen Lösungen bundesweit durchsetzen 55
möchten [...] Das würde in unserem Beispiel heißen: Statt dass die Bayern versuchen, das bayerische Abitur in Bremen
durchzusetzen, sollten sie die Bremer Abitu-
rienten mit deren Hochschulreife akzeptie- 60
ren. Bremen wiederum müsste sich bemühen, von den erfolgreicheren Bildungswesen
zu lernen. Denn auch das gilt: Ob Bund oder
Länder, dem Grundgesetz sind alle staatlichen Ebenen verpflichtet. Und das fordert 65
die „Gleichwertigkeit der Lebensverhältnisse" in Deutschland, nicht die Gleichheit.

Sicherlich: Der Preis dieses wettbewerbli-
chen, föderalen Systems sind Ungerechtigkei-
ten im Einzelfall. Es stellt auch hohe Anforde- 70
rungen an die Flexibilität der Bundesbürger.
[...] Ein Ende des Föderalismus und ein zen-
tralstaatlicher Dirigismus wären auf jeden
Fall die schlechtere Alternative.

Aus: Markus Reiter, Wider die Föderalismuskritik, in: www.deutschlandradiokultur.de/wider-die-foede-
ralismuskritik.1005.de.html?dram:article_id=159494, 21.2.2012 (Zugriff: 16.4.2016)

b) Der Föderalismus schadet

In der Theorie ist Föderalismus ein attrakti-
ves System: Im Wettbewerb der Regionen
setzen sich die besten Konzepte durch, die
5 Subsidiarität mehrt das Wohl aller. Die Praxis
sieht anders aus. Nicht nur, weil der Länderfinanzausgleich die Ergebnisse der Konkurrenz einebnet. Hinzu kommt die Behar-
rungskraft der Bürokratie – ihretwegen gibt
10 es für die eine Million Bürger des Saarlands
acht Landesministerien und für die 548 000
Bürger Bremens einen eigenen Rundfunk-
sender. Nah am Menschen ist die Struktur
trotzdem nicht – Bund und Länder verfrüh-
15 stücken das meiste Geld für sich, bei den
Kommunen kommt zu wenig an. Auch deshalb verfallen Kitas, Schwimmbäder und
Straßen. In seiner derzeitigen Verfassung
läuft das föderale System Gefahr, an sich
selbst zu scheitern. Dazu genügt ein Blick auf 20
das ewige Gegeneinander von Berlin und
Brandenburg, trotz mancher Annäherung in
jüngerer Zeit. Warum müssen in einer globalisierten Welt, in der Staaten und Kontinente
in Konkurrenz stehen, ausgerechnet Regio- 25
nen gegeneinander arbeiten?

Bundesländer sind wichtig, ihre Wurzeln
reichen hunderte Jahre zurück. Sie sichern
Vielfalt in der Einheit [...]. Die Zukunft gehört aber weniger Wiesbaden, Schwerin 30
oder Kiel, sondern zentraleren Strukturen
wie in Frankreich. Deutschland muss nicht
mehr mittels Dezentralität vor sich selbst geschützt werden.

Aus: Carsten Brönstrup, Warum der Föderalismus schadet, in: www.zeit.de/politik/deutschland/2011-06/
foederalismus-ehec, 10.6.2011 (Zugriff: 15.4.2016)

1 Beschreiben Sie die Prinzipien und Grundprobleme des Föderalismus (M 1).
2 Erörtern Sie Für und Wider des Föderalismus (M 2), z. B. am Beispiel der
Bildungspolitik.

1.7 Der Bundespräsident

Wozu braucht man einen Bundespräsidenten?

Theodor Heuss (FDP)
1949–1959

Heinrich Lübke (CDU)
1959–1969

Gustav Heinemann
(SPD) 1969–1974

Walter Scheel (FDP)
1974–1979

Der Bundespräsident trifft kaum Entscheidungen. Er macht keine Gesetze, sondern unterschreibt sie nur. Erst achtmal in sechzig Jahren hatte ein Bundespräsident Bedenken
5 dagegen. Auch an der Regierung ist er nicht beteiligt. Zwar ernennt er die Minister, aber er wählt sie so wenig aus wie den Bundeskanzler. Das gilt auch für die Bundesbeamten, die Bundesrichter und die höherrangi-
10 gen Soldaten. Er verhandelt die Verträge mit ausländischen Staaten nicht, aber auch sie unterschreibt er. Der Bundespräsident kann Gefangene begnadigen. Und er bestimmt, wer einen Orden der Bundesrepublik erhält.
15 Das alles ist im Einzelfall nicht wenig, aber insgesamt nicht viel. Wozu braucht es dafür ein eigenes Amt? Nicht, dass der Bundespräsident sehr teuer wäre. Die meisten Monarchen in anderen europäischen Ländern, die
20 ähnliche Funktionen haben, kosten mehr und haben außerdem den Nachteil, dass sie ihre Nachfolge selbst bestimmen, die Bürger dort also geduldig nehmen müssen, was kommt. Trotzdem gibt ein Staatsoberhaupt,
25 denn ein solches ist der Bundespräsident, das kaum etwas zu entscheiden hat, der politischen Theorie ein Rätsel auf. Lassen sich seine Existenz und seine stark begrenzten Befugnisse nur historisch als Folge der deut-
30 schen Reichspräsidenten um 1933 herum erklären, als der „Ersatzkaiser" in Krisenzeiten unseligerweise mächtig war? [...]
Die Staatsrechtswissenschaft gibt an dieser Stelle Antworten, die selbst voller Rätsel

sind. Der Bundespräsident, heißt es, reprä- 35
sentiere die „Volkseinheit". Dabei sprechen
„im Namen des Volkes" doch eher die Gerichte, und auch das Parlament käme für eine solche Stellvertretung ernsthaft infrage. Oder es heißt, so das Bundesverfassungsgericht 40
jüngst, der Bundespräsident verkörpere die Einheit des Staates. Was „verkörpern" in diesem Fall heißen soll, bleibt wolkig. [...]Andere formulieren, der Amtsträger habe die Aufgabe, das Gemeinwesen zu integrieren, was 45
darauf hindeutet, dass das Volk keine Einheit ist, denn sonst müsste es ja nicht integriert werden. Anderseits scheint die Integration so schwer auch wieder nicht zu sein, wenn sie von einer einzigen Person geleistet wer- 50
den kann. [...]
Der Bundespräsident hält Reden, die nicht dem Gewinn von Wählerstimmen oder Stimmungen dienen, die also auf List verzichten können. Er entscheidet wenig, aber seine Un- 55
terschrift ist nötig, also braucht er auch keine Durchsetzungsfähigkeit auf der Grundlage von Drohungen. Er kann den Leuten keine Ämter und keinen Einfluss versprechen, steht also außerhalb der Tauschverhältnisse 60
des Regierens. Er soll keine eigenen politischen und erst recht keine geschäftlichen Interessen haben. Weil danach für ihn keine politischen Ämter mehr kommen, kann er frei wählen, wann er sich zurückhält und 65
wann er wozu etwas sagt. [...]
Im System der Politik hält er die Einsicht fest, dass sie nicht alles ist.

Aus: Jürgen Kaube, Wozu man einen Bundespräsidenten braucht, in: www.faz.net/aktuell/feuilleton/familie/wie-erklaere-ich-s-meinem-kind/kindern-erklaert-das-amt-des-bundespraesidenten-14278285.html 10.6.2016 (Zugriff: 9.1.2017)

Wir brauchen dieses Amt

Karl Carstens (CDU)
1979–1984

In seinem Artikel [...] „Wozu braucht man einen Bundespräsidenten?" [...] umschreibt Jürgen Kaube, der allgemeinen Sichtweise entsprechend, die Funktion und Aufgabe des
5 Bundespräsidenten als repräsentatives Staatsoberhaupt („Ersatzkaiser") und Staatsnotar. Dabei blendet er aber aus, dass dem Amt in

kritischen Situationen des staatlichen Lebens durchaus Machtkompetenzen zustehen. So, wenn er darüber zu entscheiden hat, 10
ob er der Selbstauflösung des Bundestages über ein konstruiert herbeigeführtes konstruktives Misstrauensvotum (Artikel 67 Abs. 1 GG) zustimmen soll. Diese eigentlich im

15 Grundgesetz nicht vorgesehene Verfahrens-
weise war bereits zweimal Gegenstand eines
Verfahrens vor dem Bundesverfassungsgericht. Weiterhin bedeutsam und angesichts
möglicherweise unklarer Mehrheitsverhält-
20 nisse nach der nächsten Bundestagswahl zur
Anwendung kommend ist die in Artikel 63
Abs. 4 Satz 3 GG geregelte Kompetenz des
Bundespräsidenten, einen sogenannten Min-
derheitenkanzler zu ernennen oder den Bun-
25 destag für Neuwahlen aufzulösen. Erinnert
sei auch an das immer wieder verfassungs-
politische Diskussionen auslösende Recht des

Präsidenten, vom Bundestag beschlossene
Gesetze vor ihrer Ausfertigung auf ihre formelle und insbesondere materielle Verfas- 30
sungsmäßigkeit zu überprüfen. Auch davon
haben die Präsidenten stets Gebrauch gemacht.
Man sieht also, so ganz ohne Macht ist das
Amt des Bundespräsidenten doch nicht. Es 35
ist im Gefüge der Verfassungsorgane ein Ru-
heelement, das erst in kritischen Lagen seine
Macht einzusetzen hat, um Blockaden aufzulösen. Wir brauchen dieses Amt.

Aus: Heinrich-Eckhart Röttger, Leserbrief, in: Frankfurter Allgemeine Zeitung, 25.6.2016

Richard v. Weizsäcker
(CDU) 1984–1994

Roman Herzog (CDU)
1994–1999

Aufgaben und Funktionen des Bundespräsidenten

MATERIAL **3**

Der Bundespräsident
ist das **Staatsoberhaupt** der Bundesrepublik Deutschland.
Er wird **von der Bundesversammlung gewählt**:

Die **Abgeordneten** des **Deutschen Bundestages**

gleiche Anzahl von **Delegierten** der **16 Bundesländer**

Amtssitze sind **Schloss Bellevue** in Berlin und **Villa Hammerschmidt** in Bonn.

Er wird **vom Präsidenten des Bundesrats vertreten.**

Die **Amtszeit** beträgt **fünf Jahre;** eine zweite Amtszeit ist möglich.

Schloss Bellevue

Der Bundespräsident . . .

• **repräsentiert** Deutschland nach innen und außen,

• **vertritt den Bund** völkerrechtlich und schließt Staatsverträge,

• schlägt dem Bundestag **Kandidaten** für das Amt des **Bundeskanzlers** vor,

• **ernennt und entlässt** Kanzler, Minister, Bundesrichter, Offiziere und Bundesbeamte,

• kann in besonderen Fällen den **Bundestag auflösen** (z. B. nach einer gescheiterten Vertrauensfrage),

• **prüft** und **unterschreibt Gesetze,**

• kann **Straftäter begnadigen,** die von einem Bundesgericht verurteilt wurden.

• Der Bundespräsident ist von der Tagespolitik unabhängig und soll sich **parteipolitisch neutral** verhalten.
Um politische Wirkung zu erzielen, kann er in Reden gesellschaftliche Diskussionen anstoßen oder aufgreifen.

• Nach seiner Amtszeit erhält der Bundespräsident einen **lebenslangen Ehrensold** in Höhe seiner ehemaligen Amtsbezüge.

Quelle: Globus 4817

L & P / 7517

Johannes Rau (SPD)
1999–2004

Horst Köhler (CDU)
2004–2010

Christian Wulff (CDU)
2010–2012

Joachim Gauck
(parteilos) 2012–2017

1 Arbeiten Sie aus M 1 und M 3 die zentralen Aufgaben und Funktionen des Bundespräsidenten heraus.

2 Beurteilen Sie ausgehend von M 1 und M 2 die politischen Gestaltungsmöglichkeiten des Bundespräsidenten.

3 Führen Sie in Ihrem Kurs eine Pro-Kontra-Debatte zu der Frage, ob das Amt des Bundespräsidenten heute noch sinnvoll ist.

QUERVERWEIS

METHODE Die Pro-Kontra-Diskussion
S. 54 f.

1.8 Das Bundesverfassungsgericht

1.8.1 Bedeutung und Funktion

MATERIAL 1

Großes Vertrauen in Grundgesetz und Verfassungsgericht

GLOSSAR

Bundesverfassungsgericht

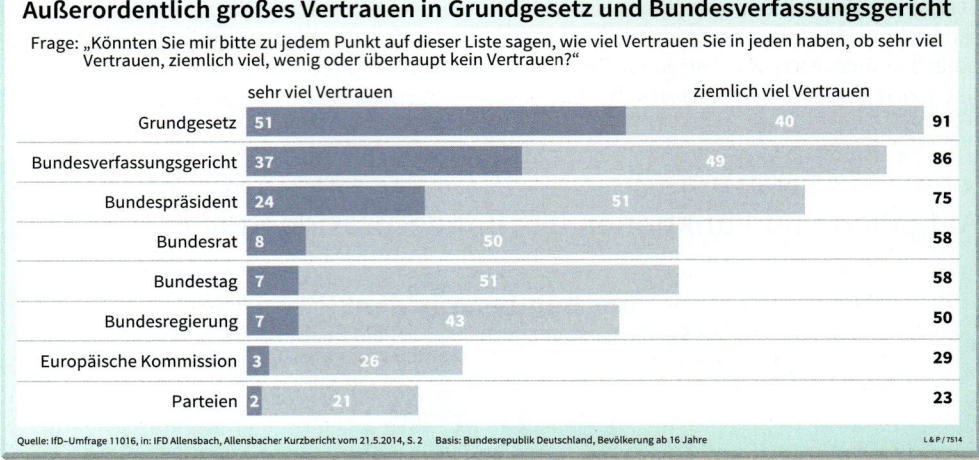

Außerordentlich großes Vertrauen in Grundgesetz und Bundesverfassungsgericht

Frage: „Könnten Sie mir bitte zu jedem Punkt auf dieser Liste sagen, wie viel Vertrauen Sie in jeden haben, ob sehr viel Vertrauen, ziemlich viel, wenig oder überhaupt kein Vertrauen?"

	sehr viel Vertrauen	ziemlich viel Vertrauen	
Grundgesetz	51	40	91
Bundesverfassungsgericht	37	49	86
Bundespräsident	24	51	75
Bundesrat	8	50	58
Bundestag	7	51	58
Bundesregierung	7	43	50
Europäische Kommission	3	26	29
Parteien	2	21	23

Quelle: IfD–Umfrage 11016, in: IfD Allensbach, Allensbacher Kurzbericht vom 21.5.2014, S. 2   Basis: Bundesrepublik Deutschland, Bevölkerung ab 16 Jahre   L & P / 7514

MATERIAL 2

Das Bundesverfassungsgericht – „Hüter der Verfassung"

Das Bundesverfassungsgericht ist mit weitreichenden Kompetenzen ausgestattet [...]. Seine Hauptzuständigkeiten [sind]:

- Regelung von Verfassungsstreitfragen zwi-
5 schen Verfassungsorganen (beispielsweise zwischen Bund und Ländern),
- abstrakte Normenkontrolle (bei der die Gültigkeit von Rechtsvorschriften gerichtlich überprüft wird, und zwar losgelöst
10 von einem konkreten Verfahren),
- konkrete Normenkontrolle (hier erfolgt die Überprüfung anhand eines konkreten Gerichtsverfahrens),
- Verfassungsbeschwerde sowie
15 - Demokratie- und Rechtsstaatssicherung (insbesondere durch Verbot verfassungswidriger Parteien [...]).

Beschlüsse des Bundesverfassungsgerichts sind besonders wichtige Entscheidungen. Sie
20 binden die übrigen Verfassungsorgane in der Exekutive und Legislative sowie alle Gerichte und Behörden. Und weil die Substanz von Politik die Herstellung gesellschaftlich bindender Entscheidungen ist, spielt das

INFO

Hegemon
Herrscher, der die Vorherrschaft über andere ausübt (siehe auch Glossar: Hegemonie)

Bundesverfassungsgericht eine politische Rol- 25
le von größter Bedeutung. Allerdings kann [es] nicht von sich aus tätig werden, sondern erst auf Anruf. [Diese] Konstruktion des passiven Verfassungsgerichtes [soll verhindern], dass die Judikative zum Hegemon der 30 Exekutive und Legislative wird. [...]
Überdies wirkt das Bundesverfassungsgericht als Mitregent und mitunter sogar als „Parallelregierung". [...] [Es] verwarf immerhin rund sechs Prozent der Gesetzesbe- 35 schlüsse des Bundestags als nichtig oder mit dem Grundgesetz unvereinbar. Genauso folgenreich kann die Festlegung von sachlichen oder zeitlichen Vorgaben für den zukünftigen Gesetzgeber sein [...]. 40
Das Bundesverfassungsgericht hat die Politik in der Bundesrepublik Deutschland nachhaltig beeinflusst. [Es] fasste Beschlüsse über Fragen von zentraler politischer Bedeutung, beispielsweise über [...] den Lissabon-Ver- 45 trag der [EU]. In seiner Rolle als Wächter der Verfassung wurde das Bundesverfassungsgericht zu einem Fortentwickler der Verfas-

50 sung und auch hierdurch zu einem zentralen Politikgestalter. Die Zielrichtungen schwankten [...], aber zu den Konstanten gehören Schutz und Ausbau der Menschenrechte. [...] Interventionen des [Gerichts] in die Politik umfassen [...] Regulierungen der Parteienfi-

55 nanzierung. Zudem wurden dem Gericht Fragen der Familienpolitik, der Geschlechtergleichheit und der Sozialpolitik vorgelegt. Dabei setzte [es] sich [...] nachhaltig für die Förderung der verfassungsrechtlichen Gleich-

60 stellung von Mann und Frau ein. [...]
Dass bei verfassungsrichterlichen Beschlüssen Späne fallen, ist unvermeidlich: „Ein gutes Verfassungsgericht tut weh – vor allem den Regierenden." Mit diesen Worten parier-

65 te der [ehemalige] Bundesverfassungsrichter Udo di Fabio [...] 2004 die Kritik des [damaligen] Bundestagspräsidenten Wolfgang Thierse, das Bundesverfassungsgericht handele „oft unberechenbar" [...].

70 Nicht ungern präsentiert sich das [...] Verfassungsgericht als ein „Lehrmeister der Republik". Auch wandelt es sich mitunter „vom Rechtsinterpreten zum Gesetzgeber" [...]: des Öfteren schreiben die Bundesverfas-

75 sungsrichter dem Gesetzgeber Inhalte zu-

künftiger Gesetze vor. Zudem bereiten sie mit der Interpretation der Verfassung bisweilen den Boden für eine verfassungsändernde Politik.

80 Bisweilen wird das Bundesverfassungsgericht jedoch von der Politik als Streitschlichter gerufen. Das geschieht insbesondere, wenn die Parteien einen besonders wichtigen Streitfall nicht lösen können. [...]

85 Das Bundesverfassungsgericht ist eine mächtige politische Institution. Zugleich ist es sehr populär. [...] Aber großen Unmut hat das Bundesverfassungsgericht bei den Regierenden wiederholt erzeugt – vor allem mit den recht

90 zahlreichen Beschlüssen, die den amtierenden Regierungen in die Quere kamen [...].
Ohne die Rechtsprechung des Bundesverfassungsgerichts wäre Deutschland heute ein anderes Land. [...] Deutschland [...] wäre

95 höchstwahrscheinlich ein Staat mit einem ungleich höheren Aktionsradius der Politik und einem geringeren Ausmaß an Bürgerrechten und Bürgerrechtsschutz geworden. Auch das stützt die These, dass mit dem Bun-

100 desverfassungsgericht eine der seit 1949 wichtigsten politischen Innovationen in Deutschland auf den Weg gebracht wurde.

Aus: Manfred G. Schmidt, Das politische System der Bundesrepublik Deutschland, München: Beck 2016, S. 99 ff.

Das Bundesverfassungsgericht

Präsident **Andreas Voßkuhle** zugleich Vorsitzender des **Zweiten Senats**

Vizepräsident **Ferdinand Kirchhof** zugleich Vorsitzender des **Ersten Senats**

Bundestag | wählen jeweils die Hälfte beider Senate | **Bundesrat**

Erster Senat, 8 Richter | Amtszeit 12 Jahre, keine Wiederwahl | **Zweiter Senat**, 8 Richter

(je Fall ein Senat, in Ausnahmefällen beide zusammen) verhandeln über:

Verfassungsbeschwerden von Bürgern
Normenkontrollen (Prüfung von Gesetzen auf Verfassungskonformität)
Streitigkeiten zwischen Bund und Ländern, Verfassungsorganen
Wahlprüfungen, Parteiverbote

Quelle: Bundesverfassungsgericht, BpB, nach: dpa 17041   L & P / 7518

1 Analysieren Sie die Umfrage in M 1 und versuchen Sie, zu erklären, warum das Vertrauen in die verschiedenen Institutionen so unterschiedlich verteilt ist und warum insbesondere das Bundesverfassungsgericht ein so großes Ansehen genießt.

2 Erstellen Sie analog zu M 1 eine eigene Umfrage in Ihrem Kurs und erläutern Sie die Gründe für Ihre jeweilige Antwort.

3 Arbeiten Sie aus M 2 die zentralen Aufgaben und die politische Bedeutung des Bundesverfassungsgerichts heraus.

1.8.2 Rechtsprechung im Konflikt: das BKA-Gesetz

MATERIAL **1**

Der Konflikt um das BKA-Gesetz

Die weitreichenden Befugnisse des Bundeskriminalamts (BKA) zur Terrorabwehr sind zum Teil verfassungswidrig. Diese Entscheidung gab das Bundesverfassungsgericht in Karlsruhe am 20. Apirl 2016 bekannt. Die Befugnisse der Behörde zur heimlichen Überwachung griffen in der Praxis unverhältnismäßig in die *Grundrechte der Bürger ein. Das Gericht machte zahlreiche Vorgaben, damit die Regelung vorerst weiter angewendet werden kann, und setzte dem Gesetzgeber eine Frist zur Nachbesserung bis Ende Juni 2018. Gegen das Gesetz waren zwei Verfassungsbeschwerden eingereicht worden.*

a) Darum geht es

Die Befugnisse des BKA sind in einem eigenen Gesetz geregelt – dem BKA-Gesetz. Bis zum Jahr 2009 war das Bundeskriminalamt
5 danach hauptsächlich für die Strafverfolgung zuständig. Die Gefahrenabwehr, also die „präventive" Polizeiarbeit, war Sache der Länderpolizei – eine klare Trennung. Der Gesetzgeber hat 2009 der Behörde weitreichen-
10 de neue Kompetenzen eingeräumt, auch schon im Vorfeld von Straftaten.
Das BKA-Gesetz umfasst 14 Paragrafen mit 49 Absätzen, die zahlreiche Befugnisse des BKA zur heimlichen Überwachung bei der
15 Abwehr des internationalen Terrorismus regeln. Die Frage war vor allem, wie weit das BKA in den privaten Lebensbereich der Bürger vordringen darf und wie konkret die Verdachtsmomente dafür sein müssen. Die Ermittler sollen neue Kompetenzen bekommen. 20 Das BKA darf dazu etwa Wohnungen Verdächtiger mit Kameras und Mikrofonen verwanzen und sie auch im Bad und Schlafzimmer rund um die Uhr bespitzeln. Zudem ist dem BKA die Bespitzelung von unbeteiligten 25 Kontaktpersonen erlaubt. Die Behörde darf Telefonate mithören, Computer heimlich *online* durchsuchen, alle Kommunikation, die per Computer geführt wird, aufzeichnen [letzteres durch „Bundestrojaner"] und ge- 30 wonnene Daten an in- und ausländische Dienste weitergeben.

Nach: BKA-Gesetz, Verfassungsgericht schützt Bürger vor zu viel Überwachung, in: www.sueddeutsche.de/politik/karlsruhe-bka-gesetz-verfassungsgericht-schuetzt-buerger-vor-zu-viel-ueberwachung-1.2957792, 20.4.2016 (Zugriff: 10.1.2017)

b) Die Kritik der Kläger

Das BKA-Gesetz stellt die Bürger pauschal unter Verdacht und schafft eine Polizei neuen Typs – halb FBI, halb CIA. [...] Das Gesetz
5 [...] genehmigt dem Bundeskriminalamt [...] die denkbar größten staatlichen Eingriffe in das allgemeine Persönlichkeitsrecht, in die Pressefreiheit, in die Unverletzlichkeit der Wohnung und in das neue, sogenannte Grundrecht auf Gewährleistung der Vertrau- 10 lichkeit und Integrität informationstechnischer Systeme – also der Computer und Laptops im Büro und zu Hause. Beschnitten wird das Zeugnisverweigerungsrecht von „Berufsgeheimnisträgern" wie Ärzten, Anwäl- 15 ten und Journalisten [...].

Aus: Michael Naumann, Jeder ist verdächtig, in: www.zeit.de/2009/18/BKA-Gesetz/komplettansicht, 23.4.2009 (Zugriff: 10.1.2017)

c) Das Urteil

Mit heute verkündetem Urteil hat der Erste Senat des Bundesverfassungsgerichts entschieden, dass die Ermächtigung des Bundes-
5 kriminalamts zum Einsatz von heimlichen Überwachungsmaßnahmen zur Abwehr von Gefahren des internationalen Terrorismus zwar im Grundsatz mit den Grundrechten vereinbar ist, die derzeitige Ausgestaltung von Befugnissen aber in verschiedener Hin- 10 sicht dem Verhältnismäßigkeitsgrundsatz nicht genügt. Das führt dazu, dass verschiedene Regelungen aus dem Gesamtkomplex zu beanstanden waren.
Die Entscheidung betrifft, eine lange Recht- 15 sprechung zusammenführend, sowohl die Voraussetzungen für die Durchführung solcher Maßnahmen als auch die Frage der

20 Übermittlung der Daten zu anderen Zwecken an dritte Behörden sowie schließlich erstmals auch die Anforderungen an eine Weiterleitung von Daten an ausländische Behörden.

25 Hinsichtlich der Voraussetzungen für die Durchführung sind die im Jahr 2009 eingeführten Vorschriften teilweise zu unbestimmt und zu weit; auch fehlt es zum Teil an flankierenden rechtsstaatlichen Absicherungen, insbesondere zum Schutz des Kernbereichs privater Lebensgestaltung oder zur 30 Gewährleistung von Transparenz, individuellem Rechtsschutz und aufsichtlicher Kontrolle. Die Vorschriften zur Übermittlung von Daten sind – sowohl hinsichtlich inländischer als auch hinsichtlich ausländischer Be- 35 hörden – an etlichen Stellen nicht hinreichend begrenzt.

Bundesverfassungsgericht, Pressemitteilung Nr. 19/2016 vom 20.4.2016, in: www.bundesverfassungsgericht.de/SharedDocs/Pressemitteilungen/DE/2016/bvg16-019.html (Zugriff: 10.1.2017)

Stimmen zum Gesetz

MATERIAL **2**

Der Bundesvorsitzende des Bundes deutscher Kriminalbeamten (BDK), André Schulz

„Der Bürger hat einen verfassungsrechtlichen Anspruch darauf, dass der Staat in der Lage ist, Straftaten zu verfolgen und die Bevölkerung zu schützen. Ich halte es für hysterisch, wenn immer gleich mit der Keule „Überwachungsstaat" geschwungen wird. Die Polizei ist kein Ausspähorgan! Wir unterscheiden derzeit vielmehr noch zu sehr zwischen analoger und digitaler Welt, wo vieles nicht erlaubt ist. [...] Ich bin mir [...] sicher, dass es nur eine Frage der Zeit ist, bis wir auch in der digitalen Welt solche Maßnahmen ergreifen, die in der analogen Welt schon längst erlaubt sind."

Aus: „Gated Communitys beobachten wir mit Sorge", Interview von Manuel Bewarder, in: www.welt.de/politik/deutschland/article 154501969/Gated-Communitys-beobachten-wir-mit-Sorge.html, 19.4.2016 (Zugriff: 10.1.2017)

Der ehemalige Innenminister und einer der Kläger gegen das BKA-Gesetz, Gerhart Baum

„[W]ir können zufrieden sein, dass sich das Bundesverfassungsgericht heute zum wiederholten Male als Garant für die Bürgerrechte erwiesen hat. [...] Es geht hier um verbriefte Grundrechte – für deren Aufrechterhaltung müssen wir kämpfen. Der Staat darf nicht alles."

Aus: „Ohne Risiko gibt es keine Freiheit", Interview von Lutz Kinkel, in: www.stern.de/politik/deutschland/interview-gerhart-baum-verfassungsgericht-kippt-bka-gesetz-6805978.html, 20.4.2016 (Zugriff: 10.1.2017)

Bundesinnenminister Thomas de Maizière hat die Rechtsprechung des Bundesverfassungsgerichts zu den Terrorgesetzen der Bundesregierung kritisiert. Es sei nicht Aufgabe des Gerichts, „ständig dem Gesetzgeber in Sachen Sicherheit in den Arm zu fallen", sagte der CDU-Politiker [...]. „Ich finde, dass ein nationaler Grundrechtsschutz, so wichtig er ist, auch im Angesicht der Internationalisierung von Gefahren betrachtet werden muss."

Aus: De Maizière rüffelt Verfassungsgericht, in: www.spiegel.de/politik/deutschland/thomas-de-maiziere-rueffelt-verfassungsgericht-wegen-terrorgesetz-urteil-a-1088680.html, 22.4.2016 (Zugriff: 10.1.2017)

QUERVERWEIS

Die freiheitliche demokratische Grundordnung in Deutschland
S. 18 f.

1 Benennen Sie die Grundrechte, um deren Schutz es bei dem Urteil (M 1) geht.

2 Erläutern Sie am Beispiel der Rechtsprechung zum BKA-Gesetz (M 1), in welcher Weise das Gericht seiner Rolle als „Hüter der Verfassung" nachkommt (S. 142, M 2).

3 Erörtern Sie am Beispiel dieses oder eines anderen Ihnen bekannten Urteils, inwieweit die verschiedenen Bewertungen in M 2 aus Ihrer Sicht gerechtfertigt sind.

1.8.3 Das Bundesverfassungsgericht als „Mitregent"?

MATERIAL **1** Karlsruhe als „Ersatzparlament"?

„Das Gericht darf sich nicht als [...] als Lehrmeister der Republik gerieren. Wenn der Gesetzgeber für alles und jedes eine spezielle Rechtfertigung benötigt, wird demokratische durch bürokratische Herrschaft verdrängt. Bundesverfassungsgericht und parlamentarische Körperschaften sind nicht Partner in einem Kooperationsverhältnis. Das Gericht ist und bleibt ein der politischen Gewalt nachgeordnetes Organ der Rechtskontrolle."
(Christian Tomuschat, Völker- und Europarechtler)

„Das Gericht ist ein Garant für Demokratie, Rechtsstaat und Grundrechte."
(Heiko Maas, Bundesjustizminister, SPD)

„Karlsruhe ist nicht der bessere Gesetzgeber."
(Gerda Hasselfeldt, CSU)

„Viele Urteile würden sich erübrigen, wenn die Bundesregierung bei der Gesetzgebung mehr Sorgfalt an den Tag legen würde und keine verfassungswidrigen Gesetze mehr beschließen würde."
(Britta Haßelmann, Grüne)

Zitat 1 aus: Christian Tomuschat, Die Karlsruher Republik, in: www.zeit.de/2010/20/P-oped-Verfassungsgericht/komplettansicht, 12.5.2010; Zitat 2–4 aus: Thorsten Jungholt, Maas verteidigt Karlsruhe gegen Kritik aus Union, in: www.welt.de/politik/deutschland/article139773083/Maas-verteidigt-Karlsruhe-gegen-Kritik-aus-Union.html, 19.4.2015 (Zugriff: 10.1.2017)

MATERIAL **2** Die Sicht des Gerichts

Der Präsident des Bundesverfassungsgerichts, Andreas Voßkuhle, hat Kritik zurückgewiesen, die Karlsruher Richter erlägen zunehmend der Versuchung, „Politik zu be-
5 treiben". Er halte es für fatal, wenn sich der Eindruck verfestigen würde, eine Sache sei erst dann wirklich entschieden, wenn das Bundesverfassungsgericht darüber befunden habe. „Das Bundesverfassungsgericht ist
10 kein Ersatzgesetzgeber und möchte auch keiner sein", sagte Voßkuhle gestern bei einem Symposium [...].
Die Gefahr, dass Verfassungsklagen „als Fortsetzung der Politik mit anderen Mitteln"
15 betrachtet würden und es als Konsequenz daraus zu einer schleichenden „Entdemokratisierung" kommen könne, sieht Voßkuhle nicht. Er wies darauf hin, dass die Interventionen des Bundesverfassungsgerichts in
20 die Gesetzgebung des Bundes und der Länder in den vergangenen 70 Jahren „eher gering" gewesen seien. Von rund 200 000 in dieser Zeit abgeschlossenen Gesetzgebungsverfahren seien lediglich 700 von den Karls-
25 ruher Richtern beanstandet worden. Selbst dann habe das Gericht die von Bund und Ländern gesetzten Rechtsnormen meist nur in Teilen verworfen. Ein Gesetz werde in der Regel nicht insgesamt für nichtig erklärt, und
30 es gebe selten unmittelbare Handlungsaufträge an die Politik. Dem Gesetzgeber würden vielmehr Leitplanken gesetzt und Fristen für eine verfassungsgemäße Novellierung gewährt. „Der Ball wird in aller Regel in die Politik zurückgespielt."
35 Voßkuhle konstatierte bei seinem Vortrag [...] zwar, dass es in Deutschland, historisch bedingt, eine Affinität zum Lösen von Konflikten durch Rechtsprechung gebe. Die Karlsruher Richter sind sich nach seinen Worten
40 aber bewusst, dass sie die „grundgesetzliche Funktionsordnung", sprich die klare Rollenverteilung zwischen Legislative und Judikative, nicht überspielen dürften. Im natürlichen Spannungsfeld zwischen Bundestag und Bun-
45 desverfassungsgericht sieht Voßkuhle einen „Legitimationsvorrang" für die Volksvertreter. Die Richter hätten stets im Bewusstsein der eigenen Grenzen zu agieren.

Aus: Frankfurter Allgemeine Zeitung, 1.7.2016, S. 52

Die Sicht der Exekutive

Urteile des Karlsruher Gerichts sorgen bei wichtigen Unionsvertretern für offene Kritik. Bundestagspräsident Lammert fordert sogar eine Grundgesetzänderung, um den Einfluss der Richter einzudämmen.

In den Unionsparteien wächst der Unmut über das Bundesverfassungsgericht. Führende Vertreter von CDU und CSU kritisieren eine Reihe der jüngsten Entscheidungen des
5 Karlsruher Gerichts. Sie beklagen eine Überdehnung von Kompetenzen und mangelnde Rücksichtnahme der Richter auf die gesellschaftspolitischen Folgen ihrer Urteile.

„Das Bundesverfassungsgericht legt seinen
10 Auftrag aus meiner Sicht in den letzten Jahren besonders weitreichend aus", sagte Gerda Hasselfeldt, Vorsitzende der CSU-Landesgruppe im Bundestag. Das Gericht versuche, „relativ stark" in die politische Entschei-
15 dungsfreiheit einzugreifen. „Zugleich setzt das Verfassungsgericht fast unlösbare Aufgaben für den Gesetzgeber. Das sehe ich kritisch", sagte Hasselfeldt.

Konkret bemängelte sie das Urteil zum Kopf-
20 tuchverbot für Lehrerinnen, mit dem das Gericht für Konflikte in den Schulen sorge. In der Entscheidung zur Erbschaftsteuer hätten die Richter der Politik mit der sog. Bedürfnisprüfung die Einführung eines Instruments
25 vorgeschrieben, das das Steuerrecht eigentlich nicht kenne. „Nun gezwungenermaßen ein artfremdes Instrument in das Erbschaftsteuerrecht einzuführen macht eine ordnungspolitisch saubere Lösung schwierig,
30 sagte Hasselfeldt. Derart konkrete Vorgaben seien nicht Aufgabe des Gerichts: „Karlsruhe ist nicht der bessere Gesetzgeber."

Der Vorsitzende des Auswärtigen Ausschusses im EU-Parlament, Elmar Brok (CDU), griff das Gericht wegen der Abschaffung der Drei-
35 prozenthürde bei Europawahlen scharf an. „Mit dem Urteil schwächt Deutschland sich selbst. Einerseits klagt das Verfassungsgericht über zu wenig Demokratie in der EU, und dann hindert es das Parlament, vernünf-
40 tige demokratische Kontrolle auszuüben", sagte Brok. In dem Urteil komme „die Verachtung einiger Richter für Politik zum Ausdruck. Ich würde die Damen und Herren gern einmal zu einem vierwöchigen Prakti-
45 kum ins EU-Parlament einladen, damit sie dessen Funktionsweise verstehen."

Norbert Lammert (CDU), Präsident des Deutschen Bundestags, hält den „deutlich erkennbaren Gestaltungsanspruch" der Karlsruher
50 Richter in „hochpolitischen Fragen" wie der Ausgestaltung des Wahlrechts für problematisch. Lammert zielt vor allem auf die Karlsruher Entscheidung, die Fünfprozenthürde bei Kommunalwahlen aufzuheben, und die
55 damit einhergehende Zersplitterung der Gemeindeparlamente. Das Urteil habe „ruinöse Folgen" für die Entscheidungsfindung auf kommunaler Ebene und erschwere die Rekrutierung von geeigneten Mandatsträgern.
60 „Die Verdoppelung der Beratungszeit bei gleichzeitiger Reduzierung der Erfolgsaussichten ist tödlich für die Bereitschaft zum ehrenamtlichen politischen Engagement."

Lammert plädierte für eine Grundgesetzän-
65 derung. „Wir haben hier eine der wenigen wirklichen Lücken in der Verfassung", sagte der Bundestagspräsident: „Das Grundgesetz schweigt zu den Grundsätzen des Wahlsystems, zur Frage nach Mehrheits- oder Ver-
70 hältniswahlrecht, nach Sperrklauseln oder dem Ausgleich von Überhangmandaten." Diese Lücke verleite das Gericht dazu, in den Spielraum des Gesetzgebers einzugreifen.

Aus: Susanne Gaschke u. a., In der Union wächst die Wut auf Karlsruhe, in: www.welt.de/politik/deutschland/article139747620/In-der-Union-waechst-die-Wut-auf-Karlsruhe.html, 19.4.2015 (Zugriff: 10.1.2017)

INFO

Das Bundesverfassungsgericht erklärte in seinem Urteil vom 26.2.2014 die **Dreiprozentklausel für die Wahlen zum Europäischen Parlament** für verfassungswidrig. Im Wortlaut: „Der mit der Dreiprozentsperrklausel im Europawahlrecht verbundene schwerwiegende Eingriff in die Grundsätze der Wahlrechtsgleichheit und Chancengleichheit der politischen Parteien ist unter den gegebenen rechtlichen und tatsächlichen Verhältnissen nicht zu rechtfertigen."

Aus: www.bundesverfassungsgericht.de/ SharedDocs/Entscheidungen/DE/2014/02/ es20140226_2 bve000213.html (Zugriff: 10.1.2017)

QUERVERWEIS

Bund und Länder im Konflikt – der Streit um die Erbschaftsteuer
S. 137, M 4

⫶⫶**1** Erörtern Sie die Positionen in den Zitaten (M 1) vor dem Hintergrund Ihrer Kenntnisse des Konflikts um das BKA-Gesetz (S. 144 f.).

⫶⫶**2** Vergleichen Sie die Standpunkte von Voßkuhle und Lammert und beziehen Sie sich dabei auf ihre jeweilige Position im Modell der Gewaltenteilung (M 2 und M 3).

⫶⫶**3** Recherchieren Sie zwei umstrittene Stellungnahmen des Bundesverfassungsgerichts und nehmen Sie dazu Stellung.

Gewaltenteilung und Gewaltenverschränkung
S. 116, M 4

2. Die Verfassungsorgane im Gesetzgebungsprozess

2.1 Politik im Modell: der Politikzyklus

MATERIAL **1**

Was ist Politik?

GLOSSAR
Politik

Politik ist eine „prinzipiell endlose Kette von Versuchen zur Bewältigung von gesellschaftlichen Gegenwarts- und Zukunftsproblemen."

Aus: Peter Massing/Werner Skuhr, Die Sachanalyse – Schlüssel zur Planung für den Politikunterricht, in: Gegenwartskunde, Heft 2, 1993, S. 252

MATERIAL **2**

Analyse politischer Prozesse im Modell

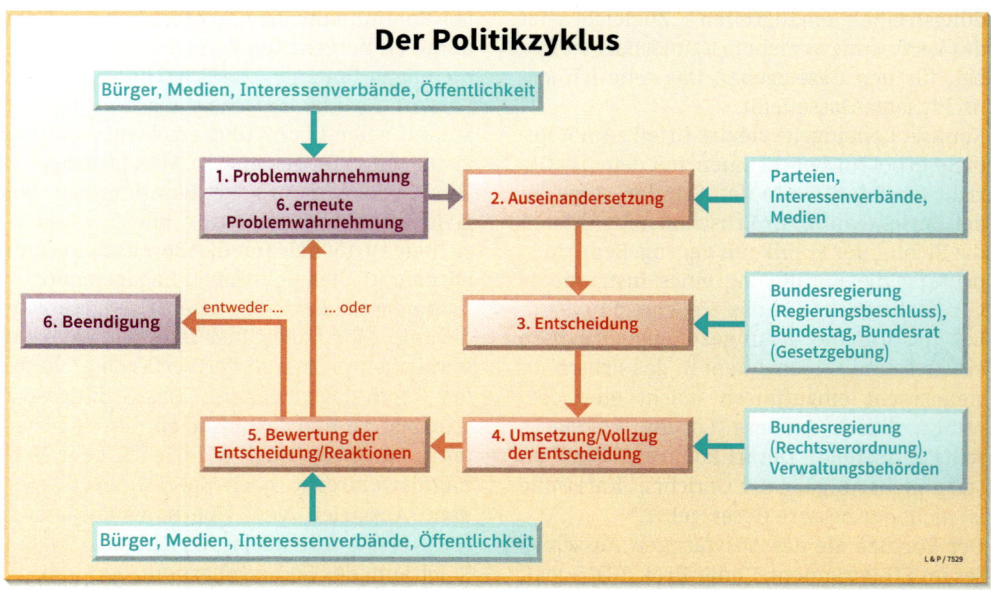

1. Der Politikzyklus in M 2 gilt als geeignetes Instrument, um politische Prozesse zu analysieren. Erklären Sie ausgehend von dem Zitat in M 1 den Zyklus in eigenen Worten.
2. Sammeln Sie Fragen, die man bei den einzelnen Stationen des Politikzyklus zur genaueren Analyse stellen könnte (z. B. bei der Station „Auseinandersetzung: Wer ist beteiligt und welches sind die verschiedenen Akteursinteressen?).
3. Auf den folgenden Seiten finden Sie ein Fallbeispiel für einen Gesetzgebungsprozess in Deutschland. Analysieren Sie dieses Fallbeispiel mithilfe des Politikzyklus und den von Ihnen gesammelten Fragen aus Aufgabe 2.

2.2 Wie entsteht ein Gesetz?

2.2.1 Bedeutung und Funktion

Die Vorratsdatenspeicherung im Spiegel der Presse

MATERIAL **1**

> **Vorratsdatenspeicherung:**
> **Sie ist wieder da**
>
> Aus: www.spiegel.de/netzwelt/netzpolitik/
> vorratsdatenspeicherung-die-wichtigsten-
> texte-zum-comeback-der-vds-a-1068480.html,
> 18.12.2015 (Zugriff: 10.1.2017)

> **Debatte um Vorratsdatenspeicherung:**
> **Gleichung mit vielen Unbekannten**
>
> Aus: www.deutschlandfunk.de/debatte-um-vor-
> ratsdatenspeicherung-gleichung-mit-vielen.724.
> de.html?dram:article_id=311357, 11.2.2015
> (Zugriff: 10.1.2017)

> **Vorratsdatenspeicherung:**
> **Größtenteils harmlos? Von wegen!**
>
> Aus: www.zeit.de/digital/datenschutz/2015-10/
> vorratsdatenspeicherung-verharmlosung,
> 16.10.2015 (Zugriff: 10.1.2017)

> **Vorratsdatenspeicherung –**
> **die unendliche Geschichte**
>
> Aus: www.zdf.de/ZDF/zdfportal/
> blob/38903020/1/data.pdf, 16.6.2015 (Zugriff:
> 10.1.2017)

INFO

Art. 10 GG
dient dem Schutz
der Vertraulichkeit
individueller Kom-
munikation, soweit
diese schriftlich oder
fernmeldetechnisch
übertragen wird.
Art. 10 Abs. 1 lautet:
Das Briefgeheimnis
sowie das Post- und
Fernmeldegeheimnis
sind unverletzlich.

Was bisher geschah ...

MATERIAL **2**

Die große Koalition hatte 2007 die VDS [Vor-
ratsdatenspeicherung] beschlossen. Zwei Jahre später erklärte das Bundesverfassungsgericht das deutsche Gesetz für nichtig, da es
5 gegen das Fernmeldegeheimnis verstoße, einen unverhältnismäßigen Grundrechtsein-
griff darstelle und den Schutz der Daten
nicht gewährleisten könne. Grundsätzlich
hielten es die Richter jedoch für juristisch zu-
10 lässig, die Verkehrsdaten von Bürgern zu
speichern. Zuvor galt die Datenspeicherung
ohne konkreten Anlass zu noch unbestimm-
ten Zwecken von vornherein als grundge-
setzwidrig.
15 Auch auf europäischer Ebene beschäftigt die
VDS die Gerichte. Eine EU-Richtlinie aus dem
Jahr 2006 verpflichtete private Telekommunikationsunternehmen, Verbindungsdaten für
einen Zeitraum von sechs bis 24 Monaten zu
speichern. 2014 verwarf der Europäische Ge- 20
richtshof diese Richtlinie jedoch. Ähnlich
wie in Deutschland erwähnten die Richter,
dass eine Speicherung an sich zulässig sei,
um schwere Kriminalität zu bekämpfen. Die
Richtlinie in ihrer bisherigen Form verstoße 25
aber gegen europäisches Recht, da sie „einen
Eingriff von großem Ausmaß und besonderer Schwere in die Grundrechte" beinhalte
und sich „nicht auf das absolut Notwendige"
beschränke.
Neben den beiden Gerichten sind auch die
EU-Kommission und die Wissenschaftlichen
Dienste des Bundestags skeptisch, ob die VDS
mit den Grundrechten vereinbar ist.

Aus: Wolfgang Janisch, Das sagen Richter und Kritiker zur Vorratsdatenspeicherung, in: www.sued-
deutsche.de/digital/freiheit-versus-sicherheit-was-sie-ueber-die-vorratsdatenspeicherung-wissen-soll-
ten-1.2438333-2, 16.10.2015 (Zugriff: 2.5.2016)

INFO

Vorratsdaten-
speicherung
Bei der Vorratsdaten-
speicherung speichert
der Telekommunikati-
onsanbieter im Auftrag
des Staates perso-
nenbezogene Verbin-
dungsdaten. Diese
Speicherung erfolgt
auch ohne konkreten
Anfangsverdacht und
soll der Verhinderung
und Verfolgung von
30 schweren Straftaten
dienen.

QUERVERWEIS

Art. 10: Das Brief- und
Fernmeldegeheimnis
S. 20, M 2

MATERIAL **3**

INFO
„Charlie Hebdo"
Bei einem Anschlag
auf das Büro der fran-
zösischen Satirezei-
tung „Charlie Hebdo"
durch islamistische
Attentäter wurden am
7.1.2015 zwölf Men-
schen getötet, mehrere
schwer verletzt.

Hilft die Vorratsdatenspeicherung gegen Terror?

Nach dem Anschlag auf „Charlie Hebdo" hat die CSU die Rückkehr zur Vorratsdatenspeicherung gefordert. Ein Pro und Kontra von zwei Spiegel-online-Redakteuren.

Judith Horchert: Das ging ja diesmal rekordverdächtig schnell: Gerade mal einen Tag nach dem furchtbaren Anschlag in Paris ruft die CSU nach der Vorratsdatenspeicherung
5 (VDS). Und du machst auch noch mit. Geht's noch?

Jörg Diehl: Moooment. Die Vorratsdatenspeicherung halte ich seit Jahren für unverzichtbar für die deutsche Polizei. Dass es sie
10 immer noch nicht gibt, ist der eigentliche Skandal!

Judith Horchert: Unsinn. Wie wirkungslos die Methode als Präventivmaßnahme ist, hat sich doch gerade erst gezeigt: In Frankreich
15 gibt es die Vorratsdatenspeicherung schon seit Jahren. Zwölf Monate lang werden dort Verbindungsdaten gespeichert. Verhindern konnte das den Terroranschlag nicht.

Jörg Diehl: Nein. Aber es behauptet auch
20 niemand, die Vorratsdatenspeicherung ermögliche totale Sicherheit. Die kann es in einer offenen Gesellschaft nicht geben. Die VDS würde aber die Polizei in die Lage versetzen, schwere Straftaten besser als bislang
25 aufzuklären.

Judith Horchert: Selbst wenn das stimmen sollte, ist der Preis viel zu hoch: Wir können nicht jeden Bürger überwachen, weil ein paar davon womöglich Böses im Schilde führen.

30 **Jörg Diehl:** Die VDS ist doch keine Generalüberwachung, das ist pure Polemik! Es bedeutet, dass Telekommunikationsfirmen Daten von Nutzern, also etwa wer wen wann angerufen hat, für einige Zeit speichern. Polizei
35 und Staatsanwaltschaften können diese zur Aufklärung von Straftaten anfordern, *wenn ein Gericht ihnen das erlaubt.* Und nur dann.

Judith Horchert: Wie viel solche sogenannten Metadaten über uns verraten, haben wir
40 bereits ausführlich berichtet. Und was Gerichte erlauben und was nicht, kann sich ja schnell ändern. Wie übrigens auch politische Systeme. Wenn die Daten erst einmal da sind, können sie auch missbraucht werden.

45 **Jörg Diehl:** Nach meiner Erfahrung handelt die Justiz nicht ganz so willkürlich, wie du ihr das nun unterstellst. Im Übrigen glaube ich nicht, dass die größte Gefahr für unser politisches System von den Behörden ausgeht. Jahrzehntelang konnten in Deutsch-
50 land Sicherheitsbehörden 100 Prozent der Kommunikation überwachen – es gab nur Festnetzanschlüsse. In dieser Zeit hat sich unsere Demokratie nicht aufgelöst!

Judith Horchert: Ich möchte aber nicht,
55 dass unsere Sicherheitsbehörden „100 Prozent der Kommunikation überwachen" können – bloß, weil sie das irgendwann mal konnten. Und das sehe ja nicht nur ich so. Die VDS haben wir in Deutschland ausführ-
60 lich diskutiert. Dabei kam heraus: Sie bringt gar nicht viel, schränkt aber die Freiheit der Bürger ein. Das hat zunächst das Bundesverfassungsgericht und auch gerade erst der Europäische Gerichtshof festgestellt. Vom
65 EuGH hieß es: Die Regelung „beinhaltet einen Eingriff von großem Ausmaß und besonderer Schwere in die Grundrechte auf Achtung des Privatlebens und auf den Schutz personenbezogener Daten".
70 **Jörg Diehl:** Das Verfassungsgericht hat aber auch ausdrücklich festgestellt, dass die Rekonstruktion von Telekommunikationsverbindungen für eine effektive Polizeiarbeit besonders wichtig ist. Die Speicherung von
75 Verkehrsdaten sei nicht grundsätzlich verfassungswidrig, sondern unter bestimmten Voraussetzungen mit dem Grundgesetz vereinbar, hieß es.

Judith Horchert: Apropos Grundgesetz. Nach
80 dem Anschlag auf „Charlie Hebdo" sind viele Menschen sofort auf die Straße gegangen, um für unsere Freiheit, unsere Grundrechte, insbesondere die Pressefreiheit zu demonstrieren. Warum sollten wir auf andere
85 Grundrechte verzichten? Sobald wir unsere Freiheit einschränken lassen, haben die Terroristen gewonnen!

Jörg Diehl: Ich finde es ebenfalls nicht richtig, als Reaktion auf diesen feigen Anschlag
90 in Hysterie zu verfallen und sofort nach mehr Befugnissen für die Behörden zu rufen. Da sind wir uns einig. Fakt ist aber, dass die deutsche Polizei seit mehr als vier Jahren fast flehentlich den Gesetzgeber bittet, die
95 VDS gesetzlich zu regeln. Ohne Erfolg. Seltsamerweise sind sich inzwischen [...] auch fast

alle Parteien in der Sache einig. Es passiert trotzdem nix.

100 **Judith Horchert:** Lass doch die Polizei flehentlich bitten. Nicht unser Problem.

Jörg Diehl: Doch, als Bürger ist es auch mein Problem. Denn es geht nicht „nur" um Terro-

105 risten. Es geht um Mafiosi, Menschenhändler, Auftragsmörder, um Kartelle, Syndikate, Banden, die mit organisierter Kriminalität fantastische Beträge erwirtschaften und denen der Rechtstaat vielfach hilflos gegen-

110 übersteht, weil er schon ihre Kommunikation nicht aufklären kann. Das macht mir Sorge, auch politisch.

Judith Horchert: Ich wünschte von ganzem Herzen, es gäbe ein wirksames Mittel, um solche schrecklichen Anschläge und andere

115 Straftaten zuverlässig zu verhindern. Die Vorratsdatenspeicherung ist es sicher nicht. Terroristen können sich auch ganz ohne Telefon im Wald treffen und eine Tat planen. Statt mit verzweifelter Überwachung müs-

120 sen wir als Gesellschaft solchen Taten entgegentreten mit unseren Werten und unserer Freiheit. Die sollten wir dringend verteidigen und uns nicht kleinkriegen lassen.

Jörg Diehl: Ohne Sicherheit keine Freiheit!

125 **Judith Horchert:** Da muss ich mal eben mit Benjamin Franklin kontern, der sagt: Wer die Freiheit aufgibt um Sicherheit zu gewinnen, der wird am Ende beides verlieren.

Jörg Diehl: Vollkommen einverstanden. Aber

130 die Vorratsdatenspeicherung – um mal wieder etwas weniger pathetisch zu werden – ist eben keine Aufgabe der Freiheit. Ansonsten wären ja mal abgesehen von Deutschland fast alle Länder Europas politisch unfrei.

Judith Horchert: Die Deutschen haben sich 135 vehement gegen die VDS gewehrt. Womöglich, weil sie historisch bedingt beim Thema Datenschutz sensibler sind als andere Nationen.

Jörg Diehl: Die Deutschen?

Judith Horchert: Ärzte, Anwälte, Wissen- 140 schaftler und Seelsorger [...]. Auch der Berufsverband der Journalisten übrigens. Und letztlich hat es ja geklappt: Es gibt sie hier ja nicht.

Jörg Diehl: Ja, aus politischer Feigheit. Ich glaube ehrlich nicht, dass „die Deutschen" 135 ein Problem mit der VDS hätten. Aber mal ohne Mutmaßung: Es geht mir ja auch nur darum, ein gesetzliches Vakuum zu füllen. Alle Gerichte haben eine klare Regelung angemahnt, vor Jahren schon, ohne Ergebnis. 140 Es ist doch auch nicht in deinem Sinne, dass bei der jetzigen Rechtslage theoretisch jeder Anbieter alles für immer speichern könnte.

Judith Horchert: Korrekt. Aber das eine ist die Wirtschaft, das andere die Politik. Ich fin- 145 de es gefährlich, wenn Politiker den Schock der Menschen nach einem solchen Anschlag für die eigenen politischen Ziele ausnutzen.

Jörg Diehl: Das finde ich auch! [...]

Judith Horchert: Dann lass uns die Diskussi- 150 on doch in ein paar Monaten noch mal führen. Ich bin jedenfalls vorbereitet.

Jörg Diehl: Sehr gerne. Bereit, wenn du es bist.

155

Aus: Judith Horchert/Jörg Diehl, Hilft die Vorratsdatenspeicherung gegen Terror?, in: www.spiegel.de/netzwelt/netzpolitik/charlie-hebdo-streitgespraech-ueber-vorratsdatenspeicherung-a-1012141.html , 9.1.2015 (Zugriff: 3.5.2016)

Die Positionslinie

METHODE

Stellen Sie sich vor, quer durch den Raum sei eine Linie gezogen, oder kleben Sie diese mit einem Klebestreifen ab. Die Mitte der Linie markiert den Standpunkt „unentschlossen". Die beiden Enden der Linie stellen die Position „stimme zu" bzw. „stimme nicht zu" dar. Begründen Sie Ihre Haltung zu den jeweiligen Fragen. Es ist möglich, nach der Diskussion den Standpunkt zu wechseln.

1 Nehmen Sie Stellung zur Vorratsdatenspeicherung, indem Sie eine Positionslinie bilden.

2 Ordnen Sie vor dem Hintergrund Ihres Vorwissens ein, auf welche Sachverhalte und Probleme die Zeitungsschlagzeilen jeweils anspielen könnten (M 1).

3 Erläutern Sie den grundsätzlichen Konflikt über die Vorratsdatenspeicherung (M 2).

4 Arbeiten Sie aus M 3 die Pro- und Kontra- Argumente zur Vorratsdatenspeicherung heraus.

5 Bilden Sie erneut eine Positionslinie und vergleichen Sie das Ergebnis mit Aufgabe 1.

2.1.2 Die Akteure im Gesetzgebungsprozess

Das Gesetzgebungsverfahren – zwei Darstellungen

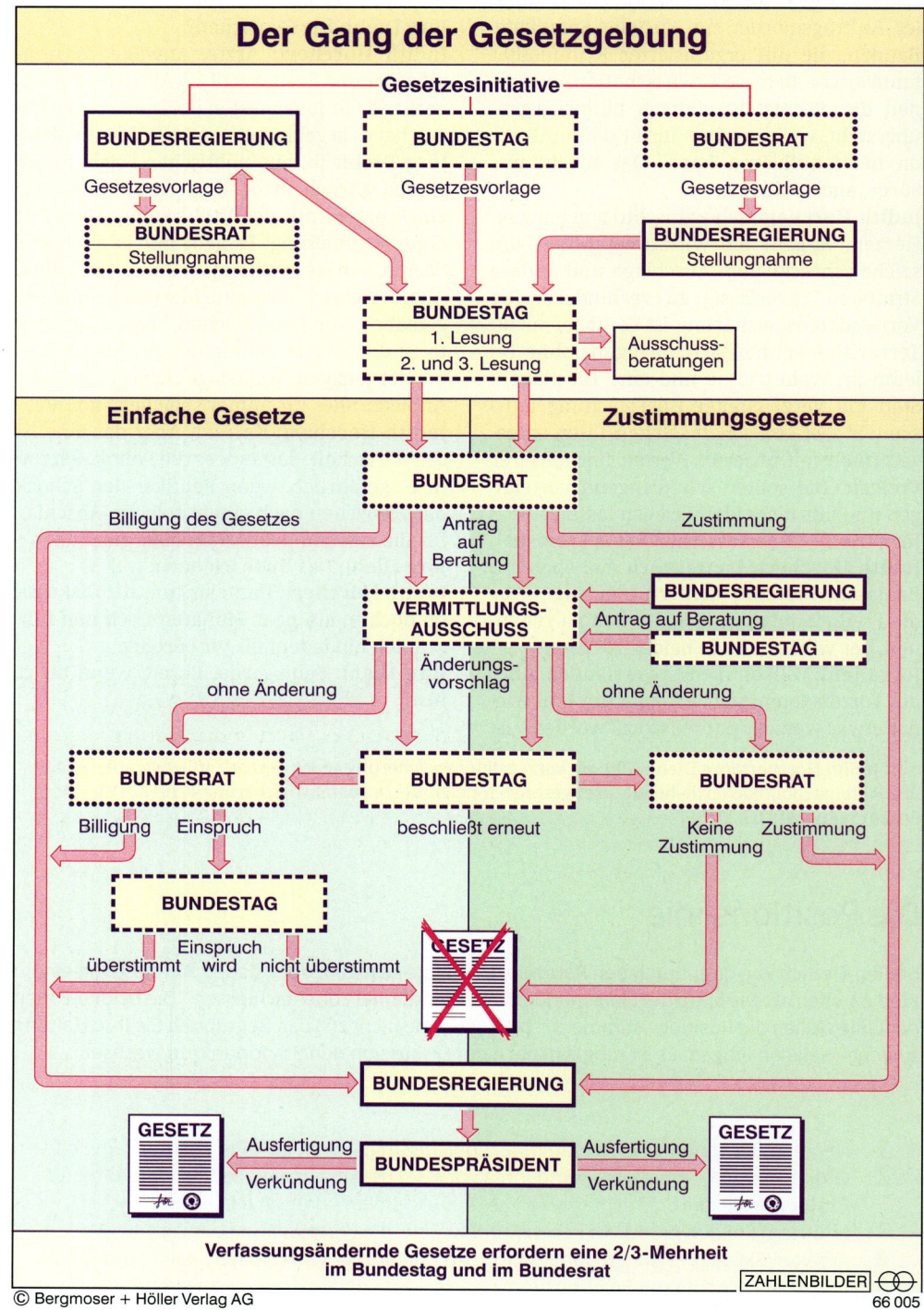

© Bergmoser + Höller Verlag AG

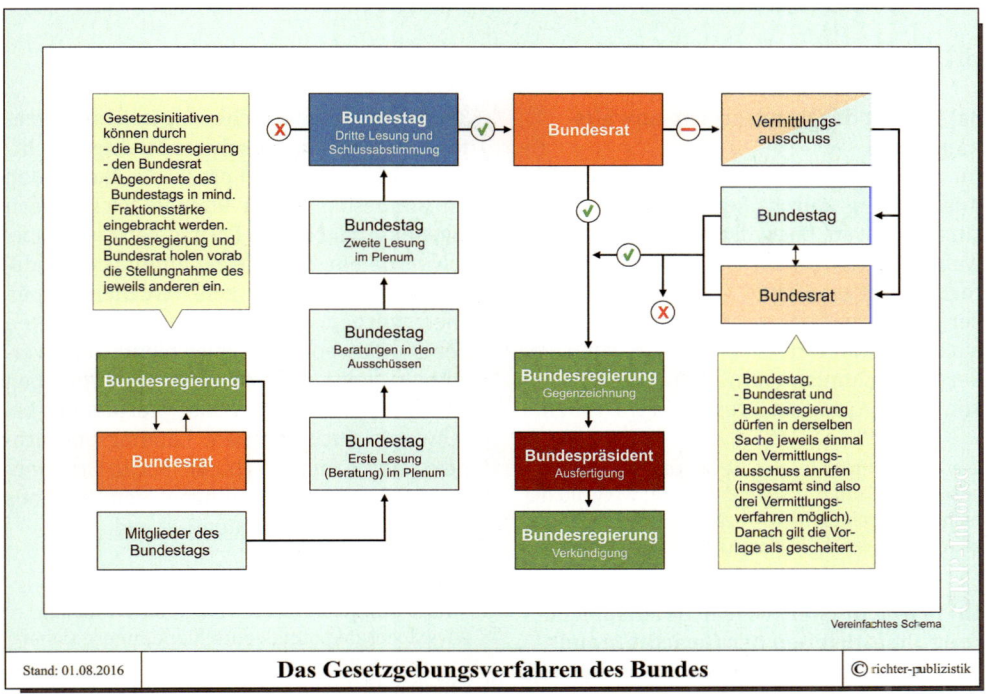

Das Gesetzgebungsverfahren des Bundes

Stand: 01.08.2016

© richter-publizistik

Vereinfachtes Schema

Neues Gesetz: Vorratsdatenspeicherung 2.0 kommt

Aktivisten und Experten halten sie für fragwürdig, doch der Bundestag ist überzeugt: Deutschland braucht die Vorratsdatenspeicherung. Ein entsprechendes Gesetz verabschiedeten die Abgeordneten mit großer Mehrheit.

Für die von der Koalition eingebrachte Neuregelung votierten in namentlicher Abstimmung 404 Abgeordnete. Es gab 148 Gegenstimmen. Sie kamen vorwiegend von der
5 Linkspartei und den Grünen, auch 43 Sozialdemokraten sagten Nein zu den Plänen. Sieben SPD-Abgeordnete enthielten sich.
Linksparteichef Bernd Riexinger rügte, die Pläne seien „rechtspolitisch eine Katastrophe
10 und rechtsstaatlich inakzeptabel". Der Grünen-Politiker Konstantin von Notz nannte das Vorhaben „Gift für unsere Demokratie".
Bundesjustizminister Heiko Maas (SPD) verteidigte die Wiedereinführung der Vorrats-
15 datenspeicherung. Es handele sich zwar um einen Eingriff in die informationelle Selbstbestimmung. Dieser finde jedoch in verhältnismäßigem Maße statt, sagte Maas bei der abschließenden Beratung im Bundestag. Im Gegensatz zu der früheren Regelung würden 20 nun weniger Daten gespeichert, sie würden kürzer aufbewahrt und es gebe hohe Hürden für den Zugriff. „Damit werden wir der höchstrichterlichen Rechtsprechung vollumfänglich gerecht", sagte der Minister. 25
Das Gesetz sieht vor, dass Telekommunikationsunternehmen die Telefon- und Internetverbindungsdaten aller Bürger zehn Wochen lang speichern müssen. Dazu gehören die Rufnummern der beteiligten Anschlüsse, 30 Zeitpunkt und Dauer der Anrufe sowie die IP-Adressen von Computern. E-Mails sind aber ausgenommen. Für die Standortdaten, die bei Handy-Gesprächen anfallen, ist eine verkürzte Speicherfrist von vier Wochen 35 vorgesehen. Die Behörden dürfen auf die Daten zugreifen, wenn ein Richter den Zugriff genehmigt. So sollen Verbrechen aufgeklärt werden.

Aus: www.tagesschau.de/inland/vorratsdatenspeicherung-135.html, 16.10.2015 (Zugriff: 2.5.2016)

Stimmen zum neuen Gesetz

3a) Protest der Bundesrechtsanwaltskammer

Im Gesetzgebungsverfahren steht nun die Ausfertigung durch Bundespräsident Joa-
5 chim Gauck an. Das will die Bundesrechtsan-
waltskammer (BRAK) verhindern. Die Neuregelung ist aus Sicht der Anwaltsvertretung
verfassungswidrig, weil sie vorsehe, dass
auch die Standort- und Verkehrsdaten von
10 Berufsgeheimnisträgern – und damit auch
von Rechtsanwälten – gespeichert werden.

Aus: Bundespräsident sollte neues Gesetz nicht
ausfertigen (una/LTO-Redaktion), in: www.lto.de/
recht/nachrichten/n/vds-brak-praesident-schreibt-
gauck-brief-gesetz-verfassungswidrig/, 10.11.2015

3b) Justizminister: Vorratsdatenspeicherung „hält Urteilen der Gerichte stand"

Bundesjustizminister Heiko Maas hat sich
15 nach dem Beschluss des Regierungsentwurfs
zur Vorratsdatenspeicherung überzeugt gezeigt, dass dieser mit der höchstrichterlichen
Rechtsprechung vereinbar ist. [...] Hinter
dem nun verabschiedeten Gesetzentwurf
20 stehe er aber, versicherte der Sozialdemokrat [...]. Dieser sei weit entfernt von dem,
was in den vergangenen Jahren „unter Vorratsdatenspeicherung diskutiert worden ist".
Dabei sei es um längere Fristen gegangen, es
25 sei kein Katalog für schwerste Straftaten definiert worden, der Ermittlern einen Zugriff
auf die Verbindungs- und Standortinformati-
onen erlaube, zudem sei dafür kein Richter-
vorbehalt vorgesehen gewesen. Die Vorga-
30 ben der Gerichte seien eingeflossen.

Aus: www.heise.de/newsticker/meldung/Justiz-
minister-Vorratsdatenspeicherung-haelt-Urteilen-
der-Gerichte-stand-2668868.html, 27.5.2015

3c) Vorratsdatenspeicherung in Kraft getreten – Verfassungsbeschwerde eingereicht

Die medienpolitische Sprecherin der Grünen
im Bundestag, Tabea Rößner, reichte nach
eigenen Angaben am Freitag Verfassungsbe- 35
schwerde ein. Dass Telekommunikationsda-
ten ohne Anlass für zehn Wochen gespeichert würden, sei „mit den Freiheitsrechten
der Bundesrepublik Deutschland nicht vereinbar", teilte Rößner mit. Ihren Angaben 40
zufolge stehen hinter der Verfassungsbeschwerde auch mehrere Landtagsabgeord-
nete, der Landesverband Berlin-Branden-
burg des Deutschen Journalisten-Verbands
und der Deutsche Medienverband. 45

Aus: Vorratsdatenspeicherung in Kraft getreten
– Verfassungsbeschwerde eingereicht (dpa), in:
www.focus.de/politik/deutschland/innere-sicher-
heit-gesetz-zur-vorratsdatenspeicherung-in-kraft-
getreten_id_5164839.html, 19.12.2015

3d) Bundesrat stimmt für Vorratsdaten-speicherung

Nach dem Bundestag hat am Freitag auch
der Bundesrat der Wiedereinführung der
umstrittenen Vorratsdatenspeicherung (VDS) 50
zugestimmt. [...] Für den Antrag der rot-rot-
grünen Thüringer Landesregierung, den
Vermittlungsausschuss anzurufen, gab es in
der Länderkammer keine Mehrheit. Aus
Sicht Thüringens ist die verdachtsunabhän- 55
gige Speicherung von Kommunikationsdaten mit der Charta der Grundrechte der Europäischen Union nicht vereinbar.

Aus: Bundesrat stimmt für Vorratsdatenspeicherung (mak/dpa), in: www.spiegel.de/netzwelt/
netzpolitik/vorratsdatenspeicherung-bundesrat-
erteilt-zustimmung-a-1061518.html, 6.11.2015

INFO

Mit der **Charta der
Grundrechte** hat die EU
erstmals einen rechtlich
verbindlichen Katalog
von Bürgerfreiheiten,
Grundrechten und wirt-
schaftlichen und sozialen
Rechten der europäi-
schen Bürger formuliert.
Dabei sind auch Schutz-
bereiche geregelt, die das
Grundgesetz nicht aus-
drücklich erwähnt, wie
den Schutz personenbe-
zogener Daten, das Recht
auf Bildung, die Rechte
von Kindern und älteren
Menschen, das Recht
auf eine gute Verwaltung
oder die Gewährleistun-
gen im Arbeitsrecht.
An die neu formulierten
Grundrechte sind sowohl
die Organe der EU gebun-
den als auch auch die
Mitgliedstaaten, wenn sie
EU-Recht ausführen.
Die Charta trat mit dem
Vertrag von Lissabon am
1.12.2009 in Kraft.

---

1 Vergleichen Sie die beiden Schaubilder zum Gesetzgebungsprozess in Deutschland
in M 1 u. a. im Hinblick darauf, welche unterschiedlichen Schwerpunkte gesetzt
werden und welches Schaubild Ihnen übersichtlicher erscheint.
Begründen Sie Ihre Einschätzung.

2 Ordnen Sie M 2 bis M 3 begründet verschiedenen Phasen des Gesetzgebungsprozesses
(M 1) zu und benennen Sie die in der jeweiligen Phase zentralen Akteure.

3 Arbeiten Sie heraus, welche Ziele und Werte für die Argumentation der verschiedenen
Akteure in M 2 und M 3 jeweils entscheidend sind.

3e) Bundestag: Neue Vorratsdatenspeicherung vom Rechtsausschuss abgenickt

Der federführende Rechtsausschuss des Bundestags hat trotz Protesten der Opposition der schwarz-roten Initiative zur Vorratsdatenspeicherung mit Müh und Not zugestimmt. [...]

Mit den Stimmen der großen Koalition beschloss das Gremium auch den Änderungsantrag, auf den sich CDU/CSU und SPD im Vorfeld verständigt hatten. Demnach soll die Bundesregierung die Auswirkungen des Überwachungsinstruments innerhalb von drei Jahren mithilfe eines unabhängigen Sachverständigen evaluieren. Die Entscheidung im Rechtsausschuss stand zunächst auf der Kippe, da von 39 Mitgliedern nur 17 anwesend waren und das Gremium so nicht beschlussfähig war. Die Sitzung wurde daraufhin unterbrochen, im Vorraum sah man, wie Mitarbeiter hektisch zusätzliche Abgeordnete herbeitelefonierten und dann doch zumindest 23 Volksvertreter zusammenkamen, um das erforderliche Quorum zu erfüllen. [...]

[Es gab] Protest der Linksfraktion, die durch das Vorgehen der Koalition die Oppositionsrechte verletzt sieht. Sie monierte, dass den Mitgliedern des Rechtsausschusses vor der entscheidenden Sitzung nicht einmal 24 Stunden geblieben seien, den Änderungsantrag zu prüfen. Die Regel sei es, dass den in dem Gremium sitzenden Parlamentariern einschlägige Dokumente drei Tage im Voraus zugeleitet werden müssten. Dabei gehe es darum, die Opposition davor zu schützen, von der Koalition überrumpelt zu werden.

Aus: www.heise.de/newsticker/meldung/Bundestag-Neue-Vorratsdatenspeicherung-vom-Rechtsausschuss-abgenickt-2846235.html, 14.10.2015

3f) Gesetz unterzeichnet

Bundespräsident Joachim Gauck [hat] das Gesetz zur Wiedereinführung der Vorratsdatenspeicherung [...] bereits am 10. Dezember 2015 unterzeichnet. [...] Wir hatten den Bundespräsidenten vor einigen Wochen angeschrieben, mit der Bitte, das Gesetz nicht zu unterzeichnen. Auch, wenn E-Maildienste wie Posteo von der Vorratsdatenspeicherung ausgenommen sind. Denn in der Praxis der Auskunftsverfahren und der Überwachungsvorgänge existieren zahlreiche Missstände, die wir in unserem diesjährigen Transparenzbericht kritisiert hatten. Auf diese hatten wir den Bundespräsidenten in unserem Brief hingewiesen. [...]

Aus: Bundespräsident hat VDS-Gesetz unterzeichnet, in: posteo.de/blog/bundespr%C3%A4sident-hat-vds-gesetz-unterzeichnet, 17.12.2015

3g) Werden Sie aktiv!

Das können Sie gegen die drohende Vorratsdatenspeicherung unternehmen:

- Unterstützen Sie die Demonstration vor der Abstimmung des Bundestags.
- Wenden Sie sich an Ihre/n Abgeordnete/n.
- Unterstützen Sie unsere Ortsgruppen oder gründen Sie eine neue.
- Infomaterial bestellen und verteilen
- Spenden
- Arbeiten Sie im Arbeitskreis Vorratsdatenspeicherung mit.

Aus: Arbeitskreis Vorratsdatenspeicherung (AK Vorrat), Stoppt die Vorratsdatenspeicherung, in: www.vorratsdatenspeicherung.de

INFO

evaluieren
sach- und fachgerecht beurteilen, bewerten

monieren
bemängeln, beanstanden

Recht auf informationelle Selbstbestimmung

Das Bundesverfassungsgericht hat das Recht auf informationelle Selbstbestimmung 1983 entwickelt, um die Privatsphäre zu schützen. Es soll dem Einzelnen ermöglichen, selbst zu bestimmen, in welchem Ausmaß er persönliche Daten preisgeben möchte. Dieses Recht ist Bestandteil des allgemeinen Persönlichkeitsrechts und genießt Verfassungsrang. Staatliche Einschränkungen dieses Rechts bedürfen einer gesetzlichen Grundlage, aus der sich Voraussetzungen und Umfang der Beschränkungen für den Bürger klar und erkennbar ergeben. Einschränkungen sind außerdem nur im überwiegenden Allgemeininteresse zulässig.

Nach: Bundesministerium des Innern, Der Schutz des Rechts auf informationelle Selbstbestimmung, in: www.bmi.bund.de/DE/Themen/Gesellschaft-Verfassung/Datenschutz/Informationelle-Selbstbestimmung/informationelle-selbstbestimmung_node.html (Zugriff: 10.1.2016)

2.3 Die Gesetzgebung in der Europäischen Union

Nährwertkennzeichnung
Zwischen Industrie, Politik, Gesundheitsexperten und Verbraucherschützern wird seit Jahren heftig über die Nährwertkennzeichnung gestritten. Gesundheitsexperten, Verbraucherorganisationen und auch die Mehrheit der Bevölkerung fordern eine farbliche Kennzeichnung der Inhaltsstoffe nach einem Ampelsystem. Mit den Farben grün (niedrig), gelb (mittel) und rot (hoch) soll dem Verbraucher schnell deutlich werden, ob der Gehalt an Fett, Zucker, Salz und anderen Inhaltsstoffen hoch, mittel oder gering ist. Die Lebensmittelindustrie lehnt dieses System jedoch ab, weil es bestimmte Lebensmittel diskriminiere und wissenschaftlich nicht fundiert sei. 2010 hat das EU-Parlament die Einführung einer europaweiten Ampelkennzeichnung fürs Erste abgelehnt.

Die Lebensmittel-Informationsverordnung – ein „Meilenstein für mehr Klarheit und Wahrheit"?

a) Das sagt das Ministerium

Klarheit bei Klebeschinken, Transparenz bei Allergenen, Hinweise auf Energydrinks, Infos zu Einfrierdatum und Nanomaterialien
5 sowie einheitliche Bedingungen für den freien Warenverkehr: Dies alles bringt die am 13. Dezember 2014 in Kraft tretende Lebensmittel-Informationsverordnung (LMIV).
„Sie ist ein Meilenstein für mehr Klarheit
10 und Wahrheit bei der Aufmachung und Kennzeichnung von Lebensmitteln und sorgt an vielen Stellen dafür, dass die Menschen besser erkennen, was in den Lebensmitteln enthalten ist", sagte der Bundesminister für Ernährung und Landwirtschaft, Christian 15 Schmidt [CSU], zur neuen Verordnung.
Mit Ablauf einer dreijährigen Übergangsfrist gelten nun europaweit einheitliche Regeln für die Lebensmittelkennzeichnung. Das modernisierte Kennzeichnungsrecht sorgt unter 20 anderem für eine bessere Lesbarkeit der Angaben, eine klarere Kennzeichnung von Lebensmittelimitaten und eine verbesserte Allergenkennzeichnung. Ab Dezember 2016 wird auch die einheitliche Angabe von Nähr- 25 werten für vorverpackte Lebensmittel verpflichtend.

Aus: Bundesministerium für Ernährung und Landwirtschaft, Pressemitteilung Nr. 325 vom 12.12.2014, in: www.bmel.de/SharedDocs/Pressemitteilungen/2014/325-SC-Lebensmittelkennzeichnung.html (Zugriff: 17.5.2016)

b) Das sagen die Verbraucherzentralen

Ursprüngliche Absicht der EU-Gesetzgeber war es, mit der LMIV [...] auch auf die Themen Täuschungsschutz und Übergewicht zu
5 reagieren. Diskussionen um die „Ampel" und die „Lebensmittelimitate" beherrschten die Verhandlungen in der EU und den Mitgliedstaaten. Ein grundsätzlicher Diskurs darüber, wie ein modernes Informationssystem
10 bei Lebensmitteln angelegt und gestaltet sein sollte [...], fand jedoch nicht statt. In der LMIV wurden also keine neuen Wege in der Lebensmittelinformation beschritten, sondern es wurde auf ein Mehr an Pflichtanga-
15 ben gesetzt. Durch die LMIV werden sich die Kennzeichnung und damit die Verbraucherinformation in einigen Punkten verbessern. Viele aus Sicht der Verbraucherzentralen ungünstige Regelungen bleiben aber auf Druck
20 der Wirtschaft nach wie vor bestehen. [...]

[Zum Beispiel ist die Angabe der] Nährwerte wie Brennwert, Fett, gesättigte Fettsäuren, Kohlenhydrate, Zucker, Eiweiß und Salz [...] erst ab 12. Dezember 2016 verpflichtend anzugeben. [Das] Kernstück für eine verbrau- 25 cherfreundliche Nährwertkennzeichnung auf Etiketten – die Ampelkennzeichnung – wurde auf Druck der Industrie fallengelassen. So können Verbraucher auch künftig nicht auf einen Blick erkennen, ob der Gehalt an Fett, 30 Zucker oder Salz hoch, mittel oder niedrig zu bewerten ist. Setzt ein Hersteller Lebensmittelimitate wie „Analogkäse" ein, muss er zukünftig in unmittelbarer Nähe des Produktnamens angeben, welchen Ersatzstoff er 35 verwendet hat. [...] Da das Wort „Imitat" aber nicht auf dem Etikett stehen muss, wird es Verbrauchern jedoch nach wie vor schwer gemacht, Imitate auf einen Blick zu erkennen.
40

Aus: Verbraucherzentrale Hamburg, Lebensmittelinformationsverordnung. Hintergrundinformation der Verbraucherzentrale, in: www.vzhh.de/ernaehrung/357454/Lebensmittelinformationsverordnung%20Hintergrundinformation.pdf, Mainz, Stand: Nov. 2014 (Z. 1–20) und: Dies., Nicht der große Wurf, in: www.vzhh.de/ernaehrung/357434/nicht-der-grosse-wurf.aspx, Stand: 19.3.2016 (Z. 21–40) (Zugriff: 17.5.2016)

Die ordentliche Gesetzgebung

Je nach Politikfeld kommen die Gesetze und Entscheidungen in Europa auf unterschiedlichen Wegen zustande. Das ordentliche Gesetzgebungsverfahren ist das wichtigste Rechtssetzungsverfahren in der Europäischen Union. Hier bestimmen der Rat der Europäischen Union (Ministerrat; oft auch nur Rat) und das Parlament gleichberechtigt über Initiativen der Kommission.

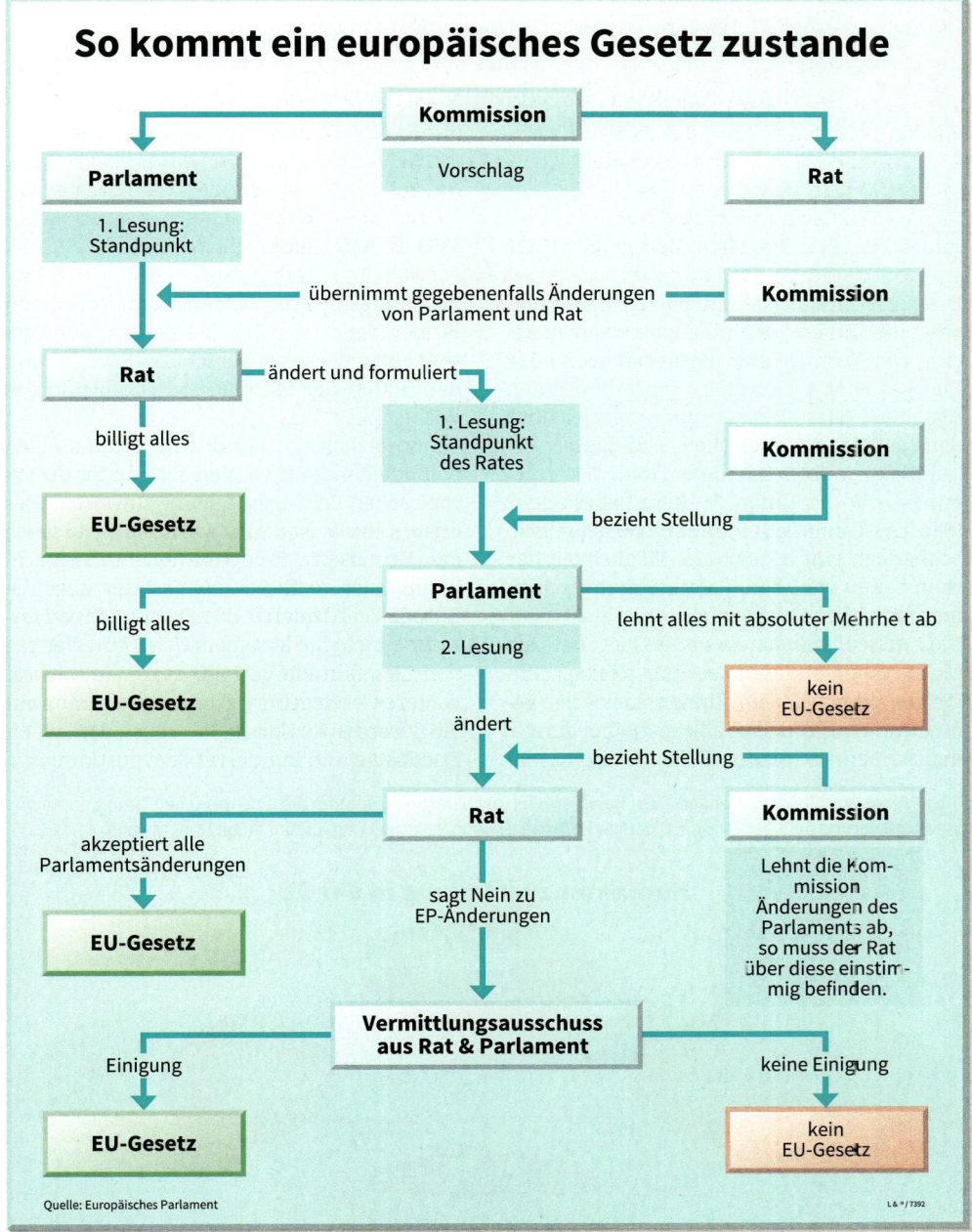

So kommt ein europäisches Gesetz zustande

Quelle: Europäisches Parlament

L & * / 7392

Rechtsakte in der Europäischen Union

Die in den EU-Verträgen formulierten Ziele werden mithilfe unterschiedlicher Rechtsakte verwirklicht:

Verordnungen sind verbindliche, über dem nationalen Recht der einzelnen Mitgliedstaa-
5 ten stehende Gesetze, die alle EU-Länder sofort und in vollem Umfang umsetzen müssen.

Richtlinien sind Weisungen, die innerhalb einer gesetzten Frist ein bestimmtes Ziel für alle
EU-Länder festlegen. Die Umsetzung dieses Zieles in nationales Recht ist jedoch Sache der
einzelnen Länder – im Unterschied zu einer Verordnung gibt hier also Gestaltungsspielraum für die Mitglieder.

10 **Beschlüsse** sind für diejenigen verbindlich und unmittelbar anwendbar, an die sie gerich-
tet sind (etwa ein EU-Land oder ein einzelnes Unternehmen). So können etwa im Wettbewerbsrecht Fusionen bestimmter Unternehmen durch Beschluss untersagt werden.

Empfehlungen und Stellungnahmen haben keine bindende Wirkung.

MATERIAL **3**

EU und Nationalstaat – wer darf wo Recht setzen?

Die Gesetzgebungskompetenzen sind zwischen der EU und den Mitgliedstaaten aufgeteilt. Der Vertrag über die Arbeitsweise der
Europäischen Union (AEUV) legt dies in den
5 Artikeln 3–6 fest. Danach gibt es vergleichbar
der Regelung im deutschen Grundgesetz Politikfelder mit ausschließlichem Gesetzgebungsrecht der Union. Weitere Politikfelder
teilt die Union mit den Mitgliedsländern.
10 Schließlich gibt es noch die Möglichkeit der
Union, auf weiteren Politikfeldern koordi-
nierend tätig zu werden.

Die ausschließliche Zuständigkeit hat die
Union unter anderem bei den Zöllen, dem
15 Wettbewerbsrecht im Binnenmarkt, der gemeinsamen Handelspolitik sowie bei der gemeinsamen Währung Euro. Gemeinsame
Zuständigkeit gibt es unter anderem beim
Binnenmarkt, der Landwirtschaft, der Umwelt, dem Verbraucherschutz, Energie und 20
dem Raum der Freiheit, Sicherheit und des
Rechts. [...]

Grundsätzlich gilt, dass die Union nur auf den
Politikfeldern tätig werden darf, die ihr die europäischen Verträge eindeutig zuweisen. Dies 25
ergibt sich aus dem Subsidiaritätsprinzip sowie
dem Grundsatz der begrenzten Einzelermäch-
tigung nach Artikel 5 des Vertrags über die
Europäische Union (EUV). Das Bundesverfassungsgericht hat in seinem Urteil zum Vertrag 30
von Lissabon klargestellt, dass Deutschland
weitere Gesetzgebungskompetenzen nur auf
die Europäische Union übertragen darf, wenn
Bundestag und Bundesrat dem zustimmen.

Aus: Presse- und Informationsamt der Bundesregierung, Die Gesetzgebung der Europäischen Union, in: www.
bundesregierung.de/Webs/Breg/DE/Themen/Europa/Funktion/gesetzgebung_union/_node.html (Zugriff: 11.1.2017)

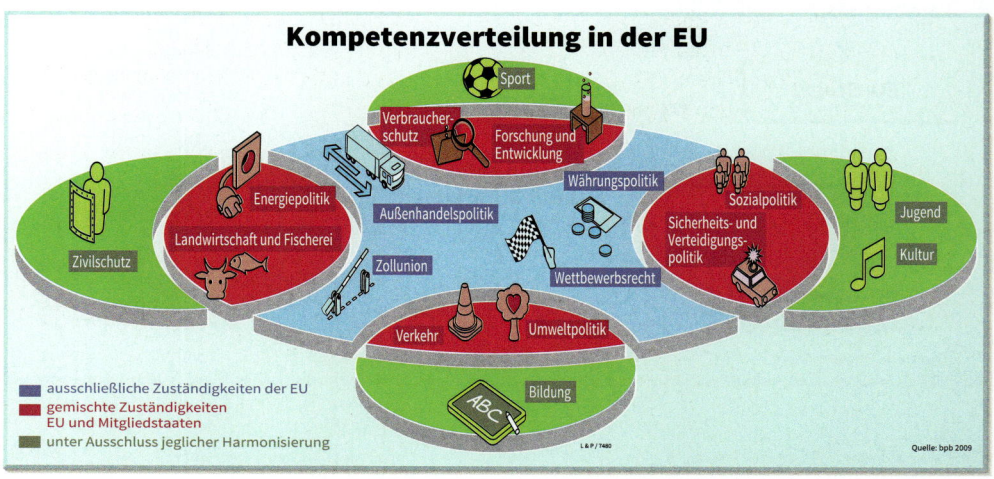

Das Subsidiaritätsprinzip

MATERIAL **4**

GLOSSAR

Subsidiaritätsprinzip
Supranational

QUERVERWEIS

Der Förderalismus –
ein Erfolgsmodell?
(Subsidiarität)
S. 138, M 1 u. Infokasten

Das europäische Mehrebenensystem

MATERIAL **5**

Die Europäische Union wird [...] als „Mehrebenensystem" beschrieben; diese Bezeichnung hat sich inzwischen eingebürgert, weil damit deutlich gemacht werden kann, dass
5 die Europäische Union und die nationalen politischen Systeme ganz eng miteinander verwoben und verflochten sind – wie eine „russische Puppe", die sich aus verschiedenen Puppen zusammensetzt [...], so bildet [...]
10 die Europäische Union die äußerste Hülle des Mehrebenensystems, dann kommen die [...] nationalen politischen Systeme, dann die Regionen bzw. die Länder wie Baden-Württemberg oder Sachsen und schließlich auch die
15 Kommunen. Politik, die in Brüssel von der EU beschlossen wird, wirkt sich in den meisten Fällen bis auf die unterste Ebene aus.
Beim Beispiel der EU-Feinstaubrichtlinie lässt sich dies veranschaulichen. Während die
20 Grenzwerte und Richtlinien vom Ministerrat,

das ist das Vertretungsorgan der Regierungen der EU-Staaten, in Brüssel festgelegt worden sind, muss aus der EU-Richtlinie erst ein nationales Gesetz abgeleitet werden, ehe in Stuttgart oder Tübingen von der Kommunalver- 25
waltung entsprechende Verkehrszonen und Verbotsschilder aufgestellt werden können.
Der Begriff „Mehrebenensystem" macht aber nicht nur anschaulich, dass von oben nach unten „durchregiert" werden kann, sondern 30
dass alle politischen Ebenen schon im Vorfeld beteiligt sind. Das Konzept des „Mehrebenenregierens" [...] ist kennzeichnend für die Europäische Union.
„Mehrebenenregieren" heißt also auch, dass 35
den Regierungen, Bürgern, Parlamenten, Verbänden, Lobbyisten und der Zivilgesellschaft im Prinzip unterschiedliche „Kanäle" offenstehen, über die sie ihre Interessen einbringen können. 40

QUERVERWEIS

Direktdemokratische
Elemente in Deutschland und Europa
S. 50 f.

Aus: Martin Große Hüttmann, Das europäische Mehrebenensystem, in: Politische Partizipation in Europa, Deutschland & Europa, Heft 62/2011, S. 29

1 Beschreiben Sie die unterschiedlichen Positionen in der Debatte um die Lebensmittelkennzeichnung in der EU (M 1 mit Info).

2 Stellen Sie den Gesetzgebungsprozess in der EU dar. Gehen Sie dabei auf die Verteilung verschiedener Kompetenzen zwischen EU und einzelnen Mitgliedstaaten ein (M 2, M 3).

3 Vergleichen Sie den Gesetzgebungsprozess in der EU (M 2) mit dem in der Bundesrepublik (S. 152 f., M 1).

4 Erläutern Sie das Subsidiaritätsprinzip auf Basis aktueller Beispiele (M 4).

5 Erstellen Sie auf Basis von M 5 ein Schaubild des europäischen Mehrebenensystems.

Gewaltenteilung und Gewaltenverschränkung

Die Kernidee der Gewaltenteilung ist es, **Macht zu begrenzen** und so Machtmissbrauch durch einzelne Akteure zu verhindern. Das Prinzip der Gewaltenteilung geht auf die staatstheoretischen Schriften von **Charles de Montesquieu** und **John Locke** zurück.

Die **horizontale Gewaltenteilung** besteht darin, dass die Staatsfunktionen Legislative, Exekutive, Judikative und Gubernative verschiedenen Organen anvertraut werden: dem Parlament, der Regierung und den Gerichten. Die horizontale Gewaltenteilung kennt zwei verschiedene Mechanismen: Bei der **geteilten politischen Macht** wird die Erfüllung der Staatsfunktionen jeweils mehreren Verfassungsorganen zugewiesen, die deshalb zusammenwirken müssen. Es kommt folglich zu einer **Gewaltenverschränkung**. Bei der **kontrollierten politischen Macht** kann jedes Verfassungsorgan andere Verfassungsorgane zur politischen (und gegebenenfalls rechtlichen) Rechenschaft ziehen.

In Bundesstaaten verteilt sich die Staatsgewalt zudem auf zwei Ebenen: den Gesamtstaat (Bund) und die Gliedstaaten (Länder). Deshalb gibt es hier auch eine **vertikale Gewaltenteilung**.

Die Verfassungsorgane

Hierunter werden die Organe und Institutionen gefasst, die im Grundgesetz explizit mit ihren Rechten und Pflichten benannt sind: der **Bundestag**, der **Bundesrat**, die **Bundesregierung**, der **Bundespräsident** und das **Bundesverfassungsgericht**.

Die Bundesregierung

Der Bundesregierung obliegt die **politische Führung** des Landes sowie die Pflege der **auswärtigen Beziehungen**. Sie besteht aus dem Bundeskanzler und den Bundesministern. Die Zahl der Minister ist nicht vorgeschrieben. In der Regel gibt es fünfzehn bis zwanzig Minister.

Der **Bundeskanzler** nimmt eine herausragende Stellung ein, denn er bestimmt die Richtlinien der Politik (**Kanzlerprinzip**). Die **Bundesminister** leiten ihren jeweiligen Geschäftsbereich selbstständig (**Ressortprinzip**). Angelegenheiten von allgemeiner politischer Bedeutung werden vom Bundeskanzler und den Ministern gemeinsam entschieden (**Kollegialprinzip**). Die Bundesregierung als Ganze, nicht etwa der Bundeskanzler oder ein Minister, hat das **Recht der Gesetzesinitiative**.

Bundestag

Der Bundestag ist das einzige direkt vom Volk gewählte Verfassungsorgan. Das verschafft ihm in demokratischer Hinsicht einen herausgehobenen Rang. So besitzt er das Recht, alle grundlegenden Entscheidungen zu treffen oder ihnen wenigstens zuzustimmen. In diesem Sinne beschließt er sämtliche **Gesetze** und muss allen Verträgen mit auswärtigen Staaten zustimmen. Besonders wichtig ist der Bundestag als **Wahlorgan**: Er wählt den Bundeskanzler. Er allein kann den Kanzler auch abwählen und durch eine andere Person ersetzen. Weiterhin **kontrolliert** der Bundestag die Bundesregierung. Hierfür verfügt er über zahlreiche Instrumente. Der Bundestag setzt sich aus gewählten **Abgeordneten** zusammen. Abgeordnete derselben Partei bilden eine **Fraktion**. Die konkrete Gesetzgebungsarbeit findet in diversen **Ausschüssen** statt.

Die **Abgeordneten** des Bundestages genießen zur Ausübung ihrer Aufgaben einige Privilegien: **Immunität**, **Indemnität** und das **Zeugnisverweigerungsrecht**. Zudem üben sie ein sogenanntes **freies Mandat** aus, sind als Vertreter des Volkes also an Aufträge und Weisungen nicht gebunden und nur ihrem Gewissen unterworfen. In der politischen Praxis kann es jedoch zu Konflikten mit dieser Verfassungsnorm kommen (**„Fraktionsdisziplin"**).

Bundesrat

Der Bundesrat besteht aus **Mitgliedern der Landesregierungen** und wirkt bei der **Gesetzgebung** und an der **Verwaltung** des Bundes mit. Die 16 Bundesländer sind stimmenanteilig je nach ihrer Bevölkerungsgröße im Bundesrat vertreten. Gegenwärtig setzt er sich aus insgesamt 69 Mitgliedern zusammen.

Indem hier die einzelnen Länderregierungen Sitz und Stimme haben, steht dem Bundestag ein kontrollierendes bzw. machtbeschränkendes Verfassungsorgan gegenüber. Der Bundesrat ist somit deutlichster Ausdruck der vertikalen Gewaltenteilung. Bestimmte Gesetze bedürfen seiner **Zustimmung**. Bei anderen Gesetzen kann er zumindest **Einspruch** einlegen. Dieser kann allerdings vom Bundestag überstimmt werden.

Gerade wenn die Mehrheitsverhältnisse im Bundesrat andere sind als im Bundestag, kann der Bundesrat durch die Ablehnung von zustimmungspflichtigen Gesetzen starken Einfluss auf die Gesetzgebung des Bundes ausüben. Diese Möglichkeit hat dem Bundesrat oft den Vorwurf eingetragen, ein parteipolitisches „Blockade-Instrument" zu sein.

Bundespräsident

Der Bundespräsident ist das **Staatsoberhaupt Deutschlands**. Er wird von der eigens zu diesem Zweck zusammentretenden **Bundesversammlung** für eine Amtszeit von fünf Jahren gewählt. Seine Funktionen beschränken sich im Wesentlichen darauf, **Repräsentant** des Staates im Inneren und nach außen zu sein.

Der Bundespräsident **prüft und unterzeichnet Gesetze**, **ernennt und entlässt die Bundesminister und den Bundeskanzler** und **vertritt die Bundesrepublik im Ausland**. Zudem hat er das **Begnadigungsrecht**. Durch öffentliche **Reden und Ansprachen** kann er Einfluss auf die Gestaltung der Politik nehmen.

Bundesverfassungsgericht

Das Bundesverfassungsgericht ist das oberste Gericht Deutschlands und besteht aus 16 Richtern. Als **„Hüter der Verfassung"** gewährleistet es, dass alle staatlichen Stellen sich an das Grundgesetz halten. Bei Konflikten darüber kann das Gericht angerufen werden; es wird **nicht auf eigene Initiative** hin tätig. Die Urteile des Gerichts sind **unanfechtbar und verbindlich** für alle weiteren Staatsorgane.

Das Bundesverfassungsgericht ist zuständig für **Organstreitigkeiten**, d. h. Konflikte zwischen einzelnen Verfassungsorganen, für **Verfassungsbeschwerden** einzelner Bürger, für **Parteiverbote** sowie für die **abstrakte und konkrete Normenkontrolle** – also für die Prüfung von Gesetzen auf ihre Verfassungsmäßigkeit.

Durch seine Rechtsprechung spielt das Gericht auch eine zentrale Rolle für die konkrete Ausgestaltung und Weiterentwicklung des Rechts, nimmt also direkt oder indirekt auch Einfluss auf die Politik. In dieser Funktion wird das Gericht bisweilen auch als „Ersatzgesetzgeber" kritisiert. Grundsätzlich wird dem Bundesverfassungsgericht jedoch großes Vertrauen von der Bevölkerung entgegengebracht, es genießt in Politik und Gesellschaft hohes Ansehen.

Politikzyklus

Im Politikzyklus wird die Bearbeitung politischer Prozesse **modellhaft** dargestellt. Am Beispiel eines beliebigen Problems werden die einzelnen Stationen von der Ausgangslage bis zur Lösung veranschaulicht, bis der Prozess der Problembewältigung von Neuem beginnt. In diesem Sinne wird **Politik** auch als eine **potenziell endlose Kette von Versuchen zur Bewältigung politischer Probleme** verstanden.

Gesetzgebung

Die Gesetzgebung wird im **Zusammenspiel von Bundestag, Bundesrat, Bundesregierung sowie Bundespräsident** gestaltet. Das komplexe Verfahren soll eine hohe Akzeptanz der Gesetze gewährleisten.

Seinen Anfang nimmt ein neues Gesetz mit dem **Initiativrecht**, das Bundesregierung, Bundesrat und Bundestag (hier wenigstens 5 Prozent der Abgeordneten) zusteht. Der weit überwiegende Teil der Gesetzesinitiativen geht auf die Bundesregierung zurück. Die zur Abstimmung stehenden Entwürfe gehen zur Ausarbeitung in die entsprechenden Fachministerien. Die **erste Lesung** ist zur Diskussion dieses ersten Gesetzesentwurfs gedacht. Anschließend wird dieser Entwurf in den

Ausschüssen geprüft und in überarbeiteter Fassung in der **zweiten Lesung** vom Plenum debattiert. Die endgültige Abstimmung des Bundestags findet dann in der **dritten Lesung** statt.

Über **einfache Gesetze** kann die Bundestagmehrheit entscheiden, **verfassungsändernde Gesetze** müssen von zwei Dritteln der Abgeordneten beschlossen werden.

Das im Bundestag beschlossene Gesetz wird dem **Bundesrat** zugeleitet, der bei Änderungswünschen Einspruch erheben oder seine Zustimmung verweigern kann. Lehnt der Bundesrat ein zustimmungspflichtiges Gesetz ab, kann der **Vermittlungsausschuss** angerufen werden. Hier entscheidet sich, ob ein Kompromiss gefunden werden kann oder das Gesetz scheitert.

In einem letzten Schritt prüft der **Bundespräsident** das Gesetz auf seine Verfassungsmäßigkeit und unterzeichnet es.

Gesetzgebung in der EU

Im sogenannten **„Ordentlichen Gesetzgebungsverfahren"** der EU werden im Zusammenwirken der verschiedenen EU-Organe Verordnungen, Richtlinien und Beschlüsse erlassen. Diese prägen das nationale Recht in unterschiedlichem Ausmaß: **Verordnungen** sind verbindliche Rechtsakte, die in vollem Umfang und sofort nach ihrer Veröffentlichung in Kraft treten. **Richtlinien** hingegen legen ein bestimmtes Ziel verbindlich fest; wie genau die Mitgliedstaaten dieses Ziel in nationales Recht umsetzen, können die einzelnen Staaten selbst entscheiden. **Beschlüsse** betreffen nur bestimmte Akteure, z. B. ein EU-Land oder ein Unternehmen, und sind für diese unmittelbar verbindlich. **Empfehlungen und Stellungnahmen** haben schließlich keine bindende Wirkung.

Gesetzgebungskompetenzen der EU

Die EU kann nur in den Feldern gesetzgeberisch tätig werden, in denen ihr von den Mitgliedstaaten die entsprechenden Kompetenzen übertragen wurden. **Ausschließliche Gesetzgebungskompetenz** hat die EU etwa in der Währungs- oder Außenhandelspolitik. In anderen Bereichen gibt es **„gemischte" Zuständigkeiten** (z. B. im Verbraucherschutz und in der Energie- und Umweltpolitik). In vielen weiteren Feldern haben nach wie vor die **Nationalstaaten alleiniges Gesetzgebungsrecht** (u. a. in der Bildungspolitik). In diesem Rahmen hat das EU-Recht Vorrang vor nationalem Recht.

Das europäische Mehrebenensystem

Dieser Begriff beschreibt die **strukturelle Verflechtung der supranationalen, nationalen und subnationalen Ebene** innerhalb der EU.

Die höchste Entscheidungsebene bildet die **Europäische Union** mit ihren Organen. Was sie entscheidet, bindet alle darunter liegenden Ebenen. Grundsätzlich gilt allerdings auch hier das **Subsidiaritätsprinzip**, d. h. Regelungskompetenzen sollen so weit wie möglich von der jeweils unteren Ebene bzw. kleineren Einheit wahrgenommen werden. Auf diese Weise soll verhindert werden, dass es zu einer zentralistischen Entwicklung in der EU kommt.

Als zweithöchste Ebene folgt die **Ebene der nationalen Systeme**, z. B. in der Bundesrepublik Deutschland der **Bund** mit dem Bundestag und der Bundesregierung als den wichtigsten Entscheidungsorganen.

Der Bund teilt sich die hoheitlichen Aufgaben Deutschlands mit der dritten Entscheidungsebene, den **Bundesländern**. Die Zuständigkeit der Länder konzentriert sich auf die Polizei, das Schulwesen und Hochschulwesen sowie auf Kultur und Medien.

Die unterste Ebene sind die **Kommunen**. Die kommunale Ebene führt einen Großteil der von der EU, Bund und Land kommenden Gesetze aus. Sie verfügt hinsichtlich der örtlichen Angelegenheiten aber auch über einen eigenen Gestaltungsspielraum.

Auch die Entscheidungsprozesse im **Vorfeld europäischer Gesetzgebung** verlaufen in der Regel bereits „mehrstufig", sodass generell von einem **„Mehrebenenregieren"** in der Europäischen Union gesprochen werden kann.

Verfassungsorgane – wer macht was?

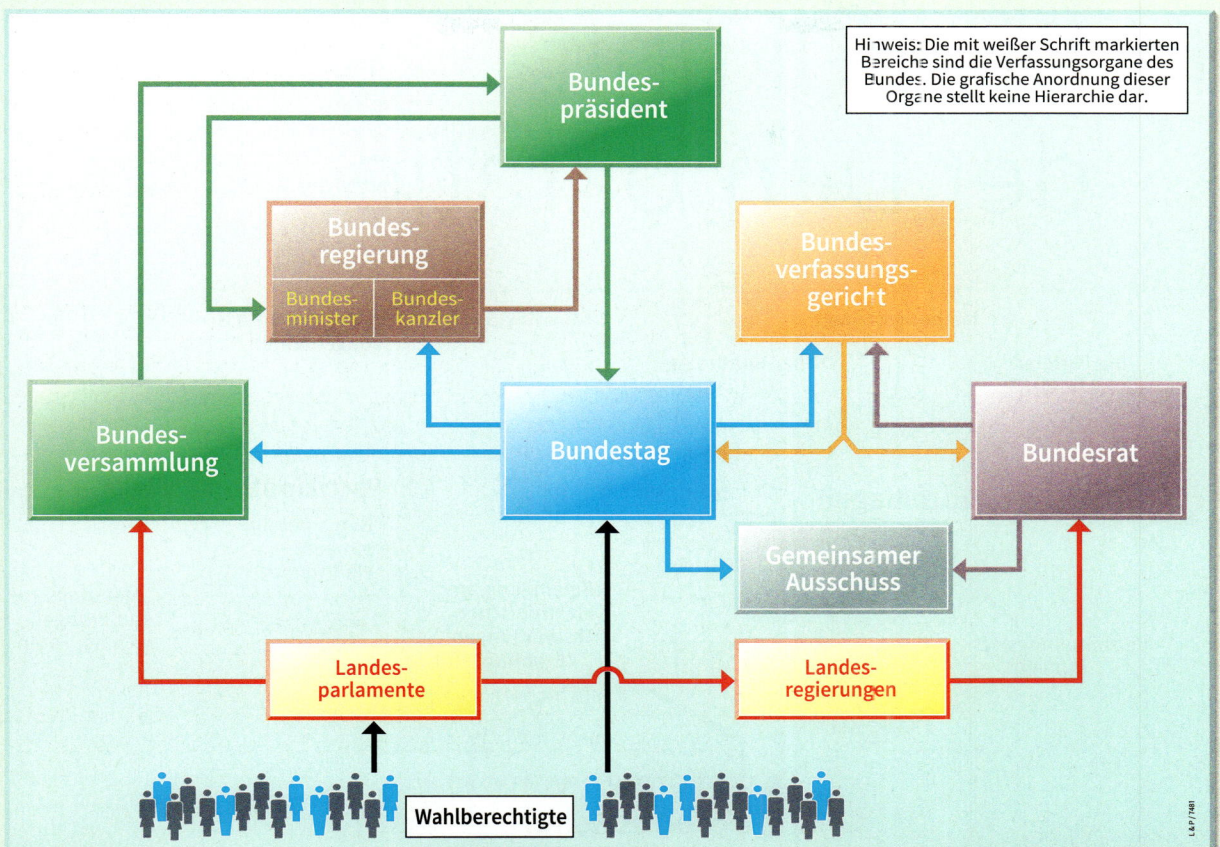

Hinweis: Die mit weißer Schrift markierten Bereiche sind die Verfassungsorgane des Bundes. Die grafische Anordnung dieser Organe stellt keine Hierarchie dar.

1 Beschriften Sie die Pfeile zwischen den Organen. Sie können folgende Liste zur Hilfe nehmen:

- schlägt Kanzler vor
- schlägt Minister vor
- ernennt Minister
- bestimmen
- entsenden Vertreter
- wählen
- entsenden Delegierte
- bilden die Hälfte

- wählt Bundespräsident
- bilden die Hälfte
- wählt Kanzler
- kontrolliert Gesetze
- wählt Richter
- wählen
- „Notparlament"
- wählt Richter

2 Gestalten Sie arbeitsteilig in Kleingruppen ein Kurzreferat zu Funktionen und Aufgaben der folgenden Verfassungsorgane:

- Bundesregierung
- Bundestag
- Bundesverfassungsgericht
- Bundesrat
- Bundespräsident

IV. Die Zukunft der Demokratie

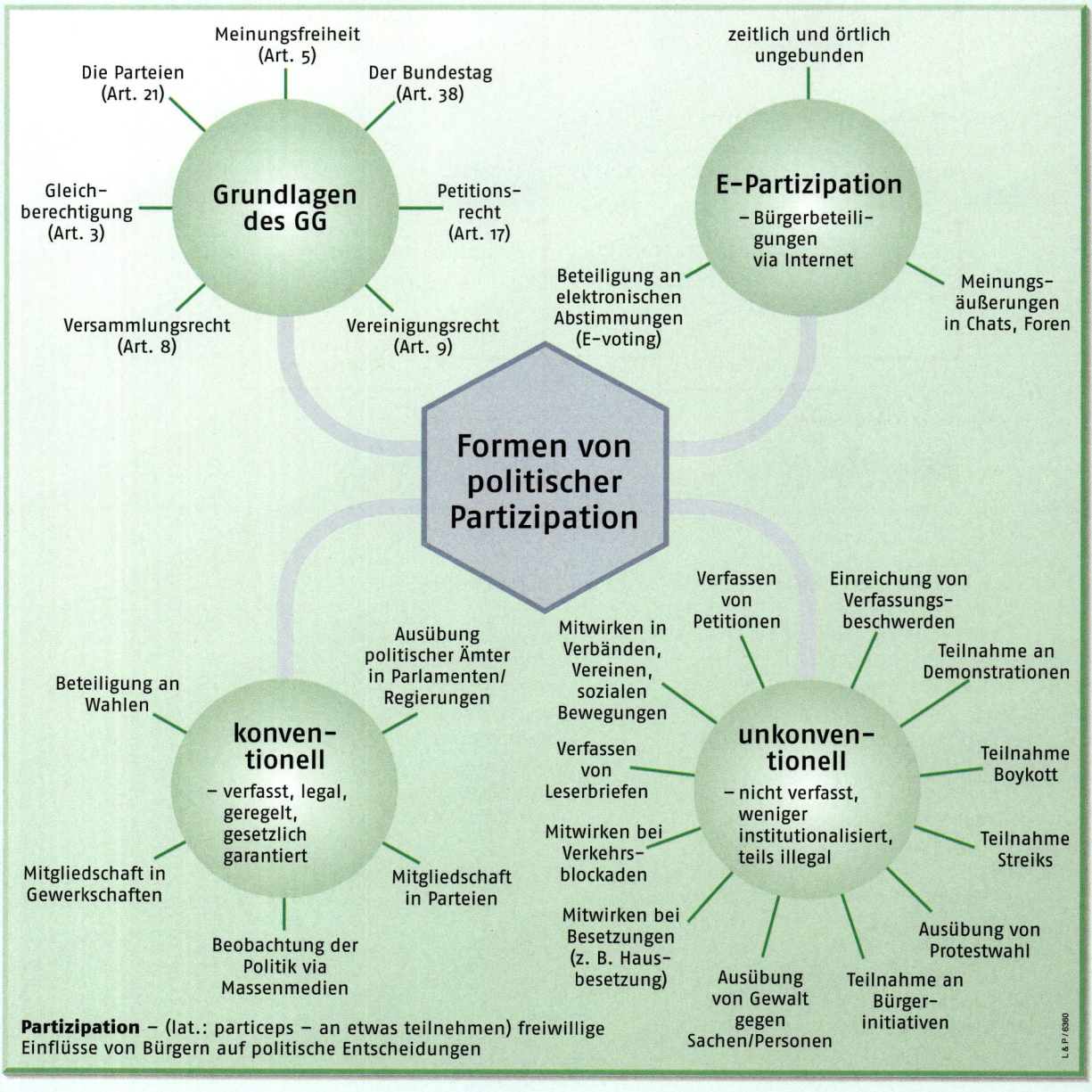

Grundlagen des GG

Meinungsfreiheit (Art. 5)

Die Parteien (Art. 21)

Der Bundestag (Art. 38)

Gleich-berechtigung (Art. 3)

Petitions-recht (Art. 17)

Versammlungsrecht (Art. 8)

Vereinigungsrecht (Art. 9)

E-Partizipation
– Bürgerbeteili-gungen via Internet

zeitlich und örtlich ungebunden

Meinungs-äußerungen in Chats, Foren

Beteiligung an elektronischen Abstimmungen (E-voting)

Formen von politischer Partizipation

konven-tionell
– verfasst, legal, geregelt, gesetzlich garantiert

Beteiligung an Wahlen

Ausübung politischer Ämter in Parlamenten/Regierungen

Mitgliedschaft in Gewerkschaften

Mitgliedschaft in Parteien

Beobachtung der Politik via Massenmedien

unkonven-tionell
– nicht verfasst, weniger institutionalisiert, teils illegal

Mitwirken in Verbänden, Vereinen, sozialen Bewegungen

Verfassen von Petitionen

Einreichung von Verfassungs-beschwerden

Teilnahme an Demonstrationen

Verfassen von Leserbriefen

Teilnahme Boykott

Mitwirken bei Verkehrs-blockaden

Teilnahme Streiks

Mitwirken bei Besetzungen (z. B. Haus-besetzung)

Ausübung von Protestwahl

Ausübung von Gewalt gegen Sachen/Personen

Teilnahme an Bürger-initiativen

Partizipation – (lat.: particeps – an etwas teilnehmen) freiwillige Einflüsse von Bürgern auf politische Entscheidungen

L & P / 6360

In diesem inhaltlichen Schwerpunkt befassen Sie sich mit folgenden Themen und Problemen

Seit einiger Zeit ist die Demokratie ins Gerede gekommen. Allerhand Krisendiagnosen machen die Runde, genährt durch sinkende Wahlbeteiligung, nachlassende Bindung der Bevölkerung an Parteien, Gewerkschaften oder Kirchen und nicht zuletzt die Zunahme rechtspopulistischer Bewegungen.

Kapitel 4.1 wirft einen Blick auf Erscheinungsformen und Ursachen dieser Phänomene: Warum verlieren die etablierten Institutionen Vertrauen in der Bevölkerung? Und wie können Demokratien dieses verlorene Vertrauen zurückgewinnen und so auch rechten Parteien mehr als bisher entgegensetzen?

Kapitel 4.2 beschäftigt sich mit Beteiligungsformen jenseits der klassischen Pfade: Welche Möglichkeiten gibt es für Bürgerinnen und Bürger, politische Entscheidungsprozesse mitzugestalten? Welche davon werden stark genutzt und von wem?

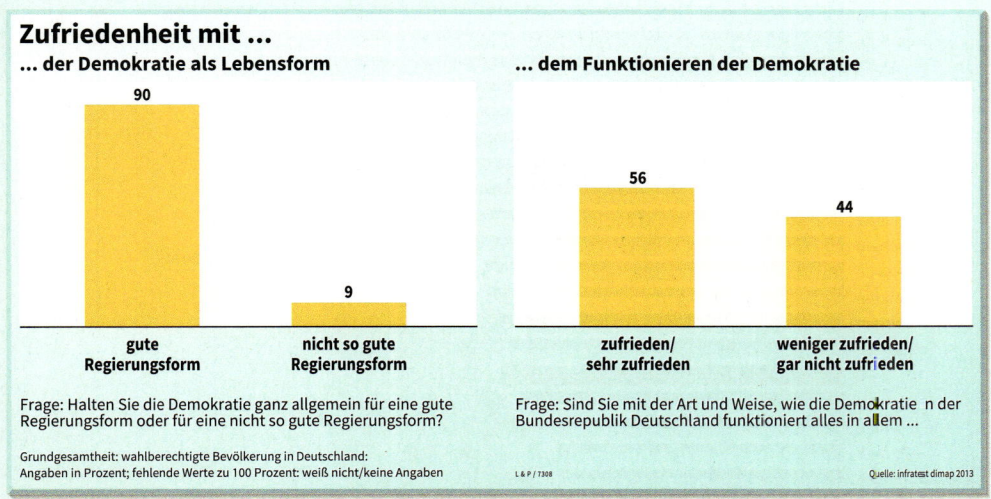

Zufriedenheit mit ...

... der Demokratie als Lebensform

- gute Regierungsform: 90
- nicht so gute Regierungsform: 9

Frage: Halten Sie die Demokratie ganz allgemein für eine gute Regierungsform oder für eine nicht so gute Regierungsform?

... dem Funktionieren der Demokratie

- zufrieden/sehr zufrieden: 56
- weniger zufrieden/gar nicht zufrieden: 44

Frage: Sind Sie mit der Art und Weise, wie die Demokratie in der Bundesrepublik Deutschland funktioniert alles in allem ...

Grundgesamtheit: wahlberechtigte Bevölkerung in Deutschland:
Angaben in Prozent; fehlende Werte zu 100 Prozent: weiß nicht/keine Angaben

L & P / 7308

Quelle: infratest dimap 2013

1 Erstellen Sie in Ihrem Kurs eine Umfrage dazu, wer sich schon einmal an einer oder mehreren der im Schaubild links dargestellten Partizipationsformen beteiligt hat. Begründen Sie anschließend, warum Sie gerade diese Form gewählt haben.

2 Erläutern Sie in arbeitsteiliger Gruppenarbeit, inwiefern die in dem Schaubild links abgebildeten Grundgesetzartikel eine Bedeutung für die Demokratie haben.

3 Versuchen Sie, den im Schaubild oben erkennbaren Unterschied zwischen der Akzeptanz der Demokratie als Staatsform und der Zufriedenheit mit dem Funktionieren der Demokratie in Deutschland zu erklären.

1. Demokratie in der Krise?

1.1 Entwicklungstendenzen in Politik und Gesellschaft

MATERIAL 1

QUERVERWEIS

**Wer entscheidet?
Wer bleibt zu Hause?**
S. 36 f.

GLOSSAR

Wahlen

Wahlbeteiligung in Deutschland und im europäischen Vergleich

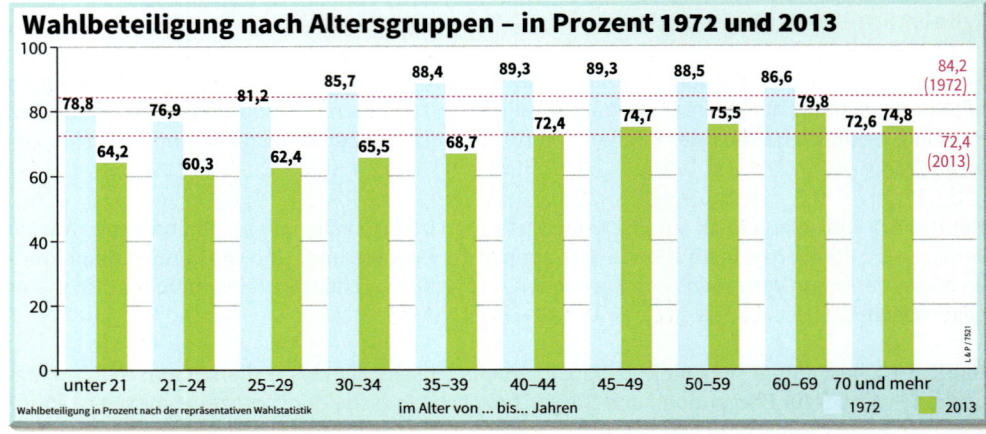

Wahlbeteiligung nach Altersgruppen – in Prozent 1972 und 2013

Wahlbeteiligung in Prozent nach der repräsentativen Wahlstatistik

im Alter von ... bis... Jahren

1972 / 2013

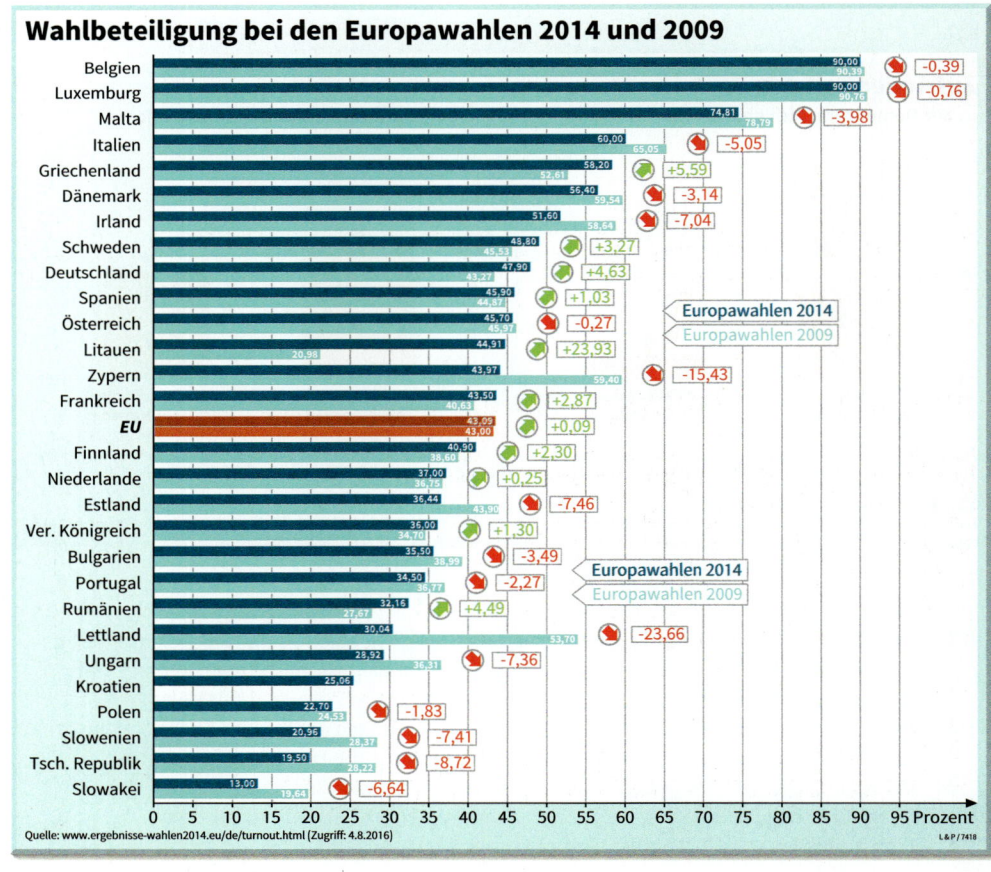

Wahlbeteiligung bei den Europawahlen 2014 und 2009

Europawahlen 2014
Europawahlen 2009

Prozent

Quelle: www.ergebnisse-wahlen2014.eu/de/turnout.html (Zugriff: 4.8.2016)

Entwicklung der Parteimitgliedschaften

MATERIAL **2**

QUERVERWEIS

Mitgliederzahlen der Bundestagsparteien
S. 76, M1

GLOSSAR

Partei

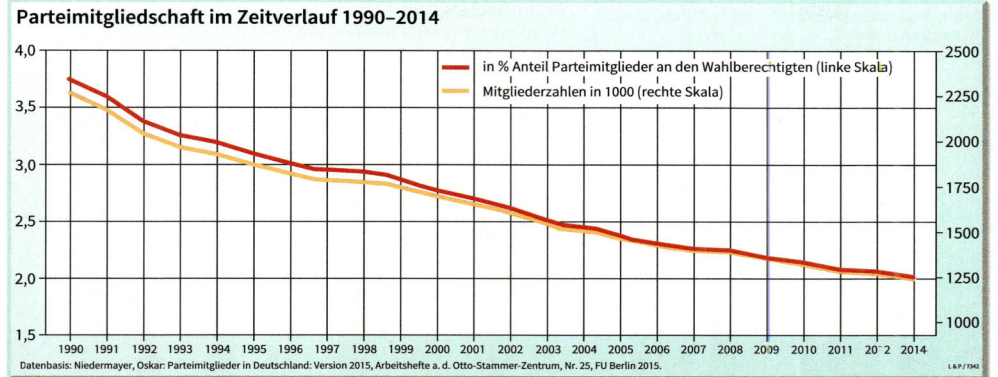

Parteimitgliedschaft im Zeitverlauf 1990–2014

in % Anteil Parteimitglieder an den Wahlberechtigten (linke Skala)
Mitgliederzahlen in 1000 (rechte Skala)

Datenbasis: Niedermayer, Oskar: Parteimitglieder in Deutschland: Version 2015, Arbeitshefte a. d. Otto-Stammer-Zentrum, Nr. 25, FU Berlin 2015.

Entwicklung des politischen Interesses

MATERIAL **3**

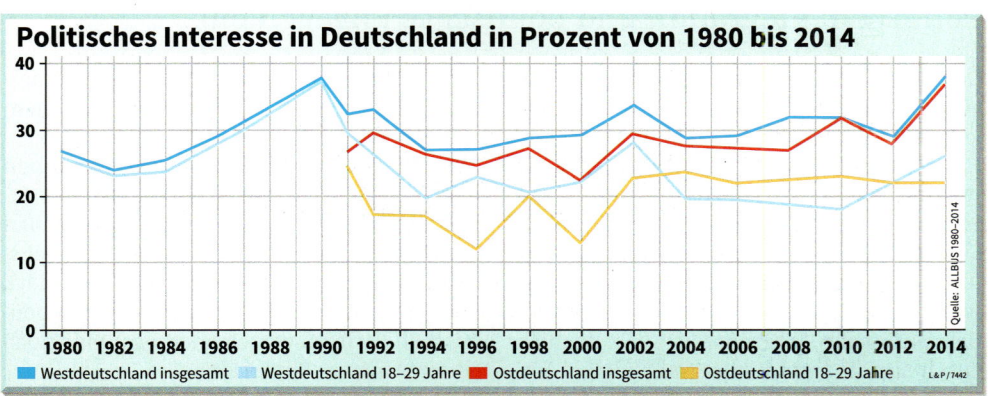

Politisches Interesse in Deutschland in Prozent von 1980 bis 2014

Quelle: ALLBUS 1980–2014

Westdeutschland insgesamt   Westdeutschland 18–29 Jahre   Ostdeutschland insgesamt   Ostdeutschland 18–29 Jahre

Entwicklung der Zufriedenheit mit der Demokratie

MATERIAL **4**

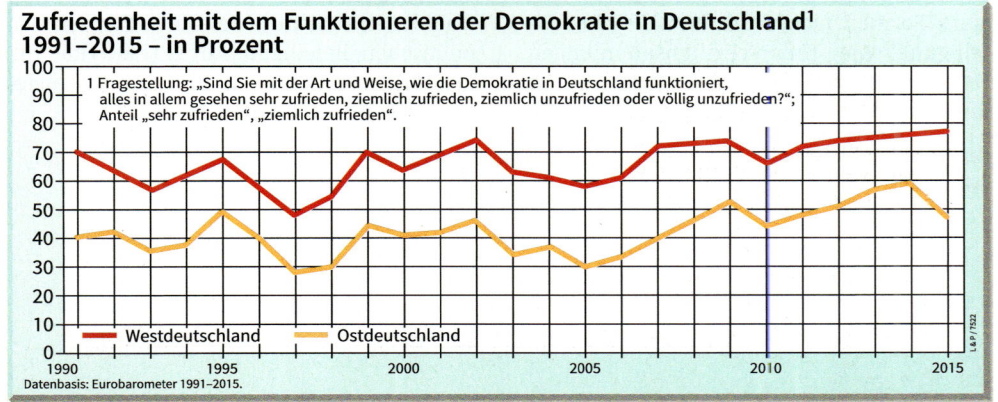

Zufriedenheit mit dem Funktionieren der Demokratie in Deutschland[1]
1991–2015 – in Prozent

1 Fragestellung: „Sind Sie mit der Art und Weise, wie die Demokratie in Deutschland funktioniert, alles in allem gesehen sehr zufrieden, ziemlich zufrieden, ziemlich unzufrieden oder völlig unzufrieden?"; Anteil „sehr zufrieden", „ziemlich zufrieden".

Westdeutschland   Ostdeutschland

Datenbasis: Eurobarometer 1991–2015.

MATERIAL **5**

Jenseits der etablierten Beteiligungsformen und Parteien

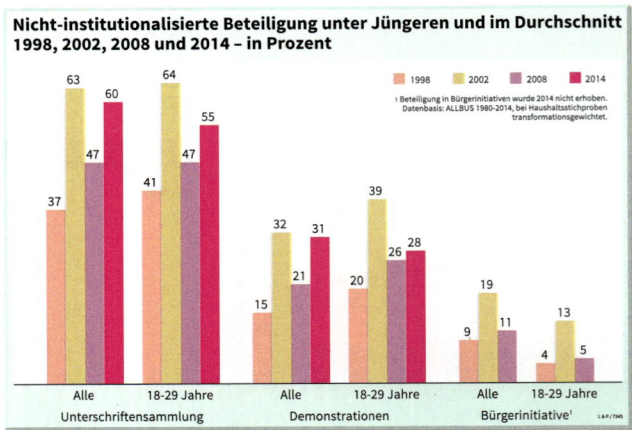

Nicht-institutionalisierte Beteiligung unter Jüngeren und im Durchschnitt 1998, 2002, 2008 und 2014 – in Prozent

1998 2002 2008 2014

¹ Beteiligung in Bürgerinitiativen wurde 2014 nicht erhoben. Datenbasis: ALLBUS 1980-2014, bei Haushaltsstichproben transformationsgewichtet.

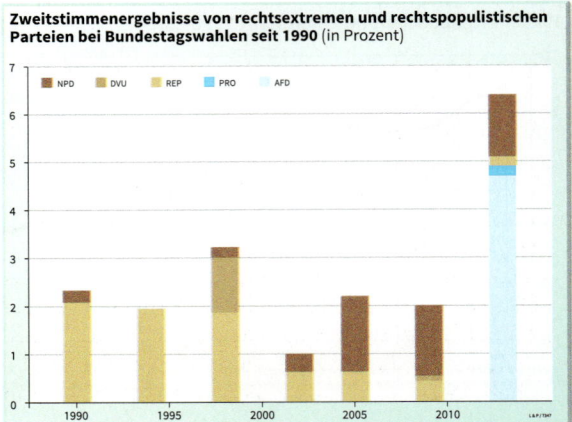

Zweitstimmenergebnisse von rechtsextremen und rechtspopulistischen Parteien bei Bundestagswahlen seit 1990 (in Prozent)

NPD DVU REP PRO AfD

MATERIAL **6**

Politische Integration und politisches Engagement

GLOSSAR

Integration

Demokratie bedeutet die Möglichkeit der gleichen Teilhabe an den politischen Willensbildungs- und Entscheidungsprozessen. [...] In welchem Maß sich die Bürger engagie-
⁵ ren und in welchem Maß es der Demokratie gelingt, Bürger in das politische Geschehen einzubeziehen, ist von zentraler Bedeutung für gleiche Teilhabechancen und politische Integration. [...]
¹⁰ Das **politische Interesse** ist [...] deutlich durch soziale [und bildungsabhängige] Unterschiede geprägt.
Politisches Interesse ist sicher förderlich für **politische Beteiligung**. Das Repertoire der
¹⁵ Beteiligungsformen hat sich über klassische, institutionalisierte Formen wie Wahlen [...] stark ausgeweitet. [...] Bürger [nutzen] sehr stark Formen nicht institutionalisierter Beteiligung wie Unterschriftensammlungen,
²⁰ Demonstrationen, Bürgerinitiativen [...], um am politischen Leben teilzuhaben. [...] Aller-

dings existieren hier ähnlich starke bildungsgruppenbezogene Unterschiede wie beim politischen Interesse. [...]
Die **Mitgliedschaft in Interessengruppen** ²⁵ und politischen Parteien ist ein weiterer Indikator für die Integration der Bürger in den politischen Prozess. [...] Die Integrationskraft [der Gewerkschaften] hat [...] stark nachgelassen. [...] Die Mitgliedschaft in poli- ³⁰ tischen Parteien verzeichnet sogar eine noch dramatischere Entwicklung.
[...] Teilhabe an den Aktionsformen und Integration in die Organisationen [sind] sozial stark geschichtet [...]. Darauf verweisen die ³⁵ beträchtlichen Unterschiede zwischen Bürgern ohne und mit Hochschulabschluss. Zusammengenommen mit dem Befund, dass traditionelle institutionalisierte Formen der politischen Beteiligung an Attraktivität für ⁴⁰ die Bürger verlieren [...], ist das ein Warnsignal für Politik und Gesellschaft.

Aus: Bernhard Weßels, Politische Integration und politisches Engagement, in: Datenreport 2016, Bonn: bpb, 2016, S. 400 ff.

QUERVERWEIS

METHODE Umgang mit Statistiken
S. 38–41

1 Analysieren Sie ggf. arbeitsteilig die Grafiken in M 1 bis M 5.

2 Gestalten Sie ggf. in Ihren Arbeitsgruppen mithilfe der Methode auf S. 169 eine kurze Präsentation, in der Sie Ihre Ergebnisse aus Aufgabe 1 darstellen und ein abschließendes Fazit formulieren. Berücksichtigen Sie dabei auch die Befunde des Autors von M 6.

Präsentation

Tipps für die Struktur Ihres Vortrages

- **Einleitung:** Stellen Sie am Anfang das Thema Ihres Referats vor. Dies sollte möglichst spannend mit einigen Sätzen erfolgen, denn gerade der Beginn ist entscheidend für den Eindruck der Zuhörer. Steigen Sie also mit einer Anekdote, einem Zitat oder allgemein mit einem inhaltlichen Punkt aus der Lebenswirklichkeit Ihres Publikums ein; kündigen Sie Ihr Vortragsziel an (Relevanz des Themas; Fragestellung).
- **Hauptteil:** Er kann einem chronologischen Muster folgen oder nach einzelnen Argumenten gegliedert sein. Begründen Sie dabei deren Anordnung und vermeiden Sie auf jeden Fall eine langweilige Faktensammlung. Es ist durchaus sinnvoll, zu Beginn des Hauptteils eine kurze Übersicht über das Gesamtreferat zu geben. Die Übersicht soll der „rote Faden" des Vortrags sein. Nehmen Sie im Folgenden immer wieder Bezug darauf.
- **Schluss:** Sie können am Schluss Ihre wichtigsten Inhaltspunkte noch einmal zusammenfassen oder Thesen für eine anschließende Diskussion formulieren: Seien Sie stets auch auf kritische Fragen gefasst!
- Wenn Sie Ihren Vortrag inhaltlich und medial vorbereitet haben, sollten Sie ihn unbedingt mehrfach **proben**.
- Bei einem Vortrag dürfen Sie Ihr Publikum nicht überfordern. Klären Sie mit Ihrer Lehrkraft daher die genaue **Vortragsdauer** ab.
- Idealerweise halten Sie Ihre Rede völlig **frei**. Keinesfalls sollten Sie DIN-A4-Papier als Stichwortzettel verwenden. Echte und zugleich unauffällige Hilfe bieten z. B. **Karteikarten**, die Sie nur auf einer Seite, mit wenig Text und in großer Schrift beschriften sollten.
- Die Verwendung eines **Thesenpapiers** oder **Handouts** kann sinnvoll sein. Es gibt den Zuhörern eine Stütze, um dem Vortrag besser folgen zu können. Entscheidend ist aber der mündliche Vortrag. Daher ist es sicher sinnvoll, das Thesenpapier erst nach dem Vortrag zu verteilen. Zwei Faktoren sind für die Form eines Thesenpapiers zentral: Einheitlichkeit und Logik.

Tipps zur Visualisierung Ihres Vortrags

Visuelle Hilfsmittel können Ihren Vortrag bereichern. Eine gelungene Visualisierung verdeutlicht wesentliche Aussagen, dient Ihrem Publikum als Orientierungshilfe und trägt dazu bei, die dargebotenen Informationen besser verarbeiten und erinnern zu können. Beachten Sie dabei den Grundsatz: Nicht das Medium, sondern Sie selbst stehen mit Ihrer Rhetorik im Mittelpunkt.

- **Tafel/Flipchart:** Achten Sie darauf, jedes Tafelbild/Plakat mit einer Überschrift zu versehen. Verwenden Sie bis zu drei unterschiedliche Farben, die gut lesbar sind. Gestalten Sie grafische Elemente möglichst einfach. Schreiben Sie groß und gut leserlich.
- **Overheadprojektoren:** Halten Sie Blickkontakt zum Publikum. Nummerieren Sie die Folien, um nicht durcheinanderzukommen. Legen Sie Ihre Folien nicht zu schnell nacheinander auf.
- **Computergestützte Präsentationen:** Die Informationen auf einer Folie sollten auf einen Blick erfasst werden können. Es sollten keinesfalls mehr als 60 Prozent jeder einzelnen Folie beschriftet werden. Textinformationen sollten gut gegliedert sein (z. B. Spiegelstriche). Die richtige Wahl für die Schriftgröße ist 20 +. Gestalten Sie die Folie nicht zu farbenfroh, da bunte Folien vom Wesentlichen ablenken. Gehen Sie mit Bilddateien sparsam um und geben Sie stets die Quelle an.

1.2 Ursachen der Demokratiekrise

MATERIAL **1**

INFO

Donald Trump
seit Januar 2017 der
45. Präsident der USA

Marine Le Pen
Vorsitzende der rechts-
extremen Partei Front
National in Frankreich

Wladimir Putin
2000–2008 und erneu-
te seit 2012 Präsident
der Russischen Föde-
ration

Frauke Petry
seit 2013 Bundesspre-
cherin der rechtspopu-
listischen AfD

Norbert Hofer
Nationalratsabgeord-
neter der österreichi-
schen FPÖ

Viktor Orbán
1998–2002 und erneut
seit 2010 Ministerpräsi-
dent von Ungarn

QUERVERWEIS

Kampf der Systeme
S. 10–13

Warum verliert die Demokratie an Vertrauen?

Nichts ist einfacher, als die Schuld für die hereinbrechende Krise der Demokratie bei denen zu suchen, die von dieser Krise profitieren, bei Trump, Le Pen, Putin, Petry, Hofer
5 oder Orbán. Doch dass Leute wie sie vom sinkenden Vertrauen in die Demokratie profitieren können, das ist vor allem ein Symptom, ein Krankheitszeichen. Die Ursachen für die derzeitige Lust am Abriss liegen tiefer.
10 Die Vorstellung, die Demokratie habe auch über die letzte, vermeintlich modernste Variante der Freiheitsvergessenheit – den Kommunismus – gesiegt, war eine Täuschung. Die Versuchung des Autoritären ist noch am Le-
15 ben, sie hat seit 1990 nur ihre Gestalt verändert. Heute ist es nicht mehr ein antikapitalistisches Glaubenssystem, das die Demokratie herausfordert. Es ist vielmehr die vertrauenszersetzende Bezichtigung, dass die Demo-
20 kratie selbst zu einem Glaubenssystem geworden sei, zu einer Art arroganter Religion, die niemandem Rechenschaft abzulegen habe. Diesen Verdacht zu nähren, darin besteht die stillschweigende Übereinkunft zwischen
25 all jenen, die gerade von Schweden bis Ungarn breite Wählerschichten mobilisieren.
[Man muss sich] der unbequemen Frage stellen, inwieweit Skepsis gegen den heutigen Zustand der Demokratie begründet ist. [...]
30 Also: Was ist purer Hass, und wo besteht tatsächlich Reparaturstau?
An drei Stellen, und zwar dort, wo die Demokratie ihre eigenen Versprechungen nicht mehr halten kann: Demokratie heißt nicht
35 mehr automatisch wachsender Wohlstand; Repräsentation heißt nicht mehr automatisch, sich vertreten zu fühlen; und gewählt zu sein heißt nicht mehr automatisch, selbst eine Wahl zu haben.

40 1. Demokratie und Wohlstand fallen auseinander

Europäer und Amerikaner waren es seit 1945 gewohnt, dass Demokratie und wachsender Lebensstandard zusammengehörten.
45 Diese Gewissheit ist spätestens seit der globalen Finanzkrise dahin. Überall im Westen geht das Wachstum zurück; grob gesagt seit Mitte der Nullerjahre um zwei Drittel. Was

bedeutet das für die Demokratie, wie wir sie kennen? Kann sie womöglich nur unter den 50 Bedingungen sich beschleunigenden Wachstums blühen, wie man es von Nachkriegsperioden kennt? Nicht zwangsläufig. Aber sicher ist, dass die Demokratie immer dann ins Schwanken geriet, wenn sie Wohlstandsrisi- 55 ken managen musste. [...]
Subjektiv aber bricht heute das Wachstum in einem Moment ein, in dem die Mehrzahl der Bürger so wie nie zuvor daran gewöhnt ist, dass ihre Bedürfnisse immer schneller und 60 immer billiger befriedigt werden. Noch nie in der Geschichte haben so viele Menschen über so viele Generationen hinweg so hohe Wohlstandserwartungen aufgebaut, noch nie waren sie so wenig verzichtsgewohnt wie 65 heute. Verlust-Aversion nennt die Wirtschaftspsychologie die exponenziell mit dem Besitz wachsende Angst vor Einbußen.
Gewachsener Wohlstand führt daher zu einer umso größeren Erwartung an die Politik, die- 70 sen Wohlstand zu schützen. Und diese Erwartung löst die Politik nur noch unzureichend ein. In Deutschland oder den Vereinigten Staaten gibt es heute – anders als im wesentlich härter getroffenen Südeuropa – zwar nicht 75 weniger Jobs als vor zehn Jahren. Aber es gibt deutlich mehr unsichere Arbeitsverhältnisse.
Ausgerechnet in dem Augenblick, in dem Demokratie das Gefühl von Sicherheit immer weniger garantieren kann, scheinen autori- 80 täre Staaten wie China, Russland oder die Türkei zu beweisen, dass es auch anders geht. [...]
Dass sich Wohlstand langfristig nur sichern lässt, wenn eine Regierung ihren Bürgern den 85 stärksten Wachstumsmotor, Freiheit und Eigentum, gewährt, mag richtig bleiben. Aber die Zeiten, in denen sich die Paare Demokratie = wachsender Wohlstand und Unfreiheit = erbärmliche Lebensverhältnisse so sicher gegen- 90 überstanden wie Tag und Nacht, sind vorbei.
Lieber etwas mehr profitable Diktatur und etwas weniger riskante Demokratie – dieser verführerische Gedanke macht sich auch im Westen breit, vor allem dort, wo die Wohl- 95 standsunterschiede ins Bizarre wuchern. In den Vereinigten Staaten ist zwischen 2009

und 2012 das Einkommen des reichsten Prozents der Amerikaner um 31 Prozent gestiegen, während das der übrigen 99 Prozent um gerade einmal ein Prozent wuchs. Ein Trump muss den Frust nur noch ernten und versprechen, die iPhone-Produktion zurück nach Amerika zu holen. [...]

2. Repräsentation löst sich von Überzeugungskraft

Die Zeiten sind vorbei, in denen es den Bürger Mühe kostete, sich öffentlich zu äußern, dem Internet sei Dank. Einher geht diese Revolution mit einem Ansehensverlust einstmals klassischer Autoritäten: etablierter Politiker, akademischer Experten, Journalisten. Ein gängig gewordener Vorwurf an die Medien lautet, kulturell gleichgeschaltet zu sein, nicht mehr die Politik zu kontrollieren, sondern gemeinsam mit der Politik das Denken auf Richtigkeit zu überprüfen. Das könnte man grundsätzlich als ein Plus an kritischer Öffentlichkeit verbuchen – allerdings kann gesundes Misstrauen schnell in pathologische Verachtung kippen. Laut einer aktuellen Allensbach-Umfrage glauben 39 Prozent der Deutschen, am Vorwurf der „Lügenpresse" sei etwas dran [...]. 46 Prozent der Deutschen (und 71 Prozent der AfD-Wähler) stimmen der Aussage zu: „Die Politiker haben keine Ahnung, das könnte ich besser als die." Hinzu kommt, dass die Demokratie in den vergangenen Jahren bisweilen selbst autoritäre Züge angenommen hat. Wesentliche Entscheidungen wurden in aristokratisch anmutenden Formaten getroffen: bei Abendessen im Brüsseler Ratsgebäude zwischen Regierungschefs und den Spitzen von EU und IWF beispielsweise. [...] Mag sein, dass die Regierungsvertreter tatsächlich im besten nationalen Interesse handeln. Allein, vielen Bürgern fehlt der Glaube. Bestes Beispiel: TTIP. Was geheim verhandelt wird, gerät unter Verdacht.

3. Regieren heißt nicht mehr, über alles zu entscheiden

Tatsächlich hat die Politik durch die Verfestigung internationaler Bindungen – politischer wie finanzieller – an Spielraum verloren. Es gilt oft, Mechaniken zu bedienen, in Gehäusen, deren Bezeichnungen schon wie Motorentypen klingen: EU, WTO, IWF, ESM ... Aus Sicht vieler Bürger verdichten sich diese Chiffren zu einem übergeordneten Übel-Kürzel: TINA – *There Is No Alternative*. Demokratie? Ach was, *Damnocracy*! Wenn schon die Mächtigen zu ihren Entscheidungen verdammt sind, was hat der Wähler dann noch zu melden? [...]

Was folgt aus alledem? [...]

Sicher, eine Schlussfolgerung aus all diesen Krisenursachen könnte lauten, Leute zu wählen, die einen Rückzug in die Welt versprechen, wie sie vor fünfzig Jahren aussah. Sich im Heimweh nach gestern zu ergehen wird aber an all den geschilderten Problemen nichts ändern.

Das kann nur die anstrengende Variante: eine konstruktive Kritik von Fehlern und eine Umgestaltung der komplexer gewordenen demokratischen Strukturen. Es wird nie wieder so einfach werden wie 1960. Aber eben auch nie wieder so eng und so muffig. Wir können heute zum Beispiel darüber debattieren, ob es nicht wirklich sinnvoll wäre, bestimmte internationale Kompetenzen wieder zurückzuführen in die Nationen. Wir könnten überlegen, *Online*-Voten einzuführen über bestimmte Fragen, über die sich die Bürger streiten, über TTIP zum Beispiel. Wir können auch jedes Mal Regierungen bestrafen, denen wir nicht zutrauen, unser Leben zu verbessern. Vier Jahre nach Ausbruch der Finanzkrise, also im Jahr 2012, hatten die Europäer neun der Staatschefs aus den 17 Euroländern aus dem Amt gejagt. Wie viele waren es in Russland, China oder Singapur? Ja, die Demokratie mag Fehler haben. Aber unter allen politischen Systemen ist sie dasjenige, das durch interne Kritik stärker werden kann, nicht schwächer. Nur, je komplizierter Demokratie wird, desto genauer muss die Kritik ausfallen. So wie sich heute kein Automotor mehr mit Werkzeug aus den 1960er-Jahren reparieren lässt, so wenig Hebelkraft bietet die Systemsicherheit von einst gegen die Verunsicherung von heute.

Aus: Jochen Bittner, Demokratie: Läuft ihre Zeit ab, in: www.zeit.de/2016/24/demokratie-ende-politisches-system, 2.6.2016 (Zugriff: 12.1.2017)

GLOSSAR

Europäische Union (EU)

Internationaler Währungsfonds (IWF)

Welthandelsorganisation (WTO)

INFO

ESM
Der infolge der Finanzkrise ab 2008 vereinbarte und 2012 in Kraft getretene Europäische Stabilitätsmechanismus soll langfristig zur Stabilisierung des Euro-Währungsgebiets beitragen.

„Lügenpresse"
Im Umfeld der Pegida-Bewegung verwendeter Kampfbegriff, der unterstellt, dass die etablierten Medien vermeintlich bestimmte Meinungen in der Berichterstattung unterdrücken; der Begriff wurde bereits seit der Weimarer Republik von den Nationalsozialisten genutzt.

TTIP
(Transatlantic Trade and Investment Partnership) transatlantisches Freihandelsabkommen zwischen der EU und den USA; derzeit (Stand: Jan. 2017) noch in Verhandlung

1 Erläutern Sie die in M 1 genannten Ursachen für die Krise der Demokratie.

2 Bewerten Sie die Positon des Autors von M 1.

1.3 Rechtspopulismus auf dem Vormarsch?

Warum erstarkt der Rechtspopulismus?

Der Rechtspopulismus ist gerade in jenen Ländern stark, die keine größere soziale Krise erleben, also in relativ wohlhabenden Gesellschaften wie der Schweiz, Österreich, Dänemark. In diesen recht gut funktionieren
5 Staaten haben die Menschen aber teilweise das Gefühl, durch eine Veränderung der politischen Ordnung oder durch demokratischen Kontrollverlust viel zu verlieren. Diese
10 Menschen sind nicht mehr bereit, den gewohnten, möglicherweise knapper werdenden Wohlstand mit anderen Gruppen zu teilen. Dieses Phänomen nennen Politikwissenschaftler Wohlfahrtsstaatschauvinismus.
15 Dazu kommt ein zweites, soziokulturelles Motiv: die Verunsicherung durch den rasanten Wandel der Lebenswelt, die in Abwehr und Ausgrenzung münden kann [...] Augenfälligster Ausdruck eines Wandels der Le-
20 benswelt sind Zuwanderer: fremde Gesichter, andere Sprachen, Religionen und Bräuche – inmitten einer vermeintlich homogenen Gemeinschaft. Daher tendieren die rechtspopulistischen Parteien zu Fremdenfeindlichkeit
25 und Anti-Islamismus. Die Zuwanderung muss als Feindbild herhalten für einen gesellschaftlichen Wandel, der in seinem Tempo auch ohne Migration viele Menschen überfordert. Wertewandel, Individualisierung und Plura-
30 lismus der Lebensstile bedingen eine tief gehende, aber diffuse Verunsicherung, ein Unbehagen, das nach einem äußeren Grund, nach einem Sündenbock verlangt. Die zunehmende Kritik an der Europäischen
35 Union vereint alle drei Dimensionen des Rechtspopulismus: die sozioökonomische Ebene – Wohlfahrtsstaatschauvinismus –, die soziokulturelle Ebene – Abgrenzung gegen Zuwanderung – und die politische Ebene – Demokratiedefizite. So wird erklärbar, wa-
40 rum gerade die Rechtspopulisten bei den Europawahlen gepunktet haben. „Die Europäische Union wird als Ursache betrachtet für Verteilungsungerechtigkeiten innerhalb der Gesellschaften und jetzt zunehmend auch
45 zwischen den auseinanderdriftenden Ländern der Währungsunion. Die europäische Politik wird als Einfallstor für unkontrollierte Zuwanderung betrachtet. Wir haben heute in Europa eine Arbeitnehmerfreizügigkeit,
50 die eben von vielen Ländern in dieser Form nicht mehr akzeptiert wird, auf Druck der Rechtspopulisten. Und wir haben schließlich in Europa ein notorisches Demokratieproblem: Die Bürger fühlen sich fremdbestimmt,
55 von einer anonymen Brüsseler Bürokratie gegängelt", [so der Politikwissenschaftler Frank Decker]. Wie kann man [...] konstruktiv mit rechtspopulistischen Parteien umgehen? [Der Politk-
60 wissenschaftler] Ernst Hillebrand rät, das Gespräch mit ihren Wählern zu suchen, um sie zurückzugewinnen, anstatt sie zu diskreditieren. „Politik muss den potenziellen Wählern dieser Parteien klarmachen, dass
65 sie ihre Sorgen ernst nehmen. Man muss versuchen, diesen sich abgehängt fühlenden Wählermilieus klarzumachen: Auch wir sind an euren realen Lebensumständen interessiert. Und wir tun unser Bestes, das im positi-
70 ven Sinne zu verändern. Und wir hören euch zu und wir nehmen das ernst, was ihr uns zu sagen versucht. Das [...] wäre der allerelementarste Schritt [...]."

Nach: Peter Leusch, Suche nach Rezept gegen Rechtspopulismus, in: www.deutschlandfunk.de/europa-suche-nach-rezept-gegen-rechtspopulismus.1148.de.html?dram:article_id=326950, 30.7.2015 (Zugriff: 2.1.2017)

Rechtspopulismus
ist eine „Sammelbezeichnung für eine seit den 1970er-Jahren neu entstandene Gruppe von Parteien und Organisationen, die sich in vielen westlichen Demokratien etabliert haben. [...] Sein Schlüsselthema ist die kulturelle Identität. Rechtspopulisten verfechten nationale,
5 zuwanderungsfeindliche und in der Gesellschaftspolitik überwiegend konservativ-autoritäre Positionen, während es in sozial- und wirtschaftspolitischen Fragen auch starke Überschneidungen mit dem Linkspopulismus gibt."

Aus: Frank Decker, Asylmissbrauch, Lügenpresse, Verschwörungstheorie ..., in: bpb-magazin 09/März 2016, S. 25

Verteidiger des Abendlandes?

MATERIAL **2**

Zeichnung:
Heiko Sakurai

Wie umgehen mit Rechtspopulisten?

MATERIAL **3**

Angesichts der Erfolge müssen sich Politiker der etablierten Parteien darauf einstellen, sich auch weiterhin mit der AfD und ihrer populistischen Flüchtlingsrhetorik ausein-
5 anderzusetzen. Bislang waren im Umgang mit der umstrittenen Partei vor allem drei Strategien zu erkennen:

- **Konfrontationskurs:** Manche Politiker stellten die AfD als undemokratisch und
10 unwählbar dar. So nannte Wolfgang Schäuble (CDU) die Partei beispielsweise eine „Schande für Deutschland" und bezeichnete ihre Mitglieder als „Rattenfänger".

- **Imitation:** Andere passten die eigene 15 Rhetorik an die Botschaften der AfD an. In diesem Zusammenhang geriet zum Beispiel der CSU-Vorsitzende Horst Seehofer durch AfD-ähnliche Aussagen wie „Wir sind nicht das Sozialamt für den Balkan" 20 in die Kritik.

- **Verweigerung:** Wieder andere mieden bewusst die öffentliche Auseinandersetzung mit der AfD. Die [rheinland-pfälzische] Ministerpräsidentin Malu Dreyer 25 sorgte zum Beispiel für Aufsehen, als sie sich weigerte, an einer Talkrunde mit AfD-Vertretern teilzunehmen.

QUERVERWEIS

Neue Entwicklungen im Parteienspektrum – das Beispiel AfD
Kapitel II.1.4

Aus: Timo Tonassi, Wie umgehen mit rechtspopulistischer Rhetorik?, in: mediendienst-integration.de/
artikel/nach-landtagswahlen-wie-umgehen-mit-afd-und-rechtspopulismus.html, 14.3.2016 (Zugriff:
16.6.2016)

1 Beschreiben Sie die Merkmale des Rechtspopulismus (M 1).
2 Analysieren Sie die Karikatur und bewerten Sie ihre Aussage (M 2).
3 Einbinden oder ausgrenzen? Entwickeln Sie ausgehend von M 1 und M 3 Vorschläge,
   wie Politik und Gesellschaft mit dem Erstarken rechter und populistischer Strömungen
   umgehen sollten.

2. Mitgestaltung in der Demokratie

2.1 Bürgerbeteiligung jenseits von Wahlen

MATERIAL **1**

GLOSSAR

Mitbestimmung
Partizipation

Mitbestimmung – alles prima!?

Karikatur
Thomas Plaßmann

MATERIAL **2**

INFO

Partikularinteressen
sind Interessen einzelner
Bevölkerungsgruppen.

Mediation
(Technik der) unpar-
teiischen Beratung und
Interessenvermittlung
bei Konflikten

Wie kann man Räume der Demokratie schaffen?

Auch unsere Demokratie ist im Wandel. Einerseits verliert das Politische immer mehr
an Boden. Zugunsten des Ökonomischen, zugunsten eines möglichst effizienten Regierens, das öffentliche Debatten über Alternati-
5 ven gering schätzt und an Wahltagen eine
Generalvollmacht ausgestellt haben will. Andererseits gibt es immer mehr Bürgerinnen
und Bürger, die keine Lust auf diese Zuschau-
errolle haben und die sich jenseits der her-
10 kömmlichen politischen Kanäle Gehör verschaffen wollen. Sie wollen sich aktiv bei der
Gestaltung ihres Lebensumfelds, wie etwa ihres Stadtviertels, einbringen, sie wollen bei
Planungen und Entwicklungen im öffentli-
15 chen Bereich mitreden. Nicht nur beim Bau
von Bahnhöfen und Straßen oder dem Netz-
ausbau für die Energiewende. Dialogorientierte Bürgerbeteiligung ist aber nur dann
vertrauenswürdig, wenn sie demokratisch le- 20
gitim ist.
Wir brauchen Beteiligungsverfahren, die
Partikularinteressen überwinden und aufs
Gemeinwohl abzielen. Die sich um eine bürgerschaftliche Repräsentation bemühen 25
und nicht nur gebildete „Berufsbürger" zu
Wort kommen lassen. Das bedeutet, dass die
Teilnehmerschaft möglichst heterogen zusammengesetzt werden muss und die Diskussionen so moderiert werden, dass alle zu 30
Wort kommen können (unabhängig vom
Bildungsgrad und rhetorischen Fähigkeiten). Und die Verfahren müssen verbindlich
sein. Nicht wie beispielsweise die vorbild-
lich moderierte Mediation zum Ausbau des 35
Frankfurter Flughafens, an deren Ergebnis – ein striktes Nachtflugverbot – sich der
Flughafenbetreiber und die hessische Poli-

40 tik nicht gebunden fühlten. Wer so etwas erlebt hat, wird den Planungen und Zusagen der öffentlichen Hand nicht leicht wieder Vertrauen schenken.

Demokratie braucht auch das Vertrauen von Politikern und Verwaltungsmitarbeite-
45 rinnen in die Bürger. Es liegt auf der Hand, dass sie es als Wagnis empfinden, mit offenen Austausch- und Mitwirkungsprozessen umzugehen und in bestimmten Bereichen Entscheidungsmacht mit der Bürgerschaft
50 zu teilen. Wenn sie aber einen erfolgreichen Beteiligungsprozess erlebt haben, wird ihnen klar, dass es bei der Einbindung von Bürgern um ein Miteinander und nicht um ein Gegeneinander geht. Gleichzeitig kann
55 Beteiligung die Entfremdung zu Politikern verringern und das Vertrauen der Bürger zu ihnen fördern – wenn sie diese als glaubwürdig und kompetent erleben.

Dialogorientierte Bürgerbeteiligung kann,
60 wenn sie gut gemacht ist, Vertrauen in das gesellschaftliche Miteinander fördern. Und damit die Voraussetzung für Demokratie stärken, die die Demokratie selbst nicht erschaffen oder rechtsstaatlich erzwingen kann:
65 den Zusammenhalt der Gesellschaft.

Aber Beteiligung lebt ihrerseits von Voraussetzungen: politischem Interesse und Bildung sowie demokratischen Tugenden wie beispielsweise Respekt und die Bereitschaft
70 zuzuhören. Für Menschen, die sich sozial abgehängt fühlen und ein generelles Misstrauen gegenüber politischen Institutionen hegen, wird ein Partizipationsangebot allein nichts bewirken. Sie müssen zunächst
75 einmal in die Lage versetzt werden, sich kompetent beteiligen zu können. Räume der Demokratie sollten daher nicht erst im politischen Willensbildungsprozess, sondern möglichst frühzeitig in den Grund- und wei-
80 terbildenden Schulen sowie in kommunalen Jugendräten gegeben sein.

Aus: Patrizia Nanz, Wie viel Vertrauen braucht die Demokratie?, in: www.nemetschek-stiftung.de/projekte/im-blickfeld/wie-viel-vertrauen-braucht-die-demokratie/, Nov. 2013 (Zugriff: 28.6.2016)

INFO

Patrizia Nanz
ist wissenschaftliche Direktorin am *Institute for Advanced Sustainability Studies* (IASS) in Potsdam und forscht seit Langem zum Thema „Zukunft der Demokratie". Sie gilt in Europa als einflussreiche Expertin für zivilgesellschaftliche Partizipation und Bürgerbeteiligung.

Bürgerbeteiligung und direkte Demokratie

Obwohl in der Öffentlichkeit die beiden Begriffe oftmals synonym verwendet werden, unterscheiden sich beide in ihrer Bedeutung. Während Bürgerbeteiligung ganz allgemein die Teilhabe der Bürger am politischen Prozess meint, verbindet sich mit dem Begriff der **direkten Demokratie** die Vorstellung von der unmittelbaren Herrschaft des Volkes, die ohne
5 die Wahl von Volksvertretern (politischen Repräsentanten) auskommt. Im Idealfall sind die Regierten zugleich auch die Regierenden, die in Volksabstimmungen ihre Entscheidungen selbst treffen. Falls es im idealtypischen Fall einer direkten Demokratie überhaupt ein Parlament mit gewählten Delegierten gibt, so sind diese an ein imperatives Mandat (Vorgabe, wie sie abzustimmen haben) gebunden und können vom Volk abberufen werden.
10 Der weiter zu fassende Begriff der **Bürgerbeteiligung** zielt darauf ab, die Bürger an den politischen Willensbildungs- und Entscheidungsprozessen zu beteiligen. Hierzu gibt es auch in repräsentativen Demokratien zahlreiche Möglichkeiten. In Deutschland sind viele dieser Teilhaberechte im Grundgesetz ausdrücklich genannt und gehören zu den Grundrechten.
15

Aus: Robby Geyer, Direkte Demokratie und Bürgerbeteiligung. Lehrerblatt 01, in: Themenblätter im Unterricht/Nr. 88, in: www.bpb.de/shop/lernen/themenblaetter/36492/direkte-demokratie-und-buergerbeteiligungaktualisierte-fassung-05-2013, 2. Aufl., Bonn: bpb 2013, S. 3

QUERVERWEIS

Ist die direkte die bessere Demokratie?
Kapitel I.3.4

1 Analysieren Sie die Karikatur M 1 zur Mitbestimmung und diskutieren Sie ihre Übertragbarkeit auf die demokratische Gesellschaft insgesamt.

2 Arbeiten Sie aus M 2 die Faktoren heraus, die laut der Autorin gelingende Bürgerbeteiligung auszeichnen.

3 Entwickeln Sie einen Maßnahmenkatalog, mit dem die Bürgerbeteiligung in Ihrer Kommune gestärkt werden könnte. Informieren Sie sich ggf. zuvor über die bereits vorhandenen Möglichkeiten.

2.2 Neue Formen politischer Beteiligung

MATERIAL **1** Bereitschaft zu politischem Engagement

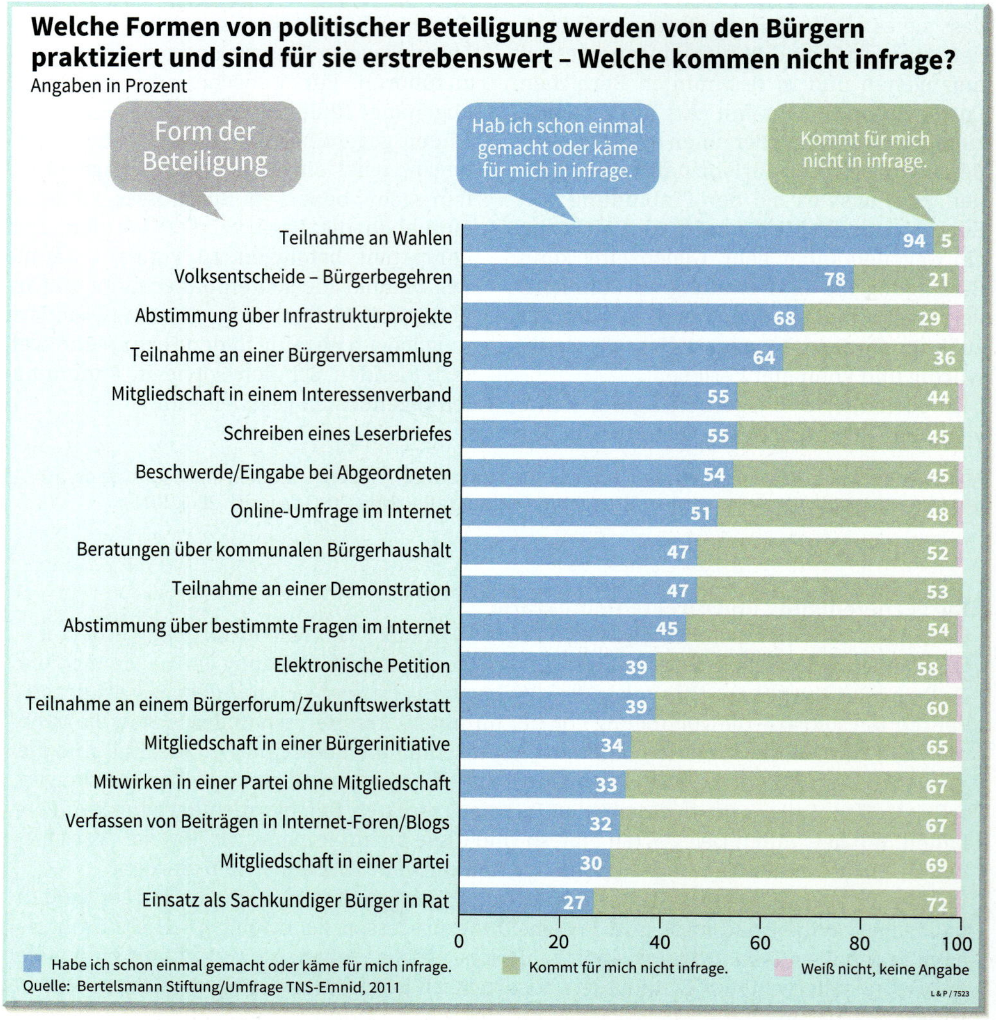

Welche Formen von politischer Beteiligung werden von den Bürgern praktiziert und sind für sie erstrebenswert – Welche kommen nicht infrage?
Angaben in Prozent

Form der Beteiligung

Hab ich schon einmal gemacht oder käme für mich in infrage.

Kommt für mich nicht in infrage.

Form der Beteiligung	Hab ich schon einmal gemacht oder käme für mich in infrage.	Kommt für mich nicht infrage.
Teilnahme an Wahlen	94	5
Volksentscheide – Bürgerbegehren	78	21
Abstimmung über Infrastrukturprojekte	68	29
Teilnahme an einer Bürgerversammlung	64	36
Mitgliedschaft in einem Interessenverband	55	44
Schreiben eines Leserbriefes	55	45
Beschwerde/Eingabe bei Abgeordneten	54	45
Online-Umfrage im Internet	51	48
Beratungen über kommunalen Bürgerhaushalt	47	52
Teilnahme an einer Demonstration	47	53
Abstimmung über bestimmte Fragen im Internet	45	54
Elektronische Petition	39	58
Teilnahme an einem Bürgerforum/Zukunftswerkstatt	39	60
Mitgliedschaft in einer Bürgerinitiative	34	65
Mitwirken in einer Partei ohne Mitgliedschaft	33	67
Verfassen von Beiträgen in Internet-Foren/Blogs	32	67
Mitgliedschaft in einer Partei	30	69
Einsatz als Sachkundiger Bürger in Rat	27	72

■ Habe ich schon einmal gemacht oder käme für mich infrage.   ■ Kommt für mich nicht infrage.   ■ Weiß nicht, keine Angabe
Quelle: Bertelsmann Stiftung/Umfrage TNS-Emnid, 2011

L & P / 7523

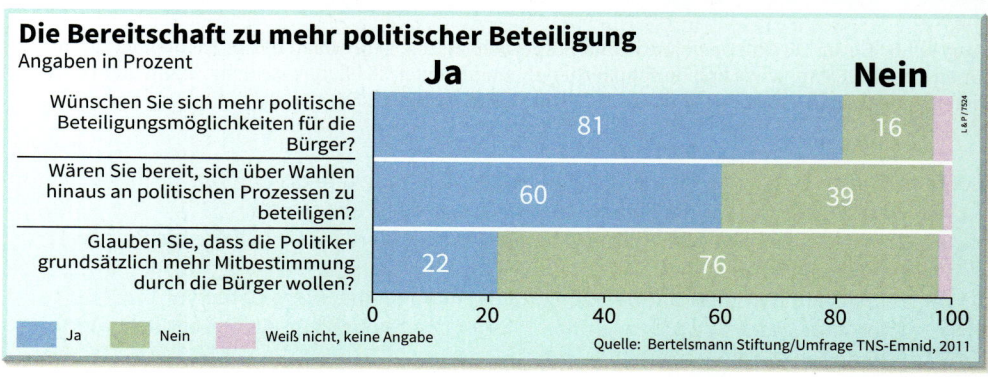

Die Bereitschaft zu mehr politischer Beteiligung
Angaben in Prozent

Ja **Nein**

	Ja	Nein
Wünschen Sie sich mehr politische Beteiligungsmöglichkeiten für die Bürger?	81	16
Wären Sie bereit, sich über Wahlen hinaus an politischen Prozessen zu beteiligen?	60	39
Glauben Sie, dass die Politiker grundsätzlich mehr Mitbestimmung durch die Bürger wollen?	22	76

■ Ja   ■ Nein   ■ Weiß nicht, keine Angabe

Quelle: Bertelsmann Stiftung/Umfrage TNS-Emnid, 2011

L & P / 7524

Das Beispiel Bürgerhaushalt

Ein Bürgerhaushalt ist ein Instrument der Bürgerbeteiligung bei Fragen rund um die Verwendung von öffentlichen Geldern. Die Bevölkerung wird dabei aktiv in die Planung
5 von öffentlichen Ausgaben und Einnahmen einbezogen. Dieser beteiligungsorientierte Ansatz unterscheidet sich vom traditionellen Modell „Verwaltung plant, Politik entscheidet".
10 Immer mehr Städte und Gemeinden führen Beteiligungsverfahren zum kommunalen Haushalt ein. Sie geben damit der Einwohnerschaft die Möglichkeit, ihre Ideen einzubringen und zu diskutieren, wofür die Stadt
15 ihre Gelder ausgeben soll.
Auf Landes- oder Bundesebene gibt es in Deutschland bisher keinen Bürgerhaushalt.

Die Kernphasen jedes Bürgerhaushaltes sind:
20 **1. Information:** Die Einwohner werden durch Öffentlichkeitsarbeit über den Haushalt informiert und für den Bürgerhaushalt mobilisiert.
2. Beteiligung: Bürgerinnen und Bürger kön-
25 nen ihre eigenen Ideen und Prioritäten einbringen, ob nun als „Berater", indem sie ihre Vorschläge an Politik und Verwaltung adressieren, oder als „Entscheider" über ein konkretes Budget. Zentrales Element neben der Einbringung von eigenen Ideen ist der öf- 30 fentliche Diskurs, zum Beispiel bei Versammlungen oder übers Internet.
3. Rechenschaft: Die Verfahrensorganisatoren geben Auskunft über die Ergebnisse der Beteiligungsphase. Es wird kommuniziert 35 und begründet, welche Ideen der Bürger umgesetzt oder nicht umgesetzt wurden. [...]

Ein Bürgerhaushalt auf kommunaler Ebene richtet sich im Normalfall an alle Bewohner einer Stadt oder Gemeinde. [...] Manche Bür- 40 gerhaushalte sprechen bestimmte Gruppen gezielt an, zum Beispiel Frauen im Falle von *Gender Budgeting* oder Jugendliche im Falle von Schülerhaushalten [...]. Während diese Art von Bürgerhaushalten ihre Zielgruppe 45 konkretisiert, sprechen andere Bürgerhaushalte eine sehr heterogene Zielgruppe an. Manche richten sich sogar ausdrücklich nicht nur an alle Einwohner einer Stadt, sondern generell an alle interessierten Men- 50 schen. Der Gedanke dahinter: Die Idee zählt, nicht die Herkunft einer Person.

Aus: Buergerhaushalt.org, Definition und häufige Fragen, in: www.buergerhaushalt.org/de/faq_bhh#n63 (Zugriff: 12.1.2017)

Der Bürgerhaushalt in der Diskussion

Pro	Kontra
Transparenz über öffentliche Mittel	geringe Teilnahme der Bürger
Die aktive Mitgestaltung fördert die Identifikation mit der eigenen Stadt/Gemeinde.	Teilnehmer sind überwiegend gebildeter und verdienen mehr als der Bevölkerungsdurchschnitt, sind also nicht repräsentativ.
mehr Legitimation politischer Entscheidungen	Das Verfahren der kommunalen Haushaltsplanung ist zu komplex, um alle sinnvoll einbeziehen zu können.

Nach: Buergerhaushalt.org, Bürgerhaushalte in der Diskussion, in: www.buergerhaushalt.org/de/bhhdiskussion (Zugriff: 12.1.2017)

1 Gestalten Sie analog zu M 1 eine Umfrage in Ihrem Kurs und vergleichen Sie die Ergebnisse.

2 Recherchieren Sie, ob es in Ihrer Kommune einen Bürgerhaushalt gibt.

3 Ergänzen Sie zu M 3 weitere Argumente für oder gegen das Instrument des Bürgerhaushalts und erörtern Sie anschließend seinen Nutzen für mehr Demokratie und Beteiligung.

2.3 Mehr Demokratie durch Volksentscheide?

MATERIAL **1** ### Politiker und Bürger – voneinander frustriert?

Zeichnung links: Klaus Stuttmann
Zeichnung rechts: Thomas Plaßmann

MATERIAL **2** ## Mehr Macht dem Volk? Beteiligung durch Referenden

INFO

Bernhard Weßels
(geb. 1955)
stv. Direktor der Abtei-
lung „Demokratie und
Demokratisierung" am
Wissenschaftszentrum
Berlin für Sozialforschung
(WZB) und Professor am
Institut für Sozialwissen-
schaften der Humboldt-
Universität in Berlin.

QUERVERWEIS

**Direkte Demokratie –
Instrumente und
Verfahren**
S. 50, M 1

Aus einem Interview von Anna Reimann mit dem Politikwissenschaftler Bernhard Weßels u. a. über Chancen und Risiken von Referenden in Deutschland.

Spiegel online: *CSU-Chef Seehofer verlangt mehr direkte Demokratie auch in Deutschland. Hat er recht?*
Weßels: In Deutschland sind bundesweite
5 Volksabstimmungen nach unserer Verfassung gar nicht möglich – außer wenn es um die Neugliederung des Bundesgebietes, zum Beispiel die Zusammenlegung von Bundesländern, geht. Aufgrund unserer Geschichte
10 haben wir eine Verfassung, die ein großes Misstrauen gegenüber dem Volk zum Ausdruck bringt und die Institutionen vor dem Volkswillen schützt. Dazu gehört, dass unveränderliche Artikel im Grundgesetz ausschließen, dass die Demokratie abgeschafft 15 wird. Dazu gehört eben auch, dass es keine Möglichkeit für Referenden auf Bundesebene gibt.

Ist dieses Misstrauen noch zeitgemäß?
Natürlich hilft es, wenn man rechten Popu- 20 listen, die ja europaweit und in Deutschland im Gewand der AfD auf dem Vormarsch sind, nicht die Möglichkeit zur Mobilisierung durch Referenden gibt. Trotzdem glaube ich,

25 dass wir mehr direkte Demokratie auch in Deutschland brauchen. Zwar nicht als Alltagsgeschäft wie in der Schweiz, aber als Ausnahmeinstrument.

Würde man damit nicht den Populisten noch
30 *mehr Macht geben?*
Nein, nicht automatisch. Entscheidend ist, dass solche Referenden gut vorbereitet sind und die Parteien rationale Kampagnen zur politischen Willensbildung betreiben – durch
35 Fakten, Information und Aufklärung statt durch Stimmungsmache. Es gibt ja bei vielen Menschen den Wunsch nach mehr Mitbestimmung und die Bürger sind gebildeter als vor vierzig Jahren. Sie dürften intellektuell
40 dazu in der Lage sein, sich mit grundlegenden Fragen angemessen zu beschäftigen. Man kann der Bevölkerung den Wunsch nach mehr Mitbestimmung nicht auf Dauer verwehren.

45 *Welche Fragen eignen sich in Deutschland für*
bundesweite Volksabstimmungen?
Die Deutschen hätten über die Wiedervereinigung abstimmen können. Selbst auf die Gefahr hin, dass sie sich dagegen entschie-
50 den hätten. Außerdem wäre es sinnvoll gewesen, dass die Deutschen über die EU-Verfassung in einem Referendum abgestimmt hätten. Für mich wäre damit folgende Hoffnung verbunden gewesen: Wenn das Votum
55 pro Verfassung ausgegangen wäre, gibt es eine aktivere Unterstützung für die EU. Wenn nicht, wäre klar gewesen, dass die Bürger erst einmal nicht mehr Vertiefung wollen.

60 *Und für die Zukunft?*
Natürlich wissen wir für die Zukunft nicht, welche Fragen sich uns stellen, und ich will nicht den Teufel an die Wand malen. Aber angenommen, es kommt irgendwann zu kriegerischen Auseinandersetzungen in Europa: Dann wäre die Frage, ob sich die Deutschen daran beteiligen sollen, auch ein Referendum wert. Weil es eine existenzielle Frage ist, die die Menschen sehr direkt betrifft. 70

Wie sieht es mit der Flüchtlingskrise aus? Viele Menschen waren nicht einverstanden damit, dass so viele Asylsuchende nach Deutschland kommen.
Hier geht es um das Grundrecht auf Asyl. Referenden dürfen nicht dazu benutzt werden, Menschenrechte einzuschränken. Das zweite Problem, das ich bei diesem Thema sehe, ist, dass es leicht emotionalisierbar ist. Rechte Kräfte warnen vor einer kulturellen Überfremdung. Aber selbst wenn es diese Gefahr geben sollte, berechtigt sie nicht dazu, Grundrechte auszuhebeln. Auch alle weiteren Fragen, bei denen eine große gefühlsmäßige Unsicherheit herrscht, können einfach von Populisten missbraucht werden und eignen sich meiner Meinung nach nicht für Referenden. Bestes Beispiel: Wenn es gehäuft Fälle von Kindermissbrauch gibt, darf man nicht in einem Referendum nach der Todesstrafe fragen. Das ist keine politische Sachfrage, sondern eine Bauchentscheidung.

Glauben Sie grundsätzlich, dass direkte Demokratie gegen Populismus und Politikverdrossenheit helfen kann? 95
Nein, glaube ich nicht. Die Unzufriedenheit vieler Menschen mit der Politik hat meiner Einschätzung nach nicht so sehr mit mangelnder Mitbestimmung zu tun. Sondern eher damit, dass viele das Gefühl haben, es 100 gibt keine politischen Alternativen und keine Visionen.

Aus: „Es gibt keine echte Mehrheit für den Brexit", Interview von Anna Reimann mit Bernhard Weßels, in: www.spiegel.de/politik/deutschland/wie-beim-brexit-wann-ist-ein-referendum-sinnvoll-a-1100035. html, 28.6.2016 (Zugriff: 12.1.2017)

1 Analysieren Sie die beiden Karikaturen und nehmen Sie Stellung zu dem, was die Personen in den Karikaturen sagen (M 1).

2 Erläutern Sie die Kriterien, die laut Weßels für die Einführung von Referenden maßgeblich sein sollten (M 2).

3 Beurteilen Sie die Kriterien aus M 2 hinsichtlich der Aspekte Legitimität und Effizienz.

GLOSSAR

Demokratie, direkte
Volksbegehren
Volksentscheid

INFO

Ergebnisse einer Umfrage
34 Prozent der Bundesbürger meinen, dass sie durch ihre Wahlentscheidungen Politik kaum mitbestimmen können. Deshalb sprechen sich 72 Prozent für Volksbegehren und Volksentscheide auch auf Bundesebene aus.

Aus einer Umfrage des Forsa-Instituts im Januar 2015 im Auftrag des Magazins „stern"

QUERVERWEIS

METHODE Urteilsbildung – Sach- und Werturteile (Kriterien Effizienz und Legitimität)
S. 46 f.

METHODE   Zukunftswerkstatt

Die Zukunftswerkstatt ist eine von dem Philosophen Robert Jungk entwickelte Methode der politischen Bildung. Hier sollen Bürgerinnen und Bürger zu Wort kommen; alle Akteure gelten als Experten und sollen mit ihrem Wissen, ihren Wünschen und Ideen zu Demokratisierungsprozessen beitragen. Zukunftswerkstätten können zu vielen Themen durchgeführt werden – von technischen und sozialen Problemen bis hin zu ökologischen oder städtebaulichen Fragestellungen.

Die Methode „Zukunftswerkstatt" geht davon aus, dass die Menschen über häufig ungenutzte kreative Fähigkeiten sowie Problemlösungspotenziale verfügen. Mithilfe der Methode werden diese Ressourcen mit dem Ziel mobilisiert, Perspektiven für die individuelle und/oder gemeinsame Zukunft zu entwickeln und konkrete Schritte zur Erreichung dieser Ziele zu planen. Zukunftswerkstätten finden in Gruppen statt, denen eine Moderatorin oder ein Moderator zur Seite gestellt wird.

Es werden in der Regel drei Phasen durchlaufen: Kritikphase, Fantasie- und Utopiephase sowie Umsetzungsphase. Ergänzt werden diese oft durch eine Einstiegs- und eine Ausstiegsphase.

1. Einstiegsphase
Sie soll der Gruppe das Ankommen und Orientieren am Anfang der Zukunftswerkstatt erleichtern. Wichtig sind aktivierende Methoden, bei denen die Teilnehmerinnen und Teilnehmer selbst tätig werden, miteinander ins Gespräch kommen und langsam in das Thema einsteigen.

Geeignete Methoden: z. B. Kennlernspiele, Metaphern und Satzanfänge auf Wandzeitungen. Außerdem sollten eine Vorstellungsrunde, eine kurze Einführung in die Zukunftswerkstatt und die Klärung des Organisatorischen erfolgen.

2. Kritikphase
In der Kritikphase wird unter einer (oder mehreren) Fragestellung(en) ordentlich „Dampf abgelassen". Diese Phase dient eher dazu, Kritik zu sammeln, nicht der detaillierten Analyse der Kritik. Ziel ist es, den Kopf für Neues frei zu bekommen und die Grundlage für Assoziationen bei der kreativen Ideenentwicklung in der Fantasiephase zu legen. Alles darf gesagt, geschrieben und kritisiert werden.

Geeignete Methoden: z. B. Kritiksammlung auf Moderationskarten, Klagemauer, Kritikcollage, Kritikzeichnungen, Matrix-Bewertung: Sauerei des Monats, Jugend-TÜV.

3. Fantasie- und Utopiephase
Hier geht es darum, die Gegenwelt zur Kritik zu schaffen, Problemlösungen und neue Ideen zu entwickeln. „Wie wäre es ideal?", „Was wünsche/erträume ich mir?", „Wie könnten wir es besser machen?", sind die Fragen in dieser Phase. Alles kann erträumt werden, nichts ist unmöglich.
Geeignete Methoden: z. B. Planungssprint, Erfindungsspiel, Brainstorming, Modellbau.

4. Umsetzungsphase
Nach den Höhenflügen in der Fantasie- und Utopiephase geht's nun „auf den Boden der Tatsachen" zurück. In dieser Phase wird geschaut, welche Ideen, Wünsche weiterbearbeitet werden sollen und für die Gruppe am wichtigsten sind. Danach steht die Frage im Vordergrund, wie die Umsetzung dieser Ideen angegangen werden kann. Nach Möglichkeit sollte diese Phase mit einem Handlungsplan („Was müssen wir erledigen?" und „Wer macht was?") enden. Ziel ist es, die Teilnehmenden auch über die Zukunftswerkstatt hinaus zum aktiven Handeln zu motivieren.

Geeignete Methoden: z. B. Handlungsplan, Wandzeitungssammlung mit Zuruffrage, Mehrpunktentscheidung.

5. Ausstiegsphase („Abschiedsphase")
Mit dieser Phase endet die Zukunftswerkstatt. Es findet vor allem ein Gesamtfeedback statt.
Geeignete Methoden: z. B. Einpunktentscheidung, Beantwortung von Auswertungsfragen auf Moderationskärtchen.

Nach: Bundeszentrale für politische Bildung, Methodenkoffer, in: www.bpb.de/lernen/formate/methoden/62269/methodenkoffer-detailansicht?mid=194 (Zugriff: 12.12017)

Demokratie in der Krise?

In den vergangenen Jahren sind die **klassischen Beteiligungsformen** – Wahlbeteiligung, Mitgliedschaft in Parteien oder Gewerkschaften – zunehmend in die Krise geraten. Parallel zu dieser Entwicklung haben sich die Möglichkeiten zu politischer Beteiligung stark ausgeweitet.

So nutzen die Bürger verstärkt **Formen nicht institutionalisierter Beteiligung** wie Unterschriftensammlungen, Demonstrationen, Bürgerinitiativen, Online-Petitionen u. a., um am politischen Leben teilzuhaben.

Wie bereits bei den institutionalisierten Beteiligungsformen sind allerdings auch bezüglich der neuen Beteiligungformen große **Unterschiede im Hinblick auf Einkommen und Bildung** zwischen dem engagierten und dem nicht engagierten Teil der Bürgerinnen und Bürgern feststellbar: So beteiligt sich überwiegend die gut ausgebildete Mittelschicht, während Geringverdiener und formal geringer Gebildete zunehmend aus politischen und gesellschaftlichen Prozessen „aussteigen".

Als **Ursachen für diese Entwicklungen** werden unter anderem die **nachlassende Bindungskraft der klassischen Volksparteien** genannt sowie ein **nachlassendes Vertrauen in die Regelungskraft der etablierten Politik,** von der sich immer größere Bevölkerungsteile nicht mehr repräsentiert fühlten.

Als **Folge** davon ist auch eine **Stärkung rechtspopulistischer Bewegungen und Parteien** zu beobachten. Über den „richtigen" Umgang mit diesen Bewegungen besteht nach wie vor große Unsicherheit.

Reformideen für mehr Teilhabe

Während viele Institutionen der repräsentativen Systeme an Bedeutung und Legitimationskraft verlieren, wird zunehmend die **Forderung nach mehr direkter Bürgerbeteiligung** laut.

Anlass-oder projektbezogene Bürger- und Protestbewegungen sind zum selbstverständlichen Teil einer politischen Kultur des Protests geworden (siehe z. B. Stuttgart 21).

Viele Bürger wünschen sich zudem **mehr direkte Einflussmöglichkeiten auf politische Entscheidungen**. Neben der lange schon geführten Debatte um eine Einführung von **Volksentscheiden auf Bundesebene** sind inzwischen zahlreiche **kommunale Beteiligungsformen** wie z. B. die Bürgerhaushalte entstanden.

KOMPETENZEN PRÜFEN

Merkmale und Ursachen der Krise der Demokratie

Ein Interview mit dem Politikwissenschaftler Prof. Wolfgang Merkel über Krisenerscheinungen der Demokratie. Wolfgang Merkel ist Direktor des Forschungsbereichs Demokratie und Demokratisierung am Wissenschaftszentrum Berlin für Sozialforschung (WZB).

Neue Gesellschaft/FrankfurterHefte: *Die [...] Diagnose einer „Krise der Demokratie" hat sich in den letzten Jahren dermaßen verschärft, dass mittlerweile sogar gefragt wird, ob wir*
5 *überhaupt noch „echte" Demokratie in den Kernländern der OECD haben? Das gipfelt in dem Befund, unsere Länder seien in Hinblick auf die Kernfragen ökonomischer Macht im Prinzip reformunfähig und künftig nur noch ein*
10 *Spielball der wirtschaftlichen Macht. [...]*
Wolfgang Merkel: So einfach sind die Diagnosen nicht. Kaum eine von ihnen vermag zu erklären, was ihr Referenzmaßstab ist. Ist es die normativ vermutete „echte" Demokratie? Ist
15 es ein versunkenes goldenes Zeitalter der Demokratie? Beides wäre falsch. „Eine" echte Demokratie gibt es nicht. Wäre es die direkte oder die repräsentative Demokratie? Wünschen wir mehr Konsens und Inklusion oder
20 vertrauen wir der Effizienz der Mehrheitsregel? Bevorzugen wir zentralistische oder föderale Demokratien? Wollen wir mehr Schweiz mit ihrer Konsensregel oder doch das „Westminstermodell" mit seinem rabiaten Mehrheits-
25 prinzip?
Die Annahme, dass es ein besseres Zeitalter der Demokratie gegeben hat, ist geschichtsvergessen. Wann sollte das gewesen sein? In den 1960er- und frühen 1970er-Jahren? Fra-
30 gen wir doch die Frauen, die ethnischen Minderheiten, Homosexuelle in den USA, der Schweiz, Deutschland oder anderswo, ob sie das auch so sehen. Die Demokratien heute haben erhebliche Probleme, aber sie sind aufs
35 Ganze gesehen keineswegs schlechter als in irgendeiner Vergangenheit.

Was sind denn aktuell die wichtigsten Probleme der Demokratie in unseren Ländern?
[...] Mit der Deregulierung der Märkte, ganz besonders der Finanzmärkte, hat sich die Demo-
40 sonders der Finanzmärkte, hat sich die Demokratie selbst entmachtet. In wichtigen Fragen der Geld-, Haushalts- und Steuerpolitik bestimmen nicht mehr demokratische Mehrheiten, sondern mächtige Investoren, Bankenkrisen und vermeintliche Sachzwänge. Die
45 Demokratie ist in der Tat marktkonformer geworden. Will man aber mehr Demokratie wagen, muss man den Spieß umdrehen und endlich die Märkte (wieder) demokratiekonformer organisieren. Im Ganzen gesehen gibt es Be-
50 reiche, in denen die Demokratie – wie bei den Minderheitsrechten, der Geschlechtergleichheit und der Toleranz gegenüber dem „anderen" – Fortschritte gemacht hat. Aber es gibt auch Verschlechterungen im Bereich der de-
55 mokratischen Steuerung der Wirtschaft und der schleichenden Exklusion der unteren Schichten. [...] Der ganze Prozess wurde für die demokratische Steuerung wichtiger ökonomischer Parameter durch die Denationalisierung
60 der Volkswirtschaften verhängnisvoll verstärkt. Wo Finanz- und Gütermärkte global werden, verliert der Nationalstaat an Gestaltungsraum. Auch die nationale Haushaltspolitik, ein Kerninstrument fairer gesellschaftli-
65 cher Gestaltung, verliert dann an Bedeutung.

Wir beobachten ja seit einiger Zeit mit wachsender Sorge eine Art Spiralbewegung in unseren Ländern: schwindende demokratische (Wahl-) Beteiligung der Unterschichten und der Prekä-
70 *ren, geringere Inklusion derer Interessen in die große Politik und dann wieder Beteiligungsrückgang der dadurch Benachteiligten. Wie hängen diese beiden Faktoren [...] zusammen?*
Tatsache ist, dass die konventionelle politi-
75 sche Beteiligung in den letzten drei Jahrzehnten in den entwickelten Demokratien kontinuierlich zurückgegangen ist. Das gilt für die Wahlbeteiligung, die Mitgliedschaft in Parteien und Gewerkschaften. Die besondere Demo-
80 kratieproblematik liegt dabei in der sozialen Selektion. Das untere Drittel der Gesellschaft steigt aus der politischen Beteiligung aus. Die mittleren und oberen Schichten bleiben oder suchen sich neue Organisationsformen. Wenn
85 sie jung sind, gehen sie in NGOs, sind sie älter, engagieren sie sich in der Zivilgesellschaft, in

ökologischen Projekten oder gegen den Ausbau von Bahnhöfen. Wir bewegen uns auf eine 90 „Zweidritteldemokratie" zu, in der die unteren Schichten unterrepräsentiert und die Mittel- und Oberschichten überrepräsentiert sind.

Der Unterschied zu den 1950er- und 1960er- Jahren besteht darin, dass den bildungsfer- 95 nen Schichten mit der Erosion der großen kollektiven Organisationen wie Gewerkschaften oder Volksparteien heute wichtige Vertrauenspartner und Welterklärer verloren gegangen sind. In einer solchen Situation bestimmt 100 das eigene Wissen weitgehend darüber, ob und wie man sich in der Politik engagiert. Damit werden aus bildungsfernen auch politikferne Schichten.

Wie kann diese Abwärtsspirale gestoppt und 105 *zurückgedreht werden? Helfen da neue Beteiligungsformen, etwa Plebiszite, eine Reform der Volksparteien, eine größere Rolle für das Internet [...]?*

Das ist ein Riesenproblem. All diese schönen 110 alten und neuen Formen direkter politischer Beteiligung wie Volksabstimmungen, deliberative Foren, Bürgerräte, Bürgerhaushalte oder digitale Demokratie haben eines gemeinsam: Sie versprechen in der Theorie Demokratiege- 115 winne, in der Praxis verschärfen sie hingegen das Problem der Zweidritteldemokratie. Die soziale Selektion wird noch größer, die unteren Schichten bleiben außen vor. Dies gilt auch und gerade für das [...] propagierte All- 120 heilmittel der Volksabstimmungen. Zudem

wahren diese in ihren Ergebnissen meist die Besitzstände der Bessergestellten und diskriminieren nicht selten Minderheiten, wie die „Referendumsdemokratien" der Schweiz und Kaliforniens immer wieder zeigen. Beruhigend 125 ist da, dass selbst in der Schweiz nur rund 10 % der Gesetze vom „Volk" beschlossen werden. Die genannten demokratischen Innovationen können innerhalb der repräsentativen Demokratie durchaus ergänzend eingesetzt werden. 130 Sie müssen aber ihrer elitären oder diskriminierenden Wirkungen entkleidet werden. Ihre Entscheidungsmaterien und Kompetenzen müssen klug ausgewählt werden. Aber selbst wenn dies gelingt, bleiben diese Reformen in 135 der Gesamtproduktion notwendiger demokratischer Entscheidungen, schon aus organisatorischen Gründen, von sehr bescheidenem Gewicht.

140

Wo muss dann aber für eine Rückgewinnung der Demokratie angesetzt werden, wenn wir ihren Bedeutungsschwund nicht einfach als Schicksal akzeptieren wollen?

Die Institutionen und Organisationen der repräsentativen Demokratie werden weiter die 145 Hauptlast unserer politischen Gemeinschaft zu tragen haben. Das gilt nicht zuletzt für die Parteien, deren Hochzeit im 20. Jahrhundert künftig kaum mehr zu wiederholen sein wird. Sie müssen sich stärker öffnen und sich deutli- 150 cher voneinander unterscheiden. Dies gilt vor allem für die Volksparteien.

Aus: Mehr substanzielle, weniger symbolische Politik tut Not. Interview von Thomas Meyer mit Wolfgang Merkel, in: Neue Gesellschaft/Frankfurter Hefte, Heft 6/2015, www.frankfurter-hefte.de/Archiv/2015/Heft_06/Artikel_ Juni_2015.html (Zugriff: 12.1.2017)

1 Beschreiben Sie, welche Merkmale und Ursachen laut Wolfgang Merkel der „Krise der Demokratie" zugrunde liegen.
2 Bewerten Sie begründet seine Einschätzung von Möglichkeiten direkter politischer Beteiligung.
3 Führen Sie ausgehend von den Materialien des Kapitels IV eine Zukunftswerkstatt zum Thema „Zukunft der Mitgestaltung in der Demokratie" durch.

QUERVERWEIS
METHODE Zukunfts- werkstatt S. 180

Glossar

Abgeordnete: Von den Bürgerinnen und Bürgern (Volk) durch allgemeine, unmittelbare, freie, gleiche und geheime → Wahlen gewählte Repräsentanten, die in den deutschen Parlamenten mit keinerlei Aufträgen oder Weisungen (z. B. aus der → Partei oder dem Wahlkreis) gebunden werden können (Art. 38 Abs. 1 GG); dieser Freiheit der Abgeordneten steht allerdings faktisch der Fraktionsdisziplin gegenüber. Zur ungehinderten Ausübung ihres Amtes sind die Abgeordneten u. a. durch ihre Immunität und den Bezug von Diäten, die ihren Lebensunterhalt sichern, in der Lage. Die Abgeordneten einer Partei oder gleicher politischer Überzeugung schließen sich in den Parlamenten zu → Fraktionen oder Gruppen zusammen. Im Deutschen → Bundestag können Abgeordnete eine Fraktion bilden, wenn dieser mindestens fünf Prozent der Abgeordneten angehören. Der wichtigste Teil der Abgeordnetenarbeit findet nicht in den Plenarsitzungen, sondern in den Parlamentsausschüssen und Fraktionen statt.

Agenda 2010: Bezeichnet ein Bündel von Reformen (vor allem in den Bereichen Wirtschaft, Arbeitslosen-, Kranken- und Rentenversicherung) der rot-grünen Bundesregierung in den Jahren 2003 bis 2005; Ziel war es, durch Senkung der Lohnnebenkosten, Flexibilisierung der Arbeitsverhältnisse sowie Kürzungen der Sozialleistungen die deutsche Wirtschaft international wettbewerbsfähiger zu machen. Bekanntestes Beispiel dieser Maßnahmen ist die → Hartz-IV-Reform zur Neuregelung des Arbeitslosengeldes.

Arabischer Frühling: Eine Reihe von Protesten, Aufständen und Rebellionen, die im Dezember 2010 in Tunesien begannen; die Proteste gegen die autokratischen → Regime in der Region breiteten sich in vielen Ländern des Nahen Ostens und Nordafrikas aus. In einigen Ländern führte die Rebellion zum Sturz der Herrscher (Ägypten, Tunesien, Jemen, Libyen), in Libyen, Jemen und Syrien brachen (Bürger-)Kriege aus.

Arbeitgeberverbände: Es gibt in Deutschland gut 1000 → Verbände von Unternehmenseigentümern bzw. -leitungen, die in der Bundesvereinigung der Deutschen Arbeitgeberverbände (BDA) zusammengeschlossen sind. Die BDA vertritt ihre Mitglieder in der Sozial- und Gesellschaftspolitik, dient als Plattform für die Koordinierung der Interessenvertretung gegenüber den Ländern, dem Bund und der → Europäischen Union. Die Arbeitgeberverbände der jeweiligen Branchen sind Verhandlungspartner der → Gewerkschaften bei den Tarifverhandlungen. Im weiteren Sinne werden auch die im Bundesverband der Deutschen Industrie (BDI) zusammengeschlossenen Wirtschaftsfachverbände, in denen nach Angaben des BDI ca. 100 000 Unternehmen organisiert sind, zu den Arbeitgeberverbänden gezählt. Aufgabe des BDI ist die Wahrnehmung der wirtschaftspolitischen Interessen seiner Mitglieder; er ist Mitglied der Union der Industrie- und Arbeitgebervereinigungen Europas, die die Interessen ihrer Mitglieder gegenüber den EU-Organen vertritt.

Asylbewerber: → Migranten, die einen Antrag auf Asyl nach Art. 16a GG gestellt haben, der noch in Bearbeitung ist; Voraussetzung für eine Anerkennung ist der Nachweis, persönlich von Verfolgung bedroht zu sein. Sie sind meist in Sammelunterkünften untergebracht und erhalten erst nach einem Jahr eine eingeschränkte Arbeitserlaubnis. Nach Anerkennung eines Asylantrages wird der Antragsteller zu einem Asylberechtigten.

Aufklärung, Europäische: Epoche, die Ende des 17. Jahrhunderts in England ihren Anfang nahm und im 18. Jahrhundert das geistige Leben im gesamten europäisch geprägten Raum bestimmte; wesentliches Ziel der Aufklärung war, den Menschen „aus seiner selbst verschuldeten Unmündigkeit" (Immanuel Kant) zu befreien, also vorgegebene und feste (religiöse) Denkmuster zu hinterfragen.

Bildungsexpansion: Der steigende Anteil an Menschen mit höherwertigen Bildungsabschlüssen (Hochschulreife, Studium) seit den 1960er-Jahren.

Bundeskanzler: Deutscher Regierungschef; von einer Mehrheit des Deutschen → Bundestages auf Vorschlag des → Bundespräsidenten gewählter, die Richtlinien der Politik bestimmender Chef der → Exekutive (→ Gewaltenteilung).

Bundespräsident: Deutsches Staatsoberhaupt; von der Mehrheit der → Bundesversammlung für fünf Jahre gewählt; eine einmalige Wiederwahl ist zulässig (Art. 54 GG). Seine Aufgaben sind die völkerrechtliche Vertretung Deutschlands und der Abschluss von Verträgen des Bundes mit dem Ausland sowie die Verkündung und Ausfertigung der Gesetze. Der Bundespräsident hat das Recht, Begnadigungen auszusprechen. Außerdem besitzt er das Vorschlagsrecht für die Wahl des → Bundeskanzlers (Art. 63 GG). Er ernennt diesen und entlässt ihn auf Ersuchen des → Bundestages.

Bundesrat: Der Bundesrat (offiziell: Deutscher Bundesrat) ist die zweite Kammer des Parlaments in Deutschland. Durch ihn wirken die Bundesländer bei der Gesetzgebung und Verwaltung des Bundes und in Angelegenheiten der → Europäischen Union mit (Art. 50 GG). Ihm gehören 69 Mitglieder an, die nicht direkt von den Wahlberechtigten gewählt, sondern als Vertreter der Landesregierungen an deren Weisung gebunden sind. Die Anzahl der entsandten Mitglieder des Bundesrates variiert entsprechend dem Bevölkerungsanteil der Bundesländer zwischen drei und sechs Vertretern pro Land. Die Stimmen jedes Landes können nur geschlossen abgegeben werden (→ Gewaltenteilung).

Bundesregierung: Oberstes deutsches → Exekutivorgan (→ Gewaltenteilung), an dessen Spitze der → Bundeskanzler steht, der von den Bundesministern unterstützt wird (Art. 62 GG).

Bundestag: Oberstes Parlament in Deutschland; seine Mitglieder (→ Abgeordnete) werden in allgemeinen, unmittelbaren, freien, gleichen und geheimen → Wahlen (Art. 38 GG) für vier Jahre von den deutschen Bürgern gewählt. Der Bundestag besteht aus mind. 598 Abgeordneten. Zu seinen wichtigsten Aufgaben zählen a) die Wahl (und ggf. Abwahl) des → Bundeskanzlers, b) die Kontrolle der → Bundesregierung und der ihr unterstellten Verwaltung (Ministerien), c) die Gesetzgebung des Bundes und die Feststellung des Bundeshaushalts, d) die Mitwirkung bei der Wahl des → Bundespräsidenten sowie e) der Richter am → Bundesverfassungsgericht und f) die Feststellung des Spannungs- oder Verteidigungs-falles. Eine wichtige Funktion bei der parlamentarischen Arbeit der Bundestagsabgeordneten kommt den Bundestagsausschüssen zu.

Bundesverfassungsgericht: Das Bundesverfassungsgericht ist eine Art oberster Hüter der Verfassung in Deutschland (Art. 93 GG). Es ist allen anderen Verfassungsorganen (→ Bundestag, → Bundesregierung, → Bundesrat, → Bundespräsident) gegenüber selbstständig, unabhängig und diesen gleichgeordnet. Die Kompetenzen des Bundesverfassungsgerichts erstrecken sich u. a. auf a) Verfassungsstreitigkeiten zwischen obersten Bundesorganen, b) Streitigkeiten zwischen Bund und Ländern und zwischen den Ländern, c) Verfassungsbeschwerden von Bürgern und den Gemeinden, d) die Überprüfung von Rechtsvorschriften, e) Feststellung der Verfassungswidrigkeit politischer → Parteien, f) Wahlprüfverfahren.

Bundesversammlung: Sie besteht aus den Mitgliedern des → Bundestages und einer gleichen Anzahl von Mitgliedern, die von den Volksvertretungen der Länder gewählt werden. Einzige Aufgabe der Bundesversammlung ist die Wahl des → Bundespräsidenten.

Chancengleichheit: Bezeichnet das Recht auf eine egalitäre Verteilung von Zugangs- und Lebenschancen; ein wesentlicher Schritt zur Verwirklichung der Chancengleichheit ist es, allen Menschen, unabhängig von ihren persönlichen Voraussetzungen, einen Zugang insbesondere zu Bildungsangeboten zu ermöglichen. Als einzelne Aspekte können die Gleichstellung der Geschlechter oder von Menschen mit und ohne Migrationshintergrund (→ Migration) genannt werden.

Demografischer Wandel: Alle Veränderungen in der Zahl und Struktur der Bevölkerung eines Landes (Alter, Geschlecht, Lebensform, Kinderzahl, Religion), die grundlegender Natur sind, d. h. über eine längere Zeit hinweg die Zusammensetzung nachhaltig und nicht nur vorübergehend ändern; dazu zählen z. B. die sinkenden Geburtenraten oder die Steigerung der Lebenserwartung in den meisten Industrieländern. In Deutschland gehört der demografische Wandel durch die steigende Zahl der Älteren gegenüber dem Anteil jüngerer Erwerbsfähiger zu den wichtigsten gesellschaftlichen Entwicklungen. Er wirkt sich vor allem auf die Arbeitswelt und die Sozialversicherungssysteme aus, die an die veränderten Entwicklungen angepasst werden müssen. Geburtenrückgang und Alterung der → Gesellschaft lassen sich nach Berechnungen des Statistischen Bundesamtes durch Zuwanderung verlangsamen, nicht jedoch gänzlich aufhalten.

Demokratie, direkte: (Ggs.: → Demokratie, repräsentative) Direkte Demokratie (auch: plebiszitäre Demokratie) bezeichnet eine Herrschaftsform, bei der die politischen Entscheidungen unmittelbar vom Volk z. B. durch Volksabstimmung getroffen werden. Lediglich die Art ihrer Umsetzung wird der Entscheidung einer Behörde überlassen. Rein auf direkter Demokratie basierende Gesellschaftsmodelle gibt es bisher nur in der Theorie (v. a. sozialistischer Rätesysteme). Das Modell der Schweiz ist dadurch gekennzeichnet, dass neben den direktdemokratischen (Volksinitiative, Referendum) auch repräsentative

Elemente (z. B. Parlamente) existieren. Grundgedanke dieser Mischform ist es, das Mehrheitsprinzip (der repräsentativen Demokratie) zugunsten einer wesentlich höheren Beteiligung von Minderheiten am Entscheidungsprozess einzuschränken. Auch in Ländern mit repräsentativer Demokratie sind in verschiedenen Verfassungen und Gesetzen (z. B. deutscher Bundesländer und Gemeindeordnungen; US-amerikanischer Bundesstaaten) direktdemokratische Elemente wie → Volksbegehren und → Volksentscheid vorgesehen.

Demokratie, innerparteiliche: Die Anwendung demokratischer Grundsätze innerhalb der → Parteien, z. B. die regelmäßig stattfindende Wahl der Führungsgremien und die freie innerparteiliche Meinungsäußerung.

Demokratie, repräsentative: Eine Form der Demokratie, in der vom Volk gewählte Vertreter die politischen Entscheidungen treffen, die im Namen des Volkes handeln, dabei aber nicht an dessen Auftrag oder Weisung gebunden sind.

Dienstleistungen: In Abgrenzung zur Warenproduktion (materielle Güter) spricht man bei den Dienstleistungen von immateriellen Gütern. Diese zeichnen sich dadurch aus, dass sie unmittelbar verbraucht werden (z. B. Haarschnitt). In der Volkswirtschaftlichen Gesamtrechnung werden Dienstleistungen als tertiärer Sektor erfasst. Der Drei-Sektoren-Theorie zufolge dehnt sich der Dienstleistungsbereich in entwickelten Industriegesellschaften immer stärker aus.

Diktatur: Staatsform, in der sich eine Person, → Gruppe, → Partei oder Regierung anmaßt, „von oben" bestimmen zu können, was dem allgemeinen Wohl der Bürger diene. Es werden zumeist autoritäre und → totalitäre Diktatur unterschieden. Letztere, zu denen vor allem der Nationalsozialismus und der Stalinismus gerechnet werden, stehen im schärfsten möglichen Gegensatz zum demokratischen Verfassungsstaat. Kennzeichen totalitärer Diktatur sind eine geschlossene → Ideologie, staatlicher Terror gegen Andersdenkende, die Kontrolle der → Massenmedien und des wirtschaftlichen Lebens sowie die Konzentration der → Macht bei einer → hierarchisch strukturierten Massenpartei.

Dschihad: (arab.: sich bemühen) Verteidigung und Verbreitung des islamischen Glaubens mit geistigen und bisweilen auch militärischen Mitteln; meist einseitig als „Heiliger Krieg" übersetzt, bezeichnet Dschihad das „Sichbemühen auf dem Wege Gottes", d. h. vor allem die persönliche Anstrengung, ein Gott wohlgefälliges Leben zu führen.

Elite: Personenkreis, der regelmäßig prägenden bzw. steuernden Einfluss auf gesamtgesellschaftlich wichtige Entscheidungen nehmen kann.

Emanzipation: Befreiung aus einem bevormundenden Verhältnis, etwa das zwischen Eltern und Kindern, oder der mittlerweile historischen → Hierarchie zwischen Ehemann und Ehefrau. Ziel eines emanzipatorischen Prozesses ist die Erlangung von Eigenständigkeit.

Euro: Europäische Währungseinheit, die im Rahmen der → europäischen Wirtschafts- und Währungsunion nach dem Vertrag von Maastricht seit dem 1.1.1999 in Europa in Ländern, die die festgelegten Kriterien erfüllen, eingeführt wurde. Die Gemeinschaftswährung gilt in 19 Ländern (2017).

Europäische Union (EU): 1993 von den 12 EG-Mitgliedern (Belgien, Dänemark, Deutschland, Frankreich, Griechenland, Großbritannien, Irland, Italien, Luxemburg, Niederlande, Portugal, Spanien) gegründete → supranationale Organisation; der Staatenverbund baut auf der Europäischen Gemeinschaft (EG) auf, deren Anfänge bis in das Jahr 1951 zurückreichen. Seit 2014 zählt die EU 28 Mitgliedstaaten (vorbehaltlich des bevorstehenden Austritts Großbritanniens), in 19 Ländern gilt seit 2015 der Euro. Die EU bildet mit dem Vertrag von Lissabon (2009) den rechtsverbindlichen Rahmen für eine Gemeinsame Außen- und Sicherheitspolitik (GASP), die Zusammenarbeit in der Justiz und Innenpolitik (ZIJP) sowie für die Europäischen Gemeinschaften (Europäische Gemeinschaft, Europäische Gemeinschaft für Kohle und Stahl, Europäische Atomgemeinschaft).
Die zentralen Organe der EU sind:
1. das Europäische Parlament,
2. der Europäische Rat (Gremium aus den Staats- bzw. Regierungschefs aller EU-Mitgliedstaaten, dem Kommissionspräsidenten, der Hohen Vertreterin für Außen- und Sicherheitspolitik sowie dem Präsidenten des Europäischen Rates),
2. der Rat der Europäischen Union, auch Ministerrat genannt (Gremium der Fachminister der Staaten),
4. die Kommission (Exekutivorgan),
5. der Gerichtshof der Europäischen Union,
6. die → Europäische Zentralbank,
7. der Rechnungshof.

Europäische Wirtschafts- und Währungsunion (EWWU): Koordination der Wirtschaftspolitiken der EU-Länder und Währungsvereinheitlichung im Euroraum; Ziel: Einbezug aller EU-Staaten in die EWWU; für die EWWU werden im allgemeinen Sprachgebrauch oft auch die Bezeichnungen europäische Währungsunion (EWU) und Wirtschafts- und Währungsunion (WWU) verwendet.

Europäische Zentralbank (EZB): Unabhängige Zentralnotenbank in „Euroland" mit Sitz in Frankfurt am Main, die das exklusive Recht zur Ausgabe von Banknoten und Geldmünzen (→ Euro/Cent) hat und die Geld- und die Währungspolitik der → Europäischen Union durchführt; geleitet wird die EZB von sechs Direktoren aus verschiedenen Euroländern, denen die Präsidenten der nationalen Zentralbanken aller → Staaten der Eurozone im EZB-Rat beratend zur Seite stehen.

Exekutive: (lat. = ausführen, vollziehen) Vollziehende Gewalt; Regierung und Verwaltung.

Extremismus: Bezeichnet politische Einstellungen, die die → freiheitliche demokratische Grundordnung (FDGO) beseitigen wollen; Extremisten vertreten fanatische oder → fundamentalistische Haltungen, → Ideologien oder Ziele, oftmals auch mit Gewalt. Die Formen des Extremismus lassen sich in die Kategorien „rechts", „links" und „religiös" untergliedern.

Föderalismus: (lat.: foedus = Bündnis, Vertrag) Gliederung eines → Staates in mehrere gleichberechtigte, in bestimmten politischen Bereichen selbstständige Teile (Bundesländer), die – in der Bundesrepublik insbesondere durch den → Bundesrat – an der Willensbildung des Staates (des Bundes) mitwirken.

Fraktion: Organisatorischer Zusammenschluss einer Gruppe von → Abgeordneten einer → Partei bzw. von Parteien, die nicht miteinander konkurrieren (Fraktionsgemeinschaft), zur gemeinsamen Wahrnehmung parlamentarischer Aufgaben.

Freiheitliche Demokratische Grundordnung (FDGO): Politische Ordnung der Bundesrepublik Deutschland, die nach der Definition des → Bundesverfassungsgerichts im SRP-Urteil von 1952 (Verbot der rechtsextremen Sozialistischen Reichspartei) „unter Ausschluss jeglicher Gewalt- und Willkürherrschaft eine rechtsstaatliche Herrschaftsordnung auf der Grundlage der Selbstbestimmung des Volkes nach dem Willen der jeweiligen Mehrheit und der Freiheit und Gleichheit darstellt". Die FDGO ist gekennzeichnet durch „die Achtung vor den im → Grundgesetz konkretisierten → Menschenrechten, [...] die Volkssouveränität, die → Gewaltenteilung, die Verantwortlichkeit der Regierung, die Gesetzmäßigkeit der Verwaltung, die Unabhängigkeit der Gerichte, das Mehrparteiensystem und die Chancengleichheit für alle politischen Parteien mit dem Recht auf verfassungsmäßige Bildung und Ausübung einer → Opposition."

Fundamentalismus: Kompromissloses Festhalten an politischen oder religiösen Grundsätzen; der Fundamentalismus umfasst unterschiedliche, meist religiös motivierte → Ideologien und → extremistische Strömungen, die → Pluralismus ablehnen und den Dialog verweigern.

Gesellschaft: Unter Gesellschaft wird eine dauerhafte und strukturierte Vereinigung von Menschen in einem sozialen Raum zum Zweck der Befriedigung und Gewährleistung der Bedürfnisse ihrer Mitglieder verstanden. Die Gesellschaft umfasst nicht nur die Bürger eines → Staates, sondern alle dort Lebenden. Dabei sind die wechselseitigen Beziehungen dieser Menschen von entscheidender Bedeutung. Im Unterschied zu zufälligen Zusammentreffen oder Gemeinschaften sind Menschen einer Gesellschaft dauerhaft aufeinander angewiesen, etwa bezogen auf die Arbeitsteilung in der Wirtschaft. Es ist umstritten, ob wir uns aufgrund der → Globalisierung auf dem Weg zu einer Weltgesellschaft befinden.

Gesellschaftsvertrag: Nach den Vorstellungen verschiedener Staatstheoretiker (u. a. John Locke und Jean-Jacques Rousseau) basiert sowohl das Entstehen als auch das Bestehen eines → Staates auf einer freien Vereinbarung der Einzelnen. Die Vertragslehre geht von einem Naturzustand aus, in dem die Einzelnen ohne eine Rechts- und Staatsordnung nebeneinander und mutmaßlich im „Kampf aller gegen alle" (Thomas Hobbes) lebten. Dieser Zustand wurde erst durch einen Gesellschaftsvertrag beendet, eine vereinbarte Herrschaftsordnung zur Gewährleistung von Sicherheit, Frieden und Recht. Historisch wurde ein Gesellschaftsvertrag nie abgeschlossen.

Gewaltenteilung: Grundprinzip der Organisation (demokratischer) staatlicher Gewalt; Ziel ist es, die Konzentration und den Missbrauch politischer → Macht zu verhindern, die Ausübung politischer Herrschaft zu begrenzen und zu mäßigen, um damit die bürgerlichen Freiheiten zu sichern. Gemeinhin wird zwischen gesetzgebender Gewalt (→ Legislative), ausführender Gewalt (→ Exekutive) und rechtsprechender Gewalt (→ Judikative) unterschieden. Diese Funktionen werden unabhängigen Staatsorganen (z. B. in der Bundesrepublik Deutschland → Bundestag, → Bundesregierung, → Bundeskanzler, → Bundesrat, → Bundesverfassungsgericht) zugewiesen. In der Praxis ergeben sich Abweichungen vom strikten Prinzip der Gewaltenteilung und sind Abweichungen sogar vorgesehen (z. B. Verordnungen der Exekutive, Gesetzesinitiativen der Regierung). Auch die Prinzipien des → Föderalismus werden als Teil der Gewaltenteilung angesehen.

Gewerkschaften: Vereinigungen, in denen sich Arbeitnehmer zusammenschließen, um gemeinsam ihre Interessen gegenüber den Arbeitgebern zu vertreten; die relative Schwäche der einzelnen Arbeitnehmer gegenüber ihren Arbeitgebern soll so ausgeglichen werden. Die Hauptziele der Gewerkschaften in Deutschland sind die Durchsetzung von Lohnforderungen, die soziale Absicherung der Arbeitenden sowie die Verbesserung der Arbeitsbedingungen. Auch der Ausbau der → Mitbestimmung der Arbeitnehmerinnen und Arbeitnehmer in den Betrieben gehört zu den Zielen gewerkschaftlicher Arbeit. Um diese Ziele zu erreichen, verhandeln die Gewerkschaften mit den Arbeitgebern bzw. den → Arbeitgeberverbänden (Tarifverhandlungen). Die Arbeitsniederlegung, der Streik, ist das letzte Druckmittel der Gewerkschaften. Die meisten und größten deutschen Gewerkschaften sind im Deutschen Gewerkschaftsbund (DGB) zusammengeschlossen.

Globalisierung: Der Begriff bezeichnet eine Zunahme der Staatsgrenzen überschreitenden wirtschaftlichen, politischen, kulturellen und sozialen Beziehungen v.a. ab den 1990er-Jahren. Insbesondere werden zu den Merkmalen der Globalisierung eine starke Zunahme internationaler Wirtschafts- und Finanztransaktionen, die Ausdehnung der Kommunikationstechnologien (Internet usw.) sowie eine weltweite Ausdehnung (westlicher) Kultur gezählt. Ursachen sind neben der technischen Entwicklung vor allem der Abbau von wirtschaftlichen Schranken durch die wichtigsten Industriestaaten. Eine genaue historische Abgrenzung der Globalisierung von früheren Entwicklungen, z.B. des Weltmarktes, ist umstritten.

Grundgesetz (GG): Das Grundgesetz der Bundesrepublik Deutschland vom 23.5.1949 ist die deutsche Verfassung. Das GG hat Vorrang vor allen anderen deutschen Gesetzen, die mit ihm in Übereinstimmung stehen müssen. Es gliedert sich in 14 Abschnitte, denen eine Präambel (Vorwort) vorausgeht. Aufgrund ihrer Bedeutung stehen die → Grundrechte in Abschnitt I des GG (Art. 1–19). Das seit 1949 vielfach veränderte GG kann mit nur einer Zweidrittelmehrheit in → Bundestag und → Bundesrat geändert werden (Art. 79 Abs. 2); die → Grundrechte und der Grundsatz, dass die Länder bei der Gesetzgebung mitwirken, dürfen nicht geändert werden (Art. 79 Abs. 1 und 3). Die Bezeichnung Grundgesetz wählte der → Parlamentarische Rat, um den provisorischen Charakter der westdeutschen Republik im geteilten Deutschland zu betonen. Im Zuge der Wiedervereinigung 1990 nach Art. 23 GG („Beitrittsartikel") und der europäischen Integration wurden verschiedene Änderungen vorgenommen. Es kam aber nicht zur Ausarbeitung einer neuen gesamtdeutschen Verfassung nach Art. 146 GG.

Grundrechte: Verfassungsmäßige, vom jeweiligen → Staat garantierte Rechte, die den Bürger vor staatlichen Übergriffen schützen (Abwehr- bzw. Freiheitsrechte) und ihm die Teilnahme an der politischen Willensbildung garantieren (Teilhaberechte).

Gruppe: Im soziologischen Sinn ist eine Gruppe eine Ansammlung von mind. zwei (z.T. auch erst definiert ab drei) Menschen. Die Mitglieder dieser sozialen Gruppe stehen in direkter Beziehung zueinander, d.h., jedes Gruppenmitglied muss sich der anderen Mitglieder bewusst sein. Dadurch ist eine Interaktion der Mitglieder möglich. Eine Gruppe kann auch eine organisierte Form annehmen und ein bestimmtes Ziel verfolgen, dann spricht man von einer formellen Gruppe. Bilden Menschen aus emotionalen Gründen eine Gruppe, z.B. Cliquen, wird von einer informellen Gruppe gesprochen. Gruppenmitglied ist dabei, wer sich dieser zugehörig fühlt und als Mitglied von den anderen akzeptiert wird.

Hartz IV: Durch das im Rahmen der → Agenda 2010 verabschiedete Hartz-IV-Gesetz wurde 2005 das Arbeitslosengeld II eingeführt. Es führte die bisherige Arbeitslosenhilfe und die Sozialhilfe für arbeitslose Erwerbstätige zusammen. Damit ist dies heute die Grundsicherung für erwerbsfähige Hilfsbedürftige. Die Leistungen entsprechen dem Existenzminimum in Deutschland. Das Arbeitslosengeld II kann aber auch ergänzend zum Erwerbseinkommen oder anderen staatlichen Leistungen bezogen werden.

Hegemonie: Vormachtstellung eines → Staates gegenüber anderen; Hegemonie ergibt sich durch ein tatsächliches militärisches, kulturelles oder wirtschaftliches Übergewicht und ist häufig durch Verträge abgesichert.

Hierarchie: Ein System von über- bzw. untergeordneten Elementen, die unterschiedliche Funktionen ausüben.

Ideologie: Im neutralen Sinne die Lehre von den Ideen, d.h. der wissenschaftliche Versuch, die unterschiedlichen Vorstellungen über Sinn und Zweck des Lebens, die Bedingungen und Ziele des Zusammenlebens etc. zu ordnen; im politischen Sinne dienen Ideologien der Rechtfertigung politischen Handelns, wobei eine bestimmte Weltanschauung und bestimmte Interessen kombiniert werden.

Individualisierung: Prozess, in dessen Mittelpunkt die wachsende Bedeutung des Individuums steht, das sich gegenüber den sozialen → Gruppen und Herkunftsbindungen zunehmend → emanzipiert.

Integration: (Ggs.: Desintegration) Im sozialwissenschaftlichen Sinne die Herstellung einer gesellschaftlichen Einheit.

Interessengruppen: Zusammenschluss von Personen mit gleicher Interessenlage, um auf → Parteien, → Abgeordnete und Regierung Einfluss zu nehmen, ohne sich – wie Parteien – an → Wahlen zu beteiligen oder selbst Regierungsgewalt anzustreben; Interessengruppen sind ein wesentliches Merkmal einer → pluralistischen Gesellschaftsordnung (→ Verbände).

Intermediäres System: Die Verbindung zwischen → Parteien und Entscheidungsträgern erfolgt in zwei Richtungen: Zum einen artikulieren die Parteien die Interessen und Vorstellungen der Bürger und speisen sie in das Entscheidungssystem ein. Zum anderen informieren sie die Bürger über die dort getroffenen Entscheidungen und begründen diese. Die Parteien nehmen diese Funktion zusammen und im Zusammenspiel mit → Interessenverbänden, Bürgerinitiativen und → Massenmedien wahr. Dieses Zusammenspiel wird als intermediäres System bezeichnet. Aber nur die Parteien haben direkten Einfluss auf die personelle Zusammensetzung der Verfassungsorgane.

Internationaler Währungsfonds (IWF): 1944 als Sonderorganisation der Vereinten Nationen gegründet, um das Weltwirtschaftssystem nach dem Zweiten Weltkrieg neu aufzubauen; zurzeit (2017) sind 189 Staaten Mitglied des IWF; ihr Stimmrecht orientiert sich an ihrem Kapitalanteil. Da die Beschlüsse im IWF mit einer Mehrheit von 85 Prozent getroffen werden, verfügen die USA und die 28 EU-Staaten de facto jeweils über eine Sperrminorität. 2011 trat eine Reform des IWF in Kraft, nach der Schwellenländer wie China, Indien oder Brasilien mehr Einfluss erhalten. Der IWF verfolgt die Ziele, den Welthandel auszuweiten, die internationale Zusammenarbeit in der Währungspolitik zu fördern, die internationalen Finanzmärkte zu stabilisieren und kurzfristige Kredite zum Ausgleich von Zahlungsbilanzdefiziten zu vergeben. Für die Regulierung der Weltwirtschaft hat er damit eine zentrale Bedeutung. Eine globale Finanzmarktkrise, wie sie im Herbst 2008 ihren Ausgang nahm, konnte aber auch er nicht vermeiden.

Judikative: (lat. = Recht sprechen) Richterliche Gewalt.

Kapitalismus: Besonders durch Karl Marx (1818–1883) und Friedrich Engels (1820–1895) geprägter Begriff für das System der Wirtschaft, in dem wir leben; es zeichnet sich durch Privateigentum an den Produktionsmitteln und Gewinnstreben aus, wobei Letzteres durch das Wirtschaftssystem selbst erzeugt wird (Marktsteuerung, Konkurrenz). Kapitalismus geht von der Freiheit der einzelnen Wirtschaftssubjekte aus sowie von der Annahme, dass deren Austausch auf dem Markt nicht nur ihrem eigenen Gewinn, sondern letztlich dem Wohle allen dient. Marx kritisierte am Kapitalismus demgegenüber besonders die „Ausbeutung der Arbeiterklasse", seine Krisenhaftigkeit sowie seine Neigung zur Verschwendung (durch Konkurse, Krisen usw.) und zur Hervorbringung von Armut. Versuche, eine Wirtschaft statt über den Markt zentral durch den → Staat planwirtschaftlich zu steuern, sind in der jüngeren Geschichte allerdings mehrfach gescheitert.

Kalter Krieg: Bezeichnung für die feindselige Auseinandersetzung zwischen → Staaten unterhalb der Schwelle offener kriegerischer Handlungen; als Kalter Krieg wurde v.a. die besondere Form der Beziehungen zwischen den USA und der UdSSR und ihren Verbündeten während des Ost-West-Konflikts von 1946 bis 1989 bezeichnet. Kennzeichen dieses bipolaren Systems waren neben der Rüstungsspirale die „psychologische Kriegsführung" sowie wirtschaftlicher und militärischer Druck und eine entsprechende Bündnispolitik.

Klasse, soziale: Personen einer → Gesellschaft mit vergleichbaren ökonomischen Merkmalen, hauptsächlich den Besitz oder die Verfügung über Produktionsmittel betreffend.

Klassengesellschaft: Existiert, wenn die → Gesellschaft in verschiedene soziale → Klassen aufgeteilt ist; nach der Marxschen Analyse ist die → kapitalistische Gesellschaft eine Klassengesellschaft mit dem Gegensatz von eigentumsloser Arbeiterklasse (Proletariat) und der Klasse der Produktionsmitteleigner bzw. Kapitalisten (Bourgeoisie). Das Modell der Klassengesellschaft ist in der Soziologie inzwischen weitgehend durch flexiblere und verfeinerte Schichten-und Lagenmodelle bzw. die Darstellung verschiedener Lebensstile und → Milieus ersetzt bzw. ergänzt worden.

Klimawandel: In den vergangenen Jahrzehnten hat sich die Durchschnittstemperatur der Erdatmosphäre und der Meere erhöht, eine weitere Erwärmung wird erwartet. Die meisten Naturwissenschaftler führen dies auf den vom Menschen verstärkten Treibhauseffekt zurück, besonders seit Beginn der

Industrialisierung. Das Verbrennen fossiler Energieträger und die großflächige Rodung von Sauerstoff produzierenden Wäldern reichern den Anteil von Kohlendioxid (CO_2) in der Luft an. Hinzu kommt der erhöhte Ausstoß von Methangas durch eine intensive Viehwirtschaft. Der Treibhauseffekt wird auf Wasserdampf, Kohlenstoffdioxid, Methan, Stickstoffoxid und fluorierte Verbindungen, z. B. FCKW, zurückgeführt. Verdoppelt sich der CO_2-Anteil in der Erdatmosphäre, rechnet die Klimaforschung mit einer Erhöhung der Erdmitteltemperatur um einen Wert von 1,5 bis 4,5 Grad Celsius. Folgen der globalen Erderwärmung sind schon heute erkennbar: verringerte Schneebedeckung, Inlandeis- und Gletscherschmelze, ein steigender Meeresspiegel, Überschwemmungen und Wetterveränderungen. Der Klimawandel war 1992 erstmals Gegenstand einer UN-Konferenz. Im Jahr 1997 entstand mit dem Kyoto-Protokoll das erste völkerrechtlich verbindliche Abkommen mit konkreten Gegenmaßnahmen.

Koalition: (lat.: coalescere = zusammenwachsen, sich vereinigen) Bündnis zweier oder mehrerer → Parteien in einem Parlament, um gemeinsam die Regierung zu bilden und zu stützen und ein politisches Programm durchzusetzen; Koalitionen sind dann erforderlich, wenn eine einzelne Partei nicht über die absolute Mehrheit der Parlamentssitze verfügt und sich deshalb mit (kleineren) anderen Parteien verbünden muss.

Kommunismus: Bezeichnet das politische Ziel einer klassenlosen Gesellschaft, herbeigeführt durch einen gewaltsamen Umsturz, die proletarische Revolution; in der kommunistischen → Gesellschaft ist das Privateigentum an Produktionsmitteln aufgehoben, und der erwirtschaftete Reichtum wird gesellschaftlich angeeignet, d. h. allen Menschen gleichermaßen zugänglich gemacht. Der bedeutendste Denker des Kommunismus war Karl Marx.

Konservatismus: (lat.: conservare = bewahren) Politische Anschauung, die sich vornehmlich für die Erhaltung und Entwicklung des Bestehenden ausspricht. Kennzeichen sind in der Regel Forderungen nach einem ordnenden → Staat und die Achtung der nationalen Existenz.

Legislative: (lat. = Gesetze „tragen") Gesetzgebende Gewalt; in der parlamentarischen → (repräsentativen) Demokratie das Parlament.

Legitimation: Anerkennung einer politischen Ordnung und ihrer Repräsentanten durch das Volk; Voraussetzung dafür ist die Übereinstimmung der politischen Ordnung mit den in der → Gesellschaft allgemein anerkannten Vorstellungen über die Begründung von politischer Herrschaft. In einer → (repräsentativen) Demokratie wird die Legitimation der Herrschaftsausübung auf Zeit vor allem durch demokratische → Wahlen geschaffen.

Liberalismus: Philosophische Weltanschauung, die aus der → Aufklärung hervorgegangen ist; im Vordergrund steht die Freiheit des einzelnen Menschen. Jegliche Form des geistigen, sozialen, politischen oder staatlichen Zwangs wird abgelehnt. Unterschieden wird dabei zwischen dem politischen Liberalismus, der die Freiheitsrechte des Individuums und die Beschränkung der politischen Herrschaft in der Form eines → Rechts- und Verfassungsstaats anstrebt, und dem Wirtschaftsliberalismus, der eine Wirtschaftsordnung des Privateigentums und der Vertragsfreiheit durchsetzen will. In der liberalen

Wirtschaftsordnung kann jedes Individuum seinen eigenen Lebensentwurf konzipieren und realisieren, die individuellen Handlungen werden vom → Staat lediglich koordiniert.

Macht: Verhältnis der Über- und Unterordnung zwischen Personen, → Gruppen, Organisationen oder → Staaten, das – im Unterschied zu Herrschaft und Autorität – nicht der Anerkennung der von ihr Betroffenen bedarf; der Soziologe und Ökonom Max Weber (1864–1920) definierte Macht als „die Chance, innerhalb einer sozialen Beziehung den eigenen Willen auch gegen Widerstreben durchzusetzen, gleichviel, worauf diese Chance beruht".

Marktwirtschaft: Wirtschaftssystem des Wettbewerbs, in dem die Wirtschaftsprozesse dezentral geplant und über die Preisbildung auf den Märkten gelenkt werden; Gewerbe- und Vertragsfreiheit sowie die freie Wahl des Berufs bzw. des Arbeitsplatzes sind Grundvoraussetzungen der Marktwirtschaft (→ Kapitalismus). In Deutschland ist dies durch das Ziel sozialer Gerechtigkeit ergänzt (→ soziale Marktwirtschaft).

Massenmedien: Technische Mittel, durch die die Aussagen schnell und über große Entfernungen zu einer großen Zahl von Menschen gebracht werden können; Empfänger und Sender von Nachrichten sind sich dabei nicht persönlich bekannt. Massenmedien sind sehr einflussreich und werden als eine Kontrollinstanz z. B. gegenüber dem → Staat angesehen („vierte Gewalt"). Zugleich aber sind die durch sie verbreiteten Nachrichten für die Empfänger kaum noch zu überprüfen. Zu den Massenmedien zählen Zeitungen, Hörfunk, Fernsehen und das Internet.

Meinung, öffentliche: Zentrale Kategorie für die Bestimmung der → Legitimität politischer Herrschaft; sie ist nicht die Summe der individuellen Meinungen. Diese werden nur dann zur öffentlichen Meinung, wenn sie die Einschätzungen bedeutender Akteure, → Gruppen oder Institutionen zu politisch bedeutsamen Fragen bestimmen und in den → Massenmedien ihren Niederschlag finden.

Menschenrechte: Rechte, die jedem Menschen zustehen, unabhängig von Herkunft, Geschlecht, Religion und Vermögen; ihr Inhalt liegt darin, jedem Menschen eine gesicherte Existenz und Entfaltung zu ermöglichen. Im Gegensatz zu anderen Rechten sollen die Menschenrechte jedem Menschen von Natur aus zukommen, also nicht erst durch die Garantie eines → Staates. Deshalb „gelten" sie nicht wie andere Rechte, sondern bezeichnen den Anspruch auf ein menschenwürdiges Leben.

Migration: (lat.: migratio = Wanderung) Mit diesem Ausdruck werden verschiedene Formen der Ein- und Auswanderung zusammengefasst (Asylsuche, Arbeitswanderung, Flucht vor Krieg usw.). Das trägt der Tatsache Rechnung, dass alle diese Formen Gemeinsamkeiten aufweisen: einen Migrationsgrund, der in fast allen Fällen irgendeine Art von Zwang beinhaltet, und soziale Probleme, die aus der Situation im Aufnahmeland folgen.

Milieu, soziales: Das soziale Umfeld, in dem ein Mensch lebt und von dem er geprägt ist.

Misstrauensvotum, konstruktives: Nach Art. 67 GG kann der Bundeskanzler vom Bundestag nur gestürzt werden, wenn gleichzeitig die Mehrheit des Parlaments einen neuen Kanzler wählt.

Mitbestimmung: Mitwirkungsrechte der Arbeitnehmer(-vertreter) bei unternehmerischen Entscheidungen; zu unterscheiden sind die betrieb-

liche Mitbestimmung und die Mitbestimmung im Aufsichtsrat. Die betriebliche Mitbestimmung in der privaten Wirtschaft ist im Betriebsverfassungsgesetz festgelegt. Wichtigstes Organ der betrieblichen Mitbestimmung ist der Betriebsrat. Die Mitbestimmung im Aufsichtsrat (auch: Unternehmensmitbestimmung) wird durch mehrere Gesetze geregelt. Wesentliches Element ist die Vertretung der Arbeitnehmerinnen und Arbeitnehmer im Aufsichtsrat von Kapitalgesellschaften. Der Anteil der ihnen zustehenden Aufsichtsratsmandate hängt von der Zahl der Mitarbeiter ab.

Modernisierung: a) säkularer Prozess seit der Industriellen Revolution, in dem sich die kleine Gruppe der heute modernen → Gesellschaften entwickelt hat, b) die vielfältigen Aufholprozesse sog. unterentwickelter Gesellschaften, c) Bemühungen der modernen Gesellschaften, durch Innovation und Reform die Entwicklung in Gang zu halten und neue Herausforderungen zu bewältigen.

Nachhaltigkeit: Bezeichnung für das Prinzip, nach dem die wirtschaftliche Entwicklung so zu beeinflussen ist, dass der Umweltverbrauch zunehmend geringer wird und das ökologische System sich erholen kann; die Idee der nachhaltigen Entwicklung geht zurück auf den Bericht der Brundtland-Kommission der Vereinten Nationen von 1987 und insbesondere auf die UN-Konferenz für Umwelt und Entwicklung (UNCED) 1992 in Rio de Janeiro.

NATO (North Atlantic Treaty Organization): Während des → Kalten Krieges war die Allianz unter Führung der USA in Europa das Gegengewicht zur militärischen Präsenz der Sowjetunion und des von dieser dominierten Warschauer Paktes. Das Militärbündnis wurde 1949 in Washington geschlossen; 1955 trat die Bundesrepublik bei. Sitz der NATO ist Brüssel. Mittlerweile zählt sie 28 Mitgliedstaaten, darunter viele einstige Mitglieder des Warschauer Paktes. Nach dem Ende des Kalten Krieges wandelte sich die Allianz von einem defensiven Verteidigungsbündnis zu einer auch global agierenden Sicherheitsorganisation.

Neokonservatismus: Politische Strömung in den USA, die während des Vietnamkriegs (1965–1975) in Abgrenzung zur 68er- und zur Bürgerrechtsbewegung Martin Luther Kings entstand; das Hauptaugenmerk liegt – neben den herkömmlichen konservativen Bezugspunkten Familie, Heimat, Religion, Nation – auf dem Abbau wohlfahrtsstaatlicher Elemente sowie dem Glauben, das westliche Demokratiemodell sei der Endpunkt aller politischen Entwicklung. Ein bekannter Vertreter ist der ehemalige US-Präsident George W. Bush (2001–2009).

Nichtregierungsorganisation: (engl.: non-governmental organization, NGO) Nicht staatliche Organisation, die sich für bestimmte Belange des Gemeinwohls einsetzt; das Regionale Informationszentrum der Vereinten Nationen für Westeuropa (UNRIC) bestimmt eine NGO als „nicht gewinnorientierte Organisation von Bürgern, die lokal, national oder international tätig sein kann. Auf ein bestimmtes Ziel hin ausgerichtet, versuchen NGOs, eine Vielzahl von Leistungen und humanitären Aufgaben wahrzunehmen, Bürgeranliegen bei Regierungen vorzubringen und die politische Landschaft zu beobachten. NGOs stellen Analysen und Sachverstand zur Verfügung und helfen, internationale Übereinkünfte zu beobachten und umzusetzen. Manche NGOs wurden für ganz bestimmte Aufgaben gegründet, so zum Beispiel für → Menschenrechte, Umwelt oder Gesundheit."

O pposition: Minderheit im Parlament; ständige Alternative zur Regierung, die entsprechend den konstitutionellen Regeln (→ Wahlen, → konstruktives Misstrauensvotum) Mehrheit werden will und kann.

Organization for Economic Cooperation and Development (OECD): Die Organisation für wirtschaftliche Zusammenarbeit und Entwicklung wurde 1961 als Nachfolgeorganisation der Organisation für europäische wirtschaftliche Zusammenarbeit (OEEC) gegründet; Sitz: Paris; Hauptaufgaben: Sicherung der Währungsstabilität, Förderung des Welthandels, Planung und Förderung des wirtschaftlichen Wachstums in Europa und Koordination der Wirtschaftshilfe für die Entwicklungsländer.

P arlamentarischer Rat: Er erarbeitete zwischen September 1948 und Mai 1949 das → Grundgesetz der Bundesrepublik Deutschland, das er am 8.5.1949 verabschiedete. Grundlage dafür waren die „Frankfurter Dokumente" der Westalliierten (USA, Großbritannien und Frankreich) vom 1.7.1948 und ein vom Verfassungskonvent auf Herrenchiemsee (10. bis 23.8.1948) konzipierter Verfassungsentwurf. Der Parlamentarische Rat bestand aus 65 Mitgliedern der westdeutschen Länderparlamente. Vorsitzender war der spätere deutsche → Bundeskanzler Konrad Adenauer. Nach der Vorbereitung der → Wahlen zum ersten Deutschen → Bundestag am 14.8.1949 löste sich der Parlamentarische Rat auf.

Partei: Parteien sind auf Dauer angelegte Organisationen politisch gleichgesinnter Menschen. Sie verfolgen bestimmte wirtschaftliche, gesellschaftliche etc. Vorstellungen, die meist in Parteiprogrammen festgeschrieben sind, sowie das Ziel, Regierungsverantwortung zu übernehmen. Politische Parteien existieren bereits in der Antike, die Parteien im heutigen Sinne jedoch erst seit der Entwicklung des Parlamentarismus im 18. Jahrhundert und der Französischen Revolution. In Deutschland ist ihre Stellung im → Grundgesetz besonders hervorgehoben (Art. 21 GG).

Partizipation: Beteiligung der Bürger an der Willens- und Entscheidungsbildung im politischen Prozess, u. a. durch → Wahlen, Mitgliedschaft in → Parteien, → Verbänden, Bürgerinitiativen und Vereinen, bzw. Wahrnehmung der in der Verfassung verankerten Artikulations- und Mitwirkungsrechte.

Plebiszit: Volksabstimmung über eine Vorlage der Regierung.

Plenum: Die Gesamtheit der Mitglieder eines Parlaments; eine Sitzung, an der die → Abgeordneten teilnehmen, nennt man auch Plenarsitzung.

Pluralisierung: Prozess der Entwicklung vielfältiger Formen, Strukturen, Lebensstile usw.

Pluralismus: Auffassung, dass es mehrere, in Voraussetzungen und Zielsetzungen verschiedenartige politische und gesellschaftliche Vorstellungen gibt, die in der → Gesellschaft gleichzeitig → legitim nebeneinander vorhanden sind, wobei allen das gleiche Recht auf Entfaltung ihrer Interessen zukommt (→ Interessengruppen; → Verbände).

Politik: Im weiten Sinne jegliche Art der Einflussnahme und Gestaltung sowie die Durchsetzung von Forderungen und Zielen, sei es in privaten oder öffentlichen Bereichen; im engeren bzw. klassischen Sinne Staatskunst, das Öffentliche bzw. das, was alle Bürger betrifft und verpflichtet; das Handeln des → Staates und das Handeln in staatlichen Angelegenheiten (von griech.: polis = Stadtstaat); im modernen Sinne auf die Durchsetzung bestimmter Ziele besonders im staatlichen Bereich und auf die Gestaltung des öffentlichen Lebens gerichtetes Handeln von Regierungen, Parlamenten, → Parteien, Organisationen etc.

R echtsstaat: Bezeichnung für einen → Staat, in dem das Handeln der staatlichen Organe gesetztem Recht (i. d. R. Verfassungen, in Deutschland dem → Grundgesetz) untergeordnet ist; den einzelnen Bürgerinnen und Bürgern stehen damit bestimmte unverbrüchliche → Grundrechte zu, während dem staatlichen Handeln bestimmte Grenzen gesetzt sind. Im Rechtsstaat soll alles staatliche Handeln dem (Verfassungs-)Recht und der Verwirklichung von Gerechtigkeit dienen.

Regime: Im Allgemeinen eine abwertende Bezeichnung für eine Herrschaftsform, die nicht demokratisch legitimiert ist und in der ein Einzelner oder eine Gruppe von Menschen → Macht über alle anderen ausüben. (Dieses Verständnis von Regimen ist von Regimen auf internationaler Ebene zu unterscheiden, die ein von internationalen Akteuren (z. B. → Staaten) akzeptiertes Regel- und Normensystem bezeichnen.)

S ouveränität: Der Begriff ist ein Produkt des modernen → Staates und seiner Theorie und bezeichnet die höchste, nicht abgeleitete, umfassende und nach innen wie nach außen unbeschränkte Hoheitsgewalt – im Staatsinneren als staatliches Gewalt- und Rechtsetzungsmonopol, nach außen als „Völkerrechtsunmittelbarkeit", d. h. Hoheit über ein bestimmtes Staatsgebiet (Prinzip der Selbstregierung) und rechtliche Unabhängigkeit nach außen.

Soziale Marktwirtschaft: Von Alfred Müller Armack, Walter Eucken und Ludwig Erhard u. a. konzipiertes wirtschaftspolitisches Leitbild, das ab 1948/49 in der Bundesrepublik verwirklicht wurde; es greift die Forderung des Ordoliberalismus nach staatlicher Gewährleistung einer funktionsfähigen Wettbewerbsordnung auf, ergänzt jedoch den Katalog wirtschaftspolitischer Staatsaufgaben unter Betonung sozialpolitischer Ziele mit dem Ziel der → Integration aller Bürger.

Soziale Ungleichheit: Unterschiede in den Lebenschancen, die nicht nur durch Kriterien wie Berufs- und Bildungsstatus bzw. Einkommen und Vermögen beeinflusst werden, sondern auch durch Geschlecht, Nationalität, Alter, Generation oder Region etc.

Sozialismus: Politische Theorie mit Hauptaugenmerk auf der Gleichheit und Brüderlichkeit der Menschen; er stellt einen Gegenpol zum → Liberalismus dar. Nach der sozialistischen Idee soll das Privateigentum abgeschafft werden und die Gemeinschaft die Produktionsmittel besitzen. Damit soll die soziale und ökonomische Abhängigkeit beendet werden. Der Sozialismus beruht auf dem Grundgedanken der solidarischen → Gesellschaft. Das Wirtschaftssystem im Sozialismus ist die Plan- oder Zentralverwaltungswirtschaft. In dieser Wirtschaftsordnung werden die Produktion und die Verteilung von Gütern und → Dienstleistungen vom → Staat gelenkt. Diese Verwaltung folgt einem staatlich vorgegebenen Plan. Alle Wirtschaftssubjekte müssen sich an diesen Plan halten. In der Realität scheiterten vergangene Planwirtschaften daran, dass der Plan und die Realisierung nicht übereinstimmten und so Defizite erwirtschaftet wurden. Zudem konnte mangels Innovationen keine Weiterentwicklung stattfinden.

Staat: Politische Organisation, unter der die Menschen einer → Gesellschaft leben; nach der gängigen Definition sind drei Aspekte für einen Staat notwendig: Er muss ein eindeutiges eigenes Territorium haben (Staatsgebiet), in dem Menschen wohnen, die zu diesem Staat gehören (Staatsvolk; Bürger), und eine Regierung, die vom Staatsvolk anerkannt ist (Staatsgewalt). Ein Staat hat Außenbeziehungen zu anderen Staaten, die im Allgemeinen durch das Völkerrecht geregelt werden. Nach innen ist der Staat → souverän, d. h., es steht keine Gewalt über ihm. Im → Rechtsstaat verpflichtet sich der Staat, seine Gewalt nur gemäß den geltenden Gesetzen auszuüben.

Subsidiaritätsprinzip: Aus der katholischen Soziallehre stammendes, gesellschaftliches Gestaltungsprinzip, das die Selbstbestimmung und Selbstverantwortung des Individuums bzw. der jeweils kleineren sozialen → Gruppen im Verhältnis zum → Staat sowie den Vorrang von Regelungen auf jeweils unterer Ebene gegenüber Regelungen „von oben" betont.

Supranational: Übernational, überstaatlich; so werden Organisationen, Zusammenschlüsse oder Vereinbarungen bezeichnet, die durch völkerrechtliche Verträge begründet und deren Entscheidungen und Regelungen für die einzelnen Mitglieder (→ Staaten, Nationen) übergeordnet und verbindlich sind. So steht etwa das Recht der → Europäischen Union als supranationales Recht über dem der einzelnen Mitgliedstaaten; bestimmte Entscheidungen supranationaler Institutionen der EU sind für alle EU-Staaten und die gesamte EU-Bevölkerung bindend. Im Gegensatz dazu haben z. B. Entscheidungen internationaler Organisationen nur dann bindende Wirkung, wenn sie von den Mitgliedern ausdrücklich anerkannt werden.

T otalitarismus: Eine → Diktatur, die die gesamten gesellschaftlichen Verhältnisse im Sinne ihrer → Ideologie zu verändern versucht. Dabei hat sie den Anspruch, einen „neuen Menschen" zu erschaffen. Der Einzelne wird nicht als eigenständig angesehen und muss sich einem Kollektiv unterordnen. Personen, die sich in Gegnerschaft zur Ideologie der totalitären Diktatur befinden, werden von den Machthabern unterdrückt bis hin zu Folter und Mord. Als totalitär werden vor allem der Nationalsozialismus und der Stalinismus angesehen.

V erbände: Organisierte → Gruppen mit bestimmten sachlichen und/oder ideellen Zielen und Interessen; sie unterscheiden sich von → Parteien dadurch, dass sie kein allgemeines politisches Programm anbieten und keine Beteiligung an → Wahlen anstreben. Stattdessen versuchen sie, politische Entscheidungen der → Legislative und der → Exekutive in ihrem Sinne zu beeinflussen (→ Interessengruppen).

Vertrauensfrage: Nach Art. 68 Abs. 1 GG kann der Bundestag dem Bundeskanzler (und damit der → Bundesregierung) sein Vertrauen aussprechen. Findet ein entsprechender Antrag im → Bundestag nicht die Mehrheit, „so kann der → Bundespräsident auf Vorschlag des → Bundeskanzlers binnen einundzwanzig Tagen den Bundestag auflösen."

Volksbegehren: Recht der Gesetzesinitiative des Volkes, das dann zu einem → Volksentscheid führt, wenn es von einer bestimmten Anzahl wahlberechtigter Bürger durch ihre Unterschrift unterstützt wird.

Volksentscheid: Verbindliche Entscheidung des Volkes zu einer bestimmten Frage.

Volkspartei: Ein Typ von → Parteien, der mit einem breit gefächerten Programm möglichst viele Wähler und Mitglieder aus unterschiedlichen sozialen Schichten ansprechen will.

Vorurteil: Vorurteile sind Auffassungen, die eine unberechtigte Wertung von Menschen, Ländern oder Institutionen beinhalten. Häufig entstehen Vorurteile, wenn eine einzelne Beobachtung falsch verallgemeinert wird. Kennt jemand z. B. insgesamt fünf Schweizer, die alle eine Brille tragen, dann ist es ein Vorurteil, wenn er daraus vorschnell schließt, dass alle Schweizer eine Brille tragen. Mitunter wird ein Vorurteil jedoch auch ohne jede Beobachtung entwickelt. Die Auffassung, dass z. B. die Einwohner eines bestimmten Landes zu Kriminalität neigen, resultiert vielmehr aus dem Bedürfnis, auf eine Gruppe von Menschen herabblicken zu können.

Wahlen: In einem repräsentativen System werden Volksvertreter gewählt (→ Demokratie, repräsentative). Die Bundestagswahl ist eine personalisierte Verhältniswahl. Die 598 Sitze im → Bundestag werden zur Hälfte über die Erststimme, mit der man einen Kandidaten aus seinem Wahlkreis wählt, vergeben (299 Wahlkreise = 299 Direktmandate) und zur Hälfte über die Zweitstimme, mit der man eine → Partei bzw. die Landesliste einer Partei wählt (299 Listenmandate). Die Zweitstimme entscheidet darüber, wie viele Sitze eine Partei im Bundestag erhält. Hinzu kommen die sogenannten Überhang- und Ausgleichsmandate: Erhält eine Partei mehr Direktmandate, als ihr gemäß dem Anteil an Zweitstimmen zustehen, so darf sie diese zusätzlichen „Überhangmandate" in den Bundestag einbringen. Der Bundestag wird dann so lange vergrößert, bis der Partei die entsprechende Anzahl der Sitze gemäß ihrem Zweitstimmenanteil auch zusteht. Ihre Überhangmandate werden also durch Ausgleichsmandate für die anderen Parteien vollständig neutralisiert.

Welthandelsorganisation (World Trade Organization; WTO): 1995 gegründet; Sitz: Genf; Sonderorganisation der Vereinten Nationen mit derzeit 162 Mitgliedern neben dem → Internationalen Währungsfonds und der Weltbank die wichtigste Institution zur Behandlung internationaler Wirtschaftsprobleme; zu den wichtigsten Aufgaben der nach dem Einstimmigkeitsprinzip arbeitenden WTO zählen die Liberalisierung des Welthandels, die Senkung von Zöllen und die Überwachung internationaler Handels- und Dienstleistungsregelungen.

Werte: Werte sind allgemeine und grundlegende Orientierungsmaßstäbe bei Handlungsalternativen. Aus Werten leiten sich Normen und Rollen ab, die das Alltagshandeln bestimmen.

Wertewandel: → Werte können sich grundsätzlich wandeln. Das gilt sowohl für institutionalisierte als auch für nicht institutionalisierte Werte. Vor allem letztere sind gemeint, wenn in den vergangenen Jahrzehnten von einem Wertewandel die Rede war. Der Wertewandel hat allerdings inzwischen auf die Institutionen übergegriffen. Zur Erklärung und Bewertung dieses Wandels gibt es sehr unterschiedliche Ansätze.

Stichwortverzeichnis

Bildquellenverzeichnis

akg-images, Berlin: 8 u.li.

Appenzeller, H., Stuttgart: 114 o.

Baaske Cartoons, Müllheim: 22 (T. Plaßmann), 42 u. (G. Mester), 62 o. (T. Plaßmann), 84 (G. Mester), 92 (G. Mester), 111 o. (T. Plaßmann), 124 (T. Plaßmann), 178 re. (T. Plaßmann)

Bergmoser + Höller Verlag AG, Aachen: 19, 49, 116 (2), 130, 136, 152, 159

bpk–Bildagentur, Berlin: 114 u. (D. Katz)

Deutsches Historisches Museum, Berlin: 74 2. v li. + Mi.

Fotoagentur SVEN SIMON, Mülheim an der Ruhr: 101

fotolia.com, New York: 55

Hanitzsch, D., München: 48 o.

Haus der Geschichte, Bonn: 14 (P. Leger)

Keystone, Frankfurt/M.: 52 o.

Kiesgen, C., Waldalgesheim: 135 u.

Landeshauptstadt Wiesbaden: 44 u. (Presse-referat)

LobbyControl – Initiative für Transparenz und Demokratie e. V., Berlin: 60, 85, 89

NEL Cartoons, Erfurt: 135 Mi.

Picture-Alliance, Frankfurt/M.: 8 o. 2. v.li. (ZUMA Press/J. Rassol), 8 o. 2. v.re. (TASS/M. Metzel), 8 o Mi. (NurPhoto/G. Ciccia), 8 o.li. (AA/M. Kaman), 8 o.re. (dpa/M. Kappeler), 42 o. (dpa/I. Wagner), 52 Mi. (dpa/T. Burmeister), 52 u. (Keystone), 78 o. (dieKLEINERT.de/K. Koufogiorgos), 93 Mi. (ZB/K. Schindler), 113 li. (dpa/M. Gambarini), 113 re. (dpa/Bundesregierung/S. Kugler), dpa-infografik: 41, 65, 70, 76, 87 u., 111 u., 129, 140 li. + 141 re., 141 li, 143

Plaßmann, T., Essen: 174

Presse- und Informationsamt der Bundes-regierung – Bundesbildstelle, Berlin: 64, 93 o. (J. Faßbender)

Richter-Publizistik, Bonn: 153 (www.crp-infotec.de)

Sakurai, H., Köln: 128, 173

Schmidt, R. – Karikatur-Cartoon.de, Bruns-büttel: 104

Schwarzstein, Y., Hannover: 35

Shutterstock.com, New York: Titel li. (canada-stock), Titel re. (Oliver S.), 93 u. (360b)

Stuttmann, K., Berlin: 135 o., 178 li.

toonpool.com, Castrop-Rauxel: 6 o. (Pfohlmann)

ullstein bild, Berlin: 20 (Boness/IPON), 74 li. (Archiv Gerstenberg), 90 (SVEN SIMON)

www.wolfgang-gruendinger.de: 44 o.